W9-ANQ-028

COIN World

Guide to U.S. Coins, Prices & Value Trends

Written by
William T. Gibbs

with
Trends Values by
Keith M. Zaner

Edited by
Beth Deisher and P. Bradley Reed

Designed by
P. Bradley Reed

SEVENTH EDITION
1995

A SIGNET BOOK

SIGNET
Published by the Penguin Group
Penguin Books USA Inc., 375 Hudson Street,
New York, New York 10014, U.S.A.
Penguin Books Ltd, 27 Wrights Lane,
London W8 5TZ, England
Penguin Books Australia Ltd, Ringwood,
Victoria, Australia
Penguin Books Canada Ltd, 10 Alcorn Avenue,
Toronto, Ontario, Canada M4V 3B2
Penguin Books (N.Z.) Ltd, 182–190 Wairau Road,
Auckland 10, New Zealand

Penguin Books Ltd, Registered Offices:
Harmondsworth, Middlesex, England

First published by Signet, an imprint of Dutton Signet,
a division of Penguin Books USA Inc.

First Printing, December, 1994
10 9 8 7 6 5 4 3 2 1

Copyright © Amos Press Inc., 1994
All rights reserved

 REGISTERED TRADEMARK—MARCA REGISTRADA

Printed in the United States of America

Photographs from COIN WORLD files and courtesy of Stack's and Bowers and
Merena Galleries Inc.
Cover photographs courtesy of Stack's and Anthony Swiatek.

Analysis, pricing information, and Coin World Index charts are based on historical
information published in Coin World Trends. No information in this book should
be construed as predictive. Past performance is not a guarantee of future
performance.

Without limiting the rights under copyright reserved above, no part of this publi-
cation may be reproduced, stored in or introduced into a retrieval system, or
transmitted, in any form, or by any means (electronic, mechanical, photocopying,
recording, or otherwise), without the prior written permission of both the copy-
right owner and the above publisher of this book.

BOOKS ARE AVAILABLE AT QUANTITY DISCOUNTS WHEN USED TO PROMOTE PROD-
UCTS OR SERVICES. FOR INFORMATION PLEASE WRITE TO PREMIUM MARKETING DIVI-
SION, PENGUIN BOOKS USA INC., 375 HUDSON STREET, NEW YORK, NEW YORK 10014.

If you purchased this book without a cover you should be aware that this book
is stolen property. It was reported as "unsold and destroyed" to the publisher
and neither the author nor the publisher has received any payment for this
"stripped book."

Foreword

The information included in *The 1995 Coin World Guide to U.S. Coins, Prices &Value Trends* has been compiled by William T. Gibbs, news editor, and Keith M. Zaner, Trends editor.

For 35 years, *Coin World* has reported on the people, laws, new issues, auctions, pricing trends — all the elements that affect the hobby and business of collecting coins and related items. Our mission is to enrich coin collecting through knowledge.

In *The Coin World Price Guide* the *Coin World* editors present in an easy-to-use format a wealth of information and insights developed from experiences accumulated during the past three and a half decades. The Trends retail value guide and Trends Index charts included in *The Coin World Price Guide* are regular features in *Coin World*. The value of the information included in both Trends and the Trends Index charts has been proven over time.

To contact the editors of *Coin World* or request subscription information, write to Coin World, P.O. Box 150, Dept. 02, Sidney, Ohio 45365.

CONTENTS

WELCOME to the world of coins.

Coin World's *1995 Guide to U.S. Coins, Prices and Value Trends* is designed for the collector, whether neophyte or advanced. However, it should also be useful to the non-collector who has inherited some old coins, or has just become interested in coins, and to the history buff interested in facets of American history virtually ignored in most history textbooks.

Readers of previous editions of this book will find some new features, and find some of the old favorites in new places. This year presents the third annual feature. This chapter will be an essay on a new subject every year, focusing on unusual ways of looking at the coin collecting hobby. The wide-ranging effects the Civil War had on U.S. coinage is the topic in this edition. It may surprise you that many of the coins we use today have a direct link to the changes brought about by the severe shortages and cultural upheavals of the Civil War.

Our comprehensive analysis of the rare coin market follows the annual feature, and then we get right in to what you buy this book for — the value trends of U.S. coins. Within the pricing section, we have added information about where to find Mint marks (the letters that tell you which facility struck the coin) right along with other technical specifications.

Following the pricing section are chapters devoted to mintages, Proof and Uncirculated sets and commemorative coins. Then you'll find a chapter about the art and science of grading (determining a coin's level of preservation and ultimately its value), a background history of U.S. coins, and a look at the Mint facilities.

INTRODUCING THE GUIDE

We then discuss the history and latest techniques of coin manufacturing, followed by an illustrated guide to error coins. You'll also find information about the great and mysterious rarities of the hobby, a glossary of often-encountered terms and a full index for quick and easy reference.

Why do people collect coins?

There are many different reasons for collecting coins. You may want to collect coins because of their historical significance. Coins reveal much about a nation. For example, the word LIBERTY, appearing on every United States coin, says volumes about Americans' love of freedom. The motto E PLURIBUS UNUM, Latin for "one out of many," defines the nation's character, forged from 50 states and the many peoples who make up such a diverse country.

You may collect coins for their artistic beauty. The country's greatest sculptor at the turn of the century, Augustus Saint-Gaudens, sculptured classical designs for gold $10 and $20 coins. Many other U.S. coins are amazing examples of the coiner's art.

You may, like some people, collect for financial reward. This book is not an investment advisory. Many authors are willing to give you their personal recommendations. However, we would be remiss if we did not point out that many individuals have profited from collecting U.S. coins. As is true for any investment, investing in rare coins is a calculated risk. It is essential that the investor knows exactly what he is buying and understands the risks. The risks may be great, but so may be the rewards.

Or you may collect simply for the love of collecting. A true collector can't explain to the uninitiated the inner joy that comes from owning a 160-year-old half cent that cost less than $25, or a unique misstruck coin pulled from circulation at face value, or an 1861 half dollar which may have been struck by the Confederate States of America after it took control of the three U.S. Mints located south of the Mason-Dixon Line.

Regardless of your vantage point, we hope you will find this book useful, educational and entertaining.

Tips for new collectors

Beginning collectors soon learn that there are right ways and wrong ways for just about everything. But there are no "wrong" ways or "right" ways to collect coins and related numismatic items.

No one way or method of collecting is objectively better than another.

• Never hold a coin by placing your fingers on the coin's surfaces. Instead, hold the coin by its edge, as shown in the accompanying photograph. The human skin contains contaminants which can damage a coin's surfaces.

• Never speak or sneeze while bending over a coin. While this advice may sound silly, it's practical. Saliva and mucus can also damage a coin's surfaces if contact is made.

• Avoid the natural impulse to clean your coins. There are chemicals which can be used safely to remove dirt and other substances from a coin; however, these are best left to the expert. Cleaning coins with abrasive cleaners like scouring powder or pencil erasers will also damage them. Coins which have been naturally toned should be left alone; the patina — the film which builds up on the surfaces of the coin — forms on copper and silver coins as a natural result of the chemical reaction of the coinage metal to the environment, and actually helps protect the metal from further reactions. Many collectors and dealers find natural toning attractive, and will even pay a premium for attractively toned coins.

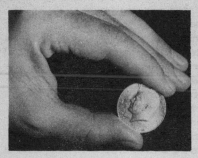
Hold your coins properly

• Store your coins properly. In recent years, hobbyists have found that certain types of plastic used in coin holders and flips (plastic holders creased in the middle, with the coin housed on one side) actually damage the coins placed in them. Avoid storage materials made of polyvinylchloride (PVC); ask your dealer what is safe. Also, some forms of paper envelopes and albums contain high amounts of sulphur, a substance particularly damaging to copper coins. Do not leave your coins exposed to sunlight, high heat or high humidity for very long; all can damage a coin.

• Learn about grading. Chapter 8 discusses grading in more detail. Even a basic knowledge of what grading represents is important if you begin to buy coins from others. The higher the grade or condition a coin is in, the more it is worth.

Getting started

Collecting can be fun for the individual and for the entire family. It can be as easy as getting a couple of rolls of cents from the banks and placing the coins into folder-style albums, or a family trip to a local coin show (there are coin shows every weekend in some part of the United States; there's probably one in your area within the next few months).

A good place to start is with the Lincoln cent, particularly for the Lincoln Memorial design struck since 1959. It takes little effort to go to the bank, buy $5 worth (10 rolls) of cents and put individual dates and Mint marks into the holes of an inexpensive album or holder. Your local coin dealer or newsstand probably has them. After going through the rolls and saving the dates needed, take the unwanted coins back to the bank and get some more.

Sorting pocket change and searching new rolls from the bank brings enjoyment to many beginners. It's inexpensive and doesn't take a lot of time or effort. You may want to substitute Roosevelt dimes for the cents, or maybe Washington quarter dollars, or Indian Head cents (the latter necessitating a trip to a coin show or your local dealer), but the goal is still the same — collecting an example of each date and Mint mark for any given series.

Later chapters discuss other collecting opportunities.

Coin collecting opens many doors: economics, history, art and technology, both old and new. Welcome to the world of numismatics and U.S. coins!

It WAS not a typical July 4 in Sidney, Ohio, at Jason McVay's Dry Goods store. It was 1863, and the nation was in the midst of the worst crisis it had faced since 1776 — the Civil War.

Independence Day 1863 was proving to be something special, at least for McVay and the other patriots in the North. Telegraph wires were humming about George Meade's Army of the Potomac's victory the previous day over Bobby Lee's Army of Northern Virginia at a small Pennsylvania town called Gettysburg. Even as McVay opened his shop for business on Independence Day, out west, the Confederate forces in Vicksburg were surrendering to Gen. U.S. Grant's forces, ending the long siege there along the banks of the Mississippi.

As customers began entering his dry goods store, McVay, who was also the current president of the local board of education, faced the same problem other merchants nationwide had faced since 1862, when almost all coinage disappeared from circulation — how to make change. Today, finally, he had an answer — his own private "coinage," a cent-sized token bearing an Union shield and the date 1863 on one side, and an advertisement for his store on the other.

McVay's customers paid for their purchases in a variety of new forms of money that had been used for the past year or so: postage stamps enclosed in a brass and mica shell; locally issued paper money; and even federal paper money printed in denominations of less than $1.

Yes, postage stamps once served as currency in the United States, and paper money in such denominations as 5 cents and 15 cents was issued by the federal government.

All because of the Civil War.

This specific scene set in Jason McVay's dry goods store may be apocryphal, but scenes like it did happen there and in businesses all over the Northern states.

The Civil War had a profound, direct effect on the money of the United States, one still being felt today. The motto IN GOD WE TRUST, the Lincoln cent, federal paper money and the still-enforced ban on private coinage all owe their origins to one degree or another to the war.

The optimism and widely held belief in 1861 in both the North and South that the war would be of short duration soon gave way to pessimism and then fear in the North, as a series of horrifyingly bloody battles occurred.

It was the world's first modern war.

In the air, balloons became the first aircraft used in military operations, as enemy positions were scouted from above.

On land, troops and supplies were often moved about by rail, sometimes on trains that were armored and armed. The first rapid-fire weapons were used. The telegraph provided instantaneous communications over long distances.

Below the waters, a submarine successfully sank an enemy vessel for the first time in the history of warfare. Ironclad warships clashed for the first time as well, rendering wooden vessels obsolete in a single battle.

As the war progressed, all of this high-tech weaponry clashed headlong with outdated battle maneuvers. Commanders on both sides stood their men up in brave, colorful, neat rows, and sent them like cattle herded into Chicago's slaughter pens. The result was an appalling level of bloodletting not seen before or since.

The Confederate armies quickly proved superior to those of the North. At the first major battle, on July 21, 1861, just south of Washington in a battle called Bull Run by the North and Manassas in the South, Lee's Confederate forces defeated the Union troops, resulting in the terrible rout of the Union Army.

Two heroes were born that day among the Southern officer corps: Robert E. Lee and Thomas J. Jackson. Jackson's

The Stone Mountain Memorial half dollar

stalwart defense earned him the nickname "Stonewall," which stayed with him even after his death by friendly fire in 1863.

Both men are depicted on what has to be one of the strangest U.S. commemorative coins: the 1925 Stone Mountain Memorial half dollar. Strange because the coin in effect commemorates the rebellious states and their top generals, individuals some might have called traitors to the United States because they took up arms against the U.S. government.

The coin was authorized by Congress to help fund the building of the Stone Mountain Memorial, an immense monument to be cut into the face of Stone Mountain, outside Atlanta, Ga.

The obverse of the coin duplicates what would eventually be engraved into the side of the mountain: figures of Lee and Jackson on horseback, surrounded by 13 stars representing not the original 13 Colonies but the 13 states that passed ordinances of secession at the beginning of the Civil War.

The reverse depicts an eagle and a legend commemorating the valor of the men of the South.

The victory of Lee and Jackson was a severe blow to the North, and a sign that the war would probably not be over in a few weeks. A prolonged war would require a huge army and the materials to arm and feed it — in a word, money.

Congress turned to its first paper money in an effort to fund the war. It authorized paper "demand" notes in 1861, the first true federal paper money (called "greenbacks"), as well as interest-bearing Treasury notes.

The interest-bearing notes were essentially loans. Holders would obtain the notes, loaning the money to the government, and later redeem the notes with interest. Some notes even had coupons that could be redeemed for part of the note's value every six months over three years.

Demand notes are so named because the holder of the note could could demand $5, $10 or $20 in exchange for the notes, although they were only briefly payable in coin.

As the end of 1861 approached, a Pennsylvania minister wrote a letter to the Secretary of Treasury that would have a profound impact on U.S. coinage felt even today.

The Rev. M.R. Wilkinson, in a letter dated Nov. 13, 1861, thought it inappropriate that U.S. coins had no reference to God. Wilkinson expressed his concerns about the future, writing: "What if our Republic were now shattered beyond reconstruction? Would not the antiquaries of succeeding centuries rightly reason from our past that we were a heathen nation?"

Wilkinson suggested design and inscription ideas that would place religious symbolism on U.S. coinage.

Seven days after Wilkinson wrote his letter, Treasury Secretary Salmon P. Chase ordered Mint officials to begin examining the possibility of a religious motto on U.S. coins. Experiments began.

Meanwhile, on Dec. 21, 1861, Washington suspended specie payments, refusing to pay out gold and silver coins. By January 1862, silver coinage began disappearing from circulation. The exchange rate between paper money and gold dropped to $95.24 on Jan. 10.

As the exchange rate between gold coins and paper money grew, brokers began transporting silver coins to Canada to purchase gold. They brought the gold back to the United States, used it to buy more silver coins at favorable rates, and shipped those silver coins back to Canada to buy yet more gold.

Silver coins rapidly disappeared from circulation (gold coins rarely circulated). Citizens even began hoarding copper-nickel coins even though they had little intrinsic value. Although the figures may be inaccurate, some researchers believe $25 million in silver coin alone disappeared from circulation in the summer of 1862; Treasury officials estimated $27 million in silver coins was in circulation at the beginning of the year. No matter the actual dollar figure, most coins had disappeared from circulation by the summer of 1862.

An encased postage stamp money substitute

Large stores that still had silver coins charged premiums. Smaller merchants, like Sidney's Jason McVay, had to turn to alternative forms of money and money substitutes. The lack of a federal coinage proved a problem, as one might expect.

Horace Greeley, the famous newspaper publisher in New York City, suggested that postage stamps be used in lieu of change. Congress acted July 17, 1862, by monetizing postage stamps of the United States to serve as small change. Suddenly, a 3-cent stamp was acceptable in payment for goods or services worth 3 cents. However, stamps were small, and were easily torn and soiled. Something needed to be done to protect the stamps as they circulated.

John Gault was one of the first to fill smaller merchants' needs for small change substitutes with the encased postage stamp. Gault patented an encasement for postage stamps in 1862. The encasement consisted of a brass shell to encase the stamp, with a mica window through which to view the denomination of the stamp. The shell could, and usually did, carry an advertising message promoting the wares of the issuing merchant, including such things as bread, cooking extracts, patent medicines and such products as "Burnett's Cocoaine Kalliston" (a coconut oil hair tonic).

Gault received his patent in August 1862, about the time of the second major battle of the Civil War in the East. The site of the first, Bull Run, was the also site of this second major battle. Lee again moved toward Washington, and the Union forces came out to stop him. The Second Battle of Bull Run, on Aug. 29, 1862, had much the same result as the first: Lee's army routed the Union forces.

A 50-cent postage currency note

Other entrepreneurs pasted stamps to cardboard and sold them at a $2^1/_2$% premium in lots of $100 to merchants who needed change. Others printed private notes and pasted stamps onto the notes to give them value.

The federal government also got into the act under the authority of the July 17 law. It issued a fractional postage currency on Aug. 21, 1862. These notes, in denominations of 5 cents, 10 cents, 25 cents and 50 cents, bear imprints of U.S. postage stamps. For example, the 50-cent postage currency note bears the imprint of five George Washington 10-cent postage stamps. The notes quickly circulated.

Shortly thereafter, Lee, motivated by his victory at Bull Run, began his first drive North that resulted in the bloodiest day in American military history — the Battle of Antietam. During that single-day battle, Sept. 17, 1862, more than 26,000 Northern and Southern troops were killed, wounded, captured or disappeared.

The 1937 Battle of Antietam silver half dollar commemorates the 75th anniversary that battle. The obverse depicts the opposing commanders, bold Robert E. Lee for the Confederates and the Union's always hesitant George B. McClellan. The reverse depicts the focal point of battle, Burnside's bridge, a stone bridge crossing Antietam Creek.

The battle was the culmination of Lee's first drive north into Maryland with his army. McClellan attacked Lee, with horrific casualties on both sides. Especially deadly were the attacks along Antietam Creek and at Burnside's bridge.

Burnside was Ambrose Burnside, Union general and possessor of luxurious side whiskers that became known as "sideburns," named after the man who made them popular.

Example of a Civil War-era store card token

The bridge crossed Antietam Creek, and was overlooked by high ground in control of Confederate forces. Many of the dead and wounded met their fates as Union forces repeatedly attempted to cross the bridge and take the heights. They finally succeeded, but not before the creek turned red with their blood.

The outcome of the battle was mixed. Lee withdrew and returned to Virginia; McClellan, as always, failed to pursue Lee's forces and drive them into the Potomac River, which would have been a major blow for the South. President Lincoln, tired of McClellan's lack of initiative, replaced him with Burnside.

Despite the mixed outcome, Lincoln used the nominal Union victory to announce the Emancipation Proclamation, the act that freed the slaves in the rebelling states on Jan. 1, 1863.

Shortly after the Emancipation Proclamation went into effect, a small cent-sized token was produced bearing a Liberty portrait and the legend LIBERTY AND NO SLAVERY.

This token was one of what would become the most widely used of emergency moneys in U.S. history — Civil War tokens. As the war progressed, private minters began responding to the needs of small merchants by issuing what would eventually become thousands of different tokens. Although a few of these cent-sized, copper-based private tokens circulated in 1860 and 1861, Civil War tokens exploded into use in late 1862 as large quantities began circulating.

Collectors today catalog two broad categories of Civil War token, the patriotic token and the store card token. The NO SLAVERY piece would fall into the patriotic category, as would several other pieces referring to HUMAN RIGHTS in their inscriptions.

Patriotic tokens bear patriotic messages supporting the Union cause. They bear such symbols as cannon, shields, military statues, eagles, war heroes, the American flag. Others bear Liberty Heads, Indian Heads and other allegorical portraits.

Store cards often carry some of the same devices as the patriotic tokens but have one difference. While the patriotics are anonymous as to issuer, the store cards all bear the name of the issuing merchant and even advertising messages. Such were the pieces purchased by Jason McVay, the Sidney, Ohio, dry goods merchant and used by his customers in lieu of government-issued cents.

McVay's piece is typical of store cards. The obverse depicts a woman's coat and dress on an upright dress form, with the legend QUICK SALES AND SMALL PROFITS surrounding the design elements. The reverse features McVay's name and the legend DRY GOODS BOOTS SHOES &C SIDNEY, O.

The popularity of Civil War tokens soon drove most encased postage stamps out of circulation in late 1862 and into 1863. The government's own emergency money, fractional notes, continued in use. The First Issue postage currency — some of which were perforated like postage stamps — was issued from Aug. 21, 1862, to May 27, 1863. The Second Issue — renamed fractional currency — was introduced Oct. 10, 1863.

During the period between the two issues of small-denominational notes, the tide of battle was beginning to turn the Union's way, particularly as the 87th anniversary of the Declaration of Independence neared. In fact, the first four days of July 1863 would be the most important days of the entire war, thanks to a single three-day battle at Gettysburg, Pa., and the fall of Vicksburg, Miss., on July 4 that gave the Union total control of the Mississippi River.

The Battle of Gettysburg was another slaughterhouse — 51,000 Americans killed or wounded in just three days. That's more Americans than U.S. troops were killed during the entire decade-long Vietnam conflict!

Gettysburg is widely though not universally recognized as the turning point of the war. Lee had made his second move north, this time into Pennsylvania. He hoped that by moving north and threatening major cities he would draw the Army of

Gettysburg half dollar

the Potomac into the open where his army could destroy it. If that happened, the North might be willing to sue for peace and recognize the Confederate States of America's right to exist.

That didn't happen. The first, tentative clashes outside Gettysburg by Confederate infantry and Union cavalry became a titanic clash. Union troops wisely occupied the high ground south of Gettysburg. Lee, ignoring the advice of his staff, went on the offense. At the end of the day July 3, Lee had suffered his greatest defeat thus far, and his battered forces were retreating back to Virginia.

The 1936 Gettysburg half dollar commemorates the battle's 75th anniversary. It was issued during the last great reunion of veterans who fought there, all of whom were in their 80s and 90s by that time.

The obverse depicts overlapping portraits of a Union soldier and a Confederate soldier, with BLUE AND GRAY RE-UNION below. The reverse depicts Union and Confederate shields.

Even as the North began celebrating the victory at Gettysburg, it learned of another major victory in the Western theater — the fall of Vicksburg to Gen. Ulysses S. Grant.

Vicksburg was the last Confederate stronghold along the Mississippi. The Union controlled all of the river except for that small portion along Vicksburg. It finally fell after months of siege warfare waged by Grant and his second in command, William Tecumseh Sherman.

Grant was a graduate of West Point who, after resigning the Army following the Mexican-American War, failed in every private business he worked in and was dogged by rumors of drunkenness. Grant rejoined the army after war began in 1861. As he fought in the West, he gradually caught the eye

Civil War and Coinage — 17

Grant Memorial half dollar and gold dollar

of Lincoln as about the only Union general not afraid to fight. Vicksburg confirmed Grant's abilities. Lincoln named him top general in charge of all of Union forces in March 1864.

Four years later, he was elected president of the United States.

The 1922 Grant Memorial half dollar and gold dollar commemorate the 100th anniversary of Grant's birth. The designs are identical for both coins: Grant is depicted in military uniform on the obverse, with his Ohio birthplace depicted on the reverse.

Meanwhile, as 1863 came to a close, Rev. Wilkinson's hopes for religious symbolism on U.S. coins came closer to becoming true. Designs for experimental coins called patterns were submitted to Chase in December. Two different legends were recommended: OUR COUNTRY, OUR GOD, or GOD, OUR TRUST.

Chase suggested modifications to both suggestions, changing them to OUR GOD AND COUNTRY and IN GOD WE TRUST. He recommended that the latter motto appear on designs depicting a shield.

Even as Treasury officials were wrestling with which motto to use, they were also considering the introduction of new denominations. Under consideration were a bronze 2-cent coin and a copper-nickel 3-cent coin (a silver 3-cent coin was already in production). At the same time, Mint officials contemplated a new composition for the cent, then composed of copper-nickel and thus nicknamed the "nickel."

Changes to coinage compositions and approval of new denominations fall within the responsibility of Congress under the Constitution. At the request of Treasury officials, Congress authorized a change to the composition of the cent and a 2-

First U.S. coin with IN GOD WE TRUST legend

cent coin in the Act of April 22, 1864. The same act granted Treasury officials full authority for selecting designs and mottoes, opening the door to a religious reference on the coins.

Treasury officials selected 1864 Shield 2-cent coin for the introduction of the motto IN GOD WE TRUST. It was placed on a ribbon atop the obverse shield. Gradually, all U.S. coins would appear with the motto; eventually, so would all U.S. paper money.

Another provision of the April 22, 1864, act was to outlaw Civil War tokens. The law made it illegal to "make, issue, pass, or cause to be made, issued, or passed, any coin, card, token, or device whatsoever in metal or its compounds, intended to pass or be passed as money for a one-cent piece or a two-cent piece. ..." Penalties for violating the law were a maximum five-year prison sentence and a fine of $1,000.

An additional law was passed June 8, 1864, strengthening the government's attack on private coinage.

The new law brought a quick halt to the production of Civil War tokens. Of the many dies that are dated, only a few are dated 1864, most presumably produced before the law went into effect. By the end of the war, more than 25 million Civil War tokens had been struck and placed into circulation, according to some researchers.

The new law also recognized that the federal government was finally meeting the need for a circulation medium of exchange. Although silver coinage was still in short supply, the shortage was alleviated by government-issued fractional notes and greenbacks. What had once been a strictly coinage currency system had quickly mutated into an almost completely paper currency.

At the same time, as the war progressed, the U.S. Mint struck increasingly larger numbers of Indian Head cents to meet demand for that denomination: 10.1 million in 1861, 28 million in 1862, 49.8 million in 1863, nearly 53 million in 1864, and 35.4 million in 1865. The 2-cent coins were struck in large quantities as well: 19.8 million in 1864 and 13.6 million in 1865.

The war finally ended in mid-1865, with Lee surrendering to Grant in April, just a few days before the assassination of Lincoln. Before long, Treasury began considering issuing a coin bearing Lincoln's portrait. The Mint struck experimental 1866 5-cent coins depicting Lincoln, but did not strike them for circulation.

There was still a strong prohibition against using portraits of actual individuals on U.S. coinage at this time. George Washington had rejected attempts to place his presidential portrait on the nation's coinage during his two terms in office. Even with Lincoln's popularity, the nation wasn't ready for a coinage bearing his portrait.

However, Lincoln's portrait — which had been used since 1861 on privately issued paper money (a form of currency still permitted early in the war) — was placed on the Fourth Issue 50-cent fractional note, used from July 1869 to February 1875. Lincoln portraits were also used on a variety of other denominations of federal paper money ranging from $1 to $500 in the years following the war.

Finally, in 1909, on the centennial anniversary of Lincoln's birth, his portrait was placed on the cent. It replaced the

Abraham Lincoln on the cent

Designs for the 1995 Civil War Battlefield commems

venerable Indian Head cent struck during his term in office. It is still being produced, and, in fact, is the most common coin in the world in terms of the number of pieces struck.

The final chapter in Civil War coinage is not ended. Sometime in 1995, after this book goes to press, the United States Mint will strike three different commemorative coins commemorating the end of the Civil War. Funds raised through coinage sales will go toward upkeep at the nation's Civil War battlefield parks.

What would our currency system be like today had the Civil War not been fought?

It's likely the cent would not depict Lincoln, since his reputation was made in running the nation during the war. Although it's doubtful the Indian Head cent would still be production, there's no telling who or what would be depicted on the coin today. An early choice even before the war began was Christopher Columbus.

Nor would the $5 Federal Reserve note bear Lincoln's portrait. In fact, paper money might not have gotten its start until much later in the century, or not until this century, if at all. Many in government had rejected a paper currency since the nation's birth. It took a major, nationwide crisis like the Civil War for the government to override those concerns and issue a paper currency.

U.S. Grant would not have been elected president, thus no commemorative coins depicting him would have been produced. Likewise, the three Civil War commemorative coins — the Stone Mountain, Antietam and Gettysburg half dollars — would never have existed had no war been fought.

Coins might not bear the motto IN GOD WE TRUST, without a national crisis to cause a Pennsylvania minister to examine our nation's coinage.

But the war did occur, and the nation changed. And so did its currency system.

The rare coin market July 1993-July 1994

By Keith M. Zaner
Coin World Trends Analyst

The period from July 1993 to July 1994 was filled with activity, but unfortunately Trends values for the better quality rare coins finished with declines. Certainly there were exceptions, but generally speaking rare coin values have remained weak.

It was a year for collectors. The collectors are dominating the demand side of the equation. Investors will have to take a back seat as the needs of the collector are No. 1 on the minds of dealers. Collectors are rather picky. They want the difficult-to-find key and semi-key dates of each series. Unlike the investor, collectors don't mind purchasing a lightly cleaned or problem rare coin. They appreciate the rarity and accept the fact that the coin doesn't have to be gem to be desirable. Also, a collector is not bound by the need to have a professionally graded and encapsulated rare coin. In fact, often the collector may be seen breaking these coins out of their "slabs." The need to actually hold the coin and study the coin is part of the pleasure obtained from ownership.

Texas collector Reed Hawn was the beneficiary of a record-breaking price realized at public auction during a year that was less than stellar when his 1913 Liberty Head 5-cent coin brought a hammer price of $875,000 during an Oct. 1993 sale held by Stack's in New York.

It was a year in which new varieties dotted the numismatic landscape, bringing with them the excitement and expectations collectors receive by re-examining specimens in search of additional finds.

Look at numbers

Let's look at numbers. The *Coin World* Trends Index shows all four of the regularly tracked indexes declining from July 1993 to July 1994. However, these declines were only modest ones. The steepest decline was sustained by the volatile and investment-grade Mint State 65 Index. This index represents the net change in Trend values of 1,325 MS-65 graded rare coins. While this does not include every rare coin in this lofty grade, it is a good representation of activity of coins that trade frequently.

Overall, the MS-65 Index finished July 1994 at 210.6, a 5.12 percent decline from July 1993's 221.97. Precipitous declines in MS-65 type coins accounted for much of the drop. Twenty-cent coins suffered the greatest decline at a little more than 30 percent for the calendar year. Other type coins experiencing significant declines include Liberty Head 5-cent coins down more than 22 percent; copper-nickel 3-cent coins off better than 20 percent; 3-cent silver coins down over 15 percent; Shield 5-cent coins down more than 11 percent; Flying Eagle cents and 2-cent coins each dropping approximately 10 percent; and Standing Liberty quarters and Trade dollar each lost another 8 percent.

In most cases, the drop was mainly among the most common dates of these series. However, even some rare date values declined in MS-65 condition. As investors leave the rare coin market, the coins must find new homes, ultimately with collectors. And, while collectors are known to pay generous amounts for coins, they base their purchases on availability and how that particular coin will fit with the rest of the coins in the collection.

Gold coins dropped in MS-65 also. Rare date gold coins lost value as did the common dates. Indian Head gold suffered several significant losses. The only bright spot was the $3 Indian princess, increasing a slight 1.4 percent during the period. But, sharp declines were sustained by Indian Head $2.50 quarter eagles, down nearly 19 percent and Indian Head $5 half eagles losing better than 20 percent. Even Indian Head $10 eagles dropped more than 8.5 percent for the period. Indian Head gold — which had moved up sharply in value over the previous few years, especially the rare date San Francisco Mint coins — began to give up some of those gains as investors left the market.

Peace dollars grading MS-65 dropped better than 19 percent. This is an extremely popular and volatile relatively short series. It has many key and semi-key dates in MS-65 condition but still is completible. In past years, the value for MS-65 Peace dollars increased sharply, so they were overdue for profit taking.

Some MS-65 coins had increases during the period. Indian Head cents as they have for the past several years led all series with a strong 35 percent gain. Keep in mind that it is the rarest dates of the series, those tough years from 1864-1878 which have received much of the price jump. Also, the MS-65 grade for Indian Head cents (as it is for all copper coins in Trends) are for coins which are full red in color. Very few of these coins survive in this outstanding quality. Also, MS-65 full red Indian Head cents common dates actually suffered a slight decline for the period.

Other MS-65 grade series of interest include Lincoln Head cents up 7 percent; Indian Head 5-cent coins up a strong 18.4 percent; Jefferson 5 cents down 7.6 percent; Winged Liberty Head dimes off less than 1 percent; Roosevelt dimes up 2.7 percent; Washington quarters down nearly 5 percent; Walking Liberty half dollars up 8.4 percent; Franklin half dollars down 2.6 percent; Kennedy half dollars down 8.3 percent; Morgan dollars down a slight 1.4 percent; Saint-Gaudens $20 double eagles up 2.8 percent; commemorative silver coins down nearly 11 percent; and, commemorative gold coin off almost 3 percent.

In all, MS-65 and higher graded rare coins represent the weakest area of the coin market. As these values decline, these high-quality rare coins tend to be more attractive to the collector. And, it is the collector that will provide the strongest support for these coins.

The *Coin World* Trends Index for MS-63 coins declined a modest 3.3 percent for the period ending at 119.92 from July 1993's 124.01. This is an extremely volatile index comprised of net change of 347 values as they appear in *Coin World* Trends. It is important to understand that the MS-63 quality can be one which is considered either just mediocre in grade as would be with the extremely common 1881-S Morgan dollar or extremely rare in grade, as is the case with most Charlotte, Dahlonega or Carson City gold coins.

Throughout the period rare-date MS-63 coins as well as common-date coins had some declines. They generally followed the same path that the MS-65 coins took. If we had an index for MS-64 coins, the conclusions drawn would have been similar as well.

The MS-60 Index representing 2,596 values had only a slight 0.43 percent decline for the period and the overall Market Index, representing the net change of 16,576 values was virtually unchanged, declining a very slight 0.05 percent during the period.

Interestingly, we can see how demand for the scarce key and semi-key date coins has influenced the market when we look at the MS-60 series net changes. Looking at the early coppers, half cents grading MS-60 declined a small 2 percent while the large cents jumped by more than 5 percent. Mint State 60 graded coins showed declines among the early half dimes dropping more than 8 percent; Seated Liberty half dimes down 4.5 percent; Seated Liberty quarters off nearly 5 percent; Capped Bust half dollars down 5.7 percent; and Capped Bust, Reeded Edge half dollars suffered the sharpest decline, giving up nearly 18 percent.

But, demand by collectors for scarce-date and collector series coins was seen among series in the MS-60 grade. Seated Liberty dimes jumped 6.6 percent; Barber dimes up 0.5 percent; Seated Liberty half dollars up 1.56 percent; Barber half dollars up 3.7 percent; and Seated Liberty dollars are up 2.45 percent. Collector demand throughout the reporting period was among the circulated Good 4 grades through Mint State 60. Many collectors buy coins within this grade range and are satisfied with collections that often don't possess any MS-65 or better rare coins.

Mint State 60 gold coins were mixed to lower in value. The steepest decline was seen in the Coronet $20 double eagles, which dropped 18.7 percent; Coronet $10 eagles off 7.3 percent; Coronet $5 half eagles down 1.4 percent and Coronet $2.50 quarter eagles increased 8 percent. Declines in rare-date gold coins accounted for the declines in the MS-60 gold index.

One of the important variables associated with the value of gold coins is the price of gold bullion. Over this reporting period, the price has not fluctuated that much. During July 1993 gold traded at approximately $390 per ounce. By early July 1994, gold traded at between $385 and $387 per ounce. Little change in the price of gold can account for some of the sluggishness in gold coin values in all the series of U.S. gold. There is speculation of higher inflation in the months to come as well as higher precious metals prices, and these increases may translate into rising gold coin values.

The price of silver bullion has followed a similar pattern to gold. During July 1993, silver traded at approximately $5 to $5.10 per ounce. By July 1994, silver has had little change, still trading at $5.10 per ounce. The value of Brilliant Uncirculated rolls of common-date Winged Liberty Head dimes, Roosevelt dimes, Washington quarters, Walking Liberty half dollars, Franklin half dollars, Kennedy half dollars, Morgan and Peace dollars are directly affected by the value of silver bullion.

New discoveries

Beyond all the statistics, new discoveries were made. Collectors now have more on the menu to choose from. Even more importantly, there are more coins to obtain, increasing the challenge and ultimately the satisfaction upon completion.

Large cent collectors received an early Christmas present in 1994; during the July American Numismatic Association's annual convention in Detroit at an Early American Coppers Society meeting a new reverse die for a 1794 Draped Bust cent surfaced. It has been assigned the Sheldon catalog number NC-10, the tenth non-collectible or now-collectible variety in the series initially cataloged by William H. Sheldon in *Early American Coppers*. To date, this discovery remains unique.

Not to be outdone, small cent collectors ended their long drought, when a Pennsylvania collector found a 1994 Lincoln cent struck from dies rotated 164 degrees. After Lincoln cent collectors checked their cents, a second specimen surfaced a month later. As many as a dozen pieces have been reported.

Another Lincoln cent error, one with a major die break obscuring much of the word LIBERTY was found in 1994 as well. A second, different major die break on a 1994 Lincoln also surfaced.

Excitement was also observed among paper money collectors. A well-circulated, albeit rare example of the only Series 1918 $50 Federal Reserve Bank note design issued, was discovered during a spring clean-up by an Ohio collector in July 1994.

A new variety of California fractional gold half dollar was identified, graded and encapsulated by the Professional Coin Grading Service during 1994. The fractional gold piece, an octagonal half dollar dated 1874, was issued the Breen-Gillio number of 944-A (*California Pioneer Fractional Gold* by Walter Breen and Ronald J. Gillio).

Collectors of American state copper coins rejoiced with the discovery of a previously unknown variety of New Jersey copper. The initials WM were placed there by the coin's designer, a first for official Colonial coinage. The initials "WM" can be seen in small capital letters and stand for Walter Mould, the Englishman who operated New Jersey's Morristown Mint from 1787 to 1788.

A gold collector reported a new variety of the 1804 Capped Bust, Heraldic Eagle $5 half eagle turned up early in 1994. The obverse is the small date, but the ninth star does not touch the Y in LIBERTY.

About Trends

Readers often ask about U.S. Trends values — what they represent and what factors are considered when arriving at a Trends value for a specific coin.

Trends is simply a retail guide; one which offers "ballpark" estimates of current value, enabling buyers and sellers of rare coins to complete transactions. Values are formulated from many sources which offer price information.

Trends retail values are the highest values that a collector should reasonably expect to pay for a coin in each grade, and, for a coin that meets the strictest interpretation for that grade used by the PCGS, the Numismatic Guaranty Corporation of America and ANACS.

There are many different price levels at which a rare coin may trade. A single coin may trade several times during a coin show. A coin can trade wholesale from dealer X to dealer Y at $100. Dealer Y sells the coin to dealer Z for $125, who offers it to a collector for $150, taking it off the market.

Arriving at a fair value for a coin requires an understanding of its transaction history. Knowing at what level of transaction the coin is trading helps to formulate a realistic Trends value. Levels and percentages of Trend values are different for dealers and collectors because their reason for buying or selling rare coins are often different.

Dealers usually try to purchase coins at a percentage under the Trends value. The percentage depends on overhead expenses and immediate destination of the coin. If a dealer is buying a coin which he knows he can sell quickly, then he may pay a higher percentage of Trends. If a dealer is buying a coin because he likes it but has to place it in inventory, he will probably offer a lower percentage. This provides a hedge against the unknown and risks. He does not know how long he has to keep the coin before he can sell it, and takes the risk the market value of the coin may drop. If he is buying a coin to sell to another dealer, he may work on a narrower margin but still needs to buy the coin at a percentage under Trends to cover costs and profit.

Look at the collector side of the equation. A collector views Trends values in a different light from rare coin dealers. The Trends value tells the collector the top retail amount a no-problem coin may be worth in each grade category. If a collector pays full Trends value for a coin, this is the full retail value for the coin. If he has to pay more than Trends, either the value of the coin is increasing, competition for this particular date necessitates a higher value than listed in Trends to secure the coin or the collector has paid too much. A collector may be willing to pay more than Trends value if he believes the coin to have attributes which he deems worthy of the greater purchase price. If a collector purchases a coin below Trends value, he probably got a good deal from the seller, or he has become an excellent negotiator or the value of the coin is declining.

In a theoretical rare coin market, a reasonable percentage above the wholesale asked price is where the retail price level can be found. The percentage can differ from coin to coin depending on the variables which affect price, such as the cost of doing business. Collectors would buy coins at this retail price and sell at wholesale bid.

However, things don't always go the way they should on paper. Today's market is not acting as one might expect. Sometimes, collectors have been able to purchase coins at wholesale levels and in some cases below wholesale. This is not to say that every transaction is at wholesale but enough transactions are at or near wholesale levels to make a clear division of wholesale and retail impossible. When a market such as rare coins is thinly traded, it is ripe for this kind of activity. Liquidity problems among dealers has been one common recurring problem.

While Trends values are the result of price analysis, doing one's homework will always benefit a collector and his ability to make a proper decision.

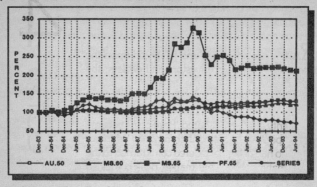

About the Index charts

The *Coin World* index charts in this book track the movement of individual series on a quarterly basis from December 1983 through June 1994. All information is garnered from *Coin World's* Trends.

December 1983 is the base month and is assigned the value 100. Price movement from that date is depicted as a percentage of the base value — a price rise of 10 percent is depicted as 110; a decrease of 10 percent, 90. These are not actual dollar amounts; a circulated grade in a particular series may have risen dramatically, while the Uncirculated values have remained steady. However, the actual dollar values of the Uncirculateds may be much higher than the circulated pieces.

Three value ranges for each series are depicted in the charts. The series line traces the movement of the series as a whole, across all available grade ranges. The highest available circulated grade is shown, as is the highest available Uncirculated grade. The exception is for charts depicting the currently circulating series. Here, the highest available Uncirculated grade and the highest available Proof grade are depicted, usually Mint State 65 and Proof 65.

The Index charts visually depict information from *Coin World* Trends. While no one has a lock on predicting the future, past performance is one of the tools market analysts watch carefully for indications of the future. But, past performance is no guarantee of future performance.

Changes in grading standards may also affect future price movements, as they have done in the past.

*R*ARE coin prices rise and fall based upon the interest of collectors, investors and dealers, the overall economy, changes in precious metals prices and a host of other factors.

In 1979-80, rare coins enjoyed immense popularity and prices soared. Rare coins became a very popular investment commodity as investors who had never considered coins turned to the numismatic hobby. That market peak coincided with higher precious metals prices, high inflation rates, interest rates that were six to eight points higher than they are today, oil prices that were much higher than they are currently and an otherwise weak national economy.

The rare coin boom was good for dealers, many of whom found themselves making more money than ever before. The average collector, on the other hand, found himself locked out of the booming market by high prices. Coins that a few years earlier were well within the budget of the average collector suddenly were being offered at prices that in many cases exceeded the collector's total annual budget for coins. Numismatic publications of the boom period were filled with letters from disgruntled collectors, angry over the high cost of collecting. Many said they were leaving the hobby, possibly forever.

However, interest in rare coins as investments waned as inflation seemed to be tamed and the national economy improved. Other, more traditional investments like the stock market began bringing higher returns than rare coins, and precious metals prices dropped. Common-date gold double eagles — $20 coins struck from 1850-1933 — that were worth $774 in precious metals value alone when gold was worth $800 an ounce dropped in value intrinsically as the price of gold lost half of its value in the early to mid-1980s.

Most market observers consider the bottom of the rare coin market to have coincided with the recession in the summer of 1982.

Problems in the numismatic market also helped lessen investor interest in rare coins. As prices dropped, dealers and others sought to maintain the values of their holdings. Grading standards tightened; in order to keep a value of a Mint State 65 coin, for example, a specimen would have to grade at a level that a few months earlier would have been called Mint State 67. Collectors, dealers and investors found that their holdings would have to pass stricter scrutiny. What would have been accepted as one grade level in 1979 — Mint State 65, for example — may have been accepted as only a Mint State 63 several years later, with a corresponding drop in price. Investors who were already losing money because of falling prices lost even more money as new grading standards made their coins worth even less.

From 1982 to 1987, grading standards changed and the market wavered. Some years were better than others, but the market never approached the levels achieved in 1979-80. That's not to say the market was dead. Indeed, many major collections entered the market through public auctions. Collections built over the span of decades by such collector greats as Virgil Brand, Emery May Norweb, Amon G. Carter Jr. and Robinson Brown were sold, often in auctions spaced over 18 months to three years. Prices for the classic rarities — coins such as the 1804 silver dollars and 1913 Liberty Head 5-cent coins — generally did not reach the lofty levels generated in 1979-80. In fact, some of the same pieces selling for record highs in those two years realized much lower prices when they reappeared at auction from 1981-87.

However, a "new" force began to emerge beginning in late 1987. The collector, who had all but abandoned the rare coin field since the boom period, began to return. Collector rarities became the most sought-after pieces, as well as common-date coins in top-notch conditions preferred by investors.

Meanwhile, investors were also re-examining the rare coin market. Coins that many collectors have always considered common suddenly became "rare" in the eyes of some dealers and investors. Franklin half dollars, struck from 1948 to 1963, became a "hot" item. Specimens in the higher levels of Mint State and sharply struck began realizing prices that only a few years earlier would have been unthinkable.

It is difficult to define what is a collector's coin and what is an investor's coin, since there is a great deal of overlapping. However, to generalize, investors — some of whom know little about numismatics — prefer high-grade coins, usually graded by a grading service and housed within that service's permanently sealed plastic holders (the sealed holders, investors believe, will prevent any future disagreement over a coin's grade). In many cases, the coin is a common-date piece; it is the high quality of the coin that attracts the investor because high profits can be made quickly.

Collectors, on the other hand, pride themselves on their advanced knowledge. While grade is important, the rarity of the coin or the variety is important (a variety is the difference between individual dies or hubs of the same basic design type). Many true collectors dislike the concept of permanently sealed holders because they cannot physically handle their coins.

The philosophies between the two groups differ as well. Investors purchase rare coins for one reason: to make a profit. Collectors, on the other hand, collect out of the sheer joy of collecting (although most would not mind if the value of their collections increases through the years).

We make no predictions in these pages about what the future may bring for rare coins. We provide the reader with information. The Trends listings give a guide as to retail value. The Coin World Trends Index charts provide a look at performance by quarterly increments over the past few years. Such charts reflect the past, and some use them as a tool for spotting undervalued series and as a means of projecting the future.

We will note that historically, the rare coin market appears to move in cycles. Q. David Bowers, a longtime and well-respected dealer, was one of the first in the hobby to write about price cycles. The overall market moves in cycles, with peaks in 1973-74 and 1979-80, and slumps in 1975-76 and 1981 to late 1987. In 1979-80, the cycle peaked, with prices and interest higher than ever before.

Individual series also experience cyclical movements, with gold coins popular in some years, Proof sets and rolls in other years, and silver dollars at other times.

How coins become rare

The first factor that makes a coin rare is its mintage. The term "mintage" is the number of specimens struck for any given date at a specific Mint. However, mintage figures are often deceptive. For example, the United States Mint struck a total of 312,500 1933 Indian Head eagles, a $10 gold coin. However, price records indicate that the coin is much rarer than the mintage would indicate; perhaps as few as 30-40 pieces now exist.

What happened? The coins were struck shortly before President Franklin D. Roosevelt signed an executive order forbidding Americans to own gold coins. The only gold coins not banned from private ownership were those with numismatic value held by collectors and dealers. Only a few of the 1933 Indian Head eagles struck were released into circulation; the rest were melted before they ever left the Mint. (The 1933 Saint-Gaudens double eagle, a $20 gold coin, was *never* released into circulation. However, a few pieces turned up in dealers' hands, only to be confiscated or withdrawn from circulation. Treasury officials deem it illegal to own the coin since it was never officially released.)

Another case of how mintage figures can be misleading is raised by the 1883 Liberty Head 5-cent varieties. Two distinct varieties were struck that year. The first bears the denomination on the reverse in the form of the Roman numeral V; the word "cents" does not appear. After larcenous individuals began gold-plating the Liberty Head, No CENTS 5-cent coin and passing it off as the similarly sized $5 gold half eagle, a new variety was struck. The second variety bears the word "cents" in addition to the Roman numeral V. Approximately three times as many of the second, with CENTS variety were struck (mintage: 16 million) as the first, no CENTS variety (mintage: 5.5 million). However, prices for the "more common" variety are much higher than for the lower mintage piece.

The sudden replacement of the 1883 Liberty, No CENTS 5-cent variety led to the quick withdrawal of the coin by the public, certain they had a rarity. The much more common variety entered circulation and stayed there, with many more pieces eventually consigned to the melting pot as they became too worn and were withdrawn by banks. Thus, many more specimens of the first variety were saved by collectors.

As noted, most coins end up in the melting pot. As coins circulate, they become worn, scratched and damaged. Eventually, they are returned to the Mint for melting. Gold and silver coins have been melted in large quantities by the government and by private individuals. When gold surpassed $800 an ounce and silver reached $50 an ounce in January 1980, millions of common-date gold and silver coins were melted for their precious metal content. A worn 1964 quarter dollar, for example, worth a dollar or less to a collector in 1978 had a bullion value of $9.04 when silver hit $50 an ounce!

Researchers study survival rates by degree of preservation. One author traced the appearances of all U.S. gold coins sold at auction by grade. Several grading services now publish "population reports" of the coins they grade, another indicator of the survival rate for a particular coin in a particular condition.

Unexpected supplies of coins turning up on the market can also have an impact on the rare coin market. A 1903-O Morgan silver dollar in Uncirculated was listed in a popular price guide published in 1962 as being valued at $1,500, and a 1904-O Morgan dollar, also in Uncirculated condition, was priced at $350. A year later, in the next edition of the same price guide, the 1903-O dollar was priced at $30 in the same grade, a loss of more than $1,400, and the 1904-O dollar was worth just $3.50, 1 percent of its value a year earlier!

What had happened was that the Treasury Department cleaned out some of its vaults as citizens turned in ever-increasing numbers of silver certificates in exchange for silver dollars. Numerous bags of the 1903-O and 1904-O dollars, in storage for nearly 60 years, were suddenly dumped onto the market at face value. Prices plummeted.

It is unlikely that such extreme examples will occur again. The Treasury Department sold the last of its silver dollar holdings beginning in 1972 in a series of seven sales, through the General Services Administration. However, some private hoards of certain coins may still exist.

Demand and dealer promotion can also affect the price of a coin. For example, certain types of error coins are promoted as part of the regular series although in actuality, they are not. For example, the 1955 Lincoln, Doubled Die cent is heavily promoted, as is the 1972 Lincoln, Doubled Die cent. Activity is high for both coins, collector albums often have a space reserved for them, and they are heavily promoted by dealers. However, other doubled die cents, much rarer than the 1955 and 1972 coins, are promoted only by a few dealers specializing in error coins. Their prices are often much lower than the heavily promoted pieces because their existence is known only to a few specialists, and the supply is greater than the demand.

About the Trends values

The values in this price guide were compiled by *Coin World* Trends Editor Keith M. Zaner through August 1993. *Coin World's* Trends is a comprehensive retail value guide of U.S. coins, published consecutively in a three-week cycle in *Coin World*. Many different sources are used in determining the Trends, including dealer price lists (both buy and sell), prices quoted on two dealer trading networks, public auction prices, realistic private transactions and any additional information acquired by the staff. Also, demand and rarity are key considerations in compiling Trends. Values are for problem-free, original and uncleaned coins with attractive color.

Coin World neither buys nor sells coins. Trends values are published as a reader service and may or may not be the same as an individual's or a firm's buy or sell prices.

Unless otherwise noted, condition (grade) designations are for the lowest possible level of each grade range. See **Chapter 8** for additional information concerning grading.

Reading a Trends listing

It is not possible to configure each line of Trends to the market peculiarities of each date and variety of every series of U.S. coin. As a result, holes may appear in the listing.

A dash listed among the values usually indicates a coin for which accurate market information is not available due to rarity or lack of activity in the marketplace. An asterisk indicates no coins issued. FV means the coin is commonly available at face value.

	F-12	VF-20	EF-40	AU-50	MS-60	MS-63	MS-65	Prf-65
1954 S/D	—	6.00	9.85	14.00	22.50	35.00	50.00	*
1955	.23	.25	.30	.35	.45	.60	2.15	8.00
1955-D	.07	.08	.10	.15	.19	.28	1.25	*

— = insufficient pricing data	* = None issued	FV = Face Value

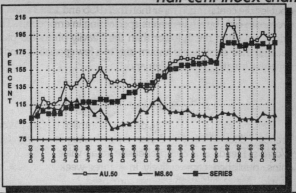

P
E
R
C
E
N
T

215
195
175
155
135
115
95
75

Dec-83 · Jun-84 · Dec-84 · Jun-85 · Dec-85 · Jun-86 · Dec-86 · Jun-87 · Dec-87 · Jun-88 · Dec-88 · Jun-89 · Dec-89 · Jun-90 · Dec-90 · Jun-91 · Dec-91 · Jun-92 · Dec-92 · Jun-93 · Dec-93 · Jun-94

—□— AU.50   —▲— MS.60   —■— SERIES

Liberty Cap, Left half cent

Date of authorization: April 2, 1792
Dates of issue: 1793
Designer/Engraver: Adam Eckfeldt
Diameter (Millimeters/inches): 23.50mm/0.93 inch
Weight (Grams/ounces): 6.739 grams/0.21666 ounce
Metallic content: 100% copper
Edge: Lettered (TWO HUNDRED FOR A DOLLAR)
Mint mark: None

	AG-3	G-4	VG-8	F-12	VF-20	EF-40
1793	700.	1475.	2350.	3250.	4750.	9000.

— = Insufficient pricing data   * = None issued   FV = Face Value

Liberty Cap, Right half cent

Date of authorization: April 2, 1792
Dates of issue: 1794-1797
Designers:
    (Large Head): Robert Scot
    (Small Head): Scot-John Gardner
Engraver: Robert Scot
Diameter (Millimeters/Inches): 23.50mm/0.93 inch
Weight (Grams/ounce):
    1794-1795: 6.739 grams/0.21666 ounce
    1795-1797: 5.443 grams/0.17500 ounce
Metallic content: 100% copper
Edge:
    1794-1797: Plain
    1797: Lettered (TWO HUNDRED FOR A DOLLAR)
    1797: Gripped
Mint mark: None

	AG-3	G-4	VG-8	F-12	VF-20	EF-40
1794	140.	275.	500.	825.	1900.	4000.
1795	85.00	215.	415.	685.	1075.	2350.
1796 With Pole	5000.	8500.	11000.	15000.	21500.	33500.
1796 No Pole	8000.	18000.	26000.	37500.	62500.	—
1797 Plain Edge	130.	225.	425.	750.	1450.	3000.
1797 Lettered Edge	390.	660.	1250.	2400.	5250.	—
1797 Gripped Edge	5250.	9500.	19000.	—	—	—

— = Insufficient pricing data   *** = None Issued**   **FV = Face Value**

Draped Bust half cent

Date of authorization: April 2, 1792
Dates of issue: 1800-1808
Designers:
  Obverse: Gilbert Stuart-Robert Scot
  Reverse: Scot-John Gardner
Engraver: Robert Scot
Diameter (Millimeters/inches): 23.50mm/0.93 inch
Weight (Grams/ounces): 5.443 grams/0.175 ounce
Metallic content: 100% copper
Edge: Plain
Mint mark: None

	G-4	VG-8	F-12	VF-20	EF-40	AU-50	MS-60
1800	29.00	55.00	100.	185.	375.	900.	1850.
1802/0	550.	1175.	2450.	9500.	—	—	—
1802/0 Reverse of 1800	15000.	27500.	45000.	—	—	—	—
1803	30.00	50.00	125.	225.	700.	1450.	3000.
1804	29.00	45.00	57.50	115.	250.	450.	1500.
1804 Spiked Chin	35.00	55.00	80.00	165.	365.	775.	1750.
1805	26.75	40.00	57.50	120.	325.	650.	1650.
1805 Small 5, Stems	525.	1700.	3000.	—	—	—	—
1806	26.00	35.00	50.00	90.00	190.	425.	1100.
1806 Small 6, Stems	185.	375.	675.	1250.	2650.	—	—
1807	30.00	50.00	75.00	130.	325.	600.	1650.
1808	28.00	55.00	100.	210.	400.	1000.	3250.
1808/7	120.	265.	600.	1850.	3250.	6500.	—

— = Insufficient pricing data　　　*** = None issued**　　　**FV = Face Value**

Classic Head half cent

Date of authorization: April 2, 1792
Dates of issue: 1809-1835
Designer/Engraver: John Reich
Diameter (Millimeters/inches): 23.50mm/0.93 inch
Weight (Grams/ounces): 5.443 grams/0.175 ounce
Metallic content: 100% copper
Edge: Plain
Mint mark: None

	G-4	VG-8	F-12	VF-20	EF-40	AU-50	MS-60
1809	24.00	32.50	47.50	80.00	140.	330.	775.
1809/6	27.50	37.50	52.50	90.00	215.	525.	950.
1810	31.00	47.50	80.00	170.	525.	1050.	2350.
1811	125.	280.	525.	1150.	3100.	——	——
1825	25.00	35.00	55.00	82.50	225.	500.	1000.
1826	21.00	30.00	42.50	60.00	125.	245.	495.
1828 13 Stars	21.00	30.00	37.00	55.00	105.	175.	300.
1828 12 Stars	21.50	32.00	45.00	90.00	240.	415.	1350.
1829	21.00	28.00	35.00	50.00	100.	165.	290.
1831 Originals and Restrikes Original Very Fine 25 $8600; Restrike Prf-66 $12,500.							
1832	21.00	28.00	35.00	47.00	75.00	120.	250.
1833	21.00	28.00	35.00	47.00	75.00	115.	245.
1834	21.00	28.00	35.00	47.00	75.00	115.	245.
1835	21.00	28.00	35.00	47.00	75.00	115.	245.
1836 Originals and Restrikes Original Prf-60 $3500, Prf-63 $5000; 2nd Restrike Prf-65 red $45000.							

— = Insufficient pricing data   * = None Issued   FV = Face Value

Coronet half cent

Date of authorization: April 2, 1792
Dates of issue: 1849-1857
Designers:
 Obverse: Robert Scot-Christian Gobrecht
 Reverse: John Reich-Gobrecht
Engraver: Christian Gobrecht
Diameter (Millimeters/inches): 23.50mm/0.93 inch
Weight (Grams/ounces): 5.443 grams/0.175 ounce
Metallic content: 100% copper
Edge: Plain
Mint mark: None

	G-4	VG-8	F-12	VF-20	EF-40	AU-50	MS-60	MS-63
1840-49 Originals and Restrikes AU-50 $2600 Prf-60 $3100 Prf-63 $5000 Prf-64 $8000								
1849 Large Date	32.00	40.00	55.00	70.00	120.	190.	310.	1150.
1850	34.00	42.00	60.00	80.00	145.	250.	385.	1350.
1851	29.00	32.50	35.00	50.00	67.50	125.	225.	515.
1852 Restrikes 1st Restrike Prf-60 $2500 Prf-63 $4400								
1853	29.00	32.50	35.00	50.00	67.50	120.	205.	375.
1854	30.00	33.00	37.50	50.00	67.50	120.	205.	385.
1855	30.00	32.50	37.00	55.00	67.50	125.	205.	375.
1856	32.00	35.00	38.00	62.50	80.00	140.	265.	575.
1857	35.00	40.00	50.00	90.00	125.	175.	290.	700.

Large cent index chart

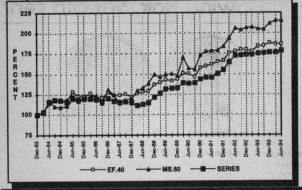

Flowing Hair, Chain cent

Date of authorization: April 2, 1792
Dates of issue: 1793
Designer/Engraver: Henry Voigt
Diameter (Millimeters/inches): 28.50mm/1.13 inches
Weight (Grams/ounces): 13.478 grams/0.43333 ounce
Metallic content: 100% copper
Edge: Vine and bars, or lettered (ONE HUNDRED FOR A DOLLAR)
Mint mark: None

	AG-3	G-4	VG-8	F-12	VF-20	EF-40	AU-50
1793 AMERICA	1050.	2450.	3600.	5450.	11250.	18000.	33500.
1793 AMERI	1350.	2650.	3700.	6100.	13000.	19750.	39000.

— = Insufficient pricing data	* = None issued	FV = Face Value

Flowing Hair, Wreath cent

Date of authorization: April 2, 1792
Dates of issue: 1793
Designers:
   Obverse: Henry Voigt-Adam Eckfeldt
   Reverse: Eckfeldt
Engraver: Adam Eckfeldt
Diameter (Millimeters/inches): 28.50mm/1.13 inches
Weight (Grams/ounces): 13.478 grams/0.43333 ounce
Metallic content: 100% copper
Edge: Plain, lettered (ONE HUNDRED FOR A DOLLAR)
Mint mark: None

	AG-3	G-4	VG-8	F-12	VF-20	EF-40	AU-50
1793	450.	900.	1350.	2300.	3750.	8500.	15500.
1793 Lettered Edge	575.	1100.	1550.	2700.	4350.	9500.	21000.
1793 Strawberry Leaf	125000.	175000.	275000.	——	——	——	——

Liberty Cap cent

Date of authorization: April 2, 1792
Dates of issue: 1793-1796
Designers:
    (1793-1794): Joseph Wright
    (1794-1796): Wright-John Gardner
Engravers:
    (1793-1794): Joseph Wright
    (1794-1796): Robert Scot
Diameter (Millimeters/inches): 28.50mm/1.13 ounces
Weight (Grams/ounces):
    1793-1795: 13.478 grams/0.43333 ounce
    1795-1796: 10.886 grams/0.34999 ounce
Metallic content: 100% copper
Edge: Plain, or lettered (ONE HUNDRED FOR A DOLLAR)
Mint mark: None

	AG-3	G-4	VG-8	F-12	VF-20	EF-40	AU-50
1793	1500.	2400.	3600.	7000.	13500.	——	——
1794 Head of 1793	525.	1150.	2400.	4100.	8250.	16500.	——
1794	72.50	150.	275.	475.	1000.	2850.	5250.
1794 Starred Reverse	5500.	10000.	18500.	37500.	85000.	——	——
1795 Plain Edge	75.00	145.	245.	435.	800.	1650.	4250.
1795 Lettered Edge	100.	190.	415.	750.	1550.	4250.	8250.
1795 Jefferson Head, Plain Edge	3750.	6750.	12500.	21000.	——	——	——
1796	100.	165.	325.	575.	1025.	2850.	7500.

— = Insufficient pricing data   * = None Issued   FV = Face Value

Draped Bust cent

Date of authorization: April 2, 1792
Dates of issue: 1796-1807
Designers:
  Obverse: Gilbert Stuart-Robert Scot
  Reverse: Joseph Wright-Scot
Engraver: Robert Scot
Diameter (Millimeters/inches): 28.50mm/1.13 inches
Weight (Grams/ounces): 10.886 grams/0.34999 ounce
Metallic content: 100% copper
Edge: Plain, lettered (ONE HUNDRED FOR A DOLLAR), gripped
Mint mark: None

	AG-3	G-4	VG-8	F-12	VF-20	EF-40	AU-50
1796 Reverse of 1794	85.00	185.	450.	725.	1300.	2500.	6250.
1796 Reverse of 1796	60.00	125.	230.	460.	885.	2150.	4600.
1796 Reverse of 1797	55.00	115.	225.	450.	825.	2000.	3650.
1796 LIBERTY	135.	265.	525.	1025.	2350.	6000.	——
1797 Reverse of 1797, Stems	28.00	60.00	150.	250.	550.	1450.	2400.
1797 Gripped Edge of 1796	37.50	80.00	190.	375.	750.	1850.	3200.
1797 Plain Edge of 1796	45.00	85.00	220.	425.	800.	1900.	——
1797 Reverse of 1797, Stemless	60.00	125.	285.	575.	1300.	3250.	7000.
1798 1st Hair Style	19.00	52.50	140.	300.	725.	1800.	3100.
1798 2nd Hair Style	19.00	47.50	100.	225.	390.	1175.	2450.
1798 Reverse of 1796	52.50	100.	265.	500.	1100.	3000.	7000.
1798/7 1st Hair Style	82.50	195.	275.	525.	1000.	3500.	7750.
1799	775.	1500.	2600.	5500.	14000.	——	——
1799/8	825.	1650.	2850.	6500.	16500.	——	——
1800 Normal Date	18.00	40.00	92.50	220.	575.	950.	2200.
1800/1798 1st Hair Style	22.50	62.50	160.	475.	1100.	2950.	7000.
1800 80/79 2nd Hair Style	20.50	50.00	120.	265.	650.	1850.	4500.
1801	12.50	27.00	67.50	150.	385.	700.	1800.
1801 3 Errors	60.00	110.	300.	750.	1650.	5000.	——
1801 1/000	17.00	50.00	125.	230.	500.	1175.	2300.
1801 1/100 over 1/000	22.50	85.00	175.	245.	600.	1350.	2700.
1802	13.00	26.00	63.50	175.	285.	825.	1600.
1802 Stemless	13.50	28.00	62.50	150.	265.	775.	1400.
1802 1/000	14.00	45.00	100.	225.	450.	925.	2050.
1803	11.50	25.00	52.50	110.	225.	575.	1300.
1803 Large Date, Small Fraction	1800.	4000.	8750.	14000.	——	——	——
1803 Large Date, Large Fraction	32.50	82.50	225.	550.	900.	1850.	3850.

— = Insufficient pricing data	*** = None issued**	**FV = Face Value**

Draped Bust cent (continued)

	AG-3	G-4	VG-8	F-12	VF-20	EF-40	AU-50
1803 Stemless	14.00	35.00	77.50	185.	540.	1100.	2150.
1803 1/100 over 1/000	16.50	40.00	92.50	205.	585.	1300.	2750.
1804	325.	550.	925.	1750.	3250.	7000.	14000.
1805	12.00	30.00	75.00	155.	300.	775.	1950.
1806	22.50	35.00	105.	245.	550.	1750.	3250.
1807 Large Fraction	15.00	28.50	57.50	150.	335.	700.	1300.
1807 Small Fraction	15.50	34.00	80.00	225.	424.	1250.	2500.
1807/6 Large 7	19.00	30.00	72.50	165.	375.	1100.	2150.
1807/6 Small 7	1350.	2450.	3900.	8000.	15500.	—	—

Classic Head cent

Date of authorization: April 2, 1792
Dates of issue: 1808-1814
Designer/Engraver: John Reich
Diameter (Millimeters/inches): 28.50mm/1.13 inches
Weight (Grams/ounces): 10.886 grams/0.35999 ounce
Metallic content: 100% copper
Edge: Plain
Mint mark: None

	AG-3	G-4	VG-8	F-12	VF-20	EF-40	AU-50
1808	18.00	35.00	100.	250.	550.	975.	1900.
1809	25.00	100.	225.	475.	925.	2500.	5250.
1810	16.00	32.00	70.00	200.	440.	1000.	1850.
1810 10/09	17.00	37.00	95.00	225.	465.	1075.	2050.
1811	20.00	75.00	160.	400.	775.	1500.	2800.
1811/0	24.00	90.00	195.	430.	975.	3500.	9750.
1812	15.00	29.00	60.00	190.	450.	1075.	2000.
1813	22.50	60.00	125.	280.	550.	1400.	2450.
1814	17.00	32.00	70.00	225.	500.	1100.	2100.

— = Insufficient pricing data   * = None issued   FV = Face Value

Coronet cent

Date of authorization: April 2, 1792
Dates of issue: 1816-1857
Designers:
(1816-1835) — Obverse: Robert Scot; Reverse: John Reich
(1835-1839) — Obverse: Scot-Christian Gobrecht; Reverse: Reich
(1839-1857) — Obverse: Scot-Gobrecht; Reverse: Reich-Gobrecht
Engravers:
(1816-1835) — Obverse : Scot; Reverse: Reich
(1835-1839) — Obverse: Gobrecht; Reverse: Reich
(1839-1857) — Obverse: Gobrecht; Reverse: Gobrecht
Diameter (Millimeters/inches): 28.50mm/1.13 inches
Weight (Grams/ounces): 10.886 grams/0.34999 ounce
Metallic content: 100% copper
Edge: Plain
Mint mark: None

	G-4	VG-8	F-12	VF-20	EF-40	AU-50	MS-60	MS-63
1816 Coronet	12.25	20.00	37.50	90.00	195.	325.	485.	1000.
1817 13 Stars	12.00	16.00	33.00	70.00	155.	300.	435.	685.
1817 15 Stars	13.25	21.50	37.00	115.	425.	1400.	2850.	——
1818	12.00	15.50	30.00	60.00	145.	240.	345.	650.
1819	12.00	17.00	31.00	60.00	150.	275.	360.	675.
1819/8	19.00	29.00	47.50	110.	260.	465.	950.	1650.
1820	12.25	18.00	33.00	60.00	145.	245.	355.	675.
1820/19	12.50	19.50	45.00	140.	350.	675.	1275.	2150.
1821	25.00	72.50	140.	465.	1200.	2650.	5750.	——
1822	12.00	18.00	45.00	110.	295.	750.	1750.	3000.
1823	60.00	160.	350.	775.	2500.	5850.	11500.	——
1823/2	50.00	100.	250.	700.	2350.	5600.	11250.	——
1824	12.25	20.00	57.50	185.	700.	1350.	3000.	7500.
1824/2	13.50	28.00	80.00	280.	1100.	2600.	6250.	——
1825	12.00	17.00	47.50	140.	425.	1100.	2750.	7000.
1826	11.75	15.00	45.00	100.	215.	435.	675.	1450.
1826/5	29.00	60.00	160.	375.	725.	1300.	3250.	7350.
1827	11.25	15.00	35.00	95.00	215.	445.	615.	1000.
1828 Large Date	11.00	14.00	30.00	65.00	170.	375.	465.	775.
1828 Small Date	15.00	25.00	57.50	125.	260.	575.	900.	1850.
1829 Large Letters	11.00	15.00	37.00	65.00	200.	540.	675.	1100.

— = insufficient pricing data   *** = None Issued**   **FV = Face Value**

Coronet cent (continued)

	G-4	VG-8	F-12	VF-20	EF-40	AU-50	MS-60	MS-63
1829 Medium Letters	15.00	27.50	80.00	250.	750.	1200.	——	——
1830 Large Letters	9.50	12.50	30.00	65.00	170.	325.	465.	700.
1830 Medium Letters	16.75	32.50	85.00	265.	765.	1250.	——	——
1831	9.00	12.50	28.00	52.50	165.	290.	450.	675.
1832	9.25	12.50	25.00	47.00	165.	280.	435.	675.
1833	9.00	12.00	24.50	45.00	160.	270.	425.	620.
1834	9.25	12.50	24.50	45.00	125.	255.	385.	600.
1834 Large 8, Stars, Reverse Letters	11.75	16.75	34.50	50.00	160.	275.	430.	725.
1834 Large 8, Stars, Medium Letters	90.00	185.	290.	550.	1050.	2350.	——	——
1835	9.25	12.00	27.50	50.00	155.	275.	390.	675.
1835 Type of 1836	9.00	10.75	23.00	50.00	160.	245.	375.	650.
1836	9.00	11.00	24.00	45.00	115.	205.	365.	600.
1837	8.75	10.00	22.00	35.00	85.00	180.	335.	590.
1838	8.50	10.50	21.00	34.00	80.00	175.	325.	570.
1839 Head of 1838	10.50	15.50	23.00	50.00	145.	315.	600.	1150.
1839/6	250.	575.	1150.	2400.	5000.	10500.	——	——
1839 Silly Head	11.00	14.00	29.00	70.00	195.	485.	1075.	2350.
1839 Booby Head	9.50	13.50	35.00	75.00	190.	475.	850.	1950.
1839	8.50	11.25	19.00	46.50	125.	195.	350.	675.
1840	7.65	10.50	17.00	32.00	75.00	160.	285.	360.
1840 Small Date, Large 18	10.00	12.50	25.00	52.50	160.	265.	390.	710.
1841 Small Date	7.70	11.50	25.00	50.00	155.	235.	355.	425.
1842	7.65	11.00	15.00	25.00	75.00	165.	290.	410.
1843 Petite Small Letters	7.65	10.50	19.00	45.00	87.50	180.	310.	450.
1843 Mature Large Letters	7.65	13.50	15.00	35.00	90.00	190.	325.	480.
1843 Petite Large Letters	14.50	21.00	45.00	120.	295.	525.	1050.	1850.
1844	7.50	10.00	14.00	32.00	85.00	195.	285.	385.
1844/81	22.00	31.00	50.00	140.	350.	700.	——	——
1845	7.50	10.00	13.00	21.00	62.50	135.	270.	360.
1846	7.50	10.00	13.00	19.00	60.00	125.	275.	365.
1846 Small Date	7.50	10.00	14.00	25.00	80.00	180.	345.	525.
1847	7.65	10.25	13.75	20.00	65.00	190.	300.	490.
1847 7/Small 7	12.50	22.00	35.00	65.00	250.	500.	1000.	——
1848	7.50	9.50	13.00	19.00	45.00	125.	250.	350.
1849	7.50	9.50	13.25	21.00	50.00	135.	255.	350.
1850	7.50	9.50	13.00	19.00	45.00	125.	240.	345.
1851	7.50	9.50	13.00	19.00	45.00	125.	240.	345.
1851/81	13.75	18.00	26.00	55.00	155.	250.	450.	1100.
1852	7.50	9.50	13.00	19.00	45.00	125.	240.	345.
1853	7.50	9.50	13.00	19.00	45.00	125.	240.	345.
1854	7.65	9.50	13.00	19.00	45.00	125.	240.	345.
1855	7.75	10.15	13.75	20.50	47.50	130.	260.	450.
1855 Slant 5, Knob	9.40	11.25	17.00	37.50	85.00	200.	400.	750.
1856	7.70	9.75	13.25	19.50	45.00	125.	255.	375.
1857 Small Date	32.00	41.00	52.50	60.00	97.00	155.	270.	550.
1857 Large Date	26.50	32.00	42.50	57.50	90.00	175.	325.	575.

—— = Insufficient pricing data   * = None Issued   FV = Face Value

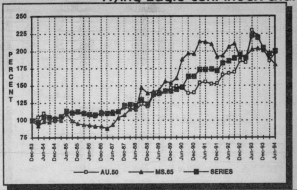

Flying Eagle cent index chart

Flying Eagle cent

Date of authorization: Feb. 21, 1857
Dates of issue: 1857-1858
Designers:
  Obverse: Christian Gobrecht-James B. Longacre
  Reverse: Longacre
Engraver: James B. Longacre
Diameter (Millimeters/inches): 19.30mm/0.76 inch
Weight (Grams/ounces): 4.666 grams/0.15002 ounce
Metallic content: 88% copper, 12% nickel
Edge: Plain
Mint mark: None

	G-4	VG-8	F-12	VF-20	EF-40	AU-50	MS-60	MS-63	MS-65
1856	2450.	3000.	3500.	4150.	4650.	5350.	6250.	6900.	18000.
1857	12.50	15.00	20.00	27.00	70.00	140.	255.	400.	2100.
1858 Large Letters	14.00	16.00	24.00	32.50	95.00	170.	275.	435.	2150.
1858 Small Letters	13.75	15.75	22.50	28.00	87.50	150.	260.	410.	2300.
1858/7	40.00	75.00	110.	210.	325.	625.	1150.	2600.	——

— = Insufficient pricing data	* = None issued	FV = Face Value

Indian Head cent index chart

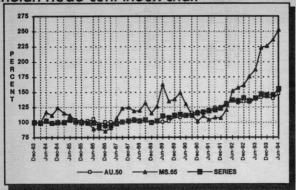

Legend: —○— AU-50 —▲— MS-65 —■— SERIES

Indian Head cent

Date of authorization: Feb. 21, 1857
Dates of issue: 1859-1909
Designer/Engraver: James B. Longacre
Diameter (Millimeters/inches):
    1859-1864: 19.30mm/0.76 inch
    1864-1909: 19.05mm/0.75 inch
Weight (Grams/ounces):
    1859-1864: 4.666 grams/0.15002 ounce
    1864-1909: 3.110 grams/0.09999 ounce
Metallic content:
    1859-1864: 88% copper, 12% nickel
    1864-1909: 95 % copper, 5% tin and zinc
Edge: Plain
Mint mark: 1908-1909, reverse under wreath

	G-4	VG-8	F-12	VF-20	EF-40	AU-50	MS-60	MS-63	MS-65
1859	7.00	8.50	12.00	28.00	66.00	115.	165.	310.	1850.
1860 Shield Added	5.00	6.50	9.00	13.00	38.00	70.00	110.	195.	700.
1861	14.00	17.00	22.50	35.00	67.50	135.	185.	280.	750.
1862	3.50	4.75	7.00	12.00	24.00	49.00	87.50	130.	700.
1863	3.00	4.25	6.00	10.00	20.00	45.00	65.00	145.	725.

— = Insufficient pricing data	*** = None issued**	**FV = Face Value**

	G-4	VG-8	F-12	VF-20	EF-40	AU-50	MS-60	MS-63	MS-65
1864 copper-nickel	12.00	15.00	17.00	22.50	40.00	70.00	135.	195.	825.
1864 bronze, Initial L	30.00	40.00	57.50	95.00	185.	225.	290.	435.	2750.
1864	5.00	7.50	11.00	21.00	34.00	45.00	70.00	135.	725.
1865	5.00	7.00	10.00	19.00	29.00	42.50	67.50	135.	700.
1866	24.50	28.00	45.00	65.00	125.	165.	210.	350.	3750.
1867	24.50	29.00	49.00	70.00	130.	175.	220.	360.	5750.
1868	24.50	28.00	45.00	65.00	125.	160.	205.	250.	2500.
1869	35.00	45.00	145.	210.	260.	380.	425.	550.	3900.
1870	29.00	37.50	140.	200.	245.	320.	380.	515.	2650.
1871	33.00	50.00	165.	235.	290.	375.	420.	600.	7000.
1872	47.50	67.50	205.	275.	325.	400.	455.	700.	9000.
1873 Closed 3	13.00	19.00	37.50	62.50	125.	270.	385.	485.	9000.
1873 Doubled LIBERTY	80.00	165.	375.	575.	1150.	1900.	2900.	6000.	—
1873 Open 3	11.00	15.00	24.50	37.50	85.00	140.	180.	265.	3750.
1874	11.00	14.00	22.00	36.00	82.50	110.	135.	225.	2950.
1875	10.00	15.00	23.00	38.00	77.50	110.	145.	235.	1850.
1876	19.50	24.00	32.50	46.00	95.00	125.	195.	285.	2850.
1877	285.	390.	485.	625.	1175.	1675.	2250.	2850.	12000.
1878	20.00	26.00	37.50	50.00	90.00	120.	180.	275.	1450.
1879	4.00	5.75	7.50	16.00	27.50	40.00	65.00	115.	575.
1880	2.50	3.50	5.00	7.00	20.00	35.00	57.50	105.	550.
1881	2.50	3.00	4.00	6.50	15.00	22.50	38.00	75.00	485.
1882	2.50	3.00	4.00	6.00	14.75	21.00	37.00	72.50	475.
1883	2.50	3.00	4.00	6.00	14.75	22.00	37.50	75.00	575.
1884	2.50	3.25	4.50	9.00	17.00	32.50	55.00	130.	1000.
1885	3.25	4.00	8.50	16.50	38.00	58.00	90.00	165.	1150.
1886 feather between I and C	3.00	3.50	9.00	28.00	55.00	90.00	135.	200.	1300.
1886 feather between C and A	3.50	4.00	12.00	35.00	80.00	135.	185.	400.	6500.
1887	1.15	1.55	2.75	5.00	12.00	18.00	35.00	65.00	525.
1888/7	450.	825.	1100.	1400.	1750.	2750.	9750.	22500.	—
1888	1.15	1.55	2.75	4.75	14.00	17.00	37.50	100.	1500.
1889	1.15	1.55	2.75	3.75	10.00	16.00	35.00	62.50	1400.
1890	1.15	1.40	1.95	3.50	9.00	15.50	30.00	58.00	1300.
1891	1.15	1.40	1.95	3.50	10.00	16.50	33.00	62.50	1225.
1892	1.15	1.40	1.95	3.50	9.00	15.50	30.00	57.50	1150.
1893	1.15	1.40	1.95	3.50	9.00	16.50	32.00	59.00	575.
1894	1.60	2.50	5.00	8.00	14.50	22.50	42.50	90.00	600.
1895	1.15	1.40	2.00	3.00	9.00	15.50	28.50	50.00	350.
1896	1.15	1.40	2.00	3.00	8.00	15.00	27.50	50.00	850.
1897	1.15	1.40	2.00	3.00	8.00	15.00	27.50	50.00	375.
1898	1.15	1.40	2.00	3.00	7.50	14.50	26.50	42.50	325.
1899	1.15	1.40	2.00	3.00	7.50	14.50	26.50	42.50	300.
1900	1.00	1.15	1.50	2.00	6.50	13.00	21.00	35.00	275.
1901	1.00	1.15	1.50	2.00	6.50	13.00	21.00	35.00	275.
1902	1.00	1.15	1.50	2.00	6.50	13.00	21.00	35.00	275.
1903	1.00	1.15	1.50	2.00	6.50	13.00	21.00	35.00	275.
1904	1.00	1.15	1.50	2.00	6.00	13.00	21.00	35.00	275.
1905	1.00	1.15	1.50	2.00	6.00	13.00	21.00	35.00	275.
1906	1.00	1.15	1.50	2.00	6.00	13.00	21.00	35.00	275.
1907	1.00	1.15	1.50	2.00	6.00	13.00	21.00	35.00	275.
1908	1.00	1.15	1.50	2.00	6.00	13.00	21.00	35.00	275.
1908-S	23.00	25.00	27.00	37.00	75.00	125.	200.	325.	1050.
1909	1.50	1.90	2.25	3.00	7.50	15.00	26.00	40.00	300.
1909-S	165.	180.	190.	210.	275.	335.	410.	500.	1600.

— = Insufficient pricing data   *** = None Issued**   **FV = Face Value**

Lincoln cent index chart

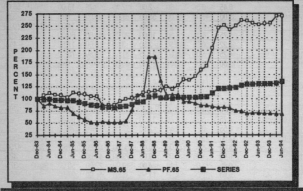

Lincoln, Wheat Ears cent

Date of authorization: Feb. 21, 1857
Dates of issue: 1909-1958
Designer: Victor D. Brenner
Engraver: Charles Barber
Diameter (Millimeters/Inches): 19.05mm/0.75 inch
Weight (Grams/ounces):
   1909-1942, 1944-1958: 3.110 grams/0.09999 ounce
   1943: 2.689 grams/0.08645 ounce; 2.754 grams/0.08854
Metallic content:
   1909-1942: 95% copper, 5% zinc and tin
   1942: 95% copper, 5% zinc
   1943: zinc-plated steel
   1944-1946: 95% copper, 5% zinc
   1947-1958: 95% copper, 5% zinc and tin
Edge: Plain
Mint mark: Obverse under date

	G-4	VG-8	F-12	VF-20	EF-40	AU-50	MS-60	MS-63	MS-65
1909 VDB	1.75	1.95	2.25	2.50	3.00	4.50	8.00	17.00	47.50
1909-S VDB	350.	400.	435.	485.	535.	575.	625.	750.	1950.

— = Insufficient pricing data	* = None issued	FV = Face Value

	G-4	VG-8	F-12	VF-20	EF-40	AU-50	MS-60	MS-63	MS-65
1909	0.45	0.50	0.90	2.00	2.75	5.75	13.00	24.00	55.00
1909-S	35.00	40.00	45.00	55.00	82.50	95.00	110.	145.	325.
1910	0.15	0.19	0.24	0.85	1.75	4.75	14.00	20.00	70.00
1910-S	5.75	6.75	7.50	10.00	20.00	45.00	60.00	79.00	250.
1911	0.22	0.25	0.50	2.50	3.50	8.00	17.50	30.00	115.
1911-D	4.25	5.00	6.50	11.25	31.50	46.50	75.00	120.	750.
1911-S	13.50	16.00	18.00	20.00	33.50	65.00	120.	175.	775.
1912	0.65	0.90	1.50	3.50	7.00	12.00	22.00	35.00	130.
1912-D	4.00	4.85	7.00	12.50	36.00	60.00	100.	160.	1250.
1912-S	9.00	11.00	12.75	15.00	29.00	47.00	95.00	140.	1000.
1913	0.50	0.65	1.15	2.85	6.50	11.00	21.50	35.00	190.
1913-D	2.00	2.25	3.50	6.75	20.00	37.50	75.00	135.	700.
1913-S	4.75	5.75	7.50	11.00	21.00	45.00	80.00	145.	1325.
1914	0.55	0.75	1.50	2.90	7.50	19.00	28.00	40.00	200.
1914-D	72.50	79.00	95.00	155.	385.	525.	800.	1250.	4500.
1914-S	8.00	8.75	12.00	20.00	30.00	60.00	160.	350.	4750.
1915	0.90	1.35	5.00	9.00	29.00	45.00	75.00	115.	325.
1915-D	0.85	1.00	2.10	4.00	10.00	22.00	50.00	90.00	375.
1915-S	6.00	7.00	8.00	11.50	25.00	55.00	97.50	195.	1650.
1916	0.10	0.15	0.35	1.10	2.50	5.00	12.50	24.00	97.50
1916-D	0.25	0.40	1.25	2.75	9.00	18.50	48.00	90.00	1550.
1916-S	0.95	1.15	1.60	2.75	7.75	18.00	50.00	120.	3450.
1917	0.10	0.15	0.35	1.00	2.75	5.25	11.50	23.50	95.00
1917-D	0.30	0.40	1.75	4.00	11.00	20.00	47.50	115.	800.
1917-S	0.40	0.45	1.00	2.00	6.00	25.00	60.00	185.	2250.
1918	0.10	0.15	0.35	0.75	2.50	4.50	10.50	22.00	97.50
1918-D	0.20	0.30	1.50	3.00	9.00	19.00	45.00	100.	1150.
1918-S	0.45	0.50	1.15	2.00	6.00	18.00	52.50	120.	5000.
1919	0.10	0.15	0.35	0.75	2.00	4.00	7.50	24.00	75.00
1919-D	0.20	0.30	0.50	1.50	4.50	15.50	40.00	82.50	700.
1919-S	0.20	0.30	0.50	1.15	2.00	12.00	30.00	75.00	2600.
1920	0.10	0.15	0.35	0.75	2.00	5.00	9.50	17.00	80.00
1920-D	0.20	0.26	0.45	2.00	7.00	15.75	52.50	85.00	505.
1920-S	0.20	0.30	0.50	1.00	3.50	15.00	62.50	185.	2900.
1921	0.22	0.28	0.40	1.35	4.50	14.00	32.50	57.50	160.
1921-S	0.75	0.80	1.30	3.50	11.50	45.00	110.	175.	2450.
1922 Missing D	175.	230.	325.	515.	1550.	2550.	4350.	10500.	———
1922-D	4.50	5.00	7.00	10.00	17.50	36.00	70.00	100.	725.
1923	0.15	0.20	0.27	1.00	2.25	5.00	12.00	21.00	150.
1923-S	1.60	1.85	3.00	5.25	19.00	55.00	165.	385.	2750.
1924	0.15	0.20	0.27	1.00	3.25	9.00	20.00	40.00	145.
1924-D	8.00	9.00	11.75	18.00	40.00	100.	225.	350.	3000.
1924-S	0.85	1.10	1.30	2.00	9.00	32.50	100.	200.	3850.
1925	0.10	0.15	0.20	0.40	2.00	4.50	9.50	18.50	65.00
1925-D	0.30	0.40	0.60	2.00	6.50	15.00	42.50	67.50	1500.
1925-S	0.28	0.35	0.45	1.00	4.50	20.00	57.50	135.	4250.
1926	0.10	0.15	0.20	0.40	1.75	3.50	8.00	15.00	35.00
1926-D	0.30	0.35	0.60	1.50	4.75	14.50	45.00	77.50	1200.
1926-S	2.10	2.25	2.75	4.00	10.00	42.50	97.50	185.	———
1927	0.10	0.15	0.20	0.40	1.75	3.00	7.00	14.00	60.00
1927-D	0.25	0.30	0.45	1.00	3.50	10.00	33.00	62.50	775.
1927-S	0.60	0.70	1.10	1.75	7.00	24.00	57.50	115.	1750.
1928	0.10	0.15	0.20	0.35	1.45	3.00	7.00	14.00	60.00
1928-D	0.25	0.30	0.35	1.00	2.50	8.50	20.00	45.00	425.
1928-S	0.45	0.50	0.60	1.75	3.50	10.00	46.00	82.50	400.
1929	0.10	0.15	0.20	0.45	1.25	2.75	5.00	14.00	52.50
1929-D	0.20	0.25	0.32	0.60	1.75	5.50	15.00	25.00	125.

— = Insufficient pricing data   * = None Issued   FV = Face Value

Lincoln, Wheat Ears cent (continued)

	G-4	VG-8	F-12	VF-20	EF-40	AU-50	MS-60	MS-63	MS-65
1929-S	0.18	0.23	0.30	0.40	1.40	3.00	7.50	16.00	115.
1930	0.09	0.14	0.19	0.35	1.00	2.00	3.75	9.00	30.00
1930-D	0.17	0.25	0.35	0.80	1.75	5.00	10.00	24.00	57.50
1930-S	0.18	0.30	0.35	0.65	1.15	2.50	6.00	14.00	52.50
1931	0.55	0.60	0.75	1.15	2.00	6.50	16.00	25.00	80.00
1931-D	1.85	2.00	2.25	3.75	7.00	25.00	40.00	72.50	400.
1931-S	28.00	29.00	30.00	32.00	38.00	44.00	49.00	72.50	210.
1932	1.35	1.45	1.75	2.25	3.25	8.50	16.50	22.00	50.00
1932-D	1.05	1.15	1.25	1.35	2.00	8.00	15.50	24.00	65.00
1933	1.25	1.30	1.45	2.00	3.15	8.50	14.50	20.00	45.00
1933-D	1.75	2.00	2.50	3.00	4.00	11.00	16.00	21.00	47.50

	F-12	VF-20	EF-40	AU-50	MS-60	MS-63	MS-65	PF-65
1934	0.25	0.40	0.75	1.25	2.50	4.50	12.50	*
1934-D	0.35	0.55	5.00	8.75	11.50	19.00	32.50	*
1935	0.22	0.40	0.65	0.90	1.25	4.25	6.00	*
1935-D	0.40	0.45	0.85	1.50	3.00	5.00	11.00	*
1935-S	0.65	1.50	2.50	4.25	8.00	12.50	37.50	*
1936	0.22	0.40	0.65	0.90	1.25	2.25	6.00	600.
1936-D	0.30	0.40	0.85	1.00	1.85	4.00	10.00	*
1936-S	0.30	0.50	1.00	1.50	2.35	4.75	10.75	*
1937	0.20	0.30	0.50	0.60	0.80	1.25	4.00	175.
1937-D	0.25	0.40	0.65	1.00	1.50	3.50	5.50	*
1937-S	0.25	0.40	0.65	1.00	1.25	2.50	8.50	*
1938	0.20	0.30	0.60	1.00	1.25	1.75	5.50	100.
1938-D	0.40	0.75	0.85	1.00	1.75	3.75	6.00	*
1938-S	0.35	0.55	0.80	1.00	1.45	2.50	8.25	*
1939	0.15	0.25	0.30	0.40	0.50	1.25	6.00	90.00
1939-D	0.40	0.75	1.25	1.65	2.50	4.50	13.00	*
1939-S	0.25	0.40	0.75	1.00	1.30	2.25	12.50	*
1940	0.20	0.30	0.40	0.45	0.60	1.25	3.00	90.00
1940-D	0.30	0.50	0.60	0.90	1.20	1.50	3.75	*
1940-S	0.30	0.50	0.60	1.00	1.40	1.85	5.75	*
1941	0.23	0.40	0.50	0.55	0.90	1.50	4.00	85.00
1941-D	0.40	0.60	0.90	1.45	1.95	3.25	6.75	*
1941-S	0.50	0.70	0.80	1.00	1.75	3.00	7.75	*
1942	0.20	0.30	0.40	0.45	0.80	1.00	2.75	100.
1942-D	0.25	0.35	0.45	0.65	0.85	1.00	3.75	*
1942-S	0.55	0.75	1.00	1.50	2.50	4.50	16.00	*
1943	0.10	0.25	0.40	0.65	0.75	1.00	4.00	*
1943-D	0.15	0.40	0.60	0.75	0.85	1.25	6.50	*
1943-S	0.25	0.50	0.75	1.00	1.25	2.50	9.50	*
1944	0.10	0.15	0.20	0.35	0.50	1.00	1.75	*
1944-D	0.20	0.25	0.30	0.35	0.40	0.50	2.00	*
1944-D/S Variety 1	65.00	140.	200.	245.	325.	400.	2000.	*
1944-D/S Variety 2	35.00	77.50	90.00	165.	215.	300.	1150.	*
1944-S	0.15	0.20	0.25	0.35	0.40	0.50	2.00	*
1945	0.10	0.15	0.24	0.45	0.85	1.00	1.70	*
1945-D	0.15	0.20	0.25	0.40	0.45	0.50	1.60	*
1945-S	0.15	0.20	0.25	0.40	0.55	0.65	2.00	*
1946	0.10	0.15	0.20	0.25	0.30	0.50	1.25	*
1946-D	0.15	0.18	0.20	0.25	0.30	0.50	1.50	*
1946-S	0.20	0.25	0.30	0.35	0.45	0.60	2.00	*
1947	0.20	0.30	0.40	0.75	1.15	1.50	3.00	*
1947-D	0.15	0.18	0.20	0.25	0.30	0.35	1.75	*

— = Insufficient pricing data   * = None issued   FV = Face Value

	F-12	VF-20	EF-40	AU-50	MS-60	MS-63	MS-65	Prf-65
1947-S	0.16	0.22	0.26	0.35	0.40	0.50	2.00	*
1948	0.20	0.30	0.40	0.65	0.75	0.95	2.25	*
1948-D	0.25	0.30	0.35	0.40	0.45	0.50	2.50	*
1948-S	0.30	0.40	0.50	0.85	0.90	1.00	3.00	*
1949	0.20	0.30	0.40	0.75	0.85	0.95	3.00	*
1949-D	0.30	0.40	0.50	0.70	0.80	0.95	3.50	*
1949-S	0.30	0.45	0.60	0.90	1.25	1.50	5.00	*
1950	0.07	0.15	0.25	0.50	0.75	0.95	2.00	35.00
1950-D	0.05	0.14	0.20	0.25	0.27	0.35	1.50	*
1950-S	0.07	0.15	0.25	0.55	0.80	0.95	2.65	*
1951	0.07	0.15	0.25	0.40	0.60	0.75	2.00	30.00
1951-D	0.05	0.10	0.20	0.30	0.35	0.40	1.65	*
1951-S	0.20	0.25	0.35	0.60	0.75	0.95	3.00	*
1952	0.07	0.12	0.25	0.45	0.60	0.75	2.75	29.00
1952-D	0.04	0.08	0.15	0.20	0.23	0.25	1.60	*
1952-S	0.07	0.12	0.25	0.50	0.75	1.10	2.50	*
1953	0.05	0.09	0.15	0.16	0.18	0.25	1.20	27.50
1953-D	0.04	0.08	0.15	0.16	0.18	0.25	1.25	*
1953-S	0.07	0.12	0.16	0.26	0.45	0.60	1.75	*
1954	0.12	0.16	0.20	0.30	0.35	0.50	1.50	12.00
1954-D	0.04	0.07	0.10	0.20	0.25	0.35	0.50	*
1954-S	0.05	0.08	0.10	0.18	0.20	0.25	0.60	*
1955	0.04	0.07	0.09	0.10	0.12	0.15	0.75	11.50
1955 Doubled Die	300.	375.	465.	575.	725.	1050.	4500.	*
1955-D	0.04	0.07	0.09	0.10	0.12	0.15	0.80	*
1955-S	0.15	0.18	0.20	0.25	0.30	0.55	1.25	*
1956	0.03	0.04	0.05	0.10	0.12	0.15	0.60	2.50
1956-D	0.03	0.04	0.05	0.10	0.12	0.15	0.60	*
1957	0.03	0.04	0.05	0.10	0.12	0.15	0.60	2.50
1957-D	0.03	0.04	0.05	0.10	0.12	0.15	0.60	*
1958	0.03	0.04	0.05	0.10	0.12	0.15	0.50	2.00
1958-D	0.03	0.04	0.05	0.10	0.12	0.15	0.50	*

Lincoln, Memorial cent

Date of authorization: Feb. 21, 1857
Dates of issue: 1959-present
Designers:
  Obverse: Victor D. Brenner
  Reverse: Frank Gasparro
Engraver:
  Obverse: Charles Barber
  Reverse: Gilroy Roberts
Diameter (Millimeters/inches): 19.05mm/0.75 inch

— = Insufficient pricing data	* = None issued	FV = Face Value

Lincoln, Memorial cent (continued)

Weight (Grams/ounces):
  1959-1982: 3.110 grams/0.09999 ounce
  1982-present: 2.5 grams/0.08038 ounce
Metallic content:
  1959-1962: 95% copper, 5% zinc and tin
  1962-1982: 95% copper, 5% zinc
  1982-present: 97.5% zinc, 2.5% copper (99.2% zinc, 0.8% copper
  planchet plated with pure copper)
Edge: Plain
Mint mark: Obverse under date

	F-12	VF-20	EF-40	AU-50	MS-60	MS-63	MS-65	Prf-65
1959	FV	FV	FV	FV	FV	0.15	0.50	1.50
1959-D	FV	FV	FV	FV	FV	0.15	0.50	*
1960 Large Date	FV	FV	FV	FV	FV	0.15	0.50	1.50
1960 Small Date	0.40	0.50	0.85	1.25	1.75	2.00	6.00	20.00
1960-D Large Date	FV	FV	FV	FV	FV	0.15	0.50	*
1960-D Small Date	0.03	0.05	0.10	0.20	0.25	0.30	1.65	*
1961	FV	FV	FV	FV	FV	0.15	0.50	0.75
1961-D	FV	FV	FV	FV	FV	0.15	0.50	*
1962	FV	FV	FV	FV	FV	0.15	0.50	0.75
1962-D	FV	FV	FV	FV	FV	0.15	0.50	*
1963	FV	FV	FV	FV	FV	0.15	0.50	0.75
1963-D	FV	FV	FV	FV	FV	0.15	0.50	*
1964	FV	FV	FV	FV	FV	0.15	0.50	0.75
1964-D	FV	FV	FV	FV	FV	0.15	0.50	*
1965	FV	FV	FV	FV	FV	0.15	1.00	*
1966	FV	FV	FV	FV	FV	0.35	1.05	*
1967	FV	FV	FV	FV	FV	0.20	1.00	*
1968	FV	FV	FV	FV	FV	0.15	0.50	*
1968-D	FV	FV	FV	FV	FV	0.15	0.50	*
1968-S	FV	FV	FV	FV	FV	0.15	0.85	0.90
1969	FV	FV	FV	FV	FV	0.30	1.35	*
1969-D	FV	FV	FV	FV	FV	0.15	0.50	*
1969-S	FV	FV	FV	FV	FV	0.15	0.50	0.90
1970	FV	FV	FV	FV	FV	0.25	1.00	*
1970-D	FV	FV	FV	FV	FV	0.15	0.50	*
1970-S Low 7	FV	FV	FV	FV	FV	0.15	0.50	0.90
1970-S Level 7	5.00	7.50	9.50	11.00	19.00	39.00	62.50	80.00
1971	FV	FV	FV	FV	FV	0.30	1.35	*
1971-D	FV	FV	FV	FV	FV	0.25	1.10	*
1971-S	FV	FV	FV	FV	FV	0.20	1.00	0.90
1972	FV	FV	FV	FV	FV	0.15	0.50	*
1972-D	FV	FV	FV	FV	FV	0.15	0.50	*
1972-S	FV	FV	FV	FV	FV	0.20	0.50	0.90
1972 Doubled Die	—	—	—	145.	155.	175.	285.	*
1973	FV	FV	FV	FV	FV	0.15	0.50	*
1973-D	FV	FV	FV	FV	FV	0.15	0.50	*
1973-S	FV	FV	FV	FV	FV	0.25	0.50	0.90
1974	FV	FV	FV	FV	FV	0.15	0.50	*
1974-D	FV	FV	FV	FV	FV	0.15	0.50	*
1974-S	FV	FV	FV	FV	FV	0.25	0.85	0.90
1975	FV	FV	FV	FV	FV	0.15	0.50	*
1975-D	FV	FV	FV	FV	FV	0.15	0.50	*
1975-S	*	*	*	*	*	*	*	3.50

— = Insufficient pricing data	* = None Issued	FV = Face Value

	F-12	VF-20	EF-40	AU-50	MS-60	MS-63	MS-65	Prf-65
1976	FV	FV	FV	FV	FV	0.15	0.50	*
1976-D	FV	FV	FV	FV	FV	0.15	0.50	*
1976-S	*	*	*	*	*	*	*	3.50
1977	FV	FV	FV	FV	FV	0.15	0.50	*
1977-D	FV	FV	FV	FV	FV	0.15	0.50	*
1977-S	*	*	*	*	*	*	*	3.25
1978	FV	FV	FV	FV	FV	0.15	0.50	*
1978-D	FV	FV	FV	FV	FV	0.15	0.50	*
1978-S	*	*	*	*	*	*	*	2.85
1979	FV	FV	FV	FV	FV	0.15	0.50	*
1979-D	FV	FV	FV	FV	FV	0.15	0.50	*
1979-S Filled S	*	*	*	*	*	*	*	1.75
1979-S Clear S	*	*	*	*	*	*	*	2.50
1980	FV	FV	FV	FV	FV	0.15	0.50	*
1980-D	FV	FV	FV	FV	FV	0.15	0.50	*
1980-S	*	*	*	*	*	*	*	1.50
1981	FV	FV	FV	FV	FV	0.15	0.50	*
1981-D	FV	FV	FV	FV	FV	0.15	0.50	*
1981-S	*	*	*	*	*	*	*	1.50
1982 Large Date brass	FV	FV	FV	FV	0.12	0.20	0.50	*
1982 Large Date zinc	FV	FV	FV	FV	0.22	0.25	0.95	*
1982 Small Date brass	FV	FV	FV	FV	0.17	0.30	1.00	*
1982 Small Date zinc	FV	FV	FV	FV	0.67	0.75	1.75	*
1982-D Large Date brass	FV	FV	FV	FV	0.12	0.20	0.70	*
1982-D Large Date zinc	FV	FV	FV	FV	0.17	0.30	1.20	*
1982-D Small Date zinc	FV	FV	FV	FV	0.14	0.24	0.85	*
1982-S	*	*	*	*	*	*	*	3.00
1983	FV	FV	FV	FV	FV	0.15	0.50	*
1983-D	FV	FV	FV	FV	FV	0.15	0.50	*
1983-S	*	*	*	*	*	*	*	3.50
1983 Doubled Die	—	—	—	130.	155.	180.	280.	*
1984	FV	FV	FV	FV	FV	0.20	0.50	*
1984-D	FV	FV	FV	FV	0.17	0.75	1.00	*
1984-S	*	*	*	*	*	*	*	4.00
1984 Doubled Die	—	—	—	—	135.	170.	215.	*
1985	FV	FV	FV	FV	FV	0.50	0.50	*
1985-D	FV	FV	FV	FV	FV	0.15	0.50	*
1985-S	*	*	*	*	*	*	*	3.00
1986	FV	FV	FV	FV	0.15	0.75	0.90	*
1986-D	FV	FV	FV	FV	FV	0.20	0.50	*
1986-S	*	*	*	*	*	*	*	8.00
1987	FV	FV	FV	FV	FV	0.50	0.50	*
1987-D	FV	FV	FV	FV	FV	0.15	0.50	*
1987-S	*	*	*	*	*	*	*	3.00
1988	FV	FV	FV	FV	FV	0.15	0.50	*
1988-D	FV	FV	FV	FV	FV	0.15	0.50	*
1988-S	*	*	*	*	*	*	*	4.50
1989	FV	FV	FV	FV	FV	0.15	0.50	*
1989-D	FV	FV	FV	FV	FV	0.15	0.50	*
1989-S	*	*	*	*	*	*	*	5.00
1990	FV	FV	FV	FV	FV	0.15	0.50	*
1990-D	FV	FV	FV	FV	FV	0.15	0.50	*
1990-S	*	*	*	*	*	*	*	6.50
1991	FV	FV	FV	FV	FV	0.15	0.50	*
1991-D	FV	FV	FV	FV	FV	0.15	0.50	*
1991-S	*	*	*	*	*	*	*	8.50
1992	FV	FV	FV	FV	FV	0.15	0.50	*

— = Insufficient pricing data   * = None issued   FV = Face Value

Lincoln, Memorial cent (continued)

	F-12	VF-20	EF-40	AU-50	MS-60	MS-63	MS-65	Prf-65
1992-D	FV	FV	FV	FV	FV	0.15	0.50	*
1992-S	*	*	*	*	*	*	*	6.00
1993	FV	FV	FV	FV	FV	0.15	0.50	*
1993-D	FV	FV	FV	FV	FV	0.15	0.50	*
1993-S	*	*	*	*	*	*	*	6.00
1994	FV	FV	FV	FV	FV	0.15	0.50	*
1994-D	FV	FV	FV	FV	FV	0.15	0.50	*
1994-S	*	*	*	*	*	*	*	6.00

2 cents index chart

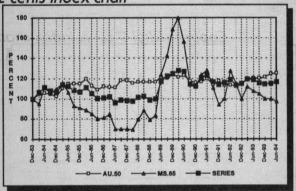

2 cents

Date of authorization: April 22, 1864
Dates of issue: 1864-1872
Designer/Engraver: James B. Longacre
Diameter (Millimeters/inches): 23.00mm/0.91 inch
Weight (Grams/ounces): 6.221 grams/0.20001 ounce
Metallic content: 95% copper, 5% zinc and tin
Edge: Plain
Mint mark: None

— = Insufficient pricing data	* = None issued	FV = Face Value

	F-12	VF-20	EF-40	AU-50	MS-60	MS-63	MS-65	PF-63	PF-65
1864 Small Motto	92.50	155.	225.	375.	525.	1050.	2650.	12500.	50000.
1864 Large Motto	17.00	21.00	28.50	52.50	100.	135.	1100.	675.	2550.
1865	17.50	21.50	29.00	54.00	110.	140.	1200.	500.	2100.
1866	18.00	22.00	29.00	56.00	110.	155.	1350.	425.	1775.
1867	18.00	22.00	31.00	62.50	115.	170.	1300.	430.	1950.
1868	18.50	23.00	32.00	65.00	125.	215.	1400.	425.	1750.
1869	20.00	26.00	37.50	75.00	125.	200.	1250.	425.	1700.
1870	21.00	35.00	60.00	85.00	150.	300.	1950.	525.	1750.
1871	25.00	42.50	77.50	130.	225.	390.	2300.	575.	180○.
1872	165.	275.	350.	525.	750.	1200.	2700.	675.	1900.
1873 Closed 3 Proofs Only				950.		1150.	—	—	1375.	2500.
1873 Open 3 Restrike Proofs Only				—	1300.	—	—	1650.	6000.

Copper-nickel 3 cents index chart

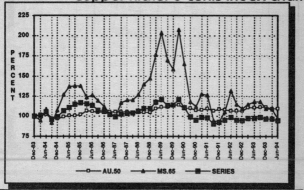

Copper-nickel 3 cents

Date of authorization: April 22, 1864
Dates of issue: 1865-1889
Designer/Engraver: James B. Longacre
Diameter (Millimeters/inches): 17.90mm/0.71 inch
Weight (Grams/ounces): 1.944 grams/0.0625 ounce
Metallic content: 75% copper, 25% nickel

— = Insufficient pricing data   * = None Issued   FV = Face Value

---

Copper-nickel 3 cents (continued)

Edge: Plain
Mint mark: None

	F-12	VF-20	EF-40	AU-50	MS-60	MS-63	MS-65	PF-65
1865	7.50	9.00	14.00	37.00	80.00	125.	725.	2350.
1866	7.50	9.00	14.00	37.00	80.00	125.	750.	1250.
1867	7.50	9.00	14.00	37.00	82.50	130.	775.	1025.
1868	7.50	9.00	15.00	38.00	85.00	130.	750.	1050.
1869	8.00	9.50	16.50	39.00	92.50	145.	850.	850.
1870	8.00	9.50	17.50	40.00	95.00	145.	825.	1100.
1871	9.00	12.50	20.00	50.00	110.	150.	825.	740.
1872	8.50	11.00	19.00	47.50	100.	185.	1350.	635.
1873 Closed 3	12.00	25.00	35.00	65.00	140.	265.	2650.	750.
1873 Open 3	9.50	14.00	22.00	40.00	95.00	165.	2600.	—
1874	9.50	14.00	22.00	47.50	110.	190.	2450.	725.
1875	11.50	20.50	27.00	70.00	130.	220.	775.	1075.
1876	15.00	24.00	37.50	80.00	165.	290.	1950.	650.
1877 (Proofs only)	1050.	1100.	1150.	1175.	1200.	1250.	*	1900.
1878 (Proofs only)	450.	550.	575.	600.	625.	700.	*	875.
1879	60.00	70.00	85.00	135.	220.	290.	775.	635.
1880	80.00	105.	135.	180.	230.	310.	775.	600.
1881	7.50	9.50	16.00	39.00	80.00	130.	775.	560.
1882	65.00	80.00	110.	165.	245.	350.	875.	550.
1883	175.	200.	245.	280.	390.	925.	2250.	540.
1884	335.	375.	410.	480.	525.	1200.	2700.	545.
1885	450.	500.	565.	625.	700.	1050.	2200.	560.
1886 (Proofs only)	400.	425.	450.	475.	525.	600.	*	625.
1887/6 (Proofs only)	450.	475.	500.	565.	585.	650.	*	675.
1887	250.	285.	315.	365.	425.	875.	1200.	700.
1888	42.50	48.00	60.00	100.	180.	300.	750.	545.
1889	75.00	85.00	95.00	125.	220.	350.	775.	540.

Silver 3 cents index chart

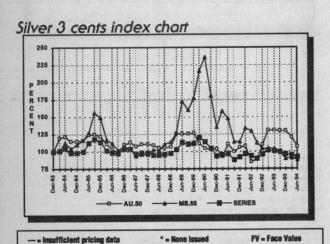

— = Insufficient pricing data   * = None issued   FV = Face Value

Silver 3 cents

Date of authorization: March 3, 1851
Dates of issue: 1851-1873
Designer/Engraver: James B. Longacre
Diameter (Millimeters/inches): 14.00mm/0.55 inch
Weight (Grams/ounces):
   (1851-1853): 0.802 gram/0.02578 ounce
   (1854-1873): 0.746 gram/0.02398 ounce
Metallic content:
   (1851-1853): 75% silver, 25% copper
   (1854-1873): 90% silver, 10% copper
Weight of pure silver:
   (1851-1853): 0.6015 grams/0.01934
   (1854-1873): 0.6714 grams/0.02159
Edge: Plain
Mint mark: 1851-O only, reverse right field

	VG-8	F-12	VF-20	EF-40	AU-50	MS-60	MS-63	MS-65
1851 1 Outline of Star	14.50	18.50	25.00	48.00	95.00	155.	250.	1275.
1851-O	18.00	30.00	55.00	95.00	185.	300.	550.	2750.
1852	14.50	18.50	25.00	48.00	95.00	155.	250.	1275.
1853	14.50	18.50	25.00	48.00	95.00	155.	255.	1300.
1854 3 Outlines of Star	19.00	25.00	47.50	85.00	200.	290.	600.	4550.
1855	25.00	45.00	70.00	115.	225.	525.	1100.	10500.
1856	18.00	24.00	45.00	80.00	195.	285.	635.	5250.
1857	18.25	24.25	47.50	85.00	185.	280.	600.	4650.
1858	18.00	24.00	45.00	80.00	170.	275.	590.	4550.
1859 2 Outlines of Star	16.00	21.35	34.00	60.00	105.	170.	305.	1250.
1860	16.00	21.00	33.50	60.00	105.	165.	300.	1225.
1861	16.00	21.35	34.00	60.00	100.	160.	295.	1225.
1862	16.00	21.35	34.00	60.00	100.	160.	290.	1200.
1862/1	——	24.00	40.00	75.00	150.	210.	425.	1350.

	AU-50	MS-60	MS-63	MS-65	PF-60	PF-63	PF-65
1863	380.	625.	800.	1500.	325.	420.	1325.
1863/2 (Proofs only)	440.	——	——	——	400.	445.	4000.
1864	390.	625.	875.	1675.	325.	430.	1350.
1865	390.	635.	825.	1550.	335.	460.	1375.
1866	390.	635.	825.	1650.	325.	430.	1400.
1867	400.	650.	840.	4500.	345.	435.	1375.
1868	405.	660.	900.	——	330.	435.	1375.
1869	415.	675.	875.	4000.	330.	435.	1350.
1869/8 (Proofs only)	525.	——	——	——	550.	900.	——
1870	420.	685.	900.	3500.	350.	470.	1375.
1871	415.	665.	840.	2000.	375.	570.	1375.
1872	600.	800.	1350.	4500.	425.	645.	1425.
1873 Closed 3 (Proofs only)	700.	*	*	*	625.	825.	1550.

—— = Insufficient pricing data	* = None Issued	FV = Face Value

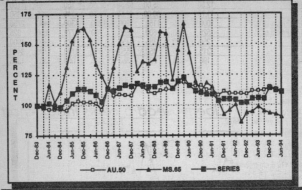

Shield 5 cents

Date of authorization: May 16, 1866
Dates of issue: 1866-1883
Designer/Engraver: James B. Longacre
Diameter (Millimeters/inches): 20.50mm/0.81 inch
Weight (Grams/ounces): 5.000 grams/0.16075 ounce
Metallic content: 75% copper, 25% nickel
Edge: Plain
Mint mark: None

	VG-8	F-12	VF-20	EF-40	AU-50	MS-60	MS-63	MS-65
1866 Rays	16.50	20.00	35.00	87.50	130.	215.	385.	2100.
1867 Rays	18.50	23.50	45.00	110.	185.	290.	475.	3400.
1867 No Rays	9.00	11.50	14.00	27.50	47.50	87.50	200.	600.
1868	9.00	11.50	14.00	27.50	50.00	87.50	200.	575.
1869	9.00	11.50	14.25	28.00	50.00	90.00	205.	725.
1870	9.50	12.50	20.00	35.00	65.00	135.	250.	950.
1871	40.00	55.00	67.50	110.	175.	300.	535.	1500.
1872	9.50	12.50	20.00	35.00	65.00	145.	280.	950.
1873 Closed 3	30.00	37.50	62.50	105.	155.	225.	375.	1150.
1873 Open 3	9.50	12.50	20.50	36.00	65.00	135.	245.	750.
1874	10.00	13.50	27.50	42.50	67.50	145.	265.	1200.

— = Insufficient pricing data   * = None issued   FV = Face Value

	VG-8	F-12	VF-20	EF-40	AU-50	MS-60	MS-63	MS-65
1875	12.50	18.00	35.00	52.50	82.50	160.	290.	1700.
1876	11.75	17.50	30.00	47.50	75.00	145.	265.	1350.
1877 (Proofs only)	1000.	1075.	1150.	1200.	1250.	1300.	1450.	2750.
1878 (Proofs only)	525.	550.	600.	650.	700.	775.	850.	925.
1879	250.	300.	385.	450.	500.	575.	900.	1900.
1880	315.	375.	450.	550.	600.	1100.	1700.	3400.
1881	190.	235.	290.	365.	465.	600.	825.	1325.
1882	9.00	11.25	14.50	27.50	47.50	90.00	200.	565.
1883	9.25	11.50	15.00	28.00	50.00	90.00	195.	550.
1883/2	50.00	75.00	110.	135.	165.	225.	850.	2500.

Liberty Head 5 cents index chart

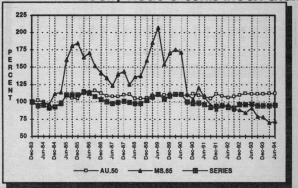

Liberty Head 5 cents

Date of authorization: May 16, 1866
Dates of issue: 1883-1912
Designer/Engraver: Charles Barber
Diameter (Millimeters/inches): 21.21mm/0.84 inch
Weight (Grams/ounces): 5.000 grams/0.16075 ounce
Metallic content: 75% copper, 25% nickel
Edge: Plain
Mint mark: 1912 only, reverse left of CENTS

— = Insufficient pricing data	* = None Issued	FV = Face Value

Liberty Head 5 cents (continued)

	VG-8	F-12	VF-20	EF-40	AU-50	MS-60	MS-63	MS-65
1883 No CENTS	2.50	3.00	4.50	6.00	11.00	27.50	37.00	385.
1883 CENTS	8.50	13.00	19.50	35.00	62.50	90.00	105.	490.
1884	9.00	15.00	22.00	42.50	77.50	120.	205.	900.
1885	230.	285.	385.	585.	700.	825.	950.	2000.
1886	70.00	130.	165.	225.	315.	465.	650.	1300.
1887	8.00	13.00	18.00	36.00	62.50	90.00	135.	665.
1888	11.00	18.00	29.00	50.00	92.50	125.	215.	700.
1889	6.50	12.00	18.50	33.00	60.00	87.50	130.	650.
1890	6.75	13.00	19.00	36.00	61.00	97.50	155.	775.
1891	6.00	11.00	14.50	30.00	60.00	85.00	125.	735.
1892	6.00	11.00	15.00	33.00	62.50	97.50	155.	750.
1893	6.00	11.00	15.50	31.00	60.00	85.00	145.	725.
1894	8.00	30.00	60.00	115.	160.	190.	250.	750.
1895	4.50	10.50	14.50	32.50	57.50	90.00	140.	800.
1896	5.50	11.00	20.00	37.00	62.50	92.50	165.	850.
1897	2.50	5.00	7.75	19.00	55.00	82.50	130.	875.
1898	2.65	5.25	8.00	19.50	59.00	85.00	135.	750.
1899	1.25	4.75	7.75	19.50	55.00	80.00	120.	470.
1900	1.15	4.25	6.00	15.00	45.00	80.00	105.	450.
1901	1.15	3.75	6.00	15.00	45.00	77.50	110.	460.
1902	1.15	3.75	6.00	15.00	45.00	77.50	110.	465.
1903	1.15	3.75	6.00	15.00	45.00	80.00	105.	460.
1904	1.25	4.50	7.00	16.50	50.00	80.00	115.	460.
1905	1.15	3.75	6.00	15.00	45.00	75.00	105.	450.
1906	1.15	3.75	6.00	15.00	45.00	77.50	110.	475.
1907	1.15	3.75	6.00	15.00	45.00	75.00	105.	475.
1908	1.15	3.75	6.00	15.00	45.00	77.50	110.	560.
1909	1.30	4.50	8.00	18.00	55.00	90.00	120.	550.
1910	1.15	3.50	5.75	14.00	42.50	72.50	105.	490.
1911	1.15	3.50	5.75	14.50	42.50	72.50	105.	460.
1912	1.15	3.50	5.75	14.50	42.50	72.50	110.	500.
1912-D	1.40	5.00	9.00	39.00	85.00	155.	210.	825.
1912-S	45.00	75.00	230.	375.	475.	550.	725.	2250.

1913 Proof 63 $1000000.

Indian Head 5 cents index chart

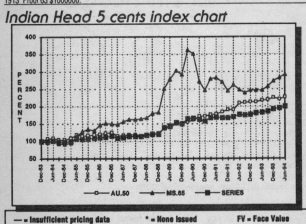

— = Insufficient pricing data   * = None Issued   FV = Face Value

Indian Head 5 cents

"Buffalo nickel"
Date of authorization: May 16, 1866
Dates of issue: 1913-1938
Designer: James Earle Fraser
Engraver: Charles Barber
Diameter (Millimeters/inches): 21.21mm/0.84 inch
Weight (Grams/ounces): 5.000 grams/0.16075 ounce
Metallic content: 75% copper, 25% nickel
Edge: Plain
Mint mark: Reverse below FIVE CENTS

	G-4	VG-8	F-12	VF-20	EF-40	AU-50	MS-60	MS-63	MS-65
1913 Mound	4.50	5.25	6.00	7.25	10.50	18.00	29.00	40.00	85.00
1913-D Mound	6.50	7.75	9.50	12.50	19.50	35.00	50.00	65.00	190.
1913-S Mound	10.75	13.50	18.00	23.50	37.50	55.00	70.00	115.	725.
1913 Plain	4.00	5.00	6.00	7.00	11.00	20.00	28.00	46.00	335.
1913-D Plain	32.50	37.50	43.00	50.00	70.00	100.	150.	240.	975.
1913-S Plain	75.00	92.50	130.	165.	205.	255.	325.	475.	2300.
1914	5.00	6.00	7.00	9.00	15.00	27.00	40.00	65.00	345.
1914-D	27.50	38.00	50.00	62.50	105.	135.	195.	295.	1200.
1914-S	6.00	8.00	12.00	20.00	30.00	47.50	120.	300.	2450.
1915	3.00	3.75	5.00	7.00	12.00	22.50	41.00	65.00	285.
1915-D	7.00	10.00	22.50	34.00	48.00	67.50	155.	275.	2350.
1915-S	12.00	16.50	30.00	72.50	140.	235.	350.	725.	2325.
1916	1.00	1.25	2.00	3.75	6.00	15.00	35.00	50.00	275.
1916 Doubled Die	2600.	3500.	5250.	6750.	9000.	12500.	16000.	35000.	—
1916-D	6.00	8.00	13.00	21.50	44.00	68.00	125.	235.	2950.
1916-S	4.00	5.00	9.00	19.00	40.00	75.00	135.	300.	2800.
1917	1.00	1.35	2.25	5.50	10.00	26.00	43.00	85.00	450.
1917-D	6.00	8.00	18.00	42.50	85.00	140.	275.	515.	2575.
1917-S	6.00	8.50	19.00	45.00	115.	210.	365.	600.	2800.
1918	1.10	1.45	3.00	8.25	16.50	27.50	45.00	125.	1375.
1918/7-D	350.	530.	1000.	2000.	4500.	7750.	11500.	25000.	—
1918-D	6.00	8.25	19.00	63.00	150.	240.	320.	650.	3200.
1918-S	5.00	7.50	18.00	62.50	140.	235.	500.	1250.	8250.
1919	0.95	1.15	1.75	3.50	8.00	21.00	40.00	67.50	405.
1919-D	6.00	9.00	19.00	75.00	175.	250.	415.	725.	3300.
1919-S	4.00	6.00	14.00	60.00	160.	245.	460.	740.	6750.
1920	0.75	1.00	1.75	4.00	9.00	24.00	40.00	75.00	625.
1920-D	5.00	7.00	19.00	75.00	190.	290.	450.	1000.	4350.
1920-S	2.50	4.00	10.00	50.00	140.	190.	285.	850.	12000.
1921	1.05	1.30	3.00	8.50	21.00	40.00	80.00	120.	550.
1921-S	16.00	25.00	50.00	285.	675.	850.	1275.	1950.	3900.

— = Insufficient pricing data   * = None issued   FV = Face Value

Indian Head 5 cents (continued)

	G-4	VG-8	F-12	VF-20	EF-40	AU-50	MS-60	MS-63	MS-65
1923	0.75	0.85	1.50	3.75	8.00	18.00	35.00	60.00	530.
1923-S	2.00	3.25	7.00	85.00	185.	225.	330.	575.	7000.
1924	0.75	1.00	1.75	4.00	9.50	27.50	45.00	75.00	535.
1924-D	2.35	3.40	10.00	50.00	140.	185.	350.	575.	2600.
1924-S	5.00	8.00	30.00	425.	1050.	1350.	1525.	1950.	4000.
1925	0.75	0.85	1.35	3.50	9.00	23.00	31.50	80.00	315.
1925-D	5.00	7.75	24.00	65.00	160.	225.	325.	550.	3150.
1925-S	2.15	7.00	10.00	50.00	150.	200.	385.	1475.	21000.
1926	0.50	0.65	1.15	2.75	6.00	17.00	27.00	42.50	150.
1926-D	3.00	5.00	18.00	60.00	120.	165.	200.	500.	2475.
1926-S	6.00	8.50	20.00	280.	800.	1200.	1850.	3450.	18000.
1927	0.50	0.65	0.85	1.75	5.00	17.50	27.50	45.00	200.
1927-D	1.00	1.50	5.00	16.00	42.50	70.00	115.	250.	2400.
1927-S	0.95	1.15	2.00	15.00	65.00	125.	315.	1500.	11750.
1928	0.42	0.60	0.75	1.95	6.00	16.00	25.00	42.50	330.
1928-D	1.00	1.50	4.00	6.00	17.00	30.00	38.50	60.00	950.
1928-S	0.80	1.00	1.25	4.00	11.00	30.00	75.00	450.	3150.
1929	0.42	0.60	0.75	1.75	5.00	14.00	22.00	35.00	280.
1929-D	1.00	1.35	2.00	5.00	13.00	28.00	40.00	70.00	1050.
1929-S	0.65	0.75	1.00	1.50	7.50	18.00	37.00	67.50	400.
1930	0.40	0.55	0.75	2.50	5.00	15.00	23.00	40.00	100.
1930-S	0.47	0.60	1.00	1.50	6.50	23.00	35.00	62.50	475.
1931-S	2.75	3.50	4.00	5.00	9.50	26.00	40.00	65.00	250.
1934	0.40	0.45	0.60	2.75	5.00	12.00	24.00	40.00	325.
1934-D	0.45	0.55	1.50	4.50	10.00	21.00	40.00	80.00	1350.
1935	0.40	0.45	0.55	1.00	2.00	8.00	16.00	26.00	77.50
1935-D	0.60	0.75	1.50	4.00	9.00	25.00	32.50	50.00	415.
1935-S	0.47	0.55	0.60	1.15	3.00	11.00	23.00	37.00	170.
1936	0.40	0.45	0.55	1.00	2.00	6.75	13.00	20.00	70.00
1936-D	0.47	0.55	0.60	1.25	5.00	13.00	17.00	22.00	90.00
1936-S	0.42	0.50	0.60	1.15	3.00	10.00	15.00	22.00	70.00
1937	0.40	0.45	0.55	1.00	1.95	6.00	12.00	18.50	38.50
1937-D	0.47	0.50	0.60	1.15	3.00	7.75	14.50	20.50	45.00
1937-D 3 Legs	100.	195.	235.	300.	410.	590.	1150.	3100.	12500.
1937-S	0.45	0.50	0.60	1.15	2.25	8.00	13.00	20.00	70.00
1938-D	0.40	0.45	0.55	1.10	1.75	7.00	12.00	18.00	32.50
1938-D/D	1.75	2.75	4.00	5.25	7.00	11.00	20.00	32.50	75.00
1938-D/S	5.75	8.00	10.00	15.00	22.00	26.50	37.50	60.00	150.

— = Insufficient pricing data   * = None Issued   FV = Face Value

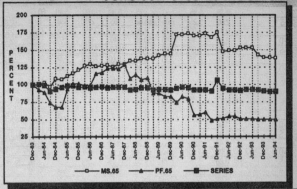

Legend: —o— MS.65   —▲— PF.65   —■— SERIES

Jefferson 5 cents

Date of authorization: May 16, 1866; March 27, 1942
Dates of issue: 1938-present
Designer: Felix Schlag
Engraver: John R. Sinnock
Diameter (Millimeters/inches): 21.21mm/0.84 inch
Weight (Grams/ounces): 5.000 grams/0.16075 ounce
Metallic content:
    (1938-1942): 75% copper, 25% nickel
    (1942-1945): 56% copper, 35% silver, 9% manganese
    (1946-present): 75% copper, 25% nickel
Weight of pure silver:(1942-1945) 1.750 grams/0.05626 ounce
Edge: Plain
Mint mark:
    (1938-1964): Reverse right of building
    (1942-1945, silver): Reverse above dome
    (1968-present): Obverse below Jefferson's ponytail

	VG-8	F-12	VF-20	EF-40	AU-50	MS-60	MS-63	MS-65	PF-65
1938	0.15	0.35	0.45	0.65	0.90	2.25	3.00	4.50	50.00
1938-D	0.90	1.00	1.40	1.60	2.25	3.25	4.50	14.00	*

— = Insufficient pricing data	* = None issued	FV = Face Value

Jefferson 5 cents (continued)

	VG-8	F-12	VF-20	EF-40	AU-50	MS-60	MS-63	MS-65	PF-65
1938-S	1.25	1.75	2.15	2.50	3.00	3.50	4.00	18.00	*
1939	0.08	0.18	0.25	0.45	0.75	1.20	2.00	4.00	52.50
1939 Doubled Die	25.00	45.00	70.00	100.	175.	250.	385.	1250.	*
1939-D	3.00	3.75	4.50	7.00	16.00	21.00	45.00	60.00	*
1939-S	0.85	0.95	1.25	2.75	7.50	14.50	21.00	40.00	*
1940	FV	0.10	0.20	0.25	0.60	0.80	0.90	2.85	47.50
1940-D	0.13	0.20	0.30	0.50	1.45	2.25	2.85	5.50	*
1940-S	0.14	0.20	0.35	0.55	1.00	1.90	3.35	5.00	*
1941	FV	0.10	0.20	0.30	0.40	0.65	0.85	2.10	37.50
1941-D	0.10	0.15	0.30	0.55	1.40	2.15	3.00	4.85	*
1941-S	0.10	0.15	0.30	0.60	1.75	2.75	4.00	6.00	*
1942	0.10	0.15	0.20	0.45	0.70	1.25	5.00	6.25	32.50
1942-P	0.50	0.65	0.75	1.10	3.00	5.25	8.25	11.50	105.
1942-D	0.35	0.45	1.25	2.75	7.00	14.00	22.50	35.00	*
1942-S	0.60	1.00	1.45	2.00	3.50	5.00	8.00	25.00	*
1943/2-P	40.00	52.50	72.50	95.00	135.	190.	275.	450.	*
1943-P	0.50	0.60	0.70	1.10	1.75	2.75	4.25	8.00	*
1943-P Doubled Eye	—	22.50	30.00	42.50	85.00	105.	165.	425.	*
1943-D	0.65	0.75	1.00	1.50	2.10	2.50	3.25	10.00	*
1943-S	0.50	0.60	0.70	1.10	1.75	3.15	4.25	10.25	*
1944-P	0.55	0.65	0.75	1.15	2.00	3.00	4.25	9.25	*
1944-D	0.65	0.85	1.00	1.80	3.00	7.00	10.00	12.50	*
1944-S	0.80	0.90	1.25	1.90	3.00	3.75	5.00	8.50	*
1945-P	0.55	0.65	0.75	1.50	2.00	2.75	4.75	8.75	*
1945-P Doubled Die	—	15.00	20.00	30.00	47.50	75.00	190.	450.	*
1945-D	0.80	1.00	1.35	1.75	2.50	2.75	4.00	7.00	*
1945-S	0.50	0.55	0.65	1.25	1.50	2.00	2.75	6.50	*
1946	FV	0.07	0.15	0.20	0.30	0.50	0.90	1.85	*
1946-D	0.07	0.10	0.15	0.30	0.45	0.55	0.85	5.50	*
1946-S	0.10	0.20	0.25	0.35	0.40	0.45	0.60	5.00	*
1947	FV	0.07	0.15	0.20	0.30	0.55	0.95	2.00	*
1947-D	0.06	0.08	0.15	0.40	0.60	0.65	0.85	2.05	*
1947-S	0.06	0.08	0.15	0.25	0.30	0.35	0.45	2.00	*
1948	FV	0.07	0.10	0.20	0.32	0.40	0.55	1.80	*
1948-D	0.07	0.10	0.30	0.45	0.60	0.85	1.45	2.65	*
1948-S	0.10	0.20	0.35	0.40	0.45	0.50	0.55	2.25	*
1949	0.08	0.15	0.20	0.30	0.45	0.65	0.75	3.25	*
1949-D	0.07	0.10	0.25	0.45	0.55	0.75	1.10	3.50	*
1949-D/S	—	—	35.00	70.00	95.00	145.	185.	400.	*
1949-S	0.35	0.45	0.60	0.75	1.15	1.35	1.85	5.00	*
1950	0.15	0.20	0.30	0.45	0.80	0.90	0.95	3.65	47.50
1950-D	4.75	5.00	5.10	5.15	5.25	5.50	5.75	10.50	*
1951	FV	0.07	0.15	0.30	0.35	0.75	1.35	2.75	42.50
1951-D	FV	0.07	0.25	0.45	0.55	0.65	1.10	2.65	*
1951-S	0.25	0.30	0.45	0.70	1.00	1.50	2.75	5.00	*
1952	FV	0.07	0.08	0.10	0.50	0.85	1.25	2.25	32.50
1952-D	FV	0.07	0.15	0.25	0.75	1.00	1.25	3.35	*
1952-S	0.07	0.10	0.15	0.25	0.35	0.70	1.00	2.30	*
1953	FV	0.07	0.08	0.10	0.20	0.22	0.35	1.10	30.00
1953-D	FV	0.07	0.10	0.15	0.20	0.21	0.35	1.25	*
1953-S	0.08	0.15	0.20	0.25	0.34	0.45	0.55	3.00	*
1954	FV	0.07	0.08	0.10	0.15	0.19	0.35	1.25	18.00
1954-D	FV	0.07	0.08	0.10	0.15	0.19	0.35	1.35	*
1954-S	FV	0.07	0.08	0.10	0.20	0.23	0.40	1.75	*
1954 S/D	—	—	9.00	16.00	22.00	30.00	52.50	135.	*

— = Insufficient pricing data	* = None issued	FV = Face Value

	VG-8	F-12	VF-20	EF-40	AU-50	MS-60	MS-63	MS-65	PF-65
1955	0.15	0.22	0.30	0.35	0.45	0.55	0.75	2.15	10.00
1955-D	FV	0.07				0.16	0.30	1.25	*
1955 D/S Variety 1	——	——	10.00	17.00	26.00	32.50	52.50	115.	*
1956	FV	FV	FV	FV	FV	0.16	0.25	0.75	3.00
1956-D	FV	FV	FV	FV	FV	0.16	0.25	0.75	*
1957	FV	FV	FV	FV	FV	0.17	0.25	0.85	2.25
1957-D	FV	FV	FV	FV	FV	0.16	0.25	0.75	*
1958	0.06	0.08	0.12	0.17	0.20	0.25	0.35	1.65	2.50
1958-D	FV	FV	FV	FV	FV	0.16	0.25	0.75	*
1959	FV	FV	FV	FV	FV	0.16	0.25	0.75	1.25
1959-D	FV	FV	FV	FV	FV	0.16	0.25	0.75	*
1960	FV	FV	FV	FV	FV	0.16	0.25	0.75	0.75
1960-D	FV	FV	FV	FV	FV	0.16	0.25	0.75	*
1961	FV	FV	FV	FV	FV	0.16	0.25	0.75	0.50
1961-D	FV	FV	FV	FV	FV	0.16	0.25	0.75	*
1962	FV	FV	FV	FV	FV	0.19	0.25	0.75	0.50
1962-D	FV	FV	FV	FV	FV	0.16	0.25	0.75	*
1963	FV	FV	FV	FV	FV	0.16	0.25	0.75	0.50
1963-D	FV	FV	FV	FV	FV	0.16	0.25	0.75	*
1964	FV	FV	FV	FV	FV	0.16	0.25	0.75	0.50
1964-D	FV	FV	FV	FV	FV	0.16	0.25	0.75	*
1965	FV	FV	FV	FV	FV	0.13	0.25	0.85	*
1966	FV	FV	FV	FV	FV	0.13	0.25	0.85	*
1967	FV	FV	FV	FV	FV	0.13	0.25	0.85	*
1968-D	FV	FV	FV	FV	FV	0.13	0.25	0.35	*
1968-S	FV	FV	FV	FV	FV	0.13	0.25	0.35	0.75
1969-D	FV	FV	FV	FV	FV	0.13	0.25	0.35	*
1969-S	FV	FV	FV	FV	FV	0.13	0.25	0.35	0.75
1970-D	FV	FV	FV	FV	FV	0.13	0.25	0.35	*
1970-S	FV	FV	FV	FV	FV	0.13	0.25	0.35	0.75
1971	FV	FV	FV	FV	FV	0.45	0.75	1.25	*
1971-D	FV	FV	FV	FV	FV	0.20	0.50	0.75	*
1971-S	*	*	*	*	*	*	*	*	1.25
1972	FV	FV	FV	FV	FV	0.13	0.25	0.35	*
1972-D	FV	FV	FV	FV	FV	0.13	0.25	0.35	*
1972-S	*	*	*	*	*	*	*	*	1.25
1973	FV	FV	FV	FV	FV	0.13	0.25	0.35	*
1973-D	FV	FV	FV	FV	FV	0.13	0.25	0.35	*
1973-S	*	*	*	*	*	*	*	*	1.25
1974	FV	FV	0.08	FV	FV	0.13	0.25	0.35	*
1974-D	FV	FV	FV	FV	FV	0.15	0.27	0.45	*
1974-S	*	*	*	*	*	*	*	*	1.30
1975	FV	FV	FV	FV	FV	0.25	0.50	0.75	*
1975-D	FV	FV	FV	FV	FV	0.20	0.40	0.60	*
1975-S	*	*	*	*	*	*	*	*	1.30
1976	FV	FV	FV	FV	FV	0.25	0.45	0.85	*
1976-D	FV	FV	FV	FV	FV	0.30	0.45	1.50	*
1976-S	*	*	*	*	*	*	*	*	1.25
1977	FV	FV	FV	FV	FV	0.13	0.25	0.35	*
1977-D	FV	FV	FV	FV	FV	0.28	0.40	1.25	*
1977-S	*	*	*	*	*	*	*	*	0.95
1978	FV	FV	FV	FV	FV	——	0.25	——	*
1978-D	FV	FV	FV	FV	FV	0.15	0.35	——	*
1978-S	*	*	*	*	*	*	*	*	0.95
1979	FV	FV	FV	FV	FV	——	0.25	——	*
1979-D	FV	FV	FV	FV	FV	0.13	0.27	——	*
1979-S Filled S	*	*	*	*	*	*	*	*	0.95

— = Insufficient pricing data   * = None issued   FV = Face Value

Jefferson 5 cents (continued)

	VG-8	F-12	VF-20	EF-40	AU-50	MS-60	MS-63	MS-65	PF-65
1979-S Clear S	*	*	*	*	*	*	*	*	1.50
1980-P	FV	FV	FV	FV	FV	——	0.25	——	*
1980-D	FV	FV	FV	FV	FV	——	0.25	——	*
1980-S	*	*	*	*	*	*	*	*	0.75
1981-P	FV	FV	FV	FV	FV	——	0.25	——	*
1981-D	FV	FV	FV	FV	FV	——	0.25	——	*
1981-S Filled S	*	*	*	*	*	*	*	*	0.75
1981-S Clear S	*	*	*	*	*	*	*	*	1.75
1982-P	FV	FV	FV	FV	FV	0.14	0.75	——	*
1982-D	FV	FV	FV	FV	FV	0.25	1.65	——	*
1982-S	*	*	*	*	*	*	*	*	1.75
1983-P	FV	FV	FV	FV	FV	0.20	0.85	——	*
1983-D	FV	FV	FV	FV	FV	0.22	0.85	——	*
1983-S	*	*	*	*	*	*	*	*	2.50
1984-P	FV	FV	FV	FV	FV	0.10	0.45	——	*
1984-D	FV	FV	FV	FV	FV	0.15	0.45	——	*
1984-S	*	*	*	*	*	*	*	*	3.25
1985-P	FV	FV	FV	FV	FV	0.13	0.45	——	*
1985-D	FV	FV	FV	FV	FV	0.15	0.45	——	*
1985-S	*	*	*	*	*	*	*	*	2.50
1986-P	FV	FV	FV	FV	FV	0.10	0.45	——	*
1986-D	FV	FV	FV	FV	FV	0.15	0.85	——	*
1986-S	*	*	*	*	*	*	*	*	5.50
1987-P	FV	FV	FV	FV	FV	——	0.25	——	*
1987-D	FV	FV	FV	FV	FV	——	0.25	——	*
1987-S	*	*	*	*	*	*	*	*	2.00
1988-P	FV	FV	FV	FV	FV	——	0.25	——	*
1988-D	FV	FV	FV	FV	FV	——	0.25	——	*
1988-S	*	*	*	*	*	*	*	*	3.25
1989-P	FV	FV	FV	FV	FV	——	0.25	——	*
1989-D	FV	FV	FV	FV	FV	——	0.25	——	*
1989-S	*	*	*	*	*	*	*	*	3.00
1990-P	FV	FV	FV	FV	FV	——	0.25	——	*
1990-D	FV	FV	FV	FV	FV	——	0.25	——	*
1990-S	*	*	*	*	*	*	*	*	3.50
1991-P	FV	FV	FV	FV	FV	——	0.25	——	*
1991-D	FV	FV	FV	FV	FV	——	0.25	——	*
1991-S	*	*	*	*	*	*	*	*	3.50
1992-P	FV	FV	FV	FV	FV	——	0.25	——	*
1992-D	FV	FV	FV	FV	FV	——	0.25	——	*
1992-S	*	*	*	*	*	*	*	*	3.00
1993-P	FV	FV	FV	FV	FV	——	0.25	——	*
1993-D	FV	FV	FV	FV	FV	——	0.25	——	*
1993-S	*	*	*	*	*	*	*	*	3.00
1994-P	FV	FV	FV	FV	FV	——	0.25	——	*
1994-D	FV	FV	FV	FV	FV	——	0.25	——	*
1994-S	*	*	*	*	*	*	*	*	3.00

— = Insufficient pricing data   * = None Issued   FV = Face Value

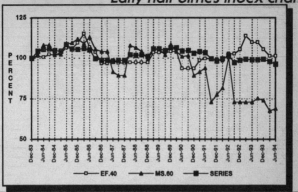

Early half dimes index chart

Legend: —□— EF.40 —▲— MS.60 —■— SERIES

Flowing Hair half dime

Date of authorization: April 2, 1792
Dates of issue: 1792 (half disme); 1794-1795
Designer/Engraver: Robert Scot
Diameter (Millimeters/inches): 16.50mm/0.65 inch
Weight (Grams/ounces): 1.348 grams/0.04334 ounce
Metallic content: 89.25% silver, 10.75% copper
Weight of pure silver: 1.2031 grams/0.03868 ounce
Edge: Reeded
Mint mark: None

	AG-3	G-4	VG-8	F-12	VF-20	EF-40	AU-50
1792 HALF DISME	3500.	4100.	4750.	6000.	8500.	15500.	24000.
1794	350.	675.	850.	1425.	2100.	3100.	4750.
1795	315.	515.	650.	950.	1450.	2100.	3250.

— = Insufficient pricing data   * = None issued   FV = Face Value

Draped Bust, Small Eagle or Heraldic Eagle half dime

Date of authorization: April 2, 1792
Dates of issue: 1796-1805
Designer:
  Obverse: Gilbert Stuart-Robert Scot
  Reverse:
    (1796-1797): Robert Scot-John Eckstein
    (1800-1805): Robert Scot
Engraver: Robert Scot
Diameter (Millimeters/Inches): 16.50mm/0.65 inch
Weight (Grams/ounces): 1.348 grams/0.04334 ounce
Metallic content: 89.25% silver, 10.75% copper
Weight of pure silver: 1.2031 grams/0.03868 ounce
Edge: Reeded
Mint mark: None

	AG-3	G-4	VG-8	F-12	VF-20	EF-40	AU-50
1796/5	405.	625.	825.	1400.	2350.	4150.	7600.
1796	365.	550.	800.	1300.	1850.	2750.	4300.
1796 LIBERTY	365.	550.	800.	1350.	2100.	3500.	6500.
1797 15 Stars	340.	525.	790.	1300.	1800.	2350.	4050.
1797 16 Stars	355.	540.	800.	1350.	1825.	2600.	4300.
1797 13 Stars	425.	650.	1000.	1950.	2550.	3850.	6750.
1800 Heraldic Eagle	180.	425.	575.	800.	1325.	2150.	3350.
1800 LIBEKTY	185.	435.	580.	815.	1375.	2200.	3450.
1801	220.	475.	600.	825.	1400.	2250.	3800.
1802	4750.	7750.	11000.	17500.	29500.	57500.	——
1803	195.	450.	590.	810.	1350.	2175.	3450.
1805	300.	595.	675.	925.	1425.	2650.	5750.

— = Insufficient pricing data   * = None Issued   FV = Face Value

Capped Bust half dime

Date of authorization: April 2, 1792
Dates of issue: 1829-1837
Designers: John Reich-William Kneass
Engraver: William Kneass
Diameter (Millimeters/inches): 15.50mm/0.61 inch
Weight (Grams/ounces): 1.348 grams/0.04334 ounce
Metallic content: 89.25% silver, 10.75% copper
Weight of pure silver: 1.2031 grams/0.03868 ounce
Edge: Reeded
Mint mark: None

	G-4	VG-8	F-12	VF-20	EF-40	AU-50	MS-60	MS-63
1829	15.00	22.00	28.00	52.50	100.	195.	295.	525.
1830	15.00	22.00	28.00	52.50	95.00	180.	280.	515.
1831	15.00	22.00	28.00	52.50	95.00	180.	275.	500.
1832	15.00	22.00	28.00	52.50	95.00	185.	280.	515.
1833	15.00	22.00	28.00	52.50	95.00	180.	275.	500.
1834	15.00	22.00	28.00	52.50	95.00	185.	275.	500.
1835	15.00	22.00	28.00	52.50	95.00	180.	275.	510.
1836	15.00	22.00	28.00	52.50	95.00	190.	280.	500.
1837 Small 5c	18.50	25.00	40.00	95.00	240.	425.	800.	2100.
1837 Large 5c	15.00	22.00	28.00	52.50	95.00	185.	275.	500.

— = Insufficient pricing data   * = None issued   FV = Face Value

Seated Liberty half dime chart

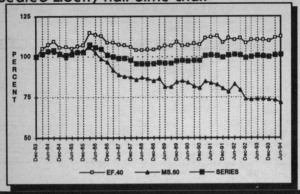

—□— EF.40   —▲— MS.60   —■— SERIES

Seated Liberty half dime

Date of authorization: April 2, 1792
Dates of issue: 1837-1873
Designers:
    (1837-1840): Christian Gobrecht
    (1840-1859):
        Obverse: Gobrecht-Robert B. Hughes
        Reverse: Christian Gobrecht
    (1860-1873):
        Obverse: Christian Gobrecht-Robert B. Hughes-
            James B. Longacre
        Reverse: James B. Longacre
Engraver:
    (1837-1840): Christian Gobrecht
    (1840-1859): Christian Gobrecht
    (1860-1873): James B. Longacre
Diameter (Millimeters/inches): 15.50mm/0.61 inch
Weight (Grams/ounces):
    (1837-1853): 1.336 grams/0.04295 ounce
    (1853-1873): 1.244 grams/0.04000 ounce
Metallic content: 90% silver, 10% copper

— = Insufficient pricing data   * = None issued   FV = Face Value

Weight of pure silver:
(1837-1853): 1.2024 grams/0.03866 ounce
(1853-1873): 1.1196 grams/0.03600 ounce
Edge: Reeded
Mint mark: Reverse within or below wreath

	G-4	VG-8	F-12	VF-20	EF-40	AU-50	MS-60	MS-63
1837	25.00	32.50	47.50	90.00	180.	325.	550.	925.
1837 Small Date	22.50	28.00	42.50	77.50	140.	250.	535.	850.
1838-O No Stars	67.50	105.	190.	315.	535.	1300.	2550.	5300.
1838 Stars, No Drapery	6.75	7.75	9.35	25.00	60.00	130.	290.	475.
1838 Small Stars	13.00	27.50	45.00	85.00	160.	280.	535.	825.
1839 No Drapery	6.75	7.75	9.35	20.00	55.00	105.	260.	450.
1839-O No Drapery	8.50	11.00	18.00	32.00	65.00	200.	400.	1100.
1839-O Large O	325.	625.	1100.	—	—	3750.		
1840 No Drapery	6.75	7.75	9.35	20.00	60.00	110.	360.	530.
1840-O No Drapery	8.50	12.50	21.00	35.00	67.50	225.	425.	1275.
1840 Drapery	18.00	30.00	45.00	85.00	165.	265.	510.	1350.
1840-O Drapery	28.00	35.00	80.00	145.	365.	800.	—	
1841	6.75	7.75	9.35	19.00	45.00	100.	165.	350.
1841-O	11.00	18.50	26.00	40.00	130.	300.	650.	1500.
1842	6.75	7.75	9.35	19.00	45.00	100.	175.	385.
1842-O	24.00	35.00	65.00	250.	725.	1450.	2950.	5500.
1843	6.75	7.75	9.35	19.00	44.00	100.	165.	350.
1844	6.75	7.75	9.35	20.00	50.00	110.	185.	370.
1844-O	60.00	110.	225.	400.	850.	1700.	5750.	—
1845	6.75	7.75	9.35	20.00	45.00	92.50	165.	350.
1846	155.	235.	385.	650.	1350.	2750.	—	
1847	6.75	7.75	9.35	19.00	43.00	92.50	165.	350.
1848	6.75	7.75	9.35	19.00	43.00	92.50	165.	350.
1848 Large Date	10.00	17.50	28.00	40.00	75.00	170.	365.	1050.
1848-O	11.00	15.00	27.50	42.50	97.50	190.	385.	825.
1849/6	10.00	13.00	26.00	48.00	77.50	145.	325.	750.
1849/8	13.00	16.00	30.00	52.50	100.	160.	390.	875.
1849	6.75	7.75	9.35	18.00	42.00	95.00	165.	345.
1849-O	22.00	40.00	70.00	240.	475.	900.	2000.	5250.
1850	6.75	7.75	9.35	18.00	42.00	95.00	170.	355.
1850-O	12.50	15.00	23.00	50.00	110.	235.	600.	1350.
1851	6.80	7.85	9.35	18.00	42.00	95.00	175.	360.
1851-O	8.35	12.00	22.00	34.00	77.50	175.	390.	825.
1852	6.75	7.75	9.35	18.00	42.00	95.00	175.	355.
1852-O	19.00	30.00	60.00	105.	240.	515.	1200.	2750.
1853 No Arrows	25.00	32.50	55.00	95.00	225.	375.	575.	1150.
1853-O No Arrows	130.	215.	300.	500.	1250.	2600.	—	
1853 Arrows	6.35	6.95	9.25	15.00	42.00	85.00	225.	510.
1853-O Arrows	7.10	8.00	11.00	20.00	54.00	135.	275.	1000.
1854 Arrows	6.35	7.25	10.00	15.00	42.00	87.50	225.	525.
1854-O Arrows	6.65	8.00	10.50	20.00	55.00	150.	300.	1100.
1855 Arrows	6.35	6.95	9.25	17.00	42.00	95.00	225.	515.
1855-O Arrows	15.00	18.50	25.00	45.00	95.00	200.	450.	1100.
1856 No Arrows	6.45	7.00	9.00	17.00	41.00	85.00	150.	300.
1856-O No Arrows	7.75	12.00	19.00	37.00	70.00	170.	400.	1075.
1857	6.45	7.00	9.00	17.00	41.00	82.50	145.	295.
1857-O	7.75	11.00	15.00	24.00	55.00	130.	250.	415.
1858	6.45	7.00	9.00	17.00	41.00	82.50	145.	295.
1858/Inverted Date	22.00	32.00	47.50	105.	210.	285.	575.	900.
1858/1858	35.00	50.00	75.00	155.	245.	325.	700.	1300.
1858-O	6.75	9.00	12.00	32.00	62.50	150.	265.	415.

— = Insufficient pricing data   * = None issued   FV = Face Value

Seated Liberty half dime (continued)

	G-4	VG-8	F-12	VF-20	EF-40	AU-50	MS-60	MS-63
1859	8.00	12.00	19.00	31.00	53.00	115.	200.	375.
1859-O	15.00	17.50	22.00	45.00	95.00	175.	300.	575.
1860 Transitional	—	—	—	—	—	—	1800.	2950.
1860 Obverse Legend	6.20	7.00	9.35	16.00	30.00	67.50	140.	260.
1860-O	10.00	12.00	17.00	23.00	45.00	87.50	170.	275.
1861	6.25	7.00	9.50	17.00	30.00	67.50	135.	255.
1861/0	20.50	30.00	52.50	72.50	125.	350.	565.	1100.
1862	6.20	7.00	9.35	16.00	30.00	67.50	135.	250.
1863	115.	160.	230.	285.	365.	510.	675.	975.
1863-S	14.00	18.50	33.00	50.00	105.	265.	650.	1275.
1864	215.	285.	355.	445.	550.	685.	950.	1750.
1864-S	25.00	37.50	50.00	87.50	185.	375.	750.	1800.
1865	175.	255.	325.	365.	435.	535.	850.	1400.
1865-S	13.00	16.75	27.50	35.00	90.00	365.	750.	1800.
1866	165.	220.	315.	370.	465.	585.	775.	1175.
1866-S	13.00	16.75	27.50	50.00	95.00	260.	650.	1200.
1867	325.	365.	415.	465.	500.	685.	900.	1150.
1867-S	13.50	17.25	32.50	52.50	72.50	215.	325.	1050.
1868	30.00	45.00	80.00	150.	255.	320.	475.	950.
1868-S	6.85	7.60	9.50	24.00	60.00	150.	335.	675.
1869	7.25	8.60	16.00	23.50	52.50	100.	255.	550.
1869-S	8.00	10.00	13.50	22.00	60.00	120.	300.	650.
1870	6.90	7.85	9.95	13.50	29.00	65.00	145.	250.
1870-S								—
1871	6.55	7.25	9.35	14.50	28.00	62.50	135.	245.
1871-S	8.25	13.00	32.00	42.50	65.00	125.	275.	600.
1872	6.50	7.00	8.50	13.50	28.00	60.00	130.	240.
1872-S S in Wreath	6.75	7.60	9.95	13.50	28.00	60.00	130.	240.
1872-S S Below Wreath	6.75	7.60	9.95	13.50	28.00	60.00	130.	245.
1873	6.50	7.00	8.50	13.50	28.00	60.00	130.	240.
1873-S	7.75	10.25	15.00	23.00	42.50	87.50	150.	255.

Early dimes index chart

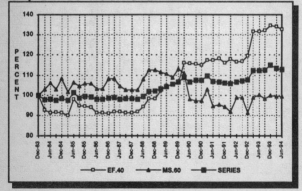

--- = Insufficient pricing data	* = None Issued	FV = Face Value

Draped Bust, Small Eagle or Heraldic Eagle dime

Date of authorization: April 2, 1792
Dates of issue: 1796-1807
Designers:
  Obverse: Gilbert Stuart-Robert Scot
  Reverse:
    (1796-1797): Robert Scot-John Eckstein
    (1798-1807): Robert Scot
Engraver: Robert Scot
Diameter (Millimeters/inches): 18.80mm/0.74 inch
Weight (Grams/ounces): 2.696 grams/0.08668 ounce
Metallic content: 89.25% silver, 10.75% copper
Weight of pure silver: 2.4062 grams/0.07736 ounce
Edge: Reeded
Mint mark: None

	G-4	VG-8	F-12	VF-20	EF-40	AU-50	MS-60
1796	900.	1350.	1850.	2600.	3900.	5250.	8000.
1797 16 Stars	825.	1250.	1650.	2750.	4950.	7500.	12500.
1797 13 Stars	825.	1250.	1675.	2900.	5250.	7750.	13000.
1798/97	575.	700.	1100.	2200.	3250.	4900.	7900.
1798/97 13 Stars	1850.	2750.	4500.	6500.	—	—	—
1798	425.	475.	625.	1150.	1750.	2450.	4000.
1798 Small 8	525.	725.	1000.	1750.	2500.	4750.	9500.
1800	425.	475.	600.	975.	1750.	2600.	4800.
1801	425.	475.	625.	1050.	2250.	4350.	7500.
1802	650.	900.	1550.	3000.	5750.	11500.	25000.
1803	415.	455.	610.	1150.	1950.	2800.	6000.
1804	925.	1400.	2400.	4750.	9250.	22000.	—
1805	410.	450.	550.	935.	1725.	2400.	3850.
1805 5 Berries	490.	525.	725.	1250.	2100.	4250.	—
1807	410.	450.	575.	950.	1725.	2500.	3850.

— = Insufficient pricing data   *** = None issued**   **FV = Face Value**

Capped Bust dime

Date of authorization: April 2, 1792
Dates of issue: 1809-1837
Designer/Engraver: John Reich
Diameter (Millimeters/inches):
  (1809-1828): 18.80mm/0.74 inch
  (1828-1837): 17.90mm/0.71 inch
Weight (Grams/ounces): 2.696 grams/0.08668 ounce
Metallic content: 89.25% silver, 10.75% copper
Weight of pure silver: 2.4062 grams/0.07736 ounce
Edge: Reeded
Mint mark: None

	G-4	VG-8	F-12	VF-20	EF-40	AU-50	MS-60
1809	87.50	165.	325.	475.	900.	1950.	4750.
1811/9	42.50	65.00	135.	325.	725.	1900.	4600.
1814 Small Date	30.00	60.00	105.	225.	450.	950.	2100.
1814 Large Date	19.00	26.50	52.50	135.	300.	535.	1000.
1814 STATESOFAMERICA	19.00	27.50	55.00	165.	400.	700.	1200.
1820 Large O	13.00	25.00	36.00	110.	295.	610.	950.
1820 Small O	14.00	26.00	42.50	125.	310.	595.	975.
1820 STATESOFAMERICA	19.00	27.50	55.00	155.	425.	825.	1750.
1821 Small Date	19.00	28.00	55.00	115.	300.	625.	1150.
1821 Large Date	13.00	23.00	38.00	87.50	290.	510.	925.
1822	350.	485.	750.	1250.	2150.	4250.	10000.
1823/2	17.00	22.50	35.00	85.00	285.	515.	925.
1824/2	20.00	27.50	55.00	185.	450.	1050.	2300.
1825	12.25	18.00	32.50	80.00	275.	500.	900.
1827	12.50	18.00	32.50	80.00	275.	500.	900.
1828 Large Date	30.00	50.00	80.00	200.	500.	875.	2300.

	G-4	VG-8	F-12	VF-20	EF-40	AU-50	MS-60	MS-63
1828 Small Date	22.00	37.50	50.00	100.	325.	635.	1550.	3050.
1829 Curl Base 2	3850.	5250.	7250.	15500.	—	—	—	—
1829 Small 10c	16.50	25.00	40.00	75.00	185.	350.	1100.	2200.
1829 Large 10c	32.50	47.50	80.00	115.	375.	650.	1900.	3750.
1830	12.50	15.00	22.00	50.00	170.	310.	565.	1175.
1830/29	35.00	57.50	85.00	135.	315.	550.	1250.	3500.
1831	12.50	15.00	22.00	47.50	165.	285.	550.	1050.
1832	12.50	15.00	22.00	47.50	175.	310.	600.	1300.
1833	12.50	15.00	22.00	47.50	165.	285.	560.	1175.
1834	12.50	15.00	22.00	47.50	165.	285.	560.	1175.
1835	12.50	15.00	22.00	47.50	165.	285.	550.	1150.
1836	12.50	15.00	22.00	47.50	165.	285.	575.	1250.
1837	12.50	15.00	22.00	47.50	165.	285.	575.	1250.

— = Insufficient pricing data   * = None issued   FV = Face Value

Seated Liberty dime index chart

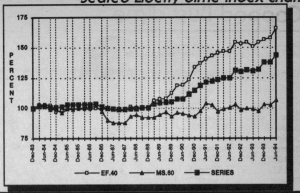

Seated Liberty dime

Date of authorization: April 2, 1792
Dates of issue: 1837-1891
Designer:
  (1837-1840):
    Obverse: Thomas Sully-Christian Gobrecht
    Reverse: Christian Gobrecht
  (1840-1860):
    Obverse: John Hughes-Gobrecht-Sully
    Reverse: Christian Gobrecht
  (1860-1891):
    Obverse: James B. Longacre-Hughes-Gobrecht-Sully
    Reverse: James B. Longacre
Engraver:
  (1837-1840): Christian Gobrecht
  (1840-1860): Christian Gobrecht
  (1860-1891): James B. Longacre
Diameter (Millimeters/inches): 17.90mm/0.71 inch
Weight (Grams/ounces):
  (1837-1853): 2.673 grams/0.08594 ounce
  (1853-1873): 2.488 grams/0.07999 ounce
Metallic content: 90% silver, 10% copper

— = insufficient pricing data   * = None issued   FV = Face Value

Seated Liberty dime (continued)

Weight of pure silver:
   (1837-1853): 2.4057 grams/0.07735 ounce
   (1853-1873): 2.2392 grams/0.07199 ounce
Edge: Reeded
Mint mark: Reverse within or below wreath

	G-4	VG-8	F-12	VF-20	EF-40	AU-50	MS-60	MS-63
1837 No Stars	23.50	35.00	70.00	260.	500.	625.	1150.	2000.
1838-O	29.00	45.00	95.00	290.	585.	1250.	2350.	—
1838 Small Stars	18.00	27.50	47.50	75.00	140.	370.	850.	1600.
1838 Large Stars	6.25	8.25	15.00	20.00	55.00	150.	280.	875.
1838 Partial Drapery	13.50	22.50	42.50	80.00	165.	300.	625.	1550.
1839	6.25	8.25	15.50	22.00	50.00	145.	250.	825.
1839-O Reverse of 1838	115.	200.	350.	475.	750.	—	—	—
1839-O	9.00	15.00	21.00	39.50	85.00	265.	600.	1350.
1840 No Drapery	6.00	8.00	14.00	22.50	46.50	130.	250.	775.
1840-O No Drapery	9.00	15.00	23.00	40.00	87.50	250.	950.	—
1840 Drapery	24.00	40.00	80.00	140.	300.	650.	1750.	—
1841	5.50	7.75	14.00	23.00	43.00	125.	250.	775.
1841-O	7.25	12.00	17.00	28.00	57.50	235.	900.	2050.
1842	5.50	8.00	13.00	18.00	35.00	110.	245.	785.
1842-O	8.00	12.50	17.50	35.00	135.	1150.	2650.	7000.
1843	5.50	7.75	12.75	18.00	36.00	115.	250.	875.
1843-O	32.50	50.00	125.	195.	675.	1550.	—	—
1844	30.00	52.50	135.	275.	600.	1450.	—	—
1845	5.50	7.00	11.75	19.00	35.00	110.	225.	800.
1845/1845	10.00	20.00	55.00	125.	215.	415.	—	—
1845-O	20.00	30.00	60.00	165.	600.	1325.	—	—
1846	60.00	95.00	165.	275.	725.	1750.	—	—
1847	10.50	15.00	32.50	62.50	120.	340.	725.	—
1848	6.50	10.00	16.00	38.50	82.50	175.	850.	1650.
1849	6.25	8.50	14.50	26.00	55.00	140.	400.	1150.
1849-O	7.00	14.00	42.50	90.00	195.	600.	2750.	5750.
1850	6.00	7.75	12.25	18.00	38.00	115.	225.	785.
1850-O	7.25	12.50	27.50	70.00	150.	325.	1050.	—
1851	5.50	7.00	12.25	20.00	35.00	110.	375.	1100.
1851-O	8.00	13.00	27.50	72.50	155.	450.	1750.	—
1852	5.50	7.00	12.25	21.00	35.00	105.	230.	765.
1852-O	12.00	19.00	32.50	85.00	170.	500.	1850.	2900.
1853 No Arrows	55.00	77.50	105.	150.	290.	400.	775.	1575.
1853 Arrows	5.75	6.75	8.50	13.25	40.00	110.	300.	850.
1853-O Arrows	6.50	12.50	22.50	37.00	87.50	335.	800.	2750.
1854 Arrows	5.75	7.25	9.75	13.25	40.00	115.	310.	800.
1854-O Arrows	5.65	6.50	9.00	18.50	65.00	190.	585.	1400.
1855 Arrows	5.85	7.25	9.75	13.25	50.00	120.	450.	900.
1856 Small Date, No Arrows	5.50	6.75	9.00	16.00	35.00	115.	225.	745.
1856 Large Date	6.50	8.00	12.50	21.00	50.00	160.	275.	950.
1856-O	6.50	10.00	15.00	25.00	75.00	210.	600.	1700.
1856-S	85.00	145.	225.	450.	825.	1600.	3250.	7750.
1857	5.50	6.25	8.50	11.00	31.00	90.00	230.	735.
1857-O	6.00	7.75	11.75	18.00	50.00	175.	290.	750.
1858	5.40	6.00	8.50	11.25	31.00	90.00	225.	740.
1858-O	12.75	22.00	40.00	70.00	150.	350.	685.	1400.
1858-S	75.00	125.	170.	275.	525.	1150.	2350.	4250.
1859	5.75	6.50	9.50	20.00	55.00	145.	365.	825.
1859-O	7.25	14.00	21.50	32.50	75.00	190.	350.	800.

— = insufficient pricing data   *** = None issued**   **FV = Face Value**

	G-4	VG-8	F-12	VF-20	EF-40	AU-50	MS-60	MS-63
1859-S	85.00	145.	250.	375.	800.	1650.	——	——
1860-S	25.00	35.00	45.00	100.	250.	700.	2150.	——
1860 Obverse Legend	5.90	9.00	13.50	25.00	39.00	69.00	175.	360.
1860-O	300.	525.	850.	1300.	2750.	5250.	10000.	——
1861	5.75	8.50	12.25	17.50	38.00	60.00	150.	335.
1861-S	47.50	80.00	120.	215.	350.	700.	1700.	——
1862	5.75	8.50	12.25	17.50	38.00	65.00	215.	420.
1862-S	31.00	47.50	80.00	155.	315.	675.	1600.	2850.
1863	220.	340.	415.	565.	650.	725.	1075.	1750.
1863-S	25.00	30.00	45.00	82.50	160.	355.	1550.	2550.
1864	185.	300.	390.	475.	600.	700.	1000.	1550.
1864-S	23.00	28.00	42.50	77.50	165.	350.	1275.	2200.
1865	200.	350.	460.	550.	635.	825.	1050.	1600.
1865-S	23.00	30.00	50.00	97.50	250.	650.	2250.	——
1866	210.	390.	500.	650.	800.	950.	1200.	1750.
1866-S	23.00	28.50	47.50	97.50	200.	400.	1900.	——
1867	300.	475.	600.	775.	925.	1150.	1450.	2850.
1867-S	32.50	46.50	55.00	100.	200.	440.	2200.	——
1868	9.00	12.00	20.00	32.50	62.50	135.	350.	825.
1868-S	13.50	20.00	28.50	60.00	110.	210.	625.	——
1869	13.00	20.00	28.00	50.00	105.	190.	585.	1200.
1869-S	10.00	13.50	20.00	35.00	75.00	155.	425.	1175.
1870	6.00	7.00	11.75	22.50	50.00	125.	225.	500.
1870-S	190.	275.	350.	435.	575.	950.	1900.	2950.
1871	5.75	6.75	8.50	16.00	35.00	130.	310.	800.
1871-CC	850.	1150.	1450.	1900.	3600.	6500.	12500.	——
1871-S	14.00	20.00	32.50	67.50	145.	350.	675.	1900.
1872	5.50	6.50	8.25	12.50	32.00	90.00	160.	315.
1872-CC	350.	575.	750.	1450.	2850.	5250.	23500.	——
1872-S	21.00	35.00	75.00	125.	250.	425.	1325.	2500.
1873 Closed 3	9.00	14.00	20.00	30.00	40.00	87.50	180.	360.
1873 Open 3	14.50	23.50	40.00	60.00	105.	210.	600.	——
1873-CC	——	——	——	——	——	——	——	——
1873 Arrows	7.50	12.50	25.00	40.00	140.	275.	445.	1100.
1873-CC Arrows	625.	850.	1550.	2900.	4350.	8250.	22500.	50000.
1873-S Arrows	12.00	15.50	28.00	60.00	150.	300.	700.	2300.
1874 Arrows	7.00	11.00	26.00	40.00	140.	280.	460.	1200.
1874-CC Arrows	1650.	2600.	4250.	6250.	11000.	19000.	35000.	——
1874-S Arrows	16.50	32.50	50.00	105.	230.	440.	825.	2000.
1875 No Arrows	5.50	6.25	8.25	11.50	25.00	57.50	130.	245.
1875-CC CC Below Wreath	6.50	9.50	18.50	30.00	65.00	125.	275.	750.
1875-CC CC in Wreath	6.00	7.75	12.00	19.00	33.50	70.00	220.	455.
1875-S S Below Wreath	5.50	6.25	8.25	12.00	21.00	57.50	145.	245.
1875-S S in Wreath	5.50	6.25	8.25	11.50	20.50	57.50	145.	245.
1876	5.50	6.25	8.25	11.50	20.00	55.00	130.	235.
1876-CC	5.75	6.50	8.75	14.50	30.00	65.00	210.	405.
1876-S	6.00	7.00	9.00	16.50	34.00	57.50	145.	260.
1877	5.50	6.25	8.25	11.50	20.00	55.00	125.	230.
1877-CC	5.75	7.00	8.50	12.75	25.00	57.50	170.	275.
1877-S	6.25	6.75	8.75	15.50	28.00	55.00	130.	240.
1878	5.75	7.00	10.00	16.50	24.50	55.00	185.	340.
1878-CC	45.00	62.50	100.	165.	240.	465.	725.	1550.
1879	150.	180.	215.	260.	315.	365.	505.	800.
1880	110.	155.	180.	210.	235.	325.	465.	775.
1881	110.	155.	185.	240.	300.	300.	500.	800.
1882	5.50	6.25	8.50	12.00	21.00	52.50	125.	250.
1883	5.50	6.25	8.50	12.00	21.00	52.50	125.	250.

—— = Insufficient pricing data   * = None issued   FV = Face Value

Seated Liberty dime (continued)

	G-4	VG-8	F-12	VF-20	EF-40	AU-50	MS-60	MS-63
1884	5.50	6.25	8.50	12.00	21.00	52.50	125.	245.
1884-S	14.00	18.00	24.00	32.50	82.50	165.	550.	1350.
1885	5.50	6.25	8.50	12.00	21.00	52.50	125.	250.
1885-S	335.	450.	775.	1450.	2000.	3500.	7000.	14000.
1886	5.50	6.25	7.75	11.25	20.00	52.50	125.	245.
1886-S	35.00	42.50	55.00	85.00	115.	225.	600.	1450.
1887	5.50	6.25	7.75	11.25	20.00	52.50	125.	250.
1887-S	5.50	6.25	8.00	11.75	21.50	55.00	130.	365.
1888	5.50	6.25	7.75	11.25	20.00	52.50	125.	245.
1888-S	5.60	6.40	8.25	14.00	32.50	85.00	215.	460.
1889	5.50	6.25	7.75	11.25	20.00	52.50	125.	245.
1889-S	7.00	10.50	22.00	35.00	70.00	210.	465.	1250.
1890	5.50	6.25	7.75	11.25	20.00	52.50	125.	250.
1890-S	11.50	15.00	25.00	39.00	60.00	145.	285.	550.
1891	5.50	6.25	7.75	11.25	20.00	52.50	125.	245.
1891-O	5.75	6.50	9.00	12.50	25.00	57.50	145.	290.
1891-S	5.50	6.25	8.75	13.50	30.00	70.00	155.	445.

Barber dime index chart

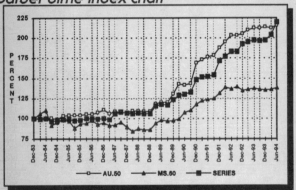

Barber dime

Date of authorization: April 2, 1792
Dates of issue: 1892-1916

— = Insufficient pricing data	* = None Issued	FV = Face Value

Designer:
  Obverse: Charles Barber
  Reverse: James B. Longacre
Engraver: Charles Barber
Diameter (Millimeters/inches): 17.91mm/0.71 inch
Weight (Grams/ounces): 2.500 grams/0.08038 ounce
Metallic content: 90% silver, 10% copper
Weight of pure silver: 2.250 grams/0.07234 ounce
Edge: Reeded
Mint mark: Reverse within or below wreath

	G-4	VG-8	F-12	VF-20	EF-40	AU-50	MS-60	MS-63
1892	3.00	5.50	14.00	19.00	23.00	52.50	110.	160.
1892-O	6.00	11.00	25.00	32.50	39.00	60.00	135.	265.
1892-S	29.00	53.00	130.	160.	180.	220.	335.	975.
1893	5.75	10.00	16.00	24.00	34.00	55.00	125.	185.
1893/2	—	—	—	130.	190.	300.	600.	1350.
1893-O	15.00	27.50	80.00	105.	130.	145.	240.	500.
1893-S	6.50	16.00	26.00	37.50	57.50	125.	230.	575.
1894	8.00	19.00	75.00	92.50	105.	135.	290.	700.
1894-O	32.00	67.50	175.	210.	300.	575.	1450.	2750.
1894-S Proofs	40000.	—	—	—	—	—	65000.	95000.
1895	55.00	90.00	285.	380.	435.	475.	585.	1100.
1895-O	165.	285.	650.	975.	1550.	2150.	2850.	4450.
1895-S	19.00	33.00	90.00	135.	185.	255.	425.	1050.
1896	7.00	16.00	32.50	50.00	62.50	100.	150.	375.
1896-O	42.00	82.50	225.	275.	350.	500.	825.	1850.
1896-S	40.00	62.50	195.	250.	325.	425.	650.	1350.
1897	2.95	3.30	4.75	9.00	19.50	50.00	110.	150.
1897-O	34.00	59.00	215.	290.	390.	475.	725.	1400.
1897-S	8.00	18.50	65.00	87.50	110.	190.	385.	1025.
1898	1.75	1.90	4.75	9.00	19.50	47.00	95.00	135.
1898-O	5.00	14.00	70.00	95.00	145.	225.	450.	1200.
1898-S	4.75	11.00	27.00	35.00	50.00	125.	285.	850.
1899	1.75	1.90	4.50	7.50	19.50	46.50	95.00	135.
1899-O	4.75	10.00	60.00	80.00	140.	215.	475.	1050.
1899-S	5.00	9.75	17.00	25.00	36.00	90.00	290.	625.
1900	1.75	1.90	4.50	7.00	19.50	45.00	95.00	135.
1900-O	7.00	14.00	80.00	110.	225.	425.	750.	1500.
1900-S	3.00	5.00	10.00	13.00	22.00	65.00	170.	500.
1901	1.75	1.90	4.50	7.00	19.50	45.00	95.00	135.
1901-O	3.00	4.00	12.00	19.00	45.00	125.	350.	1000.
1901-S	36.00	62.50	245.	340.	460.	600.	875.	1950.
1902	1.75	1.90	4.50	7.00	19.50	45.00	95.00	135.
1902-O	3.05	5.00	14.00	23.00	45.00	130.	425.	900.
1902-S	5.00	9.75	37.50	55.00	72.50	170.	340.	725.
1903	1.75	1.90	4.50	7.00	19.50	45.00	95.00	145.
1903-O	2.25	3.50	9.00	14.00	29.00	90.00	240.	550.
1903-S	25.00	67.50	290.	450.	760.	975.	1300.	1850.
1904	1.75	2.50	5.00	8.00	19.50	51.50	95.00	135.
1904-S	21.00	37.00	120.	160.	225.	500.	675.	1350.
1905	1.75	1.90	4.50	7.00	19.00	46.00	95.00	135.
1905-O	3.00	6.00	28.00	45.00	55.00	125.	225.	500.
1905-S	2.50	5.00	8.00	13.00	27.00	75.00	190.	375.
1906	1.75	1.90	4.00	7.00	19.00	45.00	95.00	135.
1906-D	3.00	4.50	9.50	14.50	26.00	72.50	135.	170.
1906-O	4.75	11.00	45.00	57.50	75.00	145.	200.	315.

— = Insufficient pricing data   * = None issued   FV = Face Value

Barber dime (continued)

	G-4	VG-8	F-12	VF-20	EF-40	AU-50	MS-60	MS-63
1906-S	3.25	5.75	13.00	21.00	40.00	100.	240.	475.
1907	1.75	1.90	3.75	7.00	19.00	45.00	95.00	135.
1907-D	3.00	4.50	9.50	15.00	37.50	90.00	220.	550.
1907-O	2.00	4.00	32.00	40.00	47.50	77.50	175.	350.
1907-S	2.85	4.25	9.00	17.00	43.00	95.00	300.	520.
1908	1.75	1.90	3.50	6.75	19.00	45.00	95.00	135.
1908-D	2.10	3.00	7.75	12.00	26.00	62.50	125.	165.
1908-O	3.50	9.50	43.00	57.50	80.00	130.	280.	600.
1908-S	3.00	5.50	11.00	16.00	29.00	92.50	215.	525.
1909	1.95	2.25	3.50	6.75	19.00	45.00	95.00	135.
1909-D	5.00	9.00	60.00	80.00	125.	235.	475.	1300.
1909-O	3.00	5.00	9.00	18.00	32.50	90.00	170.	365.
1909-S	5.00	10.00	77.50	95.00	145.	275.	525.	1275.
1910	1.75	2.50	6.50	9.15	19.00	46.50	100.	135.
1910-D	3.00	6.00	9.00	16.00	32.00	87.50	185.	470.
1910-S	3.25	8.50	50.00	62.50	90.00	175.	285.	585.
1911	1.75	2.05	3.50	6.50	19.00	44.50	95.00	135.
1911-D	1.75	2.05	5.00	7.00	21.00	55.00	110.	150.
1911-S	2.00	3.25	9.00	16.00	29.00	90.00	150.	250.
1912	1.75	2.05	3.50	6.75	19.00	44.50	95.00	135.
1912-D	1.75	2.00	5.00	7.00	20.50	50.00	105.	150.
1912-S	2.00	3.00	8.00	13.00	29.00	75.00	175.	315.
1913	1.75	2.05	3.50	6.50	19.00	44.50	95.00	135.
1913-S	7.00	15.00	70.00	110.	180.	255.	375.	500.
1914	1.75	2.05	3.50	6.50	19.00	44.50	95.00	135.
1914-D	1.75	2.05	5.00	7.00	20.00	50.00	100.	150.
1914-S	2.00	3.00	8.00	13.00	30.00	80.00	150.	350.
1915	1.75	2.05	4.25	8.00	20.00	45.50	95.00	135.
1915-S	2.55	6.00	33.00	43.00	55.00	135.	250.	550.
1916	1.75	2.25	4.50	7.50	20.00	47.50	95.00	135.
1916-S	2.00	2.75	6.50	9.25	21.00	50.00	105.	150.

Winged Liberty Head index chart

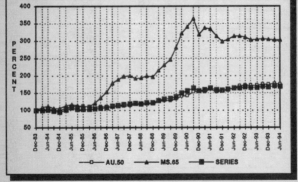

— = Insufficient pricing data   * = None Issued   FV = Face Value

Winged Liberty Head dime

"Mercury dime"
Date of authorization: April 2, 1792
Dates of issue: 1916-1945
Designer: Adolph Weinman
Engraver: Charles Barber
Diameter (Millimeters/inches): 17.91mm/0.71 inch
Weight (Grams/ounces): 2.500 grams/0.08038 ounce
Metallic content: 90% silver, 10% copper
Weight of pure silver: 2.250 grams/0.07234 ounce
Edge: Reeded
Mint mark: Reverse left of base of fasces (bundle of rods)
NOTE: MS-65B refers to Full Split Bands on the fasces on the reverse

	VG-8	F-12	VF-20	EF-40	AU-50	MS-60	MS-63	MS-65	MS-65B
1916	2.25	4.50	6.00	9.00	18.00	26.00	44.00	85.00	115.
1916-D	550.	1075.	1600.	2450.	3100.	3650.	4450.	9750.	13250.
1916-S	4.00	6.00	9.00	15.00	22.00	36.00	75.00	175.	425.
1917	1.75	2.25	4.50	6.00	13.00	19.00	50.00	140.	290.
1917-D	5.00	9.00	17.00	37.00	65.00	125.	330.	1700.	6250.
1917-S	2.00	3.00	5.00	9.00	24.00	50.00	165.	550.	1450.
1918	1.90	5.50	10.00	22.00	38.00	60.00	100.	350.	600.
1918-D	2.00	4.25	8.00	18.00	39.00	95.00	360.	1200.	8750.
1918-S	2.10	4.50	6.50	13.00	30.00	65.00	200.	1000.	5350.
1919	1.75	2.85	4.75	8.00	19.00	27.50	65.00	350.	480.
1919-D	5.00	7.00	15.00	30.00	67.50	205.	525.	1500.	5150.
1919-S	4.00	6.00	13.00	29.00	65.00	190.	450.	900.	4050.
1920	1.50	2.25	4.00	6.50	15.00	24.00	45.00	235.	345.
1920-D	2.15	3.50	5.50	15.00	36.00	90.00	265.	1550.	2500.
1920-S	2.00	4.00	7.00	14.00	30.00	75.00	260.	1000.	4400.
1921	29.00	67.50	165.	400.	745.	975.	1250.	2500.	4000.
1921-D	43.00	92.50	195.	450.	775.	1125.	1600.	2850.	4200.
1923	1.75	2.50	3.50	6.00	13.00	20.00	40.00	85.00	170.
1923-S	2.75	5.00	9.00	42.00	80.00	125.	335.	1900.	3750.
1924	1.75	2.50	4.25	8.00	18.00	30.00	65.00	225.	440.
1924-D	3.00	5.00	12.00	45.00	90.00	125.	300.	1100.	2850.
1924-S	2.00	3.00	9.00	37.00	77.50	100.	525.	2000.	5600.
1925	1.75	2.50	3.75	7.00	16.00	31.00	60.00	235.	450.
1925-D	4.00	10.00	29.00	90.00	180.	300.	515.	1450.	5250.
1925-S	2.00	3.50	7.00	39.00	87.50	155.	475.	2100.	3800.
1926	1.50	2.00	3.50	5.00	13.00	17.50	40.00	250.	480.
1926-D	2.00	3.75	5.25	16.00	35.00	72.50	175.	575.	2450.
1926-S	6.50	16.00	45.00	200.	425.	775.	1300.	2850.	4600.
1927	1.50	2.00	3.50	5.00	13.00	17.00	36.00	175.	300.
1927-D	3.75	5.00	12.00	38.00	90.00	215.	525.	1350.	5150.

— = Insufficient pricing data	* = None issued	FV = Face Value

Winged Liberty Head dime (continued)

NOTE: MS-65B refers to Full Split Bands on the fasces on the reverse

	VG-8	F-12	VF-20	EF-40	AU-50	MS-60	MS-63	MS-65	MS-65B
1927-S	2.00	2.75	5.50	15.00	38.00	100.	265.	975.	4200.
1928	1.50	2.00	3.25	5.00	13.00	17.25	38.00	140.	230.
1928-D	3.75	5.50	16.00	39.00	75.00	125.	285.	900.	2400.
1928-S	2.00	2.50	4.00	13.00	28.00	67.50	180.	575.	1375.
1929	1.25	2.00	3.25	4.75	9.00	16.50	30.00	57.50	150.
1929-D	2.00	4.00	7.00	11.00	21.00	29.00	40.00	100.	135.
1929-S	1.50	2.00	3.50	5.50	15.00	37.50	50.00	150.	290.
1930	1.35	2.25	3.75	5.00	14.00	22.00	40.00	160.	250.
1930-S	2.25	3.50	5.00	11.00	35.00	65.00	77.50	165.	230.
1931	1.75	2.75	4.00	9.00	18.50	35.00	55.00	150.	410.
1931-D	5.00	8.75	14.50	30.00	47.50	67.50	95.00	195.	250.
1931-S	2.25	3.50	5.00	11.00	33.00	65.00	100.	200.	1150.
1934	0.60	1.25	1.90	4.00	7.00	14.00	18.00	31.00	38.00
1934-D	1.50	2.50	3.75	9.00	15.50	24.00	37.50	80.00	240.
1935	0.60	1.00	1.35	2.00	4.00	11.00	15.00	27.00	36.00
1935-D	1.25	2.50	3.75	8.00	16.00	27.50	36.00	55.00	340.
1935-S	1.00	1.35	1.85	4.50	9.00	18.00	21.00	30.00	130.
1936	0.60	1.00	1.35	2.00	4.00	10.75	15.00	28.50	35.00
1936-D	1.05	1.45	2.35	6.00	12.50	23.50	26.00	31.50	79.00
1936-S	1.05	1.35	2.00	4.50	8.00	16.00	22.00	30.00	37.50
1937	0.60	1.00	1.35	1.85	4.00	9.00	15.00	28.00	37.50
1937-D	1.05	1.35	2.00	4.50	7.00	19.00	24.00	32.00	45.00
1937-S	1.05	1.35	2.00	4.50	7.00	17.00	23.00	30.00	98.00
1938	0.60	1.00	1.35	2.25	4.00	12.00	16.00	28.50	34.00
1938-D	1.25	1.50	3.50	7.00	13.50	21.00	25.00	32.50	34.00
1938-S	1.15	1.35	1.80	3.50	7.75	16.50	23.00	32.50	52.50
1939	0.60	1.00	1.30	1.75	3.00	9.00	15.00	28.00	65.00
1939-D	0.95	1.25	1.50	2.00	3.75	10.00	15.50	29.50	34.00
1939-S	1.25	1.75	2.25	4.50	9.50	21.00	26.00	33.00	325.
1940	0.55	0.85	1.10	1.50	2.25	7.00	9.50	26.00	33.00
1940-D	0.55	0.95	1.25	2.50	4.50	7.50	13.00	27.00	34.00
1940-S	0.55	0.95	1.25	1.85	3.50	8.00	13.00	28.50	34.00
1941	0.55	0.85	1.10	1.50	2.00	6.50	10.00	26.00	32.00
1941-D	0.55	0.95	1.25	1.85	3.50	7.50	12.50	28.00	33.00
1941-S	0.55	0.95	1.25	1.85	3.00	10.00	13.00	27.00	36.00
1942/1	185.	200.	230.	290.	540.	1350.	2800.	6750.	12500.
1942/1-D	195.	225.	300.	475.	775.	1650.	2850.	5500.	8500.
1942	0.55	0.85	1.10	1.50	2.00	6.00	10.00	25.50	32.00
1942-D	0.55	0.95	1.25	1.85	3.00	8.00	13.00	28.00	32.00
1942-S	0.55	0.95	1.35	2.50	3.50	9.50	14.00	27.00	38.00
1943	0.55	0.85	1.10	1.50	2.00	6.50	10.00	26.00	32.00
1943-D	0.55	0.95	1.25	1.85	3.00	8.00	13.00	28.00	35.00
1943-S	0.55	0.95	1.25	1.85	3.00	9.50	13.50	27.50	37.50
1944	0.55	0.85	1.10	1.50	2.00	6.50	14.00	25.50	75.00
1944-D	0.55	0.95	1.25	1.85	3.00	7.50	13.00	27.00	35.00
1944-S	0.55	0.95	1.25	1.85	3.00	8.50	13.50	27.00	38.00
1945	0.55	0.85	1.10	1.50	2.00	6.50	9.50	29.00	2800.
1945-D	0.55	0.95	1.25	1.85	3.00	7.00	11.50	25.50	32.00
1945-S	0.55	0.95	1.25	2.00	3.00	8.00	12.50	25.50	55.00
1945-S Micro S	1.50	2.00	3.00	5.00	15.00	19.50	29.00	60.00	400.

— = Insufficient pricing data   * = None Issued   FV = Face Value

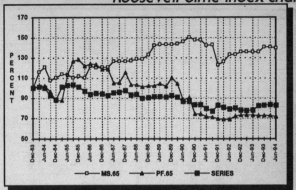

□ = MS.65   ▲ = PF.65   ■ = SERIES

Roosevelt dime

Date of authorization: April 2, 1792; July 23, 1965
Dates of issue: 1946-present
Designer/Engraver: John R. Sinnock
Diameter (Millimeters/inches): 17.91mm/0.71 inch
Weight (Grams/ounces):
   (1946-1964): 2.500 grams/0.08038 ounce
   (1965-present): 2.268 grams/0.07292 ounce
Metallic content:
   (1946-1964): 90% silver, 10% copper
   (1965-present): 75% copper, 25% nickel clad to pure copper core
Weight of pure silver: (1946-1964) 2.250 grams/0.07234 ounce
Edge: Reeded
Mint mark:
   (1946-1964): Reverse left of base of torch
   (1968-present): Obverse above date

	VG-8	F-12	VF-20	EF-40	AU-50	MS-60	MS-63	MS-65	PF-65
1946	0.50	0.60	0.70	0.72	0.77	0.80	0.95	4.75	*
1946-D	0.50	0.65	0.70	0.75	0.80	0.90	1.25	7.00	*
1946-S	0.50	0.65	0.70	1.25	1.50	1.85	2.25	10.50	*
1947	0.50	0.65	0.70	0.85	1.05	1.25	1.50	4.50	*

— = insufficient pricing data   * = None issued   FV = Face Value

Dime, Roosevelt (continued)

	VG-8	F-12	VF-20	EF-40	AU-50	MS-60	MS-63	MS-65	PF-65
1947-D	0.60	0.75	0.85	1.35	1.75	1.90	2.50	11.00	*
1947-S	0.65	0.80	0.90	1.00	1.25	1.50	2.50	13.00	*
1948	0.50	0.65	0.75	1.00	1.55	3.00	4.50	14.00	*
1948-D	0.60	0.75	0.85	1.35	2.00	2.50	3.75	10.00	*
1948-S	0.50	0.65	0.70	1.15	1.50	2.00	2.50	12.00	*
1949	1.00	1.25	1.75	2.25	4.00	9.00	12.00	22.00	*
1949-D	0.55	0.75	1.00	1.65	3.25	4.25	4.50	13.00	*
1949-S	0.79	1.50	2.25	3.50	6.00	14.00	20.00	50.00	*
1950	0.50	0.65	0.90	1.25	1.50	1.90	2.50	8.00	26.00
1950-D	0.50	0.65	0.80	0.95	1.10	1.25	1.75	8.00	*
1950-S	1.00	1.35	1.75	2.85	5.00	9.00	10.00	22.50	*
1951	0.50	0.65	0.70	0.80	0.85	0.95	1.75	3.75	24.50
1951-D	0.50	0.65	0.70	0.85	0.95	1.25	1.60	4.00	*
1951-S	0.70	1.05	1.15	1.75	4.00	5.75	6.75	14.00	*
1952	0.50	0.65	0.70	0.90	0.95	1.30	2.00	4.00	24.00
1952-D	0.50	0.65	0.70	0.85	0.90	1.00	1.10	4.25	*
1952-S	0.65	1.00	1.15	1.25	1.50	2.75	5.50	13.50	*
1953	0.50	0.60	0.65	0.95	1.05	1.15	1.30	4.25	23.00
1953-D	0.50	0.60	0.70	0.75	0.80	0.85	0.95	3.75	*
1953-S	0.50	0.55	0.60	0.65	0.70	0.75	1.00	3.30	*
1954	0.50	0.60	0.65	0.70	0.75	0.80	0.85	3.35	10.00
1954-D	0.50	0.60	0.65	0.75	0.77	0.80	0.85	3.20	*
1954-S	0.55	0.60	0.65	0.70	0.73	0.75	0.80	3.20	*
1955	0.70	0.75	0.80	0.85	0.90	0.95	1.10	5.00	8.50
1955-D	0.60	0.65	0.70	0.77	0.80	0.83	0.85	3.40	*
1955-S	0.60	0.65	0.70	0.77	0.80	0.83	0.85	4.75	*
1956	0.50	0.60	0.65	0.75	0.80	0.83	0.85	2.90	3.50
1956-D	0.50	0.60	0.65	0.75	0.80	0.83	0.95	2.80	*
1957	0.50	0.60	0.65	0.75	0.80	0.83	0.85	2.90	3.00
1957-D	0.50	0.60	0.65	0.75	0.85	0.90	1.25	3.85	*
1958	0.55	0.65	0.75	0.76	0.77	0.78	0.85	4.00	3.50
1958-D	0.50	0.60	0.65	0.75	0.77	0.78	0.85	3.75	*
1959	0.50	0.60	0.65	0.75	0.77	0.78	0.85	2.60	2.00
1959-D	0.50	0.60	0.65	0.75	0.77	0.78	0.85	3.00	*
1960	0.50	0.55	0.60	0.70	0.75	0.78	0.85	2.55	1.75
1960-D	0.50	0.55	0.50	0.70	0.75	0.78	0.85	2.55	*
1961	0.50	0.55	0.60	0.70	0.75	0.78	0.85	2.30	1.50
1961-D	0.50	0.55	0.60	0.70	0.75	0.78	0.85	2.30	*
1962	0.50	0.55	0.60	0.70	0.75	0.78	0.85	2.30	1.50
1962-D	0.50	0.55	0.60	0.70	0.75	0.78	0.85	2.75	*
1963	0.50	0.55	0.60	0.70	0.75	0.78	0.85	2.25	1.50
1963-D	0.50	0.55	0.60	0.70	0.75	0.78	0.85	2.25	*
1964	0.50	0.55	0.60	0.70	0.75	0.78	0.85	2.25	1.50
1964-D	0.50	0.55	0.60	0.70	0.75	0.78	0.85	2.25	*
1965	FV	FV	FV	FV	FV	0.23	0.40	0.70	*
1966	FV	FV	FV	FV	FV	0.25	0.40	0.70	*
1967	FV	FV	FV	FV	FV	0.23	0.40	0.70	*
1968	FV	FV	FV	FV	FV	0.23	0.40	0.70	*
1968-D	FV	FV	FV	FV	FV	0.23	0.40	0.70	*
1968-S	*	*	*	*	*	*	*	*	0.70
1969	FV	FV	FV	FV	FV	0.35	0.50	1.00	*
1969-D	FV	FV	FV	FV	FV	0.25	0.40	0.65	*
1969-S	*	*	*	*	*	*	*	*	0.70
1970	FV	FV	FV	FV	FV	0.23	0.40	0.65	*

— = Insufficient pricing data	* = None Issued	FV = Face Value

	VG-8	F-12	VF-20	EF-40	AU-50	MS-60	MS-63	MS-65	PF-65
1970-D	FV	FV	FV	FV	FV	0.23	0.40	0.65	*
1970-S	*	*	*	*	*	*	*	*	0.70
1971	FV	FV	FV	FV	FV	0.27	0.40	0.75	*
1971-D	FV	FV	FV	FV	FV	0.23	0.40	0.65	*
1971-S	*	*	*	*	*	*	*	*	0.75
1972	FV	FV	FV	FV	FV	0.27	0.40	0.70	*
1972-D	FV	FV	FV	FV	FV	0.25	0.40	0.65	*
1972-S	*	*	*	*	*	*	*	*	0.95
1973	FV	FV	FV	FV	FV	0.23	0.40	0.65	*
1973-D	FV	FV	FV	FV	FV	0.23	0.40	0.65	*
1973-S	*	*	*	*	*	*	*	*	0.70
1974	FV	FV	FV	FV	FV	0.23	0.40	0.65	*
1974-D	FV	FV	FV	FV	FV	0.23	0.40	0.65	*
1974-S	*	*	*	*	*	*	*	*	0.70
1975	FV	FV	FV	FV	FV	0.25	0.40	0.70	*
1975-D	FV	FV	FV	FV	FV	0.25	0.40	0.65	*
1975-S	*	*	*	*	*	*	*	*	0.70
1976	FV	FV	FV	FV	FV	0.25	0.40	0.70	*
1976-D	FV	FV	FV	FV	FV	0.25	0.40	0.70	*
1976-S	*	*	*	*	*	*	*	*	0.70
1977	FV	FV	FV	FV	FV	0.20	0.35	0.65	*
1977-D	FV	FV	FV	FV	FV	0.21	0.35	0.70	*
1977-S	*	*	*	*	*	*	*	*	0.70
1978	FV	FV	FV	FV	FV	0.20	0.35	0.65	*
1978-D	FV	FV	FV	FV	FV	0.21	0.35	0.70	*
1978-S	*	*	*	*	*	*	*	*	0.70
1979	FV	FV	FV	FV	FV	0.20	0.35	0.65	*
1979-D	FV	FV	FV	FV	FV	0.20	0.35	0.65	*
1979-S	*	*	*	*	*	*	*	*	0.70
1980-P	FV	FV	FV	FV	FV	0.20	0.35	0.50	*
1980-D	FV	FV	FV	FV	FV	0.20	0.35	0.50	*
1980-S	*	*	*	*	*	*	*	*	0.75
1981-P	FV	FV	FV	FV	FV	0.20	0.35	0.50	*
1981-D	FV	FV	FV	FV	FV	0.20	0.35	0.50	*
1981-S	*	*	*	*	*	*	*	*	0.70
1982 No Mintmark, Strong Strike	—	—	—	60.00	77.50	100.	150.	225.	*
1982-P	FV	FV	FV	FV	FV	0.85	1.50	—	*
1982-D	FV	FV	FV	FV	FV	0.30	0.35	—	*
1982-S	*	*	*	*	*	*	*	*	1.10
1983-P	FV	FV	FV	FV	FV	0.30	0.85	—	*
1983-D	FV	FV	FV	FV	FV	0.28	0.95	—	*
1983-S	*	*	*	*	*	*	*	*	1.25
1984-P	FV	FV	FV	FV	FV	0.20	0.50	—	*
1984-D	FV	FV	FV	FV	FV	0.20	0.55	—	*
1984-S	*	*	*	*	*	*	*	*	2.00
1985-P	FV	FV	FV	FV	FV	0.21	0.60	—	*
1985-D	FV	FV	FV	FV	FV	0.20	0.50	—	*
1985-S	*	*	*	*	*	*	*	*	1.25
1986-P	FV	FV	FV	FV	FV	0.20	0.60	—	*
1986-D	FV	FV	FV	FV	FV	0.20	0.60	—	*
1986-S	*	*	*	*	*	*	*	*	2.00
1987-P	FV	FV	FV	FV	FV	0.20	0.35	—	*
1987-D	FV	FV	FV	FV	FV	0.20	0.35	—	*
1987-S	*	*	*	*	*	*	*	*	1.00
1988-P	FV	FV	FV	FV	FV	0.20	0.40		*

— = Insufficient pricing data   * = None issued   FV = Face Value

Roosevelt dime (continued)

	VG-8	F-12	VF-20	EF-40	AU-50	MS-60	MS-63	MS-65	PF-65
1988-D	FV	FV	FV	FV	FV	0.20	0.35	—	*
1988-S	*	*	*	*	*	*	*	*	1.25
1989-P	FV	FV	FV	FV	FV	0.20	0.35	—	*
1989-D	FV	FV	FV	FV	FV	0.20	0.35	—	*
1989-S	*	*	*	*	*	*	*	*	1.25
1990-P	FV	FV	FV	FV	FV	0.20	0.35	—	*
1990-D	FV	FV	FV	FV	FV	0.20	0.35	—	*
1990-S	*	*	*	*	*	*	*	*	2.50
1991-P	FV	FV	FV	FV	FV	0.20	0.35	—	*
1991-D	FV	FV	FV	FV	FV	0.20	0.35	—	*
1991-S	*	*	*	*	*	*	*	*	2.50
1992-P	FV	FV	FV	FV	FV	0.20	0.35	—	*
1992-D	FV	FV	FV	FV	FV	0.20	0.35	—	*
1992-S	*	*	*	*	*	*	*	*	2.50
1993-P	FV	FV	FV	FV	FV	0.20	0.35	—	*
1993-D	FV	FV	FV	FV	FV	0.20	0.35	—	*
1993-S	*	*	*	*	*	*	*	*	2.75
1994-P	FV	FV	FV	FV	FV	0.20	0.35	—	*
1994-D	FV	FV	FV	FV	FV	0.20	0.35	—	*
1994-S	*	*	*	*	*	*	*	*	2.50

20 cents index chart

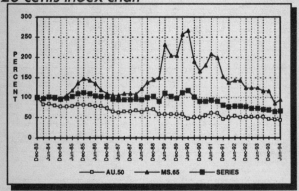

—□— AU.50   —▲— MS.65   —■— SERIES

— = Insufficient pricing data   * = None issued   FV = Face Value

Seated Liberty 20 cents

Date of authorization: March 3, 1875
Dates of issue: 1875-1876
Designers:
   Obverse: Thomas Sully-Christian Gobrecht-John Hughes-William Barber
   Reverse: William Barber
Engraver: William Barber
Diameter (Millimeters/inches): 22.50mm/0.89 inch
Weight (Grams/ounces): 5.000 grams/0.16075 ounce
Metallic content: 90% silver, 10% copper
Weight of pure silver: 4.500 grams/0.14468 ounce
Edge: Plain
Mint mark: Reverse below eagle

	F-12	VF-20	EF-40	AU-50	MS-60	MS-63	MS-65	PF-65
1875	77.50	100.	220.	325.	600.	1100.	5500.	6250.
1875-CC	80.00	135.	240.	450.	800.	1800.	7250.	——
1875-S	65.00	87.50	145.	270.	500.	1000.	4500.	50000.
1876	140.	200.	285.	440.	775.	1400.	5350.	5500.
1876-CC			17500.	25000.	47500.	77500.	165000.	——
1877 Proofs only		1500.	1800.	1950.	2150.	2950.	——	8500.
1878 Proofs only			1400.	1600.	1800.	2400.	——	7250.

— = Insufficient pricing data   * = None issued   FV = Face Value

Early quarter dollars index chart

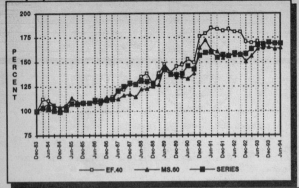

Draped Bust, Small Eagle or Heraldic Eagle quarter dollar

Date of authorization: April 2, 1792
Dates of issue: 1796, 1804-1807
Designers:
 Obverse: Gilbert Stuart-Robert Scot
 Reverse:
 (1796): Robert Scot-John Eckstein
 (1804-1807): Robert Scot
Engraver: Robert Scot
Diameter (Millimeters/inches): 27.00mm/1.07 inch
Weight (Grams/ounces): 6.739 grams/0.21666 ounce
Metallic content: 89.25% silver, 10.75% copper
Weight of pure silver: 6.015 grams/0.19339 ounce
Edge: Reeded
Mint mark: None

— = Insufficient pricing data   * = None Issued   FV = Face Value

	G-4	VG-8	F-12	VF-20	EF-40	AU-50	MS-60
1796 Small Eagle	3850.	5250.	7500.	11000.	14000.	17250.	22500.
1804 Heraldic Eagle	875.	1350.	1900.	3500.	7500.	14000.	—
1805	180.	235.	415.	800.	1900.	3250.	8000.
1806/5	180.	230.	410.	875.	2100.	3500.	8250.
1806	175.	225.	405.	785.	1825.	2850.	3700.
1807	175.	225.	400.	775.	1800.	2800.	3650.

Capped Bust quarter dollar

Date of authorization: April 2, 1792
Dates of issue: 1815-1837
Designer/Engraver: John Reich
Diameter (Millimeters/inches):
　　1815-1828: 27.00mm/1.07 inches
　　1831-1837: 24.26mm/0.96 inch
Weight (Grams/ounces): 6.739 grams/0.21666 ounce
Metallic content: 89.25% silver, 10.75% copper
Weight of pure silver: 6.015 grams/0.19339 ounce
Edge: Reeded
Mint mark: None

	G-4	VG-8	F-12	VF-20	EF-40	AU-50	MS-60
1815	40.00	65.00	105.	300.	675.	1150.	2050.
1818/5	47.50	75.00	130.	310.	700.	1175.	2150.
1818	40.00	57.50	85.00	250.	625.	1050.	2000.
1819	40.00	52.50	82.50	235.	625.	1075.	1950.
1820 Small 0	40.00	57.50	85.00	250.	650.	1100.	2100.
1820 Large 0	40.00	52.50	80.00	235.	610.	950.	1950.
1821	40.00	52.50	80.00	235.	610.	950.	1950.
1822	55.00	85.00	135.	375.	1050.	1550.	3000.
1822 25/50c	1450.	2150.	3350.	4750.	8500.	15000.	25000.
1823/2	8500.	12500.	18000.	25000.	32500.	40000.	—
1824/2	70.00	110.	190.	550.	1375.	2550.	5250.
1825/2	130.	195.	300.	650.	1300.	2250.	3500.
1825	40.00	52.50	80.00	225.	600.	940.	1950.
1825/4	40.00	52.50	80.00	225.	600.	940.	2000.
1827 Originals and Restrikes: Original Prf-60 $35000 Prf-64 $72500; Restrike Prf-63 $25000.							
1828	40.00	52.50	80.00	225.	600.	940.	2050.
1828 25/50c	100.	225.	315.	700.	1400.	3500.	7500.
1831 No Motto	27.00	35.00	45.00	75.00	205.	515.	900.
1832	27.00	35.00	45.00	75.00	205.	515.	910.

— = Insufficient pricing data	* = None issued	FV = Face Value

Capped Bust quarter dollar (continued)

	G-4	VG-8	F-12	VF-20	EF-40	AU-50	MS-60
1833	29.00	36.00	47.50	87.50	290.	600.	1500.
1834	28.00	35.50	47.50	75.00	225.	530.	1125.
1835	27.00	35.00	45.00	75.00	205.	515.	900.
1836	27.50	35.00	45.00	75.00	205.	575.	1300.
1837	27.50	35.00	45.00	75.00	205.	515.	925.
1838	27.50	36.00	48.50	80.00	210.	540.	1000.

Seated Liberty quarter index chart

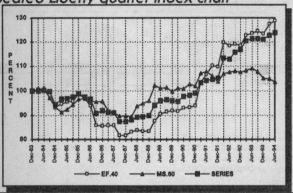

Seated Liberty quarter dollar

Date of authorization: April 2, 1792
Dates of issue: 1838-1891
Designers:
   (1838-1840):
      Obverse: Thomas Sully-Christian Gobrecht
      Reverse: John Reich-William Kneass-Gobrecht
   (1840-1891):
      Obverse: Robert B. Hughes-Gobrecht-Sully
      Reverse: Hughes-Gobrecht-Sully
Engravers:

— = insufficient pricing data	* = None issued	FV = Face Value

Obverse: Christian Gobrecht
Reverse:
(1838-1853): Christian Gobrecht
(1853-1891): James B. Longacre
Diameter (Millimeters/inches): 24.26mm/0.96 inch
Weight (Grams/ounces):
(1838-1873): 6.221 grams/0.20001 ounce
(1873-1891): 6.250 grams/0.20094 ounce
Metallic content: 90% silver, 10% copper
Weight of pure silver:
(1838-1873): 5.599 grams/0.18001 ounce
(1873-1891): 5.625 grams/0.18085 ounce
Edge: Reeded
Mint mark: Reverse below eagle

	G-4	VG-8	F-12	VF-20	EF-40	AU-50	MS-60	MS-63
1838 No Drapery	8.50	13.75	28.00	72.50	250.	535.	800.	2950.
1839 No Drapery	8.50	14.00	27.50	62.50	200.	445.	650.	2550.
1840-O No Drapery	8.50	14.50	29.00	85.00	230.	525.	725.	2600.
1840 Drapery	18.25	26.00	45.00	77.50	185.	310.	675.	2850.
1840-O Drapery	20.00	30.00	50.00	110.	245.	510.	1100.	3750.
1841	44.50	57.50	77.50	115.	215.	435.	775.	2950.
1841-O	15.00	24.00	40.00	72.50	155.	335.	750.	——
1842 Small Date Proofs only	——	——	——	——	——	——	25000.	50000.
1842 Large Date	70.00	92.50	150.	215.	375.	900.	3500.	8000.
1842-O Small Date	385.	500.	925.	1800.	3300.	9750.	——	——
1842-O Large Date	12.00	17.25	32.00	70.00	165.	675.	2400.	8500.
1843	9.25	12.25	20.50	35.00	62.50	180.	535.	1000.
1843-O Small O	16.50	27.50	50.00	110.	235.	875.	——	——
1843-O Large O	75.00	110.	200.	400.	800.	——	——	——
1844	7.75	12.00	21.50	35.00	65.00	190.	535.	1000.
1844-O	8.25	16.50	30.00	62.50	145.	350.	1250.	4750.
1845	7.75	12.00	21.00	33.50	75.00	235.	625.	1200.
1845/5	8.50	17.00	32.50	55.00	145.	300.	625.	——
1846	9.25	14.50	23.50	35.00	65.00	185.	600.	1900.
1846/1846	10.00	17.50	35.00	57.50	155.	325.	——	——
1847	7.75	12.00	21.00	32.50	65.00	185.	535.	1175.
1847/7	8.50	17.00	35.00	52.50	100.	285.	——	——
1847-O	19.50	30.00	57.50	95.00	275.	585.	2500.	5750.
1848	25.00	35.00	75.00	135.	190.	400.	1050.	3200.
1848/1848	40.00	55.00	87.50	160.	215.	590.	——	——
1849	15.00	23.00	37.50	70.00	145.	340.	950.	——
1849-O	385.	525.	800.	1500.	3250.	7500.	——	——
1850	22.50	35.00	60.00	82.50	165.	345.	925.	2400.
1850-O	13.50	25.00	47.50	85.00	200.	500.	1700.	4750.
1851	32.50	45.00	80.00	135.	180.	335.	850.	2000.
1851-O	145.	255.	375.	575.	1350.	2650.	4400.	——
1852	31.50	42.50	80.00	140.	190.	340.	750.	1250.
1852-O	155.	235.	360.	650.	1650.	3150.	4750.	13500.
1853/53 Recut Date	185.	255.	345.	550.	750.	1500.	3000.	5500.
1853 Arrows & Rays	8.00	11.50	22.50	36.50	155.	325.	800.	2900.
1853/4 Arrows & Rays	36.00	57.50	165.	265.	485.	1050.	2350.	6350.
1853-O Arrows & Rays	10.50	16.00	25.00	57.50	225.	1450.	3500.	——
1854 Arrows	8.00	10.50	20.50	27.00	75.00	190.	540.	1400.
1854-O Arrows	9.00	13.50	28.00	50.00	115.	305.	875.	1850.

— = Insufficient pricing data	* = None Issued	FV = Face Value

	G-4	VG-8	F-12	VF-20	EF-40	AU-50	MS-60	MS-63
1854-O Huge O	90.00	145.	190.	300.	700.	—	—	—
1855 Arrows	7.50	10.50	20.00	25.00	70.00	190.	560.	1475.
1855-O Arrows	32.50	50.00	95.00	250.	525.	1550.	2750.	6750.
1855-S Arrows	30.00	40.00	65.00	130.	390.	925.	1700.	5500.
1856 No Arrows	7.00	11.00	20.00	25.00	47.00	120.	325.	900.
1856-O	9.25	15.00	24.00	42.50	100.	390.	1000.	2750.
1856-S	30.00	45.00	70.00	165.	420.	1025.	2150.	5250.
1856-S/S	42.50	65.00	135.	275.	775.	1600.	—	—
1857	7.50	11.00	20.00	25.00	47.00	120.	290.	550.
1857-O	7.75	11.50	23.00	37.50	77.50	275.	950.	3000.
1857-S	57.50	100.	185.	295.	445.	1000.	2400.	5500.
1858	7.50	11.00	20.00	25.00	47.00	120.	305.	565.
1858-O	12.50	17.50	30.00	47.50	105.	445.	1400.	5000.
1858-S	47.50	72.50	130.	215.	485.	1800.	—	—
1859	7.75	12.00	20.50	26.50	60.00	145.	405.	1500.
1859-O	14.50	22.50	35.00	47.50	100.	425.	1350.	—
1859-S	80.00	115.	200.	325.	1250.	2750.	—	—
1860	7.50	11.00	20.00	26.50	57.50	135.	365.	590.
1860-O	12.00	19.00	36.00	45.00	85.00	290.	950.	2200.
1860-S	145.	235.	365.	825.	2850.	9500.	—	—
1861	7.50	11.00	20.00	26.00	55.00	115.	300.	575.
1861-S	53.50	77.50	150.	290.	625.	1650.	—	—
1862	9.00	14.00	23.00	28.50	57.50	130.	350.	590.
1862-S	47.50	67.50	135.	240.	500.	1150.	2450.	5900.
1863	27.50	35.00	47.50	67.50	145.	275.	585.	1450.
1864	47.50	60.00	92.50	160.	265.	440.	875.	1400.
1864-S	215.	350.	475.	850.	1700.	3150.	—	—
1865	55.00	70.00	120.	200.	285.	440.	825.	1350.
1865-S	70.00	95.00	145.	250.	445.	1250.	3000.	6000.
1866 No Motto								
1866 Motto	225.	290.	365.	475.	585.	1050.	1750.	3250.
1866-S	185.	335.	465.	675.	1250.	1900.	3650.	5750.
1867	145.	185.	220.	300.	450.	575.	850.	1450.
1867-S	135.	215.	285.	400.	650.	1550.	4500.	—
1868	82.50	95.00	190.	245.	315.	390.	825.	1700.
1868-S	52.50	67.50	120.	200.	550.	1200.	2850.	6750.
1869	200.	255.	335.	390.	600.	900.	1750.	3850.
1869-S	65.00	97.50	165.	250.	470.	1150.	2300.	4250.
1870	47.50	62.50	90.00	145.	275.	375.	950.	—
1870-CC	1450.	2000.	4250.	7750.	15500.	28500.	—	—
1871	32.50	40.00	52.50	100.	190.	300.	625.	1100.
1871-CC	1150.	1700.	2600.	3750.	7750.	15500.	—	—
1871-S	245.	315.	415.	525.	800.	1400.	3550.	7250.
1872	30.00	37.50	52.50	82.50	145.	280.	1000.	2900.
1872-CC	350.	550.	975.	1750.	3400.	8750.	—	—
1872-S	325.	525.	1075.	1700.	2950.	4000.	6000.	12500.
1873 Closed 3	150.	200.	325.	430.	585.	1075.	2750.	—
1873 Open 3	30.00	35.00	52.50	95.00	175.	275.	585.	1850.
"1873-CC No Arrows, MS-64 $350000."								
1873 Arrows	10.25	15.50	29.00	55.00	195.	330.	675.	1400.
1873-CC Arrows	1150.	1450.	2350.	4750.	9500.	19000.	—	—
1873-S Arrows	25.00	37.50	77.50	150.	330.	625.	1200.	4250.
1874 Arrows	12.50	19.00	32.50	60.00	195.	320.	685.	1800.
1874-S Arrows	20.00	32.50	60.00	130.	275.	550.	925.	1900.
1875	7.50	11.00	19.75	24.50	50.00	110.	240.	500.

— = Insufficient pricing data   * = None issued   FV = Face Value

	G-4	VG-8	F-12	VF-20	EF-40	AU-50	MS-60	MS-63
1875-CC	50.00	70.00	145.	265.	415.	675.	1275.	2250.
1875-S	25.00	38.50	67.50	120.	185.	275.	575.	1850.
1876	7.50	11.00	19.75	23.00	47.00	110.	235.	500.
1876-CC	7.85	13.00	21.00	29.00	55.00	145.	365.	950.
1876-S	7.65	11.00	19.75	24.50	50.00	140.	240.	520.
1877	7.50	11.50	19.75	23.00	47.00	110.	235.	500.
1877-CC	7.75	13.50	21.50	30.00	60.00	140.	380.	565.
1877-S	7.50	11.00	21.00	27.50	48.00	115.	245.	550.
1877-S/Horizontal S	25.00	37.50	75.00	180.	285.	400.	700.	2250.
1878	7.50	11.00	19.75	26.00	47.00	110.	250.	520.
1878-CC	17.00	27.50	40.00	65.00	95.00	225.	460.	975.
1878-S	75.00	140.	180.	265.	425.	750.	1500.	3150.
1879	115.	150.	175.	235.	320.	375.	445.	850.
1880	115.	155.	180.	250.	330.	380.	440.	825.
1881	120.	160.	185.	260.	325.	375.	470.	850.
1882	125.	165.	185.	260.	330.	395.	625.	875.
1883	120.	160.	185.	260.	325.	375.	445.	850.
1884	140.	180.	225.	295.	350.	410.	550.	900.
1885	120.	160.	185.	250.	330.	375.	440.	850.
1886	190.	225.	285.	315.	450.	700.	950.	1150.
1887	135.	170.	190.	285.	345.	440.	600.	1000.
1888	135.	170.	190.	285.	345.	440.	600.	925.
1888-S	8.00	11.75	21.00	26.00	48.00	140.	345.	1025.
1889	120.	170.	190.	265.	350.	420.	600.	900.
1890	47.50	52.50	80.00	100.	180.	310.	420.	750.
1891	7.50	11.00	20.00	25.00	47.00	110.	245.	500.
1891-O	115.	160.	260.	425.	635.	1100.	2050.	——
1891-S	8.50	12.25	22.00	30.50	49.50	120.	265.	550.

Barber quarter dollar index chart

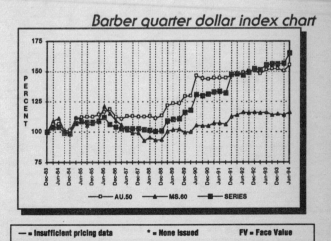

— ■ Insufficient pricing data   * = None issued   FV = Face Value

Barber quarter dollar

Date of authorization: April 2, 1792
Dates of issue: 1892-1916
Designer/Engraver: Charles Barber
Diameter (Millimeters/inches): 24.26mm/0.96 inch
Weight (Grams/ounces): 6.250 grams/0.20094 ounce
Metallic content: 90% silver, 10% copper
Weight of pure silver: 5.625 grams/0.18085 ounce
Edge: Reeded
Mint mark: Reverse below eagle

	G-4	VG-8	F-12	VF-20	EF-40	AU-50	MS-60	MS-63
1892	3.75	4.75	17.25	26.00	60.00	110.	175.	285.
1892-O	5.00	8.00	17.50	30.50	80.00	140.	250.	450.
1892-S	13.00	25.00	37.50	55.00	125.	265.	430.	1000.
1893	3.75	4.65	17.00	25.50	60.00	110.	210.	335.
1893-O	4.50	7.75	19.00	40.00	67.50	140.	265.	525.
1893-S	6.00	9.00	28.00	42.50	110.	275.	460.	1150.
1894	3.75	4.65	17.00	30.00	70.00	120.	200.	350.
1894-O	4.50	8.00	25.00	35.00	75.00	180.	290.	1200.
1894-S	5.00	6.50	21.00	40.00	75.00	175.	300.	825.
1895	3.75	4.60	17.00	25.00	60.00	110.	200.	400.
1895-O	5.00	7.00	26.00	39.00	85.00	200.	360.	1350.
1895-S	6.00	10.00	27.00	42.00	87.50	225.	340.	975.
1896	3.75	4.65	17.00	26.50	61.00	110.	205.	365.
1896-O	4.50	10.50	47.50	210.	290.	550.	850.	2000.
1896-S	205.	285.	575.	850.	1400.	2650.	3700.	5750.
1897	3.60	4.35	16.50	26.00	60.00	110.	165.	280.
1897-O	7.00	14.00	65.00	175.	325.	565.	875.	1950.
1897-S	11.00	22.00	82.50	145.	225.	470.	700.	1850.
1898	3.55	4.35	16.50	26.00	60.00	110.	165.	265.
1898-O	5.00	10.00	35.00	80.00	165.	385.	600.	1350.
1898-S	4.35	8.00	19.00	41.00	80.00	175.	400.	1050.
1899	3.55	4.35	16.50	26.00	57.50	110.	165.	265.
1899-O	4.50	11.00	25.00	45.00	82.50	225.	385.	900.
1899-S	8.75	15.50	26.00	46.00	80.00	175.	335.	850.
1900	3.50	3.85	15.50	25.50	57.50	110.	165.	265.
1900-O	5.25	11.00	29.00	48.50	87.50	250.	425.	1300.
1900-S	5.00	8.00	18.50	34.00	65.00	115.	300.	1025.
1901	3.75	4.00	15.50	25.50	57.50	110.	165.	265.
1901-O	15.00	35.00	66.00	160.	325.	550.	690.	1900.
1901-S	1175.	2075.	3200.	4800.	6250.	8000.	9750.	16500.
1902	3.50	3.85	15.50	25.50	57.50	110.	165.	265.

— = Insufficient pricing data	*** = None issued**	**FV = Face Value**

	G-4	VG-8	F-12	VF-20	EF-40	AU-50	MS-60	MS-63
1902-O	5.00	7.75	23.00	42.00	80.00	175.	475.	1450.
1902-S	7.75	13.50	23.50	43.00	75.00	205.	450.	1250.
1903	3.50	3.85	15.50	25.50	57.50	110.	165.	270.
1903-O	4.50	5.00	22.00	42.00	75.00	175.	475.	1275.
1903-S	7.50	15.00	30.00	55.00	105.	210.	400.	1150.
1904	3.50	3.85	15.50	25.50	57.50	110.	165.	325.
1904-O	4.90	9.00	31.00	59.00	150.	350.	700.	1550.
1905	4.00	4.30	17.50	30.00	62.50	110.	165.	305.
1905-O	7.00	11.00	23.00	50.00	120.	245.	450.	1450.
1905-S	6.00	10.00	20.00	42.50	77.50	170.	350.	1250.
1906	3.50	3.85	15.50	25.50	57.50	110.	165.	265.
1906-D	4.00	4.35	18.50	30.50	65.00	140.	220.	400.
1906-O	3.95	4.85	23.00	34.00	72.50	165.	225.	390.
1907	3.50	3.85	15.50	25.50	57.50	110.	165.	265.
1907-D	3.50	4.10	19.00	31.50	74.00	165.	265.	875.
1907-O	3.50	4.10	18.50	29.00	61.50	125.	225.	525.
1907-S	4.15	4.60	23.00	40.00	97.50	195.	365.	1000.
1908	3.50	3.85	15.50	25.50	57.50	110.	175.	265.
1908-D	3.50	4.00	16.00	26.00	61.50	115.	185.	350.
1908-O	3.50	4.00	16.00	26.50	65.00	120.	225.	330.
1908-S	9.00	16.00	50.00	92.50	200.	370.	575.	1200.
1909	3.50	3.95	15.75	26.00	57.50	110.	165.	265.
1909-D	3.85	4.25	16.50	26.50	63.50	150.	240.	360.
1909-O	9.00	16.00	45.00	95.00	185.	325.	565.	1450.
1909-S	3.65	4.60	18.00	29.00	74.00	170.	265.	950.
1910	3.50	3.85	19.00	30.00	65.00	125.	200.	285.
1910-D	3.90	4.60	21.00	35.00	90.00	175.	300.	975.
1911	3.50	3.85	15.50	26.50	65.00	110.	205.	280.
1911-D	3.95	8.00	70.00	175.	285.	390.	540.	1175.
1911-S	3.75	4.60	25.00	36.00	95.00	185.	275.	625.
1912	3.50	3.85	15.50	25.50	57.50	110.	165.	265.
1912-S	3.70	4.60	22.00	39.50	85.00	210.	325.	840.
1913	10.00	16.00	50.00	155.	375.	550.	860.	1475.
1913-D	4.00	4.60	20.00	35.00	87.50	145.	225.	350.
1913-S	325.	615.	1500.	2300.	3000.	3500.	4000.	5250.
1914	3.50	3.85	15.50	25.50	57.50	110.	165.	285.
1914-D	3.50	4.60	16.25	26.00	62.50	115.	180.	320.
1914-S	45.00	70.00	115.	155.	315.	500.	765.	1600.
1915	3.50	3.85	15.50	25.50	57.50	110.	180.	285.
1915-D	3.50	3.90	15.75	25.50	60.00	110.	170.	275.
1915-S	4.15	5.75	18.50	38.50	79.00	170.	285.	575.
1916	3.50	3.95	16.00	26.25	62.50	110.	160.	265.
1916-D	3.60	4.00	15.75	25.50	60.00	110.	165.	270.

Standing Liberty quarter chart

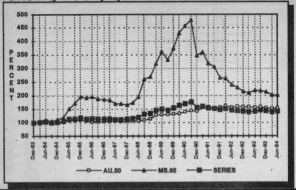

Standing Liberty quarter dollar

Date of authorization: April 2, 1792
Dates of issue: 1916-1930
Designer: Hermon MacNeil
Engravers:
  Obverse: Hermon MacNeil
  Reverse: MacNeil, Charles Barber
Diameter (Millimeters/inches): 24.26mm/0.96 inch
Weight (Grams/ounces): 6.250 grams/0.20094 ounce
Metallic content: 90% silver 10% copper
Weight of pure silver: 5.625 grams/0.18085 ounce
Edge: Reeded
Mint mark: Obverse left of date
Note: MS-65H refers to Full Head

	G-4	F-12	VF-20	EF-40	AU-50	MS-60	MS-63	MS-65	MS-65H
1916 Bared Breast	950.	1475.	2100.	2500.	3300.	4350.	5750.	14000.	23500.
1917	9.25	14.00	29.00	50.00	95.00	150.	265.	750.	1025.
1917-D	14.75	25.00	48.00	80.00	125.	240.	375.	1100.	1600.
1917-S	13.75	22.50	60.00	110.	180.	280.	500.	1325.	2800.

— = Insufficient pricing data   *** = None issued**   **FV = Face Value**

	G-4	F-12	VF-20	EF-40	AU-50	MS-60	MS-63	MS-65	MS-65H
1917 Mailed Breast	12.50	16.50	23.00	37.00	70.00	125.	170.	430.	900.
1917-D	18.75	45.00	57.50	80.00	115.	160.	290.	1200.	5000.
1917-S	17.75	28.25	52.50	72.50	97.50	170.	280.	1000.	3500.
1918	14.50	21.00	29.00	44.00	72.50	130.	175.	445.	1250.
1918-D	22.50	37.00	55.00	82.50	125.	220.	330.	1350.	6600.
1918-S	15.00	22.50	27.00	42.50	75.00	185.	300.	1450.	22500.
1918/7-S	975.	1600.	2350.	4000.	6500.	13500.	24000.	75000.	200000.
1919	23.00	40.00	46.00	58.00	85.00	130.	230.	450.	1075.
1919-D	45.00	95.00	155.	245.	335.	575.	950.	2450.	15000.
1919-S	42.00	90.00	190.	330.	460.	750.	1500.	3100.	19500.
1920	13.50	20.00	24.00	33.00	65.00	120.	180.	440.	1350.
1920-D	21.75	45.00	67.50	90.00	150.	200.	575.	1850.	6100.
1920-S	15.00	22.50	27.00	42.50	80.00	215.	675.	2000.	21000.
1921	52.50	110.	175.	245.	315.	425.	850.	1750.	3500.
1923	14.50	21.00	26.00	35.00	62.50	120.	190.	470.	1550.
1923-S	87.50	165.	265.	360.	455.	590.	875.	1700.	4500.
1924	14.00	19.00	22.00	35.00	62.50	120.	180.	405.	1500.
1924-D	23.50	45.00	65.00	85.00	120.	155.	245.	475.	6850.
1924-S	16.25	23.00	30.00	80.00	175.	285.	650.	1800.	5750.
1925	2.50	5.00	15.00	26.50	55.00	100.	165.	465.	975.
1926	2.50	5.00	13.75	25.00	55.00	100.	165.	405.	1700.
1926-D	6.00	12.00	25.00	45.00	85.00	120.	195.	550.	16000.
1926-S	3.50	10.00	20.00	87.50	185.	325.	650.	1700.	18000.
1927	2.50	5.00	13.75	25.00	55.00	105.	175.	400.	825.
1927-D	5.75	11.00	32.50	77.50	130.	165.	250.	450.	4000.
1927-S	8.00	47.50	160.	950.	2250.	3350.	5000.	10000.	57500.
1928	2.50	5.00	13.75	25.00	55.00	105.	165.	400.	1350.
1928-D	4.50	9.00	19.50	37.50	77.50	135.	180.	425.	7500.
1928-S	2.75	6.00	14.00	30.00	65.00	125.	185.	435.	750.
1929	2.50	5.00	13.75	25.00	52.50	105.	175.	400.	625.
1929-D	4.75	8.00	16.50	31.50	65.00	135.	180.	440.	6650.
1929-S	2.50	5.00	13.50	27.00	55.00	115.	160.	425.	725.
1930	2.50	5.00	13.50	24.00	52.50	100.	160.	400.	625.
1930-S	2.50	5.00	13.50	26.50	55.00	115.	250.	430.	1150.

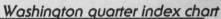

Washington quarter index chart

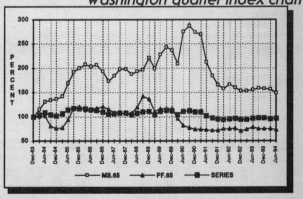

— = Insufficient pricing data   * = None issued   FV = Face Value

Washington quarter dollar

Date of authorization: April 2, 1792; July 23, 1965; Oct. 18, 1973
Dates of issue: 1932-present
Designers: James Flanagan
(Bicentennial Reverse): Jack L. Ahr
Engravers: John R. Sinnock
(Bicentennial Reverse): Frank Gasparro
Diameter (Millimeters/inches): 24.26mm/0.96 inch
Weight (Grams/ounces):
(1932-1964): 6.250 grams/0.20094 ounce
(1965-present): 5.670 grams/0.18229 ounce
1976 Bicentennial Proof and Uncirculated: 5.750 grams/0.18487 ounce
Metallic content:
(1932-1964): 90% silver, 10% copper
(1965-present): 75% copper, 25% nickel bonded to a pure copper core
(1976 Bicentennial Proof and Uncirculated sets only): 80% silver,
20% copper bonded to a core of 21.5% silver, 78.5% copper
Weight of pure silver:
(1932-1964): 5.625 grams/0.18085 ounce
(1976 Bicentennial Proof and Uncirculated sets only): 2.300 grams/
0.07395 ounce
Edge: Reeded
Mint mark:
(1932-1964): Reverse below eagle
(1968-present): Obverse right of Washington's queue (ponytail)

	G-4	VG-8	F-12	VF-20	EF-40	AU-50	MS-60	MS-63	MS-65	PF-65
1932	2.00	2.75	3.50	4.75	7.75	13.50	22.00	29.00	180.	*
1932-D	32.00	36.00	43.00	57.50	120.	235.	400.	775.	4500.	*
1932-S	28.00	30.00	36.00	42.50	55.00	95.00	230.	400.	2400.	*
1934	1.75	2.00	2.25	3.00	4.75	8.50	18.00	26.00	72.50	*
1934 Light Motto										
	2.00	3.20	3.75	6.00	7.50	11.00	26.00	65.00	275.	*
1934 Doubled Die										
	35.00	40.00	50.00	75.00	155.	230.	485.	1000.	2600.	*
1934-D	4.00	4.75	6.00	7.50	15.00	37.50	87.50	135.	900.	*
1935	1.55	1.75	2.25	3.00	4.50	8.00	18.00	24.00	62.50	*
1935-D	2.40	2.75	5.00	7.25	14.50	27.50	85.00	110.	400.	*
1935-S	2.25	2.75	4.00	5.00	10.00	22.50	40.00	60.00	175.	*
1936	1.55	1.75	2.00	2.75	4.50	8.00	17.00	23.00	47.50	900.
1936-D	2.50	2.75	5.25	14.00	32.00	125.	250.	365.	800.	*

— = Insufficient pricing data   * = None Issued   FV = Face Value

	G-4	VG-8	F-12	VF-20	EF-40	AU-50	MS-60	MS-63	MS-65	Prf-65
1936-S	2.25	2.75	4.00	6.25	12.00	25.00	37.50	57.50	90.00	*
1937	1.55	2.10	3.10	3.75	5.00	15.00	22.00	28.50	70.00	245.
1937-D	2.15	2.50	4.00	6.00	9.00	19.00	29.00	37.50	87.50	*
1937-S	3.25	3.50	6.00	10.75	21.00	55.00	82.50	92.50	125.	*
1938	2.25	2.60	4.00	8.00	15.00	27.00	45.00	57.50	100.	160.
1938-S	3.00	3.25	4.25	8.25	12.50	28.00	50.00	65.00	110.	*
1939	1.55	1.75	2.00	2.50	3.75	6.00	12.50	17.50	52.50	170.
1939-D	2.15	2.90	3.75	6.00	8.50	13.00	22.50	30.00	72.50	*
1939-S	3.25	3.50	4.00	6.00	12.00	32.50	50.00	65.00	125.	*
1940	1.55	1.75	2.00	2.25	3.00	6.00	11.00	16.00	35.00	110.
1940-D	3.00	3.65	5.25	8.50	13.00	27.50	47.50	62.50	80.00	*
1940-S	2.15	2.25	2.90	3.40	4.00	9.00	15.00	22.00	40.00	*
1941	1.25	1.50	2.10	2.25	2.75	3.50	5.00	6.50	22.50	105.
1941-D	1.25	1.50	2.10	2.85	3.75	6.00	14.50	19.50	37.50	*
1941-S	1.25	1.50	2.10	2.60	3.50	6.00	14.50	20.00	55.00	*
1942	1.25	1.50	2.10	2.50	3.00	3.50	4.75	6.00	22.50	100.
1942-D	1.60	1.85	2.35	2.85	3.60	5.25	8.00	12.00	45.00	*
1942-S	1.70	1.90	2.45	3.10	5.00	17.50	35.00	60.00	85.00	*
1943	1.25	1.50	2.10	2.60	2.75	3.00	4.25	5.75	21.50	*
1943-D	1.25	1.50	2.10	2.50	3.10	6.00	11.50	15.00	28.50	*
1943-S	1.25	1.50	2.10	2.60	4.00	11.00	18.50	28.00	38.00	*
1943-S Doubled Die										
	90.00	105.	140.	160.	185.	225.	315.	750.	2150.	*
1944	1.25	1.50	2.10	2.25	2.65	3.00	3.50	4.75	15.00	*
1944-D	1.25	1.50	2.10	2.25	2.75	4.75	7.00	10.00	21.50	*
1944-S	1.25	1.50	2.10	2.25	2.75	4.50	7.50	10.25	27.00	*
1945	1.25	1.50	2.10	2.25	2.35	2.50	2.75	4.00	15.00	*
1945-D	1.65	1.85	2.45	2.75	3.20	4.25	6.00	8.50	27.50	*
1945-S	1.25	1.50	2.10	2.35	2.80	3.75	4.50	6.75	20.00	*
1946	1.25	1.50	2.10	2.25	2.55	2.75	3.75	5.50	16.00	*
1946-D	1.25	1.50	2.10	2.35	2.60	3.00	3.50	4.00	12.00	*
1946-S	1.60	1.80	2.45	2.50	2.75	2.85	3.00	4.50	18.00	*
1947	1.25	1.50	2.10	2.25	2.55	3.75	5.50	7.00	12.50	*
1947-D	1.25	1.50	2.10	2.35	2.80	3.00	4.00	6.00	16.00	*
1947-S	1.25	1.50	2.10	2.35	2.80	3.00	3.50	4.50	17.00	*
1948	1.25	1.50	2.10	2.25	2.55	3.00	3.50	4.50	12.00	*
1948-D	1.25	1.50	2.10	2.35	2.80	3.15	4.50	5.50	15.00	*
1948-S	1.25	1.50	2.10	2.35	2.80	3.15	4.75	6.50	22.00	*
1949	1.25	1.50	2.10	2.85	3.45	7.00	15.00	20.00	29.00	*
1949-D	1.25	1.50	2.10	2.35	2.80	4.00	5.75	7.00	22.50	*
1950	1.25	1.30	2.10	2.25	2.55	2.85	3.25	3.50	9.00	65.00
1950-D	1.25	1.30	2.10	2.25	2.55	2.90	3.25	4.00	10.00	*
1950-D/S	—	—	37.50	75.00	135.	215.	275.	340.	725.	*
1950-S	1.25	1.30	2.10	2.25	2.55	4.00	6.00	7.50	14.00	*
1950-S/D	—	—	67.50	87.50	175.	285.	345.	385.	850.	*
1951	1.25	1.30	2.10	2.25	2.55	2.75	3.25	3.75	9.50	45.00
1951-D	1.25	1.30	2.10	2.25	2.55	2.75	3.00	3.25	8.50	*
1951-S	1.25	1.30	2.10	2.25	2.55	6.50	8.50	17.00	25.00	*
1952	1.25	1.30	2.10	2.25	2.35	2.55	2.65	2.75	7.00	37.50
1952-D	1.25	1.30	2.10	2.25	2.50	2.65	2.75	3.00	8.00	*
1952-S	1.25	1.30	2.10	2.25	2.45	4.50	6.75	9.00	15.00	*
1953	1.45	1.50	2.35	2.45	2.50	2.55	2.65	2.75	8.00	24.00
1953-D	1.25	1.30	1.95	2.00	2.05	2.10	2.15	2.25	8.00	*
1953-S	1.25	1.30	2.20	2.35	2.40	2.50	2.75	3.00	10.00	*
1954	1.25	1.30	1.45	1.55	1.65	1.75	1.85	2.25	5.75	15.00
1954-D	1.25	1.30	1.33	1.35	1.40	1.45	1.50	2.00	5.50	*

— = Insufficient pricing data	* = None Issued	FV = Face Value

	G-4	VG-8	F-12	VF-20	EF-40	AU-50	MS-60	MS-63	MS-65	Prf-65
1954-S	1.25	1.30	1.90	1.95	2.00	2.05	2.10	2.50	8.00	*
1955	1.25	1.30	1.75	1.85	1.90	1.95	2.00	2.25	7.50	12.00
1955-D	1.65	1.70	1.75	2.00	2.10	2.15	2.25	2.40	10.00	*
1956	1.25	1.30	1.55	1.60	1.70	1.75	1.90	2.00	6.00	6.00
1956-D	1.45	1.50	1.75	1.85	1.95	2.05	2.25	2.50	6.50	*
1957	1.25	1.30	1.55	1.60	1.70	1.75	1.90	2.00	5.00	5.00
1957-D	1.25	1.30	1.55	1.60	1.70	1.75	1.90	2.00	4.50	*
1958	1.25	1.30	1.60	1.70	1.80	1.85	1.95	2.00	4.75	6.50
1958-D	1.25	1.30	1.40	1.45	1.50	1.55	1.85	1.85	4.15	*
1959	1.25	1.30	1.50	1.60	1.65	1.70	1.75	1.85	5.00	5.00
1959-D	1.25	1.30	1.40	1.45	1.50	1.55	1.75	1.85	4.15	*
1960	1.25	1.30	1.35	1.40	1.45	1.50	1.80	1.85	4.75	2.75
1960-D	1.25	1.30	1.35	1.40	1.45	1.50	1.80	1.85	3.65	*
1961	1.25	1.30	1.40	1.45	1.50	1.55	1.80	1.85	5.50	2.75
1961-D	1.25	1.30	1.35	1.40	1.45	1.50	1.75	1.85	3.65	*
1962	1.25	1.30	1.35	1.40	1.45	1.50	1.75	1.85	3.65	2.75
1962-D	1.25	1.30	1.35	1.40	1.45	1.50	1.80	1.85	3.65	*
1963	1.25	1.25	1.30	1.35	1.40	1.45	1.55	1.75	3.50	2.75
1963-D	1.25	1.25	1.30	1.35	1.40	1.45	1.55	1.75	3.50	*
1964	1.25	1.25	1.30	1.35	1.40	1.45	1.55	1.75	3.50	2.75
1964-D	1.25	1.25	1.30	1.35	1.40	1.45	1.55	1.75	3.50	*
1965	FV	FV	FV	FV	FV	FV	0.50	0.75	1.50	*
1966	FV	FV	FV	FV	FV	FV	0.50	0.75	1.50	*
1967	FV	FV	FV	FV	FV	FV	0.50	0.95	1.75	*
1968	FV	FV	FV	FV	FV	FV	0.40	0.95	1.25	*
1968-D	FV	FV	FV	FV	FV	FV	0.42	0.95	1.30	*
1968-S	*	*	*	*	*	*	*	*	*	1.00
1969	FV	FV	FV	FV	FV	FV	0.40	0.95	1.25	*
1969-D	FV	FV	FV	FV	FV	FV	0.50	0.95	1.30	*
1969-S	*	*	*	*	*	*	*	*	*	1.00
1970	FV	FV	FV	FV	FV	FV	0.35	0.65	0.95	*
1970-D	FV	FV	FV	FV	FV	FV	0.35	0.65	0.95	*
1970-S	*	*	*	*	*	*	*	*	*	1.00
1971	FV	FV	FV	FV	FV	0.35	0.50	0.95	1.10	*
1971-D	FV	FV	FV	FV	FV	0.35	0.40	0.95	1.05	*
1971-S	*	*	*	*	*	*	*	*	*	1.00
1972	FV	FV	FV	FV	FV	FV	0.35	0.75	1.00	*
1972-D	FV	FV	FV	FV	FV	FV	0.35	0.75	1.00	*
1972-S	*	*	*	*	*	*	*	*	*	1.00
1973	FV	FV	FV	FV	FV	FV	0.30	0.75	1.00	*
1973-D	FV	FV	FV	FV	FV	FV	0.30	0.75	1.00	*
1973-S	*	*	*	*	*	*	*	*	*	1.00
1974	FV	FV	FV	FV	FV	FV	0.30	0.85	1.00	*
1974-D	FV	FV	FV	FV	FV	FV	0.30	0.85	1.00	*
1974-S	*	*	*	*	*	*	*	*	*	1.00
1976	FV	FV	FV	FV	FV	FV	0.41	0.85	1.00	*
1976-D	FV	FV	FV	FV	FV	FV	0.41	0.85	1.00	*
1976-S	*	*	*	*	*	*	*	*	*	1.00
1976-S 40% silver							1.50	2.50	3.50	3.00
1977	FV	FV	FV	FV	FV	FV	0.30	0.65	1.00	*
1977-D	FV	FV	FV	FV	FV	FV	0.30	0.65	1.00	*
1977-S	*	*	*	*	*	*	*	*	*	1.00
1978	FV	FV	FV	FV	FV	FV	—	0.65	—	*
1978-D	FV	FV	FV	FV	FV	FV	—	0.65	—	*

— = insufficient pricing data   * = None Issued   FV = Face Value

	G-4	VG-8	F-12	VF-20	EF-40	AU-50	MS-60	MS-63	MS-65	Prf-65
1978-S	*	*	*	*	*	*	*	*	*	1.00
1979	FV	FV	FV	FV	FV	FV	0.40	0.75	——	*
1979-D	FV	FV	FV	FV	FV	FV	0.40	0.75	——	*
1979-S Filled S	*	*	*	*	*	*	*	*	*	1.00
1979-S Clear S	*	*	*	*	*	*	*	*	*	1.25
1980-P	FV	FV	FV	FV	FV	FV	——	0.65	——	*
1980-D	FV	FV	FV	FV	FV	FV	——	0.65	——	*
1980-S	*	*	*	*	*	*	*	*	*	1.00
1981-P	FV	FV	FV	FV	FV	FV	——	0.65	——	*
1981-D	FV	FV	FV	FV	FV	FV	——	0.65	——	*
1981-S	*	*	*	*	*	*	*	*	*	1.00
1982-P	FV	FV	FV	FV	FV	FV	——	5.00	——	*
1982-D	FV	FV	FV	FV	FV	FV	——	2.25	——	*
1982-S	*	*	*	*	*	*	*	*	*	2.50
1983-P	FV	FV	FV	FV	FV	FV	——	6.50	——	*
1983-D	FV	FV	FV	FV	FV	FV	——	8.00	——	*
1983-S	*	*	*	*	*	*	*	*	*	3.00
1984-P	FV	FV	FV	FV	FV	FV	——	1.50	——	*
1984-D	FV	FV	FV	FV	FV	FV	——	2.50	——	*
1984-S	*	*	*	*	*	*	*	*	*	2.50
1985-P	FV	FV	FV	FV	FV	FV	——	2.75	——	*
1985-D	FV	FV	FV	FV	FV	FV	——	4.00	——	*
1985-S	*	*	*	*	*	*	*	*	*	1.50
1986-P	FV	FV	FV	FV	FV	FV	——	4.75	——	*
1986-D	FV	FV	FV	FV	FV	FV	——	4.00	——	*
1986-S	*	*	*	*	*	*	*	*	*	3.00
1987-P	FV	FV	FV	FV	FV	FV	——	0.65	——	*
1987-D	FV	FV	FV	FV	FV	FV	——	0.65	——	*
1987-S	*	*	*	*	*	*	*	*	*	1.50
1988-P	FV	FV	FV	FV	FV	FV	——	1.65	——	*
1988-D	FV	FV	FV	FV	FV	FV	——	0.75	——	*
1988-S	*	*	*	*	*	*	*	*	*	1.50
1989-P	FV	FV	FV	FV	FV	FV	——	0.85	——	*
1989-D	FV	FV	FV	FV	FV	FV	——	0.85	——	*
1989-S	*	*	*	*	*	*	*	*	*	1.50
1990-P	FV	FV	FV	FV	FV	FV	——	0.65	——	*
1990-D	FV	FV	FV	FV	FV	FV	——	0.65	——	*
1990-S	*	*	*	*	*	*	*	*	*	3.00
1991-P	FV	FV	FV	FV	FV	FV	——	0.65	——	*
1991-D	FV	FV	FV	FV	FV	FV	——	0.65	——	*
1991-S	*	*	*	*	*	*	*	*	*	3.25
1992-P	FV	FV	FV	FV	FV	FV	——	0.65	——	*
1992-D	FV	FV	FV	FV	FV	FV	——	0.65	——	*
1992-S	*	*	*	*	*	*	*	*	*	3.50
1993-P	FV	FV	FV	FV	FV	FV	——	0.65	——	*
1993-D	FV	FV	FV	FV	FV	FV	——	0.65	——	*
1993-S	*	*	*	*	*	*	*	*	*	3.00
1994-P	FV	FV	FV	FV	FV	FV	——	0.65	——	*
1994-D	FV	FV	FV	FV	FV	FV	——	0.65	——	*
1994-S	*	*	*	*	*	*	*	*	*	3.00

—— = Insufficient pricing data   * = None issued   FV = Face Value

Early half dollars index chart

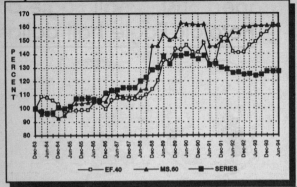

Legend: —○— EF.40   —▲— MS.60   —■— SERIES

Flowing Hair half dollar

Date of authorization: April 2, 1792
Dates of issue: 1794-1795
Designer: Robert Scot
Engravers: Robert Scot, John S. Gardner
Diameter (Millimeters/inches): 32.50mm/1.28 inches
Weight (Grams/ounces): 13.478 grams/0.43333 ounce
Metallic content: 90% silver, 10% copper
Weight of pure silver: 12.1302 grams/0.39 ounce
Edge: Lettered (FIFTY CENTS OR HALF A DOLLAR)
Mint mark: None

	AG-3	G-4	VG-8	F-12	VF-20	EF-40	AU-50	MS-60
1794	485.	900.	1700.	3000.	4900.	9750.	20000.	—
1795	225.	365.	450.	875.	1700.	3950.	8000.	17000.
1795 3 Leaves	475.	850.	1350.	1900.	5250.	12000.	26500.	—

— = Insufficient pricing data	* = None Issued	FV = Face Value

Draped Bust, Small Eagle or Heraldic Eagle half dollar

Date of authorization: April 2, 1792
Dates of issue: 1796-1797, 1801-1807
Designers:
  Obverse: Gilbert Stuart-Robert Scot
  Reverse:
    (1796-1797): Scot-John Eckstein
    (1801-1807): Robert Scot
Engraver: Robert Scot
Diameter (Millimeters/inches):
  32.50mm/1.28 inch
Weight (Grams/ounces):
  13.478 grams/0.43333 ounce
Metallic content: 89.25% silver, 10.75% copper
Weight of pure silver: 12.0291 grams/0.38674 ounce
Edge: Lettered (FIFTY CENTS OR HALF A DOLLAR)
Mint mark: None

	AG-3	G-4	VG-8	F-12	VF-20	EF-40	AU-50	MS-60
1796 15 Stars	7250.	9000.	10250.	15250.	19500.	31500.	56500.	——
1796 16 Stars	7500.	10250.	11750.	16500.	23000.	42500.	——	——
1797 15 Stars	7000.	9500.	10750.	15500.	22000.	35000.	55000.	115000.
1801 Heraldic Eagle	92.50	190.	250.	485.	900.	2350.	7800.	——
1802	85.00	180.	250.	450.	850.	2300.	7600.	18500.
1803 Small 3	67.50	135.	210.	300.	550.	1300.	3000.	5950.
1803 Large 3	55.00	115.	155.	230.	335.	775.	2650.	5100.
1805/4	105.	205.	285.	475.	950.	2250.	6350.	15000.
1805	52.50	115.	150.	225.	340.	790.	2850.	5350.
1806/5	57.50	125.	160.	235.	350.	725.	2250.	4650.
1806/Inverted 6.	90.00	190.	255.	425.	875.	1650.	3600.	8500.
1806 Knobbed 6, No Stem, VF-35 $57,500.								
1806	52.50	105.	125.	200.	300.	685.	2050.	4300.
1807	52.50	105.	125.	200.	300.	685.	2025.	4250.

— = Insufficient pricing data	* = None Issued	FV = Face Value

Capped Bust half dollar index chart

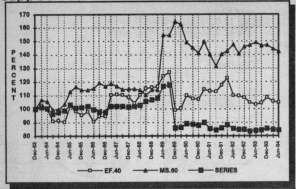

Capped Bust half dollar

Date of authorization: April 2, 1792
Dates of issue: 1807-1839
Designers:
  Obverse: John Reich
  Reverse:
    (1807-1836): John Reich
    (1836-1839): John Reich-Christian Gobrecht
Engraver: John Reich
Diameter (Millimeters/inches):
    (1807-1836): 32.50mm/1.28 inches
    (1836-1839): 30.61mm/1.21 inches
Weight (Grams/ounces):
    (1807-1836): 13.478 grams/0.43333 ounce
    (1836-1839): 13.365 grams/0.42969 ounce
Metallic content:

| — = Insufficient pricing data | * = None Issued | FV = Face Value |

(1807-1836): 89.25% silver, 10.75% copper
(1836-1839): 90% silver, 10% copper
Weight of pure silver:
  (1807-1836): 12.0291 grams/0.38674 ounce
  (1836-1839): 12.0285 grams/0.38673 ounce
Edge:
  (1807-1836): Lettered (FIFTY CENTS OR HALF A DOLLAR)
  (1836-1839): Reeded
Mint mark: 1838-1839 only, obverse above date

	G-4	VG-8	F-12	VF-20	EF-40	AU-50	MS-60	MS-63
1807 Small Stars	62.00	90.00	185.	330.	825.	2450.	4400.	9000.
1807 Large Stars	45.00	65.00	165.	290.	850.	2600.	5000.	11000.
1807 50/20	38.00	75.00	120.	250.	525.	1500.	3500.	7000.
1808/7	36.00	48.00	80.00	140.	365.	800.	2100.	6250.
1808	33.00	42.00	60.00	100.	200.	635.	1750.	5500.
1809	32.00	42.00	62.50	100.	195.	650.	1800.	5000.
1810	29.00	39.00	47.00	82.00	185.	435.	1600.	4500.
1811 Small 8	29.00	39.00	47.00	80.00	170.	410.	900.	1650.
1811 Large 8	29.00	39.00	47.00	82.00	175.	430.	950.	1900.
1811/0	31.00	41.00	77.00	150.	335.	575.	1150.	5650.
1812/1 Small 8	34.00	60.00	82.00	165.	365.	650.	1850.	5000.
1812/1 Large 8	1550.	2500.	3750.	6750.	11000.	—	—	—
1812	29.00	38.00	47.00	75.00	145.	350.	850.	1600.
1813	29.00	38.00	47.00	77.00	160.	370.	975.	2400.
1813 50C/UNI	31.00	41.00	68.00	125.	290.	550.	1900.	7000.
1814	29.00	39.00	52.00	78.00	185.	435.	975.	2650.
1814/3	47.00	57.00	85.00	200.	400.	660.	2100.	4750.
1815/2	610.	800.	1200.	1750.	2650.	4750.	10500.	24500.
1817/3	80.00	105.	170.	335.	650.	1900.	4500.	12500.
1817/4	—	—	35000.	65000.	—	—	—	—
1817	27.00	38.00	44.00	65.00	160.	365.	915.	2350.
1818/7	28.00	40.00	47.00	80.00	190.	575.	1150.	2750.
1818	27.00	36.00	38.00	55.00	115.	310.	725.	2150.
1819/8	27.00	38.00	44.00	78.00	175.	365.	850.	2200.
1819	25.00	34.00	38.00	52.00	120.	335.	740.	2300.
1820/19	32.00	41.00	65.00	150.	265.	665.	1375.	3250.
1820	32.00	42.00	62.00	125.	230.	535.	1100.	2750.
1821	28.00	37.00	45.00	70.00	145.	365.	875.	1850.
1822	27.00	35.00	42.00	67.00	115.	325.	725.	1475.
1822/1	45.00	55.00	70.00	135.	260.	675.	1250.	2400.
1823	27.00	34.00	38.00	57.00	110.	305.	750.	1600.
1823 Broken 3	37.00	52.00	62.00	110.	325.	750.	1500.	3000.
1824/1	27.00	33.00	44.00	95.00	210.	400.	950.	2250.
1824/4	28.00	34.00	39.00	55.00	160.	325.	825.	1650.
1824	24.00	31.00	34.00	47.00	105.	240.	650.	1450.
1825	24.00	29.00	33.00	44.00	90.00	235.	560.	1400.
1826	24.00	29.00	33.00	42.00	85.00	220.	555.	1350.
1827/6	24.00	29.00	37.00	90.00	180.	355.	825.	2250.
1827 Square 2	24.00	29.00	34.00	48.00	90.00	225.	625.	2050.
1827 Curl 2	27.00	34.00	41.00	68.00	110.	310.	600.	1375.
1828	24.00	29.00	33.00	42.00	80.00	220.	525.	1200.
1828 Large 8s	27.00	31.00	34.00	48.00	90.00	280.	560.	1250.
1828 Small 8s	24.00	29.00	33.00	42.00	80.00	260.	555.	1225.
1829/7	26.00	35.00	50.00	70.00	115.	300.	825.	2450.
1829	24.00	29.00	33.00	42.00	80.00	230.	525.	1225.

— = Insufficient pricing data   *** = None issued**   **FV = Face Value**

Capped Bust half dollar (continued)

	G-4	VG-8	F-12	VF-20	EF-40	AU-50	MS-60	MS-63
1830 Large O	24.00	29.00	33.00	42.00	80.00	225.	515.	1225.
1830 Small O	24.00	29.00	33.00	42.00	80.00	220.	510.	1200.
1831	24.00	29.00	33.00	42.00	80.00	215.	500.	1200.
1832 Normal	24.00	29.00	33.00	42.00	80.00	215.	500.	1200.
1832 Large Letters	27.00	33.00	41.00	85.00	140.	250.	640.	1750.
1833	24.00	29.00	33.00	42.00	80.00	215.	510.	1350.
1834	24.00	29.00	33.00	42.00	80.00	215.	510.	1200.
1835	24.00	29.00	33.00	42.00	80.00	215.	500.	1250.
1836	24.00	29.00	33.00	42.00	80.00	215.	500.	1200.
1836 50/00	32.00	55.00	85.00	180.	285.	685.	1900.	3650.
1836 Reeded Edge, 50 CENTS	625.	775.	875.	1225.	2000.	3250.	9500.	20000.
1837 50 CENTS	28.00	32.50	47.50	67.50	145.	350.	675.	1700.
1838 HALF DOL	28.00	32.50	47.50	67.50	145.	355.	725.	1850.
1838-O Proofs only	—	—	—	—	42500.	90000.	185000.	450000.
1839	28.00	32.50	47.50	70.00	160.	370.	900.	2500.
1839-O Proofs known	125.	150.	240.	315.	550.	1200.	3100.	6250.

Seated Liberty half dollar index chart

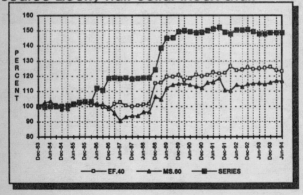

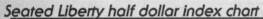

— = Insufficient pricing data   * = None issued   FV = Face Value

110 —Values of U.S. coins

Seated Liberty half dollar

Date of authorization: April 2, 1792
Dates of issue: 1839-1891
Designers:
    Obverse: Christian Gobrecht
    Reverse: John Reich-Gobrecht
Engraver: Christian Gobrecht
Diameter (Millimeters/inches): 30.61mm/1.21 inches
Weight (Grams/ounces):
    (1839-1853): 13.365 grams/0.42969 ounce
    (1853-1873): 12.441 grams/0.39999 ounce
    (1873-1891): 12.500 grams/0.40188 ounce
Metallic content: 90% silver, 10% copper
Weight of pure silver:
    (1839-1853): 12.0285 grams/0.38673 ounce
    (1853-1873): 11.1969 grams/0.35999 ounce
    (1873-1891): 11.250 grams/0.3617 ounce
Edge: Reeded
Mint mark: Reverse below eagle

	G-4	VG-8	F-12	VF-20	EF-40	AU-50	MS-60	MS-63
1839 No Drapery	40.00	50.00	105.	250.	650.	1700.	4000.	7500.
1839 Drapery	20.00	29.00	50.00	85.00	140.	275.	490.	2250.
1840 Small Letters	23.00	35.00	58.00	80.00	115.	230.	525.	1450.
1840 Medium Letters	105.	165.	225.	295.	500.	1100.	2750.	5500.
1840-O	20.00	30.00	50.00	70.00	98.00	220.	545.	2200.
1841	30.00	43.00	85.00	150.	240.	500.	1200.	3250.
1841-O	15.00	23.00	48.00	88.00	125.	255.	800.	2200.
1842 Small Date	21.00	38.00	55.00	70.00	175.	425.	875.	2100.
1842 Medium Date	15.50	30.00	49.00	62.00	90.00	185.	475.	1300.
1842-O Medium Date	15.00	24.00	39.00	57.00	100.	300.	700.	4500.
1842-O Small Date	575.	800.	1250.	1700.	3250.	6750.	—	—
1843	15.00	22.00	43.00	53.00	75.00	180.	450.	1150.
1843-O	15.25	27.00	47.00	62.00	93.00	195.	625.	1800.
1844	15.00	22.00	38.00	48.00	73.00	175.	425.	1125.
1844-O	15.00	22.00	35.00	49.00	82.00	205.	650.	1950.
1844-O Doubled Date	225.	650.	1200.	1600.	2400.	3900.	8250.	18000.
1845	22.00	33.00	55.00	85.00	155.	260.	900.	—
1845-O	15.00	22.00	40.00	58.00	110.	235.	575.	2300.

— = insufficient pricing data   * = None issued   FV = Face Value

Seated Liberty half dollar (continued)

	G-4	VG-8	F-12	VF-20	EF-40	AU-50	MS-60	MS-63
1845-O No Drapery	23.00	35.00	75.00	105.	175.	340.	725.	3000.
1846 Medium Date	16.00	23.00	38.00	53.00	85.00	185.	485.	1350.
1846 Tall Date	18.00	27.00	43.00	70.00	120.	195.	525.	1800.
1846/Horizontal 6	115.	170.	225.	325.	615.	1300.	2600.	——
1846-O Medium Date	17.50	20.00	35.00	53.00	105.	215.	775.	2300.
1846-O Tall Date	130.	220.	335.	585.	950.	1800.	3850.	——
1847	15.00	19.00	33.00	43.00	85.00	165.	450.	1100.
1847-O	17.00	20.00	36.00	55.00	115.	290.	790.	2250.
1847/6	——	3000.	3750.	4500.	6500.	——	——	——
1848	34.00	55.00	75.00	125.	190.	340.	800.	2550.
1848-O	15.00	26.00	39.00	48.00	110.	315.	785.	2450.
1849	28.00	35.00	48.00	68.00	130.	325.	790.	2350.
1849-O	18.00	25.00	43.00	59.00	105.	235.	675.	2300.
1850	165.	240.	290.	375.	515.	850.	1850.	5750.
1850-O	17.50	24.00	42.00	57.00	105.	225.	575.	1650.
1851	200.	300.	355.	400.	500.	675.	1075.	2100.
1851-O	17.00	27.00	53.00	83.00	150.	360.	600.	1450.
1852	275.	390.	465.	585.	750.	950.	1150.	2450.
1852-O	43.00	85.00	145.	280.	450.	825.	1950.	4000.
1853-O No Arrows (Beware Alterations)								
1853 Arrows & Rays	15.00	22.00	43.00	85.00	200.	500.	1300.	3400.
1853-O Arrows & Rays	18.00	25.00	55.00	150.	320.	950.	3350.	6000.
1854 Arrows	15.00	19.00	35.00	42.00	93.00	220.	585.	1575.
1854-O Arrows	15.00	19.00	33.00	40.00	90.00	210.	525.	1500.
1855/1854	40.00	60.00	125.	245.	345.	750.	1800.	——
1855 Arrows	17.00	25.00	41.00	60.00	105.	235.	825.	3000.
1855-O Arrows	16.50	21.00	38.00	44.00	90.00	225.	725.	1600.
1855-S Arrows	375.	500.	850.	1700.	2850.	6700.	14500.	——
1856 No Arrows	13.50	19.00	35.00	45.00	70.00	145.	385.	825.
1856-O	13.50	19.00	33.00	40.00	75.00	160.	450.	975.
1856-S	40.00	52.50	95.00	205.	400.	1450.	3500.	——
1857	13.50	19.00	33.00	40.00	70.00	155.	415.	875.
1857-O	14.00	23.00	43.00	58.00	105.	275.	800.	2300.
1857-S	55.00	77.00	140.	225.	485.	685.	3350.	6250.
1858	13.50	19.00	32.00	40.00	70.00	150.	380.	850.
1858-O	13.50	20.00	38.00	45.00	73.00	155.	475.	1200.
1858-S	16.00	25.00	55.00	98.00	175.	355.	950.	2950.
1859	23.00	30.00	53.00	70.00	95.00	190.	465.	1650.
1859-O	13.50	20.00	38.00	45.00	75.00	160.	480.	1325.
1859-S	18.00	25.00	53.00	85.00	160.	335.	925.	2800.
1860	16.00	24.00	45.00	60.00	110.	235.	500.	1800.
1860-O	14.50	24.00	43.00	56.00	73.00	180.	405.	825.
1860-S	16.00	23.00	44.00	58.00	110.	230.	575.	2400.
1861	13.50	19.00	31.00	38.00	70.00	155.	385.	775.
1861-O	14.50	23.00	44.00	55.00	78.00	215.	425.	1300.
1861-S	14.25	23.00	38.00	58.00	120.	255.	900.	3500.
1862	25.00	40.00	58.00	95.00	185.	310.	625.	1750.
1862-S	14.00	20.00	39.00	49.00	83.00	240.	525.	2500.
1863	17.00	25.00	47.00	63.00	105.	220.	485.	1500.
1863-S	14.00	22.00	43.00	50.00	80.00	230.	510.	1750.
1864	20.00	30.00	51.00	75.00	125.	260.	500.	1550.
1864-S	15.00	22.00	43.00	53.00	85.00	225.	650.	2750.
1865	21.00	31.00	48.00	65.00	115.	265.	515.	1800.
1865-S	14.00	20.00	43.00	55.00	88.00	365.	825.	3050.
1866-S No Motto	67.00	100.	155.	340.	750.	1850.	4950.	——

— = Insufficient pricing data　　　*** = None Issued**　　　**FV = Face Value**

	G-4	VG-8	F-12	VF-20	EF-40	AU-50	MS-60	MS-63
1866 Unique Trial Piece								
1866 Motto	16.00	27.00	43.00	60.00	90.00	185.	435.	1150.
1866-S Motto	14.00	20.00	40.00	60.00	95.00	245.	490.	2350.
1867	23.00	38.00	57.00	93.00	135.	255.	475.	1200.
1867-S	14.00	20.00	37.00	48.00	85.00	215.	500.	2550.
1868	40.00	50.00	75.00	135.	265.	335.	575.	1075.
1868-S	15.00	25.00	40.00	49.00	110.	225.	700.	2600.
1869	21.00	28.00	38.00	52.00	95.00	190.	445.	1100.
1869-S	14.50	23.00	41.00	53.00	115.	400.	850.	2850.
1870	20.00	26.00	40.00	60.00	110.	200.	400.	1025.
1870-CC	500.	750.	1400.	2400.	4250.	8500.	—	—
1870-S	15.00	27.00	43.00	63.00	120.	250.	650.	2650.
1871	17.00	23.00	38.00	60.00	75.00	160.	340.	775.
1871-CC	120.	185.	315.	475.	925.	1900.	4650.	—
1871-S	13.50	19.00	35.00	45.00	85.00	195.	750.	1900.
1872	15.00	22.00	37.00	48.00	70.00	180.	310.	650.
1872-CC	55.00	83.00	185.	285.	650.	1450.	2850.	6000.
1872-S	22.00	35.00	60.00	90.00	175.	390.	1275.	2950.
1873 Closed 3	23.00	38.00	63.00	85.00	135.	300.	435.	775.
1873 Open 3 No Arrows	2500.	2900.	4000.	5900.	7750.	10750.	19000.	40000.
1873-CC No Arrows	130.	190.	285.	450.	1300.	2650.	6000.	14000.
1873 Arrows	17.00	24.00	40.00	73.00	190.	400.	925.	2250.
1873-CC Arrows	100.	150.	275.	420.	900.	2350.	5500.	15000.
1873-S Arrows	40.00	65.00	110.	190.	400.	800.	2000.	12500.
1874 Arrows	17.00	24.00	40.00	70.00	180.	400.	925.	2100.
1874-CC Arrows	215.	300.	500.	875.	1500.	2900.	6750.	17000.
1874-S Arrows	32.00	40.00	73.00	145.	275.	625.	1850.	3400.
1875	13.00	19.00	33.00	43.00	68.00	155.	310.	625.
1875-CC	19.00	38.00	55.00	78.00	165.	265.	600.	1125.
1875-S	14.50	21.00	47.00	60.00	90.00	160.	320.	700.
1876	13.00	19.00	30.00	38.00	65.00	155.	310.	640.
1876-CC	17.00	27.00	55.00	75.00	125.	275.	615.	1150.
1876-S	13.00	19.00	30.00	38.00	65.00	190.	410.	925.
1877	13.00	19.00	30.00	38.00	65.00	155.	310.	650.
1877-CC	18.00	28.00	48.00	60.00	110.	260.	585.	1125.
1877-S	13.50	19.00	31.00	40.00	65.00	180.	325.	675.
1878	17.00	36.00	50.00	60.00	95.00	235.	435.	750.
1878-CC	235.	360.	485.	825.	1550.	2550.	5250.	17500.
1878-S	5500.	6750.	9000.	13000.	18000.	22500.	27500.	54000.
1879	185.	210.	265.	325.	360.	435.	525.	900.
1880	175.	200.	250.	315.	345.	430.	550.	925.
1881	175.	200.	230.	275.	335.	425.	550.	950.
1882	195.	215.	270.	350.	400.	490.	575.	975.
1883	180.	205.	250.	335.	390.	450.	575.	1000.
1884	220.	235.	290.	345.	410.	490.	600.	1025.
1885	210.	225.	280.	340.	400.	480.	615.	1050.
1886	275.	350.	415.	440.	460.	515.	635.	1000.
1887	350.	400.	490.	550.	600.	700.	875.	1250.
1888	175.	205.	235.	300.	375.	410.	535.	925.
1889	175.	205.	235.	310.	385.	415.	550.	900.
1890	180.	210.	245.	335.	395.	440.	570.	975.
1891	38.00	50.00	78.00	95.00	135.	250.	385.	650.

— = Insufficient pricing data	* = None Issued	FV = Face Value

Barber half dollar index chart

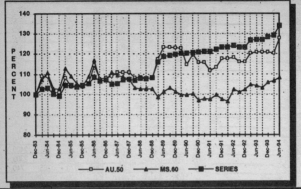

Barber half dollar

Date of authorization: April 2, 1792
Dates of issue: 1892-1915
Designer/Engraver: Charles Barber
Diameter (Millimeters/inches): 30.61mm/1.21 inches
Weight (Grams/ounces): 12.500 grams/0.40188 ounce
Metallic content: 90% silver, 10% copper
Weight of pure silver: 11.250 grams/0.3617 ounce
Edge: Reeded
Mint mark: Reverse below eagle

	G-4	VG-8	F-12	VF-20	EF-40	AU-50	MS-60	MS-63
1892	15.00	22.50	37.00	70.00	145.	290.	425.	775.
1892-O	80.00	120.	195.	285.	385.	475.	775.	1750.
1892-S	95.00	125.	185.	255.	350.	550.	785.	1975.
1893	12.00	17.50	37.50	67.50	145.	305.	450.	875.

— = insufficient pricing data *** = None issued** **FV = Face Value**

	G-4	VG-8	F-12	VF-20	EF-40	AU-50	MS-60	MS-63
1893-O	16.00	24.50	46.00	105.	250.	360.	565.	1325.
1893-S	50.00	65.00	120.	250.	345.	600.	1075.	2550.
1894	9.00	20.00	50.00	80.00	165.	335.	475.	925.
1894-O	9.25	13.50	47.50	87.50	215.	355.	535.	1050.
1894-S	9.15	12.50	43.00	84.00	175.	330.	485.	1400.
1895	7.50	10.50	41.00	70.00	140.	295.	465.	900.
1895-O	7.60	15.50	43.00	82.50	205.	365.	600.	1800.
1895-S	15.00	19.50	47.50	97.50	230.	370.	500.	1125.
1896	14.00	19.00	47.50	85.00	150.	300.	445.	775.
1896-O	14.75	20.00	70.00	135.	325.	635.	1150.	3400.
1896-S	50.00	64.00	95.00	175.	365.	650.	1200.	3000.
1897	6.25	8.25	24.50	65.00	125.	275.	425.	765.
1897-O	40.00	57.50	245.	475.	800.	1075.	1400.	2750.
1897-S	65.00	97.50	225.	385.	600.	900.	1300.	2900.
1898	6.00	7.00	24.00	62.50	120.	270.	395.	750.
1898-O	12.50	22.50	85.00	175.	400.	525.	875.	2400.
1898-S	7.75	13.00	36.00	82.50	165.	335.	665.	2300.
1899	5.50	7.00	24.50	65.00	120.	270.	385.	740.
1899-O	8.00	11.25	39.00	85.00	150.	300.	550.	1150.
1899-S	7.55	12.00	40.00	77.50	175.	335.	510.	1100.
1900	5.50	7.25	23.00	60.00	115.	250.	385.	725.
1900-O	7.50	9.75	36.00	86.50	235.	375.	700.	2450.
1900-S	7.50	9.50	35.00	80.00	170.	310.	555.	2250.
1901	5.50	7.00	23.00	60.00	115.	250.	365.	750.
1901-O	7.60	11.25	42.50	97.50	300.	500.	1200.	3450.
1901-S	12.00	20.00	85.00	210.	500.	900.	1550.	4500.
1902	5.50	7.00	23.00	60.00	115.	250.	365.	725.
1902-O	7.00	9.25	35.00	70.00	165.	345.	625.	3900.
1902-S	7.00	9.50	38.50	87.50	235.	375.	600.	1900.
1903	6.00	8.00	26.00	62.50	125.	275.	425.	1250.
1903-O	6.50	10.00	36.00	70.00	165.	330.	575.	1325.
1903-S	6.55	10.75	36.50	70.00	190.	340.	575.	1475.
1904	5.50	7.00	25.00	60.00	115.	250.	395.	775.
1904-O	9.00	14.50	46.00	100.	250.	415.	950.	2500.
1904-S	11.25	18.00	100.	300.	535.	950.	1750.	3250.
1905	9.50	11.50	42.50	82.50	195.	310.	550.	1300.
1905-O	9.50	15.00	52.50	120.	240.	390.	675.	2050.
1905-S	6.00	7.50	32.00	67.50	155.	320.	575.	1800.
1906	5.50	7.00	23.00	60.00	115.	255.	395.	725.
1906-D	5.75	7.50	25.00	62.50	135.	260.	425.	735.
1906-O	6.00	7.65	32.00	67.50	150.	280.	560.	1300.
1906-S	6.00	9.25	42.50	72.50	165.	320.	495.	950.
1907	5.50	7.00	23.00	60.00	115.	250.	400.	725.
1907-D	5.75	7.75	25.00	67.50	135.	275.	420.	775.
1907-O	5.50	7.50	26.00	65.00	140.	285.	450.	810.
1907-S	5.75	9.25	67.50	115.	350.	500.	800.	2400.
1908	5.50	7.00	28.00	65.00	145.	285.	460.	850.
1908-D	5.50	7.50	27.50	67.50	125.	285.	410.	800.
1908-O	5.50	7.50	26.50	65.00	135.	295.	425.	810.
1908-S	6.00	10.25	34.00	70.00	170.	335.	600.	1950.
1909	5.50	7.00	23.50	60.00	115.	250.	385.	725.
1909-O	8.00	8.75	35.00	85.00	230.	450.	650.	1900.
1909-S	5.50	7.50	27.50	67.50	155.	310.	465.	1025.
1910	8.50	12.00	55.00	100.	215.	375.	575.	1250.
1910-S	6.00	8.00	26.50	62.50	155.	360.	525.	1950.
1911	5.50	7.50	23.00	60.00	125.	275.	410.	775.

--- = insufficient pricing data   * = None issued   FV = Face Value

Barber half dollar (continued)

	G-4	VG-8	F-12	VF-20	EF-40	AU-50	MS-60	MS-63
1911-D	6.00	9.00	32.00	75.00	165.	300.	450.	825.
1911-S	6.00	8.00	28.50	72.50	150.	310.	475.	1050.
1912	5.50	7.25	23.00	60.00	125.	260.	385.	725.
1912-D	5.50	7.50	25.00	62.50	120.	275.	405.	840.
1912-S	5.50	8.00	26.00	65.00	150.	285.	485.	950.
1913	13.50	20.00	67.50	165.	295.	600.	950.	2500.
1913-D	6.00	8.00	32.50	67.50	155.	270.	450.	775.
1913-S	6.00	10.75	35.00	80.00	185.	335.	625.	1000.
1914	17.25	28.00	140.	275.	435.	675.	1050.	1950.
1914-S	6.00	7.50	29.00	65.00	150.	310.	575.	1300.
1915	14.50	19.00	67.50	185.	350.	585.	1000.	2000.
1915-D	5.50	7.00	23.00	65.00	115.	245.	375.	735.
1915-S	5.50	7.25	24.50	67.50	130.	255.	465.	750.

Walking Liberty half index chart

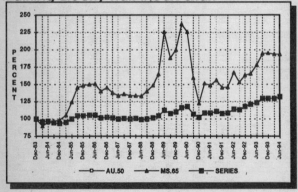

— = Insufficient pricing data	* = None issued	FV = Face Value

Walking Liberty half dollar

Date of authorization: April 2, 1792
Dates of issue: 1916-1947
Designer: Adolph Weinman
Engraver: Charles Barber
Diameter (Millimeters/inches): 30.61mm/1.21 inches
Weight (Grams/ounces): 12.500 grams/0.40188 ounce
Metallic content: 90% silver, 10% copper
Weight of pure silver: 11.250 grams/0.3167 ounce
Edge: Reeded
Mint mark:
   (1916): Obverse below IN GOD WE TRUST
   (1917): Obverse below IN GOD WE TRUST or reverse lower left
   (1918-1947): Reverse lower left

	VG-8	F-12	VF-20	EF-40	AU-50	MS-60	MS-63	MS-64	MS-65
1916	25.00	50.00	92.50	135.	170.	255.	450.	650.	1425.
1916-D	16.50	32.50	65.00	115.	160.	260.	475.	900.	1750.
1916-S	57.50	115.	250.	445.	535.	775.	1300.	2250.	4000.
1917	7.00	9.00	19.00	30.00	57.50	90.00	195.	320.	790.
1917-D Obverse Mint Mark	14.50	35.00	85.00	120.	210.	425.	950.	2300.	5500.
1917-D Reverse Mint Mark	10.00	23.00	47.50	125.	300.	675.	1750.	5300.	13000.
1917-S Obverse Mint Mark	18.00	40.00	240.	500.	975.	1700.	3150.	4750.	9500.
1917-S Reverse Mint Mark	7.75	13.50	24.50	42.50	160.	365.	1350.	2675.	6750.
1918	8.50	16.00	40.00	110.	185.	385.	800.	1150.	3300.
1918-D	9.00	20.00	47.50	125.	285.	775.	1800.	5000.	15000.
1918-S	7.50	12.50	27.50	52.50	135.	335.	1300.	3850.	12500.
1919	15.00	32.50	115.	315.	575.	1000.	2200.	3250.	5100.
1919-D	14.00	32.50	135.	415.	900.	2200.	5250.	8000.	34500.
1919-S	13.00	27.50	110.	500.	1000.	1900.	5150.	6000.	8250.
1920	7.50	10.00	23.50	50.00	105.	250.	600.	1375.	5350.
1920-D	8.75	30.00	120.	305.	675.	1400.	2900.	4500.	8250.
1920-S	7.50	14.00	38.00	165.	335.	825.	1750.	3500.	8500.
1921	80.00	160.	435.	1175.	1900.	2600.	4100.	6400.	9500.
1921-D	105.	240.	650.	1650.	2300.	2900.	4350.	6250.	15000.

— = insufficient pricing data   *** = None issued**   **FV = Face Value**

Walking Liberty half dollar (continued)

	VG-8	F-12	VF-20	EF-40	AU-50	MS-60	MS-63	MS-64	MS-65
1921-S	19.00	55.00	450.	3800.	5850.	7750.	15500.	23500.	40000.
1923-S	9.00	16.50	45.00	180.	515.	1100.	2850.	5500.	9400.
1927-S	7.00	10.50	27.50	75.00	300.	650.	1400.	3200.	8150.
1928-S	7.00	11.00	28.00	95.00	315.	625.	1850.	2850.	6250.
1929-D	7.00	9.25	19.50	60.00	145.	280.	600.	950.	2150.
1929-S	6.50	8.75	16.00	62.50	155.	290.	625.	925.	2200.
1933-S	6.75	8.50	12.50	42.50	170.	485.	1000.	1475.	2600.
1934	2.75	4.00	10.00	21.00	45.00	80.00	180.	350.
1934-D	4.00	5.50	8.00	23.00	50.00	80.00	145.	480.	950.
1934-S	3.25	3.75	6.00	23.25	60.00	210.	600.	1050.	2350.
1935	2.75	3.00	4.00	7.50	17.50	40.00	50.00	85.00	265.
1935-D	3.50	4.00	8.00	23.00	47.50	100.	200.	325.	1000.
1935-S	3.25	3.50	5.75	22.00	57.50	125.	220.	500.	1650.
1936	2.75	3.00	4.00	6.50	17.00	34.00	45.00	75.00	150.
1936-D	3.00	3.50	5.50	15.50	42.50	67.50	95.00	150.	300.
1936-S	3.00	3.50	5.65	17.50	40.00	80.00	175.	250.	465.
1937	2.75	3.00	4.00	7.00	17.00	32.50	45.00	65.00	150.
1937-D	6.00	8.00	12.00	27.00	77.50	145.	190.	275.	470.
1937-S	5.00	6.00	8.00	15.00	50.00	85.00	140.	190.	430.
1938	3.00	4.00	6.00	9.75	28.00	45.00	70.00	135.	215.
1938-D	18.00	24.00	40.00	80.00	200.	350.	425.	575.	975.
1939	2.50	3.00	4.50	7.50	17.50	40.00	47.50	60.00	135.
1939-D	3.00	3.50	5.00	9.00	22.50	42.50	52.50	80.00	165.
1939-S	5.50	6.50	8.00	12.50	39.00	90.00	110.	145.	245.
1940	2.50	2.75	4.00	6.00	12.00	22.50	37.50	55.00	105.
1940-S	2.75	3.00	5.00	10.00	19.00	35.00	62.50	150.	385.
1941	2.50	2.75	3.75	5.75	8.75	19.50	36.00	54.00	95.00
1941-D	2.75	3.00	4.00	6.00	14.00	32.50	43.50	55.00	120.
1941-S	2.75	3.00	4.50	7.00	22.50	75.00	120.	185.	775.
1942	2.50	2.75	3.75	5.75	8.75	19.50	36.00	54.00	95.00
1942-D	2.75	3.00	4.00	6.00	15.00	34.00	57.50	97.50	200.
1942-D/S	—	—	67.50	80.00	200.	475.	950.	1900.	3500.
1942-S	2.75	3.00	4.50	7.00	17.50	40.00	55.00	100.	400.
1943	2.50	2.75	3.75	5.75	8.75	19.00	36.00	55.00	95.00
1943-D	2.75	3.00	4.00	6.00	18.00	37.50	60.00	90.00	155.
1943-S	2.75	3.00	4.25	6.00	19.00	35.00	55.00	95.00	295.
1944	2.50	2.75	3.75	5.75	8.75	19.00	36.00	49.00	100.
1944-D	2.75	3.00	4.00	6.00	16.00	30.00	36.50	70.00	105.
1944-S	2.75	3.00	4.00	6.00	16.00	34.00	52.50	75.00	550.
1945	2.50	2.75	3.75	5.75	8.75	19.00	36.00	50.00	95.00
1945-D	2.75	3.00	4.00	6.00	13.50	30.00	47.00	62.50	105.
1945-S	2.75	3.00	4.00	6.00	12.50	30.00	45.00	52.50	195.
1946	2.50	2.75	4.00	6.00	11.50	23.00	43.50	50.00	105.
1946-D	4.75	5.75	9.00	12.50	19.00	32.00	43.50	55.00	95.00
1946-S	2.75	3.00	4.00	6.00	15.50	32.00	44.00	55.00	110.
1947	3.00	3.25	4.50	8.00	17.00	31.00	43.00	50.00	120.
1947-D	3.00	3.25	4.50	8.00	17.00	31.00	42.00	50.00	105.

— = Insufficient pricing data   * = None Issued   FV = Face Value

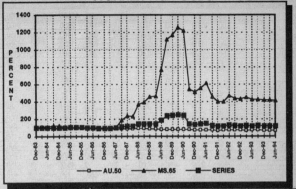

Franklin half dollar index chart

- ——o—— AU.50
- ——▲—— MS.65
- ——■—— SERIES

Franklin half dollar

Date of authorization: April 2, 1792
Dates of issue: 1948-1963
Designer: John Sinnock
Engraver: Gilroy Roberts
Diameter (Millimeters/inches): 30.61mm/1.21 inches
Weight (Grams/ounces): 12.500 grams/0.40188 ounce
Metallic content: 90% silver, 10% copper
Weight of pure silver: 11.250 grams/0.3617 ounce
Edge: Reeded
Mint mark: Reverse above bell beam
NOTE: MS-65F refers to Full Bell Lines

	F-12	VF-20	EF-40	AU-50	MS-60	MS-63	MS-65	MS-65F	PF-65
1948	3.00	3.50	4.50	5.25	15.00	21.00	70.00	140.	*
1948-D	4.50	5.00	5.50	6.00	8.50	14.00	150.	225.	*

| — = Insufficient pricing data | * = None issued | FV = Face Value |

Franklin half dollar (continued)

NOTE: MS-65F refers to Full Bell Lines

	F-12	VF-20	EF-40	AU-50	MS-60	MS-63	MS-65	MS-65F	PF-65
1949	3.50	4.00	5.00	9.00	29.00	43.50	95.00	115.	*
1949-D	3.50	4.05	9.00	17.50	35.00	45.00	1100.	1850.	*
1949-S	4.00	5.75	11.00	22.00	45.00	57.50	145.	225.	*
1950	2.90	3.25	4.75	7.75	28.00	40.00	135.	160.	400.
1950-D	2.85	3.20	4.00	7.50	26.50	32.50	475.	1700.	*
1951	2.50	3.00	3.75	5.00	11.00	14.00	72.50	105.	275.
1951-D	3.10	3.50	4.00	9.25	25.00	30.00	275.	500.	*
1951-S	3.50	3.75	4.50	9.00	25.00	35.00	67.50	200.	*
1952	2.50	3.00	3.25	4.50	9.00	14.00	50.00	80.00	130.
1952-D	2.65	2.85	3.00	4.25	8.50	13.00	175.	275.	*
1952-S	2.85	3.75	4.50	12.00	35.00	42.00	80.00	250.	*
1953	4.00	4.50	5.00	9.00	18.00	24.00	160.	300.	77.50
1953-D	2.50	2.75	3.00	4.00	8.00	12.50	180.	290.	*
1953-S	3.50	3.75	4.00	7.50	12.50	15.00	52.50	475.	*
1954	2.50	2.75	3.00	3.50	7.25	11.00	55.00	105.	57.50
1954-D	2.50	2.75	3.00	3.50	7.00	11.00	125.	275.	*
1954-S	2.50	2.65	2.90	4.25	7.50	12.00	47.50	90.00	*
1955	4.75	5.00	5.75	6.75	7.75	10.00	45.00	70.00	50.00
1956	3.00	3.50	4.50	5.00	6.00	11.00	40.00	45.00	17.50
1957	2.75	3.00	3.25	3.50	7.00	10.50	40.00	47.50	16.50
1957-D	2.65	2.85	3.00	3.50	6.00	9.50	35.00	45.00	*
1958	2.85	3.00	4.00	5.00	5.50	9.50	35.00	55.00	16.00
1958-D	2.50	2.65	2.85	3.00	4.50	8.00	35.00	52.50	*
1959	2.50	2.65	2.85	3.00	5.50	8.00	115.	225.	16.00
1959-D	2.50	2.65	2.85	3.50	6.00	8.00	225.	375.	*
1960	2.50	2.65	2.85	3.00	4.50	7.00	205.	325.	15.00
1960-D	2.50	2.65	2.85	3.00	4.50	7.00	800.	1200.	*
1961	2.50	2.65	2.80	3.00	4.50	7.00	275.	1000.	11.00
1961-D	2.50	2.65	2.80	3.00	4.50	7.00	500.	950.	*
1962	2.50	2.65	2.80	3.00	4.00	6.50	265.	375.	11.00
1962-D	2.50	2.65	2.80	3.00	4.00	7.00	575.	1300.	*
1963	2.50	2.60	2.70	2.80	3.00	5.50	95.00	155.	11.00
1963-D	2.50	2.60	2.70	2.80	3.00	5.50	97.50	130.	*

— = Insufficient pricing data   * = None Issued   FV = Face Value

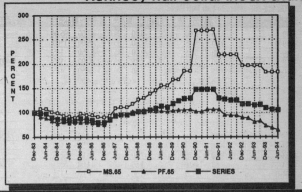

Kennedy half dollar

Date of authorization: Dec. 30, 1963;
  July 23, 1965; Oct. 18, 1973
Dates of issue: 1964-present
Designer:
  Obverse: Gilroy Roberts
  Reverse: Frank Gasparro
  Bicentennial Reverse: Seth G. Huntington
Engraver: Gilroy Roberts
  Bicentennial Obverse: Frank Gasparro
Diameter (Millimeters/Inches):
  30.61mm/1.21 inches

— = Insufficient pricing data   * = None issued   FV = Face Value

---

Weight (Grams/ounces):
    (1964): 12.500 grams/0.40188 ounce
    (1965-1970): 11.500 grams/0.36973 ounce
    (1971-present): 11.340 grams/0.36459 ounce
    (1976 Bicentennial Proof and Uncirculated): 11.500 grams/0.36973 ounce

Metallic content:
    (1964): 90% silver, 10% copper
    (1965-1970): 80% silver, 20% copper bonded to a core of 21.5% silver, 78.5% copper
    (1971-present): 75% copper, 25% nickel bonded to pure copper core
    (1976 Bicentennial Proof and Uncirculated sets only): 80% silver, 20% copper bonded to a core of 21.5% silver, 78.5% copper

Weight of pure silver:
    (1964): 11.250 grams/0.3617 ounce
    (1965-1970): 4.600 grams/0.14789 ounce
    (1976 Bicentennial Proof and Uncirculated sets only): 4.600 grams/ 0.14789 ounce

Edge: Reeded

Mint mark:
    (1964): Reverse left near claw and laurel
    (1968-present): Obverse below Kennedy portrait

	MS-60	MS-63	MS-65	PF-63	PF-65
1964	2.25	3.00	11.50	6.00	11.00
1964-D	2.25	3.00	15.00	*	*
1965	1.20	1.25	6.00	*	*
1966	1.20	1.25	6.00	*	*
1967	1.20	1.25	9.00	*	*
1968-D	1.20	1.25	6.00	*	*
1968-S	*	*	*	2.50	3.00
1969-D	1.20	1.25	5.00	*	*
1969-S	*	*	*	2.50	3.00
1970-D	10.00	11.00	40.00	*	*
1970-S	*	*	*	5.25	6.50
1971	0.95	1.75	4.00	*	*
1971-D	0.95	1.50	3.00	*	*
1971-S	*	*	*	2.25	3.00
1972	1.25	1.75	4.00	*	*
1972-D	1.25	1.75	4.00	*	*
1972-S	*	*	*	2.25	2.50
1973	1.25	1.75	4.00	*	*
1973-D	1.00	1.50	3.50	*	*
1973-S	*	*	*	1.25	1.50
1974	0.95	1.25	2.75	*	*
1974-D	0.95	1.25	4.00	*	*
1974-S	*	*	*	1.25	1.50
1976	0.95	1.25	2.85	*	*
1976-D	1.00	1.25	2.75	*	*
1976-S	*	*	*	1.25	1.50
1976-S 40% silver	2.75	3.25	4.50	3.50	4.00
1977	1.40	1.75	4.75	*	*
1977-D	1.40	1.75	4.00	*	*
1977-S	*	*	*	1.25	1.50
1978	1.40	1.75	4.50	*	*

— = Insufficient pricing data   * = None Issued   FV = Face Value

	MS-60	MS-63	MS-65	Prf-63	Prf-65
1978-D	1.25	1.50	4.50	*	*
1978-S	*	*	*	1.25	1.50
1979	1.10	1.25	3.50	*	*
1979-D	1.10	1.50	4.00	*	*
1979-S Filled S	*	*	*	1.50	2.00
1980-P	0.95	1.25	3.00	*	*
1980-D	0.95	1.15	2.75	*	*
1980-S	*	*	*	1.75	2.50
1981-P	1.40	1.75	3.00	*	*
1981-D	1.35	1.65	2.50	*	*
1981-S Filled S	*	*	*	1.25	1.50
1982-P	1.00	1.50	——	*	*
1982-D	1.00	1.50	——	*	*
1982-S	*	*	*	1.50	2.75
1983-P	1.15	1.35	——	*	*
1983-D	1.00	1.35	——	*	*
1983-S	*	*	*	1.75	3.00
1984-P	1.15	1.50	——	*	*
1984-D	1.00	1.50	——	*	*
1984-S	*	*	*	4.00	5.00
1985-P	1.15	1.50	——	*	*
1985-D	1.25	1.50	——	*	*
1985-S	*	*	*	3.00	3.75
1986-P	1.50	1.65	——	*	*
1986-D	1.25	1.65	——	*	*
1986-S	*	*	*	11.00	13.00
1987-P	2.25	3.00	6.00	*	*
1987-D	2.25	3.00	6.00	*	*
1987-S	*	*	*	2.25	2.75
1988-P	0.95	1.25	——	*	*
1988-D	0.95	1.25	——	*	*
1988-S	*	*	*	4.00	6.00
1989-P	0.95	1.10	——	*	*
1989-D	0.95	1.10	——	*	*
1989-S	*	*	*	3.50	4.50
1990-P	0.95	1.10	——	*	*
1990-D	0.95	1.10	——	*	*
1990-S	*	*	*	5.00	6.00
1991-P	0.95	1.10	——	*	*
1991-D	0.95	1.10	——	*	*
1991-S	*	*	*	4.75	6.50
1992-P	0.95	1.10	——	*	*
1992-D	0.95	1.10	——	*	*
1992-S	*	*	*	5.00	8.00
1993-P	0.95	1.10	——	*	*
1993-D	0.95	1.10	——	*	*
1993-S	*	*	*	5.00	7.00
1994-P	0.95	1.10	——	*	*
1994-D	0.95	1.10	——	*	*
1994-S	*	*	*	4.75	6.75

— = Insufficient pricing data	* = None Issued	FV = Face Value

Early silver dollars index chart

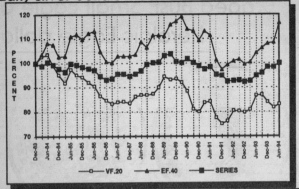

P E R C E N T

— VF.20   — EF.40   — SERIES

Flowing Hair dollar

Date of authorization: April 2, 1792
Dates of issue: 1794-1795
Designer/Engraver: Robert Scot
Diameter (Millimeters/inches): 39.50mm/1.56 inches
Weight (Grams/ounces): 26.956 grams/0.86666 ounce
Metallic content: 90% silver, 10% copper
Weight of pure silver: 24.2604 grams/0.77999 ounce
Edge: Lettered (HUNDRED CENTS ONE DOLLAR OR UNIT)
Mint mark: None

	AG-3	G-4	VG-8	F-12	VF-20	EF-40	AU-50
1794	2900.	6250.	12500.	17000.	24500.	50000.	100000.
1795 Type of 1794	400.	685.	825.	1250.	1950.	4100.	7900.

— = Insufficient pricing data	* = None issued	FV = Face Value

Draped Bust, Small Eagle or Heraldic Eagle dollar

Date of authorization: April 2, 1792
Dates of issue: 1795-1803
Designers:
  Obverse: Gilbert Stuart-Robert Scot
  Reverse:
    (1795-1798): Robert Scot-John Eckstein
    (1798-1803): Robert Scot
Engraver: Robert Scot
Diameter (Millimeters/inches):
  39.50mm/1.56 inches
Weight (Grams/ounces):
  26.956 grams/0.86666 ounce
Metallic content: 89.25% silver, 10.75% copper
Weight of pure silver: 24.0582 grams/0.77349 ounce
Edge: Lettered (HUNDRED CENTS ONE DOLLAR OR UNIT)
Mint mark: None

	AG-3	G-4	VG-8	F-12	VF-20	EF-40	AU-50
1795	375.	590.	775.	1000.	1800.	3800.	7250.
1796	375.	490.	725.	975.	1700.	3650.	7450.
1797 9x7 Small Letters	700.	1100.	1550.	2350.	3850.	7750.	17500.
1797 9x7 Large Letters	275.	485.	715.	950.	1500.	3600.	7100.
1797 10x6	275.	485.	715.	950.	1500.	3500.	7000.
1798 13 Stars, Small Eagle	400.	675.	825.	1200.	2050.	4150.	8000.
1798 15 Stars, Small Eagle	500.	800.	1100.	1850.	2900.	5500.	11000.
1798 Heraldic Eagle	125.	300.	385.	490.	675.	1650.	3350.
1799	125.	300.	385.	490.	675.	1650.	3300.

— = Insufficient pricing data	* = None issued	FV = Face Value

	AG-3	G-4	VG-8	F-12	VF-20	EF-40	AU-50
1799/98	140.	325.	395.	525.	700.	1800.	3600.
1799 8x5 Stars	180.	345.	415.	575.	725.	1950.	3950.
1800	140.	310.	385.	490.	675.	1700.	3350.
1801	200.	350.	425.	590.	760.	2000.	3850.
1802/1	140.	310.	390.	535.	735.	1900.	3750.
1802	170.	325.	400.	535.	725.	1800.	3375.
1803 Large 3	140.	310.	390.	530.	710.	1750.	3400.
1803 Small 3	150.	320.	395.	535.	720.	1775.	3500.
1804 Three varieties struck 1834-1858 - Class I EF-40 $525000. Prf 64 $650000. Prf 65 $900000.							

Gobrecht dollar

Date of authorization: April 2, 1792; Jan. 18, 1837
Dates of issue: 1836-1839
Designers:
   Obverse: Thomas Sully
   Reverse: Titian Peale
Engraver: Christian Gobrecht
Diameter (Millimeters/inches): 39.50mm/1.56 inches

— = Insufficient pricing data	* = None issued	FV = Face Value

Weight (Grams/ounces):
  (1836): 26.956 grams/0.86666 ounce
  (1836, 1839, standard of 1837): 26.73 grams/0.8594 ounce
Metallic content:
  (1836): 89.25% silver, 10.75% copper
  (1836, 1839, standard of 1837): 90% silver, 10% copper
Weight of pure silver:
  (1836): 24.0582 grams/0.77349 ounce
  (1836, 1839, standard of 1837): 24.057 grams/0.77346 ounce
Edge:
  (1836, standard of 1836): Plain
  (1836, standard of 1837): Plain
  (1839): Reeded
Mint mark: None
Note:
  The series called the Gobrecht dollar contains patterns, coins struck for
    circulation and restrikes produced especially for collectors. Only three
    versions were issued for circulation, as listed above. The pattern and
    circulation pieces can be distinguished from the restrikes by a simple
    test. Orient the obverse normally, then rotate the coin as usual. If the
    eagle is flying level, the coin is a restrike; if the eagle is flying upward (as
    shown), it is an original pattern or circulation strike.

	VF-20	EF-40	AU-50	MS-60	MS-63	MS-65	PF-60	PF-63	PF-65
1836 pattern (Proofs only)——	*	13500.	*	*	*	19500.	47500.	125000.
1836 circulation	3500.	4500.	5750.	7600.	15000.	60000.	7500.	14500.	57500.
1836 circulation, new weight	3650.	4850.	6150.	7900.	16000.	65000.	7750.	15250.	62500.
1838 pattern	4000.	5650.	8500.	14500.	25000.	100000.	11500.	26000.	105000.
1839 circulation	3900.	5400.	7500.	13000.	22500.	75000.	10000.	23000.	95000.

— = insufficient pricing data   * = None issued   FV = Face Value

Seated Liberty dollar index chart

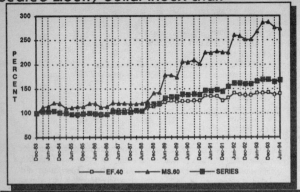

- ○ — EF.40
- ▲ — MS.60
- ■ — SERIES

Seated Liberty dollar

Date of authorization: Jan 18, 1837
Dates of issue: 1840-1873
Designers:
   Obverse: Robert Hughes-Christian Gobrecht-Thomas Sully
   Reverse: John Reich-Christian Gobrecht
Engraver: Christian Gobrecht
Diameter (Millimeters/inches): 38.10mm/1.5 inches
Weight (Grams/ounces): 26.730 grams/0.85939 ounce
Metallic content: 90% silver, 10% copper
Weight of pure silver: 24.057 grams/0.77345 ounce
Edge: Reeded
Mint mark: Reverse below eagle

— = Insufficient pricing data   * = None issued   FV = Face Value

	G-4	VG-8	F-12	VF-20	EF-40	AU-50	MS-60	MS-63
1840 No Motto	145.	175.	190.	245.	380.	675.	2250.	5700.
1841	82.50	110.	160.	200.	325.	625.	1850.	5650.
1842	77.50	92.50	140.	180.	245.	440.	1200.	3300.
1843	77.50	92.50	140.	190.	265.	450.	2000.	5700.
1844	180.	210.	290.	340.	560.	925.	2600.	7600.
1845	195.	215.	265.	300.	425.	1150.	15000.	——
1846	80.00	95.00	145.	190.	300.	600.	1400.	3650.
1846-O	145.	195.	245.	305.	485.	1800.	7000.	31500.
1847	77.50	90.00	140.	185.	250.	455.	1450.	3400.
1848	285.	315.	425.	575.	750.	1250.	4650.	11000.
1849	110.	150.	190.	260.	325.	575.	2000.	6200.
1850	325.	450.	550.	800.	1100.	1900.	7250.	17500.
1850-O	165.	215.	325.	585.	1200.	3900.	13000.	37500.
1851 Original MS-60 $17500. MS-63 $31000. MS-65 $80000. Restrike Proof 63 $25000.								
1852 AU-55 $13000. MS-60 $18000. MS-63 $32500. MS-65 $70000.								
1853	120.	160.	205.	325.	575.	975.	2500.	5500.
1854	725.	950.	1175.	1650.	3100.	3900.	6350.	8250.
1855	625.	825.	1025.	1500.	2850.	4000.	11000.	32500.
1856	240.	300.	365.	470.	975.	1450.	3550.	7300.
1857	235.	285.	375.	455.	950.	1200.	2350.	3900.
1858 Proofs only	*	*	*	3750.	4500.	5400.	6250.	11500.
1859	225.	275.	335.	385.	525.	950.	2650.	4050.
1859-O	76.50	97.50	135.	180.	235.	455.	900.	2800.
1859-S	200.	275.	385.	535.	1250.	3750.	12000.	47500.
1860	165.	205.	255.	350.	485.	850.	1475.	3850.
1860-O	76.50	97.50	135.	180.	235.	450.	885.	2750.
1861	300.	400.	585.	775.	1200.	1900.	2750.	4800.
1862	250.	350.	500.	625.	825.	1400.	2800.	7150.
1863	160.	225.	295.	405.	635.	1100.	2450.	5050.
1864	150.	200.	275.	400.	625.	1150.	2650.	5150.
1865	130.	190.	265.	375.	515.	1125.	2500.	5200.
1866 No Motto	——	——	——	——	——	——	——	——
1866 Motto	125.	180.	235.	290.	490.	1050.	2000.	4050.
1867	130.	195.	255.	325.	505.	1100.	2300.	5200.
1868	120.	175.	230.	320.	475.	900.	2100.	5300.
1869	90.00	130.	215.	240.	465.	900.	1950.	3850.
1870	87.50	120.	165.	190.	285.	680.	1500.	3650.
1870-CC	225.	365.	475.	750.	1450.	2650.	8650.	24000.
1870-S	——	——	55000.	77500.	115000.	185000.	——	——
1871	83.50	115.	160.	190.	230.	560.	1200.	3450.
1871-CC	1550.	2100.	3100.	4300.	7750.	18500.	——	——
1872	80.00	100.	155.	190.	240.	550.	1225.	3550.
1872-CC	850.	1250.	1950.	2350.	3650.	9000.	22500.	62500.
1872-S	175.	225.	350.	585.	1150.	3150.	8750.	——
1873	105.	145.	180.	205.	285.	580.	1250.	3650.
1873-CC	3000.	4100.	5750.	8500.	16000.	33500.	——	——
1873-S Unknown in any collection								

— = Insufficient pricing data *** = None issued** **FV = Face Value**

Values of U.S. coins — 129

Trade dollar index chart

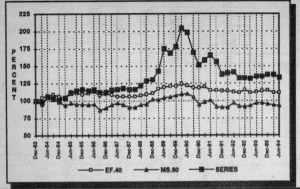

PERCENT

—□— EF.40   —▲— MS.60   —■— SERIES

Trade dollar

Date of authorization: Feb. 12, 1873
Dates of issue: 1873-1878
Designer/Engraver: William Barber
Diameter (Millimeters/inches): 38.10mm/1.5 inches
Weight (Grams/ounces): 27.216 grams/0.87501 ounce
Metallic content: 90% silver, 10% copper
Weight of pure silver: 24.4944 grams/0.78751 ounce
Edge: Reeded
Mint mark: reverse below eagle

— = Insufficient pricing data   * = None issued   FV = Face Value

	F-12	VF-20	EF-40	AU-50	MS-60	MS-63	MS-65	PF-63	PF-65
1873	100.	135.	165.	240.	445.	1325.	7500.	1925.	6700.
1873-CC	125.	275.	475.	750.	1400.	6750.	16000.	*	*
1873-S	105.	140.	180.	315.	850.	2000.	9500.	*	*
1874	105.	135.	160.	245.	435.	1350.	9000.	1900.	6600.
1874-CC	90.00	110.	175.	375.	875.	4000.	14500.	*	*
1874-S	73.50	85.00	120.	240.	445.	2150.	14000.	*	*
1875	300.	350.	450.	600.	1150.	1950.	11000.	1800.	6000.
1875-CC	92.50	115.	190.	350.	700.	1850.	13500.	*	*
1875-S	73.50	85.00	105.	230.	415.	1150.	6250.	*	*
1875-S/CC	225.	360.	575.	950.	1900.	5750.	15000.	*	*
1876	75.00	85.00	120.	235.	420.	1250.	6500.	1775.	5900.
1876-CC	97.50	155.	225.	500.	1975.	8500.	18500.	*	*
1876-S	73.50	85.00	110.	240.	420.	1250.	8750.	*	*
1877	75.00	85.00	110.	235.	475.	1600.	13500.	1800.	5800.
1877-S	73.50	85.00	105.	230.	415.	1350.	7500.	*	*
1877-CC	185.	240.	340.	600.	1250.	4500.	17000.	*	*
1878	*	*	*	*	*	*	*	1900.	5700.
1878-CC	575.	875.	1650.	2750.	5750.	9500.	55000.	*	*
1878-S	73.50	85.00	105.	240.	465.	1400.	6150.	*	*
1879	*	*	*	*	1050.			1800.	5400.
1880	*	*	850.	925.	*	*	*	1800.	5350.
1881	*	*	*	925.	*	*	*	1850.	5450.
1882	*	*	*	925.	*	*	*	1900.	5500.
1883	*	*	*	*	*	*	*	1975.	5600.
1884	*	*	*	*	45000.	*	*	87500.	175000.
1885	*	*	*	*	175000.		*	325000.	600000.

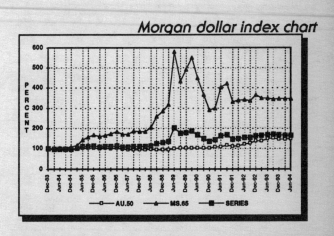

Morgan dollar index chart

AU.50 — MS.65 — SERIES

— = Insufficient pricing data   * = None issued   FV = Face Value

Morgan dollar

Date of authorization: Feb. 28, 1878
Dates of issue: 1878-1921
Designer/Engraver: George T. Morgan
Diameter (Millimeters/inches): 38.10mm/1.5 inches
Weight (Grams/ounces): 26.730 grams/0.85939 ounce
Metallic content: 90% silver, 10% copper
Weight of pure silver: 24.057 grams/0.77345 ounce
Edge: Reeded
Mint mark: Reverse below eagle
Note: MS-65D refers to Deep Mirror Prooflike

	F-12	VF-20	EF-40	AU-50	MS-60	MS-63	MS-64	MS-65	MS-65D
1878 8 Tail Feathers	12.00	15.00	19.50	28.50	45.00	77.50	185.	950.	5000.
1878 7 Tail Feathers, Reverse of 1878	10.00	12.00	13.00	17.00	27.50	65.00	160.	925.	5750.
1878 7 Tail Feathers, Reverse of 1879	11.00	14.00	16.50	21.00	52.50	130.	290.	1800.	5900.
1878 7/8 Tail Feathers	14.00	17.00	22.50	40.00	57.50	100.	320.	2500.	4900.
1878-CC	21.50	27.00	32.50	46.00	72.50	125.	180.	800.	2500.
1878-S	9.50	10.00	12.00	14.00	21.50	30.00	70.00	220.	2450.
1879	8.50	9.25	10.00	13.00	21.00	42.50	110.	585.	5750.
1879-CC	42.50	85.00	290.	675.	1350.	2050.	4750.	12500.	27500.
1879-CC Large CC/ Small CC	40.00	82.50	280.	600.	1250.	1900.	3750.	14000.	35000.
1879-O	9.50	10.00	11.00	18.00	45.00	180.	515.	2500.	11750.
1879-S Reverse of 1878	15.00	16.00	17.75	40.00	97.50	410.	875.	4450.	13500.
1879-S Reverse of 1879	9.25	10.00	11.50	13.50	16.50	30.00	45.00	105.	450.
1880	8.50	9.00	11.00	12.50	18.50	42.50	110.	1250.	3250.
1880-CC Reverse of 1878	55.00	70.00	97.50	135.	165.	265.	450.	1200.	14000.
1880-CC	50.00	65.00	92.50	100.	135.	160.	235.	475.	3400.
1880-O	8.75	9.50	11.00	19.50	55.00	325.	1750.	14500.	45000.
1880-S	9.00	10.00	11.25	13.50	17.00	28.00	40.00	105.	340.

— = Insufficient pricing data   *** = None issued**   **FV = Face Value**

	F-12	VF-20	EF-40	AU-50	MS-60	MS-63	MS-64	MS-65	MS-65D
1881	8.50	9.50	11.00	13.00	20.00	35.00	105.	900.	8000.
1881-CC	90.00	105.	120.	130.	150.	195.	230.	340.	1350.
1881-O	8.75	9.50	10.00	12.75	16.00	50.00	125.	1550.	6900.
1881-S	9.00	9.75	10.75	13.00	17.00	30.00	40.00	100.	320.
1882	9.00	9.50	10.00	13.25	17.50	38.00	55.00	500.	3950.
1882-CC	30.00	36.00	40.00	50.00	55.00	70.00	90.00	240.	675.
1882-O	8.50	9.50	10.00	13.00	16.50	33.00	95.00	675.	4750.
1882-O/S	20.00	23.00	28.00	65.00	135.	600.	2000.	4000.	7000.
1882-S	9.00	10.00	11.00	13.00	17.50	31.50	40.00	110.	1150.
1883	8.25	9.00	9.75	12.50	17.00	31.00	52.50	135.	875.
1883-CC	29.00	33.00	38.00	45.00	50.00	62.50	82.50	175.	465.
1883-O	8.25	8.75	11.00	13.00	18.00	30.00	45.00	110.	865.
1883-S	11.00	13.00	24.00	120.	365.	1200.	3150.	24000.	47500.
1884	8.25	9.00	10.00	12.00	17.00	41.00	95.00	250.	2400.
1884-CC	40.00	42.50	45.00	47.50	52.50	65.00	85.00	185.	450.
1884-O	8.25	8.75	9.75	12.00	15.50	28.00	45.00	110.	325.
1884-S	11.50	15.00	30.00	225.	4000.	10000.	43000.	105000.	—
1885	8.25	8.75	9.75	12.00	16.00	28.00	45.00	120.	300.
1885-CC	160.	165.	170.	175.	190.	205.	225.	425.	900.
1885-O	8.25	8.75	9.50	11.75	16.00	28.00	42.50	110.	400.
1885-S	13.50	15.00	20.00	45.00	95.00	190.	350.	1200.	8500.
1886	8.25	8.75	9.50	11.75	15.50	28.00	42.50	110.	535.
1886-O	10.50	13.00	17.50	55.00	275.	1650.	4350.	23000.	45000.
1886-S	16.50	23.00	35.00	52.50	155.	265.	565.	2250.	5750.
1887/6	15.00	17.25	23.50	42.50	80.00	1000.	1600.	3850.	17500.
1887	8.75	9.50	10.25	12.00	15.50	28.00	42.50	120.	400.
1887/6-O	14.00	18.00	25.00	47.50	275.	2200.	6650.	13000.	—
1887-O	9.00	9.50	12.50	19.00	30.00	100.	360.	4250.	16500.
1887-S	17.00	18.00	19.50	30.00	75.00	210.	475.	2950.	6000.
1888	8.50	9.50	10.00	12.00	15.50	30.00	60.00	190.	2050.
1888-O	9.00	10.50	11.50	13.00	16.50	37.50	70.00	475.	1850.
1888-S	22.50	25.00	30.00	55.00	150.	265.	485.	1700.	7750.
1889	9.00	10.00	10.50	12.00	15.50	33.00	87.50	360.	4400.
1889-CC	210.	300.	800.	2650.	7500.	14000.	23500.	70000.	130000.
1889-O	9.50	10.75	15.00	30.00	77.50	200.	475.	3250.	9750.
1889-S	20.00	23.50	28.50	47.50	90.00	225.	315.	900.	6750.
1890	9.00	9.50	11.00	12.50	17.00	47.50	215.	2600.	8000.
1890-CC	24.00	29.00	42.50	90.00	210.	350.	600.	4250.	6750.
1890-O	9.50	10.00	12.00	19.00	32.50	70.00	185.	1800.	4900.
1890-S	9.50	10.00	12.50	19.00	35.00	57.50	175.	750.	5250.
1891	10.00	11.50	13.50	22.00	42.50	180.	550.	3650.	9000.
1891-CC	27.50	32.50	40.00	92.50	150.	240.	500.	1950.	8000.
1891-O	10.00	12.00	16.00	32.50	85.00	200.	675.	4750.	18000.
1891-S	9.50	10.25	13.00	19.50	36.00	65.00	215.	875.	4500.
1892	11.50	13.50	17.00	50.00	110.	285.	540.	2850.	12500.
1892-CC	37.50	52.50	95.00	205.	375.	750.	1450.	3400.	7500.
1892-O	11.00	12.00	14.00	42.50	95.00	185.	475.	3900.	14000.
1892-S	14.50	40.00	185.	1650.	10500.	23500.	32500.	46000.	125000.
1893	45.00	52.50	70.00	145.	310.	625.	1050.	3950.	12500.
1893-CC	80.00	130.	485.	725.	1125.	2400.	5000.	30500.	80000.
1893-O	85.00	115.	225.	425.	1300.	3750.	12500.	75000.	175000.
1893-S	825.	1350.	2950.	12500.	22000.	37500.	57500.	135000.	—
1894	215.	275.	375.	515.	950.	2100.	4500.	10750.	18000.
1894-O	18.00	25.00	47.50	185.	700.	2500.	3300.	24000.	—
1894-S	22.50	36.00	82.50	175.	350.	625.	1050.	2900.	10000.
1895 Proof only	—	—	10250.	11750.	13750.	17000.	20500.	26500.	—
1895-O	90.00	140.	225.	775.	8750.	21000.	30000.	140000.	—

— = Insufficient pricing data   * = None Issued   FV = Face Value

Morgan dollar (continued)
Note: MS-65D refers to Deep Mirror Prooflike

	F-12	VF-20	EF-40	AU-50	MS-60	MS-63	MS-64	MS-65	MS-65D
1895-S	135.	185.	385.	685.	1200.	2350.	4400.	15500.	45000.
1896	8.50	9.00	10.00	12.00	16.50	35.00	55.00	165.	1350.
1896-O	9.75	12.00	20.00	125.	625.	4600.	16500.	37500.	——
1896-S	17.50	37.50	115.	335.	600.	1200.	2250.	4750.	16500.
1897	9.50	10.50	12.50	13.50	17.00	35.00	60.00	280.	2250.
1897-O	10.00	11.50	15.00	90.00	525.	2350.	11500.	21500.	47500.
1897-S	9.75	10.50	12.50	21.50	37.50	60.00	110.	450.	1900.
1898	9.25	10.00	10.75	12.00	15.50	32.50	57.50	265.	1650.
1898-O	11.00	12.00	14.00	15.00	16.50	30.00	55.00	115.	725.
1898-S	13.00	18.50	25.00	55.00	135.	230.	500.	1150.	5750.
1899	28.50	32.50	40.00	55.00	67.50	90.00	180.	475.	2600.
1899-O	9.00	10.00	11.00	13.00	16.50	37.00	50.00	130.	775.
1899-S	14.00	18.75	27.50	55.00	130.	225.	500.	1300.	5750.
1900	8.50	9.00	10.00	12.00	15.50	31.50	52.50	180.	6250.
1900-O	9.00	10.50	11.00	13.00	16.50	30.00	55.00	125.	2850.
1900-O/CC	25.00	32.50	45.00	95.00	190.	325.	500.	1100.	9500.
1900-S	13.75	17.50	28.00	45.00	90.00	130.	250.	1450.	5500.
1901	18.00	26.00	55.00	200.	1450.	5950.	25000.	115000.	——
1901-O	9.00	9.50	10.50	12.50	15.50	33.00	50.00	205.	3000.
1901-S	14.50	21.00	47.50	115.	220.	395.	700.	2200.	7750.
1902	9.75	10.50	12.50	20.00	40.00	60.00	135.	565.	16000.
1902-O	10.50	11.00	11.50	13.50	15.50	30.00	55.00	150.	3400.
1902-S	30.00	40.00	63.50	87.50	160.	275.	475.	2100.	5500.
1903	14.00	15.00	16.00	20.00	30.00	37.50	60.00	225.	7250.
1903-O	100.	110.	120.	130.	140.	170.	240.	385.	4400.
1903-S	26.00	55.00	225.	800.	2000.	3550.	4100.	4650.	13000.
1904	10.50	12.00	16.00	30.00	65.00	175.	425.	2200.	7000.
1904-O	9.50	10.50	12.00	13.00	16.00	30.00	50.00	110.	500.
1904-S	17.50	37.50	150.	485.	825.	1300.	2500.	4600.	11500.
1921	7.25	7.50	7.75	8.25	9.75	17.50	35.00	145.	6250.
1921-D	7.50	7.75	8.25	10.50	21.00	35.00	72.50	315.	6000.
1921-S	7.50	7.75	8.00	10.50	24.00	37.00	160.	1700.	13500.

Peace dollar index chart

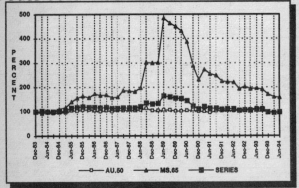

—— = insufficient pricing data   * = None Issued   FV = Face Value

Peace dollar

Date of authorization: Feb. 28, 1878
Dates of issue: 1921-1935
Designer: Anthony deFrancisci
Engraver: George T. Morgan
Diameter (Millimeters/inches): 38.10mm/1.5 inches
Weight (Grams/ounces): 26.730/0.85939 ounce
Metallic content: 90% silver, 10% copper
Weight of pure silver: 24.057 grams/0.77345 ounce
Edge: Reeded
Mint mark: Reverse at lower tip of eagle's wing

	F-12	VF-20	EF-40	AU-50	MS-60	MS-63	MS-64	MS-65
1921	27.50	32.50	38.00	75.00	115.	225.	395.	1600.
1922	6.50	7.25	7.75	8.50	10.50	22.00	40.00	140.
1922-D	7.00	7.75	8.25	9.75	18.50	32.50	80.00	400.
1922-S	6.75	7.50	8.00	9.50	19.50	75.00	265.	1650.
1923	6.50	7.25	7.75	8.50	10.50	22.00	40.00	140.
1923-D	7.25	7.75	8.00	13.50	26.50	100.	220.	1475.
1923-S	7.00	7.75	8.25	10.50	21.00	80.00	265.	3850.
1924	6.75	7.50	7.75	8.50	11.50	23.00	55.00	180.
1924-S	9.00	13.50	19.00	45.00	135.	360.	860.	4100.
1925	7.00	7.50	7.75	9.00	11.50	23.00	52.50	150.
1925-S	8.00	9.50	14.00	26.50	47.50	115.	550.	5500.
1926	8.00	9.50	11.50	16.00	21.00	40.00	115.	425.
1926-D	8.50	9.75	13.50	26.00	47.50	105.	195.	650.
1926-S	7.00	8.00	10.00	16.00	25.00	70.00	185.	1000.
1927	12.00	15.50	21.00	29.50	60.00	105.	240.	2100.
1927-D	12.00	15.00	23.00	65.00	125.	215.	515.	3100.
1927-S	11.50	13.50	19.50	52.50	85.00	150.	575.	4250.
1928	95.00	100.	110.	130.	170.	225.	465.	2000.
1928-S	11.50	13.00	17.00	37.50	67.50	275.	1200.	12000.
1934	12.50	14.50	20.00	30.00	60.00	110.	230.	850.
1934-D	12.50	14.00	17.50	35.00	90.00	225.	450.	1600.
1934-S	14.50	42.50	140.	390.	975.	2250.	3300.	5300.
1935	9.50	12.50	16.50	22.50	42.50	95.00	170.	700.
1935-S	9.50	13.00	18.50	55.00	140.	235.	400.	850.

— = Insufficient pricing data	* = None issued	FV = Face Value

Eisenhower dollar index chart

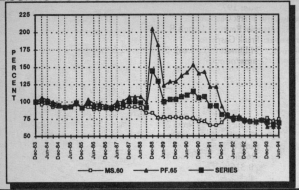

Eisenhower dollar

— = Insufficient pricing data   * = None issued   FV = Face Value

Date of authorization: Dec. 31, 1970
Dates of issue: 1971-1978
Designers: Frank Gasparro
   (Bicentennial Reverse): Dennis R. Williams
Engraver: Frank Gasparro
Diameter (Millimeters/Inches): 38.10mm/1.5 inches
Weight (Grams/ounces):
   (1971-1978): 22.680 grams/0.72918 ounce
   (1971-1976 Bicentennial Proof and Uncirculated sets only): 24.592
      grams/0.79065 ounce
Metallic content:
   (1971-1978): 75% copper, 25% nickel bonded to a core of pure copper
   (1971-1976 Bicentennial Proof and Uncirculated sets only): 80% silver,
      20% copper bonded to a core of 21.5% silver, 78.5% copper
Weight of pure silver:
   (1971-1976 Bicentennial Proof and Uncirculated sets only): 9.8368
      grams/0.31626 ounce
Edge: Reeded
Mint mark: Obverse above date

	MS-60	MS-63	MS-65	PF-63	PF-65
1971	3.00	3.25	13.50	*	*
1971-D	2.00	2.50	8.00	*	*
1971-S 40% silver	4.00	4.50	35.00	4.00	4.50
1972	2.00	2.50	3.25	*	*
1972-D	2.00	2.50	7.00	*	*
1972-S 40% silver	3.75	4.00	20.00	4.00	4.50
1973	4.50	5.50	25.00	*	*
1973-D	4.50	5.50	40.00	*	*
1973-S copper-nickel clad	*	*	*	4.50	5.50
1973-S 40% silver	3.50	4.50	20.00	17.00	19.00
1974	2.00	2.25	10.00	*	*
1974-D	2.00	2.25	6.25	*	*
1974-S copper-nickel clad	*	*	*	5.00	6.00
1974-S 40% silver	3.75	4.50	13.00	6.00	7.00
1976 Bold Reverse Letters	2.75	3.50	6.00	*	*
1976 Thin Reverse Letters	2.00	2.50	8.00	*	*
1976-D Bold Reverse Letters	2.50	2.75	30.00	*	*
1976-D Thin Reverse Letters	2.00	2.50	14.00	*	*
1976-S Bold Reverse Letters, copper-nickel clad	*	*	*	2.50	5.00
1976-S Thin Reverse Letters, copper-nickel clad	*	*	*	4.25	5.00
1976-S 40% silver	6.00	6.50	16.00	7.00	8.00
1977	2.00	2.25	10.00	*	*
1977-D	2.00	2.25	8.00	*	*
1977-S copper-nickel clad	*	*	*	3.75	4.50
1978	2.00	2.25	5.00	*	*
1978-D	2.00	2.25	5.00	*	*
1978-S copper-nickel clad	*	*	*	4.00	4.50

— = Insufficient pricing data   * = None issued   FV = Face Value

Anthony dollar index chart

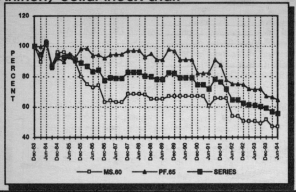

Anthony dollar

Date of authorization: Oct. 10, 1978
Dates of issue: 1979-1981
Designer/Engraver: Frank Gasparro
Diameter (Millimeters/inches): 26.50mm/1.05 inches
Weight (Grams/ounces): 8.100 grams/0.26042 ounce
Metallic content: 75% copper, 25% nickel bonded to a core of pure copper
Edge: Reeded
Mint mark: Obverse left of bust

	MS-60	MS-63	MS-65	PF-63	PF-65
1979-P Near Date	5.00	8.00	30.00	*	*
1979-P	1.15	1.75	2.50	*	*
1979-D	1.15	1.75	2.50	*	*
1979-S Filled S	1.20	1.75	2.65	3.50	4.00
1979-S Clear S	*	*	*	50.00	56.50
1980-P	1.15	1.70	2.50	*	*
1980-D	1.15	1.70	2.50	*	*
1980-S	1.20	1.70	2.75	4.25	5.00

— = Insufficient pricing data	* = None Issued	FV = Face Value

	MS-60	MS-63	MS-65	PF-63	PF-65
1981	2.00	3.25	6.50	*	*
1981-D	2.00	3.00	6.00	*	*
1981-S Filled S	2.00	3.00	6.50	5.00	6.00
1981-S Clear S	*	*	*	70.00	79.00

Gold dollars index chart

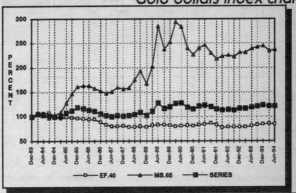

Dec-83 Jun-84 Dec-84 Jun-85 Dec-85 Jun-86 Dec-86 Jun-87 Dec-87 Jun-88 Dec-88 Jun-89 Dec-89 Jun-90 Dec-90 Jun-91 Dec-91 Dec-92 Jun-93 Dec-93 Jun-94

—□— EF.40   —▲— MS.65   —■— SERIES

Coronet gold dollar

Date of authorization: Jan. 18, 1837
Dates of issue: 1849-1854
Designer/Engraver: James B. Longacre
Diameter (Millimeters/inches): 13.00mm/0.51 inch
Weight (Grams/ounces): 1.672 grams/0.05376
Metallic content: 90% gold, 10% copper and silver
Weight of pure gold: 1.5048 grams/0.04838 ounce
Edge: Reeded
Mint mark: Reverse below wreath

	F-12	VF-20	EF-40	AU-50	MS-60	MS-63	MS-64	MS-65
1849 Open Wreath, L, Small Head	115.	135.	165.	230.	445.	1700.	2950.	6250.
1849 Open Wreath, No L, Small Head	125.	145.	215.	285.	550.	2150.	3850.	7750.
1849 Open Wreath, Large Head	115.	135.	165.	225.	425.	1625.	2750.	5750.
1849 Closed Wreath	115.	135.	165.	215.	405.	1625.	2850.	6000.

— = Insufficient pricing data	* = None issued	FV = Face Value

Coronet gold dollar (continued)

	F-12	VF-20	EF-40	AU-50	MS-60	MS-63	MS-64	MS-65
1849-C Closed Wreath	275.	500.	1050.	2350.	7750.	16500.	——	——
1849-C Open Wreath	——	50000.	100000.	——	——			
1849-D	265.	440.	725.	1250.	4500.	8500.	22500.	40000.
1849-O	125.	160.	200.	365.	800.	2900.	7000.	18000.
1850	120.	150.	170.	215.	435.	1800.	4150.	8700.
1850-C	375.	675.	1350.	2350.	8500.	——	——	——
1850-D	345.	615.	1150.	2400.	8750.	15000.	——	——
1850-O	245.	290.	390.	1100.	2750.	5500.	13500.	30000.
1851	115.	130.	160.	210.	400.	1600.	2750.	5500.
1851-C	275.	440.	750.	1250.	2400.	5750.	15500.	34000.
1851-D	280.	460.	875.	1750.	5000.	8750.	23500.	41000.
1851-O	125.	165.	225.	300.	750.	2750.	5850.	16500.
1852	115.	130.	160.	210.	400.	1600.	2750.	5600.
1852-C	270.	500.	925.	1750.	4600.	9500.	24500.	42000.
1852-D	340.	565.	1125.	2050.	7750.	——	——	——
1852-O	120.	170.	235.	430.	1300.	4400.	12500.	29000.
1853	115.	130.	160.	210.	400.	1575.	2700.	5450.
1853-C	245.	535.	1050.	1800.	7350.	——	——	——
1853-D	340.	580.	1250.	2450.	9000.	17000.	32500.	57500.
1853-O	125.	160.	200.	265.	600.	2650.	5250.	12000.
1854	115.	130.	160.	210.	400.	1600.	2700.	5500.
1854-D	550.	825.	1850.	5150.	20000.	——	——	——
1854-S	275.	350.	460.	800.	2200.	6250.	15000.	30000.

Indian Head, Small Head or Large Head gold dollar

Date of authorization: Jan. 18, 1837
Dates of issue: 1854-1889
Designer/Engraver: James B. Longacre
Diameter (Millimeters/inches): 14.86mm/0.59 inch
Weight (Grams/ounces): 1.672 grams/0.05376 ounce
Metallic content: 90% gold, 10% copper and silver
Weight of pure gold: 1.5048 grams/0.044838 ounce
Edge: Reeded
Mint mark: Reverse below wreath

	F-12	VF-20	EF-40	AU-50	MS-60	MS-63	MS-64	MS-65
1854 Small Head	200.	275.	475.	710.	2400.	12500.	18000.	32000.
1855	200.	275.	475.	700.	2400.	13000.	19000.	29500.
1855-C	685.	1200.	2450.	5000.	15750.	——	——	——
1855-D	1400.	2400.	5750.	9750.	27500.	——	——	——
1855-O	280.	475.	750.	1600.	5000.	11500.	22500.	——
1856-S	410.	675.	1150.	2600.	10000.	——	——	——

—— = Insufficient pricing data	* = None issued	FV = Face Value

	F-12	VF-20	EF-40	AU-50	MS-60	MS-63	MS-64	MS-65
1856 Upright 5, Large Head	125.	130.	175.	350.	850.	1625.	2300.	4650.
1856 Slant 5	110.	120.	140.	180.	395.	1500.	2075.	3350.
1856-D	2450.	3750.	6500.	9500.	35000.	—	—	—
1857	110.	120.	140.	175.	390.	1500.	2100.	3275.
1857-C	300.	525.	1250.	3150.	12750.	—	—	—
1857-D	335.	775.	1850.	3650.	11000.	—	—	—
1857-S	300.	450.	750.	1700.	6500.	22000.	—	—
1858	110.	120.	140.	210.	405.	1550.	2250.	5150.
1858-D	425.	700.	1650.	2750.	8250.	24000.	47500.	—
1858-S	230.	290.	435.	1350.	4350.	—	—	—
1859	120.	135.	170.	215.	405.	1525.	2150.	4950.
1859-C	305.	430.	1650.	3250.	13500.	28000.	47500.	80000.
1859-D	500.	700.	1600.	2950.	8000.	26500.	—	—
1859-S	200.	250.	525.	1800.	5250.	—	—	—
1860	135.	140.	175.	225.	425.	1700.	2700.	5500.
1860-D	1650.	2400.	4750.	7350.	32500.	—	—	—
1860-S	225.	250.	375.	1000.	3500.	7000.	10500.	17500.
1861	110.	120.	145.	190.	400.	1600.	2350.	5000.
1861-D	4250.	5750.	9500.	18500.	31500.	65000.	110000.	225000.
1862	110.	120.	145.	185.	400.	1575.	2250.	3650.
1863	325.	400.	850.	1700.	4150.	8000.	12000.	19500.
1864	260.	315.	375.	650.	1600.	2400.	3500.	7350.
1865	260.	315.	475.	700.	1700.	3000.	4250.	9000.
1866	260.	315.	395.	500.	1100.	2300.	3050.	6550.
1867	290.	380.	450.	675.	1550.	2350.	3250.	6850.
1868	220.	250.	290.	485.	1075.	2150.	2950.	6600.
1869	285.	325.	410.	625.	1450.	2550.	3450.	7100.
1870	220.	240.	275.	475.	1050.	2100.	2900.	5500.
1870-S	270.	425.	600.	950.	2850.	9500.	17500.	32500.
1871	220.	240.	270.	465.	950.	2000.	2550.	4800.
1872	225.	250.	295.	460.	1075.	2600.	3900.	6750.
1873 Closed 3	300.	375.	675.	1250.	3500.	6000.	10500.	19000.
1873 Open 3	110.	120.	145.	180.	400.	1600.	2200.	4000.
1874	110.	120.	150.	185.	390.	1400.	2100.	3125.
1875	1700.	2150.	3250.	4750.	8250.	12500.	17500.	30000.
1876	185.	230.	265.	465.	1025.	1950.	2650.	4650.
1877	140.	180.	240.	435.	950.	1850.	2400.	4150.
1878	175.	190.	260.	425.	960.	1900.	2450.	4250.
1879	140.	170.	215.	350.	875.	1750.	2300.	3700.
1880	125.	135.	155.	185.	380.	1375.	2100.	2950.
1881	125.	135.	155.	185.	380.	1375.	2100.	2975.
1882	135.	140.	160.	200.	430.	1450.	2150.	3650.
1883	125.	135.	155.	185.	380.	1375.	2100.	2950.
1884	125.	135.	155.	185.	385.	1385.	2125.	3100.
1885	125.	135.	155.	185.	380.	1375.	2100.	3000.
1886	125.	135.	155.	185.	385.	1450.	2300.	3850.
1887	125.	135.	155.	185.	380.	1375.	2100.	2975.
1888	125.	135.	155.	185.	380.	1375.	2100.	2950.
1889	125.	135.	155.	185.	380.	1375.	2050.	2900.

— = Insufficient pricing data   * = None Issued   FV = Face Value

Capped Bust
$2.50 quarter eagle

Date of authorization: April 2, 1792
Dates of issue: 1796-1807
Designer/Engraver: Robert Scot
Diameter (Millimeters/Inches): 20.00mm/0.79 inch
Weight (Grams/ounces): 4.374 grams/0.14063 ounce
Metallic content: 91.67% gold, 8.33% copper and silver
Weight of pure gold: 4.009 grams/0.12889 ounce
Edge: Reeded
Mint mark: None

	F-12	VF-20	EF-40	AU-50	MS-60	MS-63	MS-64	MS-65
1796 No Stars	10500.	19500.	31500.	55000.	110000.	—	—	—
1796 Stars	8750.	12750.	19500.	32500.	87500.	—	—	—
1797	8000.	10000.	15500.	28500.	55000.	—	—	—
1798	3100.	4450.	7500.	11500.	23500.	55000.	—	250000.
1802/1	2750.	3750.	5000.	8000.	18750.	50000.	—	—
1804 13 Stars	13000.	17500.	29500.	60000.		—	—	—
1804 14 Stars	3050.	4000.	5150.	8100.	19500.	—	—	—
1805	2750.	4050.	5400.	8200.	20500.	—	—	—
1806/4	2950.	3950.	4850.	7850.	18750.	—	—	—
1806/5	4750.	6750.	14500.	24000.		—	—	—
1807	2750.	3650.	4750.	7900.	18250.	45000.	—	—

— = Insufficient pricing data   *** = None issued**   **FV = Face Value**

Capped Draped Bust
$2.50 quarter eagle

Date of authorization: April 2, 1792
Dates of issue: 1808
Designer/Engraver: John Reich
Diameter (Millimeters/inches): 20.00mm/0.79 inch
Weight (Grams/ounces): 4.374 grams/0.14063 ounce
Metallic content: 91.67% gold, 8.33% copper and silver
Weight of pure gold: 4.009 grams/0.12889 ounce
Edge: Reeded
Mint mark: None

	F-12	VF-20	EF-40	AU-50	MS-60	MS-63	MS-64	MS-65
1808	7750.	11500.	16500.	25000.	40000.	95000.	185000.	—

Capped Head
$2.50 quarter eagle

Date of authorization: April 2, 1792
Dates of issue: 1821-1834
Designers:
   Obverse: John Reich-Robert Scot
   Reverse: John Reich
Engravers:
   Obverse: Robert Scot
   Reverse: John Reich
Diameter (Millimeters/inches):
   (1821-1827): 18.50mm/0.73 inch
   (1829-1834): 18.20mm/0.72 inch
Weight (Grams/ounces): 4.374 grams/0.14063 ounce
Metallic content: 91.67% gold, 8.33% copper and silver
Weight of pure gold: 4.009 grams/0.12889 ounce
Edge: Reeded
Mint mark: None

	F-12	VF-20	EF-40	AU-50	MS-60	MS-63	MS-64	MS-65
1821	3250.	3525.	4000.	7000.	14000.	26000.	——	——
1824/1	3200.	3500.	3850.	6000.	12500.	22000.	——	——
1825	3150.	3450.	3800.	5900.	12000.	21000.	38500.	——
1826	3750.	4450.	5750.	9500.	24000.	40000.	——	——
1827	3750.	4200.	5000.	7500.	15000.	26500.	——	——
1829 Small Planchet	2850.	3300.	3975.	4800.	8500.	15500.	27500.	——
1830	2950.	3400.	4000.	4900.	8500.	15750.	28000.	39000.
1831	3000.	3425.	4050.	4950.	8600.	16000.	28000.	40500.
1832	2950.	3400.	4000.	4850.	9000.	18250.	——	——
1833	3200.	3700.	4450.	5750.	9500.	19000.	——	——
1834	6500.	9500.	17500.	27500.	——	——	——	——

Classic Head
$2.50 quarter eagle

Date of authorization: June 28, 1834, Jan. 18, 1837
Dates of issue: 1834-1839
Designers:
    Obverse: William Kneass
    Reverse: John Reich-William Kneass
Engraver: William Kneass
Diameter (Millimeters/inches): 18.20mm/0.72 inch
Weight (Grams/ounces): 4.180 grams/0.13439 ounce
Metallic content:
    (1834-1836): 89.92% gold, 10.08% copper and silver
    (1837-1839): 90% gold, 10% copper and silver
Weight of pure gold:
    (1834-1836): 3.758 grams/0.12082 ounce
    (1837-1839): 3.762 grams/0.12095 ounce
Edge: Reeded
Mint mark: 1838-1839 only, obverse above date

	F-12	VF-20	EF-40	AU-50	MS-60	MS-63
1834 No Motto	200.	275.	490.	850.	2075.	5600.
1835	200.	275.	490.	875.	2200.	8750.
1836	200.	275.	490.	825.	2100.	5600.
1837	200.	275.	490.	1000.	2650.	9250.
1838	200.	275.	490.	850.	2350.	7250.
1838-C	575.	1350.	2800.	6850.	23500.	45000.
1839/8	210.	290.	550.	1850.	5000.	12500.
1839-C 9 Over 8	435.	1250.	2600.	4000.	19000.	34500.
1839-D 9 Over 8	485.	1350.	2750.	6500.	21000.	—
1839-O	380.	600.	1300.	2500.	6600.	19000.

— = Insufficient pricing data   *** = None Issued**   **FV = Face Value**

Coronet quarter eagle index chart

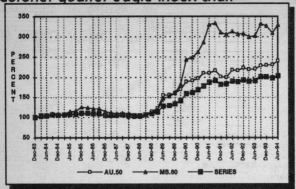

Coronet $2.50 quarter eagle

Date of authorization: Jan. 18, 1837
Dates of issue: 1840-1907
Designers:
  Obverse: Christian Gobrecht
  Reverse: Christian Gobrecht-John Reich-William Kneass
Engraver: Christian Gobrecht
Diameter (Millimeters/inches): 18.20mm/0.72 inch
Weight (Grams/ounces): 4.180 grams/0.13439 ounce
Metallic content: 90% gold, 10% copper
Weight of pure gold: 3.762 grams/0.12095 ounce
Edge: Reeded
Mint mark: Reverse below eagle

	F-12	VF-20	EF-40	AU-50	MS-60	MS-63
1840	160.	310.	750.	3250.	6250.	——
1840-C	355.	625.	1600.	4600.	11750.	——
1840-D	750.	2350.	5500.	12000.	——	——
1840-O	190.	360.	1100.	2650.	7500.	——
1841	——	——	35000.	80000.	——	——
1841-C	280.	600.	1350.	3500.	14000.	——
1841-D	550.	1400.	3050.	9500.	21500.	40000.

— = Insufficient pricing data	* = None issued	FV = Face Value

	F-12	VF-20	EF-40	AU-50	MS-60	MS-63
1842	330.	800.	3100.	——	——	——
1842-C	550.	1225.	2900.	6750.	13500.	——
1842-D	575.	1500.	3100.	11250.	——	——
1842-O	225.	575.	1450.	3750.	13000.	——
1843	150.	160.	265.	375.	1900.	5600.
1843-C Large Date	450.	625.	1200.	3650.	7500.	27500.
1843-C Small Date	1000.	2050.	4250.	8000.	——	——
1843-D	360.	600.	1300.	2850.	9000.	——
1843-O Large Date	285.	450.	800.	1650.	7750.	26000.
1843-O Small Date	165.	215.	315.	525.	1750.	4550.
1844	225.	490.	925.	2500.	7400.	——
1844-C	375.	825.	1800.	6750.	17000.	——
1844-D	350.	625.	1450.	2500.	8500.	28500.
1845	160.	240.	320.	585.	2150.	5900.
1845-D	350.	700.	1550.	3200.	11500.	——
1845-O	575.	850.	2200.	5750.	12250.	——
1846	215.	365.	850.	1950.	7000.	——
1846-C	550.	1000.	2300.	6250.	14250.	——
1846-D	445.	685.	1300.	2700.	10000.	——
1846-O	170.	265.	500.	1575.	5250.	——
1847	140.	250.	440.	875.	5250.	10000.
1847-C	420.	635.	1050.	2150.	8500.	18000.
1847-D	430.	640.	1150.	2600.	10000.	——
1847-O	150.	265.	475.	1350.	3550.	——
1848	300.	525.	1075.	2750.	6250.	——
1848 CAL.	6500.	8500.	16000.	21500.	30000.	60000.
1848-C	400.	700.	1325.	3050.	10500.	——
1848-D	425.	625.	1300.	2650.	9500.	——
1849	145.	265.	600.	1250.	3500.	——
1849-C	410.	700.	1950.	4650.	15750.	——
1849-D	430.	710.	1650.	3100.	12000.	——
1850	135.	170.	215.	350.	1600.	4150.
1850-C	300.	725.	1450.	3100.	12500.	——
1850-D	350.	700.	1350.	3000.	12750.	——
1850-O	160.	295.	575.	1600.	5250.	13000.
1851	135.	145.	170.	225.	420.	1675.
1851-C	325.	685.	1850.	4450.	12250.	——
1851-D	385.	700.	1375.	3050.	11750.	——
1851-O	150.	195.	385.	1475.	5350.	12750.
1852	135.	160.	180.	240.	425.	1625.
1852-C	385.	725.	1750.	3150.	13000.	——
1852-D	465.	1150.	2900.	5450.	12750.	——
1852-O	145.	200.	325.	950.	5850.	——
1853	135.	145.	160.	225.	425.	1550.
1853-D	550.	1400.	2600.	5150.	13500.	——
1854	135.	145.	160.	225.	425.	1650.
1854-C	365.	950.	2400.	5200.	13000.	——
1854-D	1550.	2950.	5500.	13000.	——	——
1854-O	150.	200.	280.	675.	1650.	4500.
1854-S	30000.	50000.	——	——	——	——
1855	135.	155.	170.	235.	430.	2075.
1855-C	620.	1425.	2900.	6000.	17500.	——
1855-D	1900.	3900.	7750.	14000.	——	——
1856	125.	155.	170.	220.	375.	1900.
1856-C	490.	875.	1750.	5200.	13000.	——
1856-D	3850.	5500.	8750.	17000.	30000.	——

— = Insufficient pricing data   * = None issued   FV = Face Value

Coronet $2.50 quarter eagle (continued)

	F-12	VF-20	EF-40	AU-50	MS-60	MS-63
1856-O	175.	425.	950.	1750.	8500.	——
1856-S	150.	205.	415.	1200.	7000.	13000.
1857	135.	145.	175.	235.	380.	2000.
1857-D	485.	1050.	2000.	4400.	10500.	——
1857-O	155.	190.	375.	1400.	8000.	14000.
1857-S	150.	190.	400.	1100.	4600.	——
1858	135.	150.	260.	450.	1950.	4650.
1858-C	340.	650.	1350.	3300.	9000.	——
1859	135.	155.	290.	575.	1600.	4550.
1859-D	550.	1425.	2750.	5450.	19500.	——
1859-S	250.	525.	1100.	2250.	8250.	——
1860 Small Letters & Arrowhead	135.	160.	275.	400.	1400.	3900.
1860-C	375.	875.	1950.	5650.	17500.	55000.
1860-S	195.	325.	850.	1900.	4350.	14500.
1861	135.	145.	175.	225.	365.	1525.
1861-S	225.	425.	1450.	3500.	——	——
1862	140.	180.	275.	425.	1750.	4400.
1862/1	600.	1000.	1800.	3450.	11000.	——
1862-S	485.	950.	2000.	3850.	15000.	——
1863 Proofs Only Prf 60 $19000 Prf 63 $37500 Prf 64 $50000.						
1863-S	425.	625.	1800.	4000.	7750.	15000.
1864	2750.	5500.	12000.	26500.	——	——
1865	2200.	4250.	8500.	17500.	——	——
1865-S	200.	325.	975.	2250.	4850.	——
1866	650.	1500.	4350.	9000.	17500.	——
1866-S	230.	350.	1100.	3400.	8750.	23500.
1867	235.	410.	925.	1800.	5200.	9000.
1867-S	225.	325.	975.	2250.	——	——
1868	170.	275.	450.	900.	3250.	7750.
1868-S	170.	265.	800.	1600.	5350.	15500.
1869	175.	260.	370.	875.	3800.	8750.
1869-S	185.	280.	550.	1125.	5000.	16000.
1870	165.	255.	360.	850.	3450.	7000.
1870-S	170.	270.	485.	1050.	5100.	——
1871	180.	250.	350.	725.	2450.	5800.
1871-S	165.	200.	340.	800.	3300.	6000.
1872	250.	500.	1100.	2650.	8250.	——
1872-S	175.	295.	575.	1150.	4250.	15000.
1873 Closed 3	160.	180.	205.	400.	1375.	2950.
1873 Open 3	135.	145.	175.	250.	365.	1575.
1873-S	180.	280.	550.	1200.	3900.	——
1874	190.	305.	375.	825.	3100.	9500.
1875	——	3500.	4900.	8500.	——	——
1875-S	140.	215.	400.	850.	4000.	14750.
1876	180.	320.	775.	1400.	4400.	12000.
1876-S	140.	235.	750.	1300.	4500.	15250.
1877	305.	425.	750.	1150.	4100.	8750.
1877-S	135.	150.	175.	280.	650.	3100.
1878	135.	145.	155.	220.	340.	1325.
1878-S	135.	145.	155.	235.	510.	2850.
1879	135.	145.	155.	220.	345.	1500.
1879-S	140.	165.	285.	1275.	2700.	——
1880	155.	225.	375.	625.	1600.	4000.
1881	725.	1500.	3500.	6400.	12000.	——
1882	180.	230.	275.	415.	900.	2950.

— = Insufficient pricing data   * = None issued   FV = Face Value

	F-12	VF-20	EF-40	AU-50	MS-60	MS-63
1883	180.	235.	500.	925.	2450.	5500.
1884	180.	230.	385.	675.	1900.	3500.
1885	400.	750.	1500.	2650.	5500.	10000.
1886	165.	210.	275.	550.	1875.	3300.
1887	165.	195.	225.	425.	1100.	2950.
1888	165.	180.	190.	245.	550.	1400.
1889	165.	180.	190.	220.	420.	1425.
1890	165.	180.	190.	230.	525.	1400.
1891	165.	180.	190.	225.	385.	1325.
1892	165.	205.	285.	500.	925.	2900.
1893	145.	160.	170.	200.	330.	1300.
1894	155.	180.	280.	440.	775.	2450.
1895	135.	140.	175.	230.	390.	1350.
1896	135.	140.	155.	190.	300.	1175.
1897	135.	145.	160.	195.	310.	1200.
1898	135.	140.	155.	190.	300.	1225.
1899	135.	140.	155.	200.	320.	1275.
1900	135.	140.	155.	190.	300.	1175.
1901	135.	140.	155.	190.	300.	1150.
1902	135.	140.	155.	190.	300.	1175.
1903	135.	140.	155.	190.	300.	1200.
1904	135.	140.	155.	190.	300.	1175.
1905	135.	140.	155.	190.	300.	1175.
1906	135.	140.	155.	190.	300.	1150.
1907	135.	140.	155.	190.	300.	1150.

Indian Head quarter eagle chart

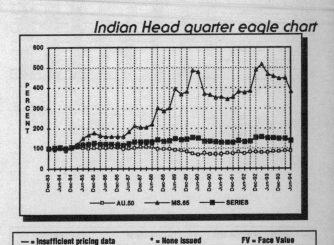

— = insufficient pricing data	* = None issued	FV = Face Value

Indian Head
$2.50 quarter eagle

Date of authorization: Jan. 18, 1837
Dates of issue: 1908-1929
Designer: Bela Lyon Pratt
Engraver: Charles Barber
Diameter (Millimeters/inches): 17.78mm/0.70 inc
Weight (Grams/ounces): 4.180 grams/0.13439 ounce
Metallic content: 90% gold, 10% copper
Weight of pure gold: 3.762 grams/0.12095 ounce
Edge: Reeded
Mint mark: Reverse lower left

	F-12	VF-20	EF-40	AU-50	MS-60	MS-63	MS-64	MS-65
1908	120.	130.	155.	180.	280.	1025.	1600.	4500.
1909	120.	130.	155.	180.	325.	1125.	1625.	5250.
1910	120.	130.	155.	180.	290.	1150.	1900.	7750.
1911	120.	130.	155.	180.	280.	1075.	1850.	9000.
1911-D	340.	500.	900.	1425.	3100.	7500.	13500.	45000.
1912	120.	130.	160.	185.	290.	1300.	2150.	12500.
1913	120.	130.	155.	180.	285.	1075.	1850.	7000.
1914	125.	135.	165.	215.	650.	2100.	5250.	18000.
1914-D	120.	130.	160.	195.	450.	1900.	6000.	25000.
1915	120.	130.	155.	185.	280.	1000.	1850.	7250.
1925-D	120.	130.	145.	160.	250.	950.	1575.	4550.
1926	120.	130.	145.	160.	250.	950.	1550.	4600.
1927	120.	130.	145.	160.	250.	950.	1600.	4950.
1928	120.	130.	145.	160.	250.	975.	1725.	5100.
1929	120.	130.	145.	160.	250.	1025.	1950.	6750.

— = Insufficient pricing data   * = None Issued   FV = Face Value

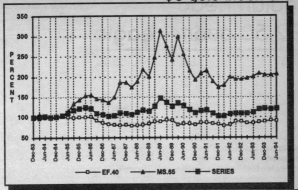

Indian Head $3 gold

Date of authorization: Feb. 21, 1853
Dates of issue: 1854-1889
Designer/Engraver: James B. Longacre
Diameter (Millimeters/inches): 20.63mm/0.81 inch
Weight (Grams/ounces): 5.015 grams/0.16124 ounce
Metallic content:
  (1854-1873): 90% gold, 10% copper and silver
  (1873-1889): 90% gold, 10% copper
Weight of pure gold: 4.5135 grams/0.14511 ounce
Edge: Reeded
Mint mark: Reverse below wreath

	F-12	VF-20	EF-40	AU-50	MS-60	MS-63	MS-64	MS-65
1854	395.	500.	725.	925.	2350.	5800.	8150.	14250.
1854-D	4750.	6750.	10250.	26500.	60000.	——	——	——
1854-O	470.	600.	1150.	3850.	21500.	——	——	——
1855	395.	500.	740.	975.	2375.	6500.	9150.	18250.
1855-S	575.	1000.	2150.	6500.	18000.	——	——	——
1856	395.	500.	760.	1050.	2650.	7200.	12000.	24500.
1856-S	485.	600.	1275.	2400.	6750.	18000.	——	——

— = Insufficient pricing data	* = None Issued	FV = Face Value

Indian Head $3 gold (continued)

	F-12	VF-20	EF-40	AU-50	MS-60	MS-63	MS-64	MS-65
1857	395.	505.	760.	1075.	3600.	9000.	17500.	32500.
1857-S	550.	950.	2300.	4250.	12000.	—	—	—
1858	625.	725.	1350.	2250.	5500.	14000.	—	—
1859	395.	520.	760.	1100.	2750.	7000.	9900.	17750.
1860	395.	525.	750.	1125.	2900.	7250.	10250.	18250.
1860-S	550.	850.	2150.	4000.	—	—	—	—
1861	510.	625.	875.	1750.	3900.	8300.	13750.	22750.
1862	510.	625.	925.	1700.	3750.	8100.	14000.	24500.
1863	525.	640.	915.	1750.	3850.	8300.	13000.	19500.
1864	535.	650.	950.	1775.	3900.	9000.	14000.	23750.
1865	700.	1175.	2450.	4500.	11500.	19000.	26000.	40000.
1866	580.	660.	940.	1750.	3800.	8250.	13200.	23500.
1867	560.	655.	950.	1775.	3750.	8750.	13250.	23000.
1868	540.	635.	915.	1700.	3800.	8050.	13150.	23250.
1869	565.	665.	1000.	1825.	4300.	8850.	16500.	26750.
1870	565.	665.	1000.	1775.	4500.	10000.	20000.	35000.
1870-S EF-40 $900000.								
1871	580.	675.	1050.	1800.	4200.	8350.	14250.	24500.
1872	570.	660.	1000.	1775.	4250.	8450.	14750.	25500.
1873 Open 3 Proofs Only				10750.	19000.	27500.	40000.	70000.
1873 Closed 3 originals	2000.	3250.	4800.	8750.	20000.	—	—	—
1874	385.	500.	660.	860.	2050.	4950.	7150.	13250.
1875 Proofs Only		—	—	—	40000.	65000.	95000.	190000.
1876 Proofs Only		—	—	11000.	16500.	21000.	29000.	55000.
1877	745.	1125.	2500.	4750.	10500.	22500.	—	—
1878	380.	495.	660.	850.	2000.	4900.	7100.	13000.
1879	420.	520.	850.	2000.	2500.	5700.	8000.	14750.
1880	445.	665.	1175.	2000.	2850.	5950.	8400.	15250.
1881	575.	900.	1900.	3950.	5500.	11500.	19500.	37500.
1882	500.	640.	1100.	2025.	2950.	6050.	8450.	16000.
1883	505.	650.	1050.	2200.	3400.	6250.	9550.	17750.
1884	700.	950.	1450.	2300.	3150.	6200.	9450.	18250.
1885	625.	875.	1400.	2175.	3200.	6300.	9800.	18750.
1886	575.	775.	1375.	2200.	3400.	6450.	9650.	19250.
1887	445.	525.	750.	1100.	2250.	5600.	7600.	13500.
1888	445.	525.	750.	1100.	2250.	5600.	7600.	13600.
1889	445.	525.	750.	1100.	2250.	5600.	7600.	13600.

— = Insufficient pricing data   * = None issued   FV = Face Value

Capped Bust, Small Eagle or Heraldic Eagle $5 half eagle

Date of authorization: April 2, 1792
Dates of issue: 1795-1807
Designer/Engraver : Robert Scot
Diameter (Millimeters/inches): 25.00mm/0.99 inch
Weight (Grams/ounces): 8.748 grams/0.28125 ounce
Metallic content: 91.67% gold, 8.33% copper and silver
Weight of pure gold: 8.0193 grams/0.25783 ounce
Edge: Reeded
Mint mark: None

	F-12	VF-20	EF-40	AU-50	MS-60	MS-63	MS-64	MS-65
1795 Small Eagle	4600.	6250.	8750.	17000.	40000.	—	—	—
1796/5	5500.	7100.	13500.	23000.	47500.	—	—	—
1797 15 Stars	8000.	10000.	19500.	32500.	—	—	—	—
1797 16 Stars	7250.	9000.	18000.	30000.	70000.	150000.	—	—
1798	—	22500.	42500.	—	—	—	—	—
1795 Heraldic Eagle	5750.	6500.	14000.	28000.	80000.	—	—	—
1797/5	4500.	7000.	13000.	26000.	—	—	—	—
1797 16 Stars	—	—	—	—	—	—	—	—
1798 Small 8	1550.	2200.	3800.	8000.	—	—	—	—
1798 Large 8, 13 Stars	1175.	2050.	3400.	6000.	11500.	24000.	—	—
1798 Large 8, 14 Stars	1650.	2550.	5250.	20000.	—	—	—	—
1799 Large 9, Small Stars	1300.	1750.	3500.	7750.	17500.	30000.	—	—
1799 Large Stars	1850.	2500.	4950.	13000.	—	—	—	—
1800	1025.	1550.	2350.	3100.	5750.	18750.	37500.	—
1802/1	1000.	1525.	2250.	3025.	5675.	18500.	33500.	90000.
1803/2	1000.	1525.	2250.	2975.	5650.	18250.	34000.	89000.
1804 Small 8	1100.	1585.	2300.	3000.	5950.	22000.	35500.	—
1804 Small 8/Large 8	1125.	1600.	2350.	3250.	6400.	23500.	38500.	—
1805	1050.	1575.	2300.	2900.	5750.	18750.	34000.	—
1806 Pointed 6	1250.	1725.	2400.	3800.	7750.	27500.	—	—
1806 Round 6	1000.	1500.	2275.	2800.	5650.	18250.	31500.	—
1807	1050.	1525.	2350.	2925.	5675.	18500.	34000.	—

— = Insufficient pricing data   *** = None issued**   **FV = Face Value**

Capped Draped Bust
$5 half eagle

Date of authorization: April 2, 1792
Dates of issue: 1807-1812
Designer/Engraver: John Reich
Diameter (Millimeters/inches): 25.00mm/0.99 inch
Weight (Grams/ounces): 8.748 grams/0.28125 ounce
Metallic content: 91.67% gold, 8.33% copper and silver
Weight of pure gold: 8.0193 grams/0.25783 ounce
Edge: Reeded
Mint mark: None

	F-12	VF-20	EF-40	AU-50	MS-60	MS-63	MS-64	MS-65
1807	1075.	1575.	2325.	2900.	5650.	17000.	26000.	83500.
1808/7	1250.	1675.	2500.	3300.	9750.	——	——	——
1808	1025.	1525.	2300.	2950.	5675.	16500.	——	——
1809/8	1000.	1500.	2250.	2700.	5500.	16250.	25500.	——
1810 Small Date, Small 5	——	12500.	25000.	42500.	——	——	——	——
1810 Small Date, Tall 5	1550.	2000.	2550.	3200.	7000.	20000.	35000.	——
1810 Large Date, Small 5	4000.	5000.	8000.	16000.	——	——	——	——
1810 Large Date, Large 5	1075.	1550.	2300.	2850.	5700.	16750.	——	——
1811 Small 5	1025.	1525.	2275.	2750.	5550.	16500.	32500.	——
1811 Tall 5	1075.	1550.	2325.	3050.	5900.	20000.	42500.	——
1812	975.	1475.	2250.	2800.	5600.	16000.	25000.	81000.

Capped Head $5 half eagle

Date of authorization: April 2, 1792
Dates of issue: 1813-1834
Designers:
    Obverse: John Reich-Robert Scot
    Reverse: John Reich
Engraver:
    Obverse: Robert Scot
    Reverse: John Reich
Diameter (Millimeters/inches):
    (1813-1829): 25.00mm/0.99 inch
    (1829-1834): 22.50mm/0.89 inch
Weight (Grams/ounces): 8.748 grams/0.28125 ounce
Metallic content: 91.67% gold, 8.33% copper and silver
Weight of pure gold: 8.0193 grams/0.25783 ounce
Edge: Reeded
Mint mark: None

	F-12	VF-20	EF-40	AU-50	MS-60	MS-63	MS-64	MS-65
1813	1200.	1525.	2275.	2850.	6150.	16750.	24500.	65000.
1814/3	1525.	2150.	2750.	3800.	9750.	21750.	—	—
1815	—	—	35000.	65000.	135000.	—	—	—
1818	1500.	2125.	2800.	3900.	9650.	20000.	—	—
1818 STATESOF	—	—	3450.	5850.	18500.	40000.	—	—
1818 5D/50	—	—	—	9000.	—	60000.	—	—
1819 Wide Date	—	—	23500.	45000.	—	—	—	—
1819 Close Date	—	—	—	40000.	—	—	—	—
1819 5D/50	—	8750.	16500.	30000.	—	—	—	—
1820 Curved Base 2, Small Letters	1525.	2050.	4600.	8000.	—	—	—	—
1820 Curved Base 2, Large Letters	1550.	2075.	4650.	8000.	—	—	—	—
1820 Square Base 2, Large Letters	1500.	2025.	3050.	5850.	9250.	19500.	26000.	75000.
1821	2050.	3700.	7100.	12000.	22500.	42500.	—	—
1822	—	1250000.	—	—	—	—	—	—
1823	1575.	2075.	3750.	6750.	13000.	34500.	—	—
1824	2000.	3650.	8500.	15000.	26500.	40000.	60000.	—
1825/1	3500.	4750.	5750.	7900.	25000.	39500.	90000.	—
1825/4	—	—	140000.	—	—	—	—	—
1826	2800.	5500.	7050.	12000.	20000.	—	—	—

— = Insufficient pricing data   *** = None Issued**   **FV = Face Value**

Capped Head $5 half eagle (continued)

	F-12	VF-20	EF-40	AU-50	MS-60	MS-63	MS-64	MS-65
1827	—	—	—	—	30000.	80000.	—	—
1828/7	—	—	—	32500.	67500.	—	—	—
1828	—	—	—	27500.	62500.	—	—	—
1829 Large Planchet	—	—	—	—	—	—	375000.	—
1829 Small Planchet	—	—	85000.	185000.	—	—	—	—
1830 Small 5D	3500.	5050.	6500.	8400.	13750.	35500.	72500.	—
1830 Large 5D	3800.	5400.	7050.	9500.	16250.	—	—	—
1831 Small 5D	3950.	5600.	7400.	10250.	19000.	—	—	—
1831 Large 5D	3600.	5250.	6600.	8400.	15250.	36500.	75000.	150000.
1832 Curl Base 2, 12 Stars	—	—	—	—	—	—	—	—
1832 Square Base 2, 13 Stars	—	5500.	7150.	10000.	17000.	41000.	—	—
1833	3450.	5050.	6400.	8250.	14250.	27500.	67500.	—
1834 Plain 4	3500.	5100.	6450.	8300.	16000.	40000.	72500.	—
1834 Crosslet 4	4250.	5750.	8000.	13000.	27500.	—	—	—

Classic Head $5 half eagle

Date of authorization: April 2, 1792
Dates of issue: 1834-1838
Designer:
Obverse: William Kneass
Reverse: John Reich-William Kneass
Engraver: William Kneass
Diameter (Millimeters/inches): 22.50mm/0.89 inch
Weight (Grams/ounces): 8.359 grams/0.26875 ounce
Metallic content:
(1834-1836): 89.92% gold, 10.08% copper and silver
(1837-1838): 90% gold, 10% copper and silver
Weight of pure gold:
(1834-1836): 7.5164 grams/0.24166 ounce
(1837-1838): 7.5231 grams/0.24187 ounce
Edge: Reeded
Mint mark: 1838 only, obverse above date

	F-12	VF-20	EF-40	AU-50	MS-60	MS-63
1834 Plain 4	245.	320.	465.	935.	3000.	10500.
1834 Crosslet 4	600.	1350.	2850.	5750.	16500.	42500.
1835	245.	315.	475.	935.	2950.	11000.

— = Insufficient pricing data	* = None issued	FV = Face Value

	F-12	VF-20	EF-40	AU-50	MS-60	MS-63
1836	245.	315.	465.	935.	2900.	10250.
1837	260.	330.	525.	1000.	3600.	16000.
1838	250.	325.	490.	985.	3400.	16500.
1838-C	900.	1850.	5600.	12000.	37500.	——
1838-D	810.	1500.	3100.	5750.	28000.	——

Coronet half eagle index chart

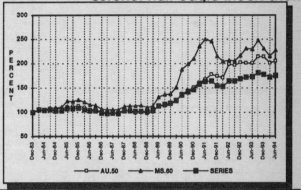

PERCENT

Dec-83 Jun-84 Dec-84 Jun-85 Dec-85 Jun-86 Dec-86 Jun-87 Dec-87 Jun-88 Dec-88 Jun-89 Dec-89 Jun-90 Dec-90 Jun-91 Dec-91 Jun-92 Dec-92 Jun-93 Dec-93 Jun-94

—□— AU.50   —▲— MS.60   —■— SERIES

Coronet $5 half eagle

Date of authorization: Jan. 18, 1837
Dates of issue: 1839-1908
Designers:
　Obverse: Christian Gobrecht
　Reverse: John Reich-William Kneass-Christian Gobrecht
Engraver: Christian Gobrecht
Diameter (Millimeters/Inches):
　(1839-1840): 22.50mm/0.89 inch
　(1840-1908): 21.54mm/0.85 inch
Weight (Grams/ounces): 8.359 grams/0.26875 ounce

— = Insufficient pricing data　　　* = None issued　　　FV = Face Value

Coronet $5 half eagle (continued)

Metallic content:
 (1839-1849): 90% gold, 10% copper and silver
 (1849-1908): 90% gold, 10% copper
Weight of pure gold: 7.5231 grams/0.24187 ounce
Edge: Reeded
Mint mark: Reverse below eagle

	F-12	VF-20	EF-40	AU-50	MS-60	MS-63
1839 No Motto	220.	280.	550.	1500.	3250.	21500.
1839-C	525.	1050.	2600.	6500.	25500.	——
1839-D	465.	925.	2750.	6250.	15500.	——
1840 Broad Mill	250.	310.	850.	2450.	7750.	15500.
1840 Narrow Mill	210.	260.	400.	1850.	4100.	10500.
1840-C	435.	800.	2050.	6750.	——	——
1840-D	440.	760.	1500.	6250.	17500.	——
1840-O Broad Mill	325.	600.	1250.	3800.	——	——
1840-O Narrow Mill	235.	375.	925.	2700.	6250.	——
1841	170.	400.	1000.	3100.	6750.	16500.
1841-C	380.	725.	1425.	3500.	15000.	——
1841-D	385.	710.	1350.	3300.	13000.	41000.
1842 Small Letters	165.	325.	1400.	4000.	——	——
1842 Large Letters	400.	775.	2600.	8000.	——	——
1842-C Large Date	410.	750.	1500.	3550.	16500.	——
1842-C Small Date	2050.	4150.	15500.	45000.	——	——
1842-D Large Date, Large Letters	775.	2000.	6250.	14500.	40000.	——
1842-D Small Date, Small Letters	450.	750.	1425.	3300.	15500.	——
1842-O	400.	1050.	5250.	11750.	——	——
1843	145.	180.	260.	380.	2300.	10000.
1843-C	420.	720.	1350.	6150.	14000.	47500.
1843-D	390.	660.	1050.	2350.	8500.	——
1843-O Small Letters	365.	600.	1350.	4650.	——	——
1843-O Large Letters	190.	375.	985.	3400.	19500.	——
1844	155.	185.	265.	360.	2250.	7550.
1844-C	485.	950.	2750.	7000.	——	——
1844-D	430.	690.	1150.	2850.	14000.	40000.
1844-O	160.	200.	400.	1100.	4350.	18000.
1845	155.	195.	285.	390.	2350.	9500.
1845-D	430.	685.	1225.	2450.	14250.	——
1845-O	255.	400.	850.	3000.	——	——
1846 Small Date	210.	245.	375.	750.	4000.	——
1846	145.	180.	300.	450.	2450.	10500.
1846-C	490.	950.	2650.	6500.	17500.	50000.
1846-D	445.	670.	1275.	3500.	10000.	49000.
1846-O	270.	450.	1400.	4600.	12250.	——
1847	145.	180.	230.	365.	2000.	7300.
1847-C	450.	660.	1300.	4350.	16000.	——
1847-D	465.	625.	1200.	2900.	10250.	——
1847-O	600.	2250.	9750.	19500.	——	——
1848	155.	195.	240.	490.	2450.	8050.
1848-C	475.	685.	1350.	3100.	15500.	——
1848-D	440.	710.	1350.	3750.	15250.	——
1849	145.	185.	310.	850.	2650.	——
1849-C	410.	615.	1250.	3050.	16000.	——
1849-D	425.	660.	1275.	3500.	——	——
1850	210.	300.	975.	1850.	4750.	12500.
1850-C	415.	600.	1150.	2950.	15500.	——

— = Insufficient pricing data	* = None issued	FV = Face Value

	F-12	VF-20	EF-40	AU-50	MS-60	MS-63
1850-D	425.	800.	1775.	4250.	—	—
1851	155.	185.	220.	390.	2400.	8300.
1851-C	450.	685.	1350.	6250.	—	—
1851-D	400.	700.	1300.	3050.	15500.	—
1851-O	290.	535.	1300.	4750.	—	—
1852	145.	170.	200.	350.	1600.	6600.
1852-C	400.	650.	1300.	3500.	9500.	37500.
1852-D	405.	650.	1100.	2500.	13000.	—
1853	155.	175.	210.	365.	1550.	8300.
1853-C	400.	625.	1125.	2450.	9750.	—
1853-D	405.	645.	1000.	2150.	7250.	35000.
1854	165.	235.	325.	800.	2050.	—
1854-C	435.	775.	1800.	3750.	15250.	—
1854-D	390.	655.	1075.	2400.	10750.	—
1854-O	275.	335.	500.	1750.	6250.	—
1854-S AU-55 $210000.						
1855	155.	180.	275.	370.	2200.	9600.
1855-C	430.	800.	1750.	3550.	13250.	—
1855-D	435.	775.	1600.	3300.	16000.	—
1855-O	380.	800.	2850.	7250.	—	—
1855-S	245.	400.	1150.	3700.	—	—
1856	150.	170.	210.	370.	2250.	10400.
1856-C	425.	700.	1400.	5000.	15750.	—
1856-D	415.	750.	1550.	3200.	15250.	—
1856-O	425.	1050.	1950.	6400.	—	—
1856-S	195.	285.	750.	2650.	—	—
1857	155.	175.	220.	375.	2100.	10400.
1857-C	370.	625.	1200.	3100.	10750.	—
1857-D	415.	685.	1300.	3400.	15500.	—
1857-O	355.	775.	2400.	5750.	—	—
1857-S	220.	285.	725.	2200.	6000.	—
1858	250.	270.	625.	1850.	4000.	10250.
1858-C	395.	650.	1150.	4400.	15000.	—
1858-D	425.	690.	1125.	2450.	15500.	—
1858-S	425.	800.	2850.	8750.	—	—
1859	240.	335.	600.	1800.	4500.	—
1859-C	390.	700.	2200.	4700.	16000.	55000.
1859-D	440.	815.	1800.	3300.	16250.	—
1859-S	525.	1550.	4500.	10500.	—	—
1860	200.	265.	575.	1750.	4250.	—
1860-C	425.	925.	2300.	5000.	15000.	—
1860-D	430.	875.	1850.	3750.	16000.	46000.
1860-S	550.	1200.	3050.	8250.	—	—
1861	145.	170.	200.	325.	1800.	6600.
1861-C	750.	1700.	3900.	9500.	27500.	—
1861-D	2750.	4400.	7750.	19000.	—	—
1861-S	525.	1200.	3900.	13750.	—	—
1862	455.	1000.	2050.	5100.	—	—
1862-S	1300.	3500.	10000.	—	—	—
1863	450.	1175.	3650.	8150.	—	—
1863-S	425.	1475.	4100.	11500.	—	—
1864	360.	675.	1975.	4900.	9750.	—
1864-S	2250.	6750.	17500.	—	—	—
1865	500.	1300.	3500.	6750.	—	—
1865-S	475.	1375.	3600.	9750.	—	—
1866 Motto	350.	775.	1600.	4650.	—	—
1866-S No Motto	675.	2000.	6750.	18500.	—	—

— = Insufficient pricing data   *** = None issued**   **FV = Face Value**

Coronet $5 half eagle (continued)

	F-12	VF-20	EF-40	AU-50	MS-60	MS-63
1866-S Motto	550.	1100.	4300.	12500.	——	——
1867	295.	475.	1950.	4450.	——	——
1867-S	465.	1700.	4500.	14000.	——	——
1868	285.	480.	1350.	4500.	9500.	——
1868-S	280.	490.	2300.	5850.	——	——
1869	400.	875.	1750.	4950.	——	——
1869-S	325.	575.	2400.	8500.	——	——
1870	350.	515.	1450.	4850.	——	——
1870-CC	1850.	4000.	11000.	22000.	——	——
1870-S	500.	1000.	3800.	12750.	——	——
1871	385.	725.	2100.	5900.	——	——
1871-CC	565.	1050.	3350.	14500.	——	——
1871-S	260.	485.	1550.	5600.	20000.	——
1872	400.	700.	1450.	4350.	13500.	30500.
1872-CC	550.	1000.	4850.	14000.	——	——
1872-S	225.	450.	2000.	4450.	14500.	——
1873 Closed 3	155.	165.	200.	600.	2100.	——
1873 Open 3	150.	160.	190.	550.	1800.	6350.
1873-CC	1100.	2600.	11500.	28000.	——	——
1873-S	340.	625.	2400.	9000.	——	——
1874	315.	500.	1550.	4450.	——	——
1874-CC	410.	825.	2450.	11750.	28500.	——
1874-S	425.	800.	3500.	9100.	——	——
1875 EF-40 $50000 EF-45 $67500 AU-50 $115000 Prf 63 $60000 Prf 64 $110000						
1875-S	750.	1750.	5850.	13000.	33500.	——
1875-S	525.	850.	3250.	11000.	——	——
1876	445.	825.	1950.	4750.	13500.	28000.
1876-CC	575.	1300.	5250.	11000.	——	——
1876-S	850.	2150.	6000.	11500.	——	——
1877	420.	775.	1500.	3600.	——	——
1877-CC	500.	1100.	3900.	8500.	——	——
1877-S	175.	375.	900.	2850.	——	——
1878	130.	150.	180.	250.	975.	3500.
1878-CC	1400.	3100.	8750.	17250.	——	——
1878-S	130.	160.	190.	385.	1950.	6000.
1879	130.	140.	165.	215.	550.	2550.
1879-CC	400.	675.	1750.	3450.	——	——
1879-S	150.	185.	200.	325.	1200.	4500.
1880	130.	140.	155.	190.	260.	1700.
1880-CC	270.	335.	900.	1550.	10000.	——
1880-S	130.	140.	155.	190.	265.	1350.
1881	130.	140.	155.	190.	265.	1050.
1881/0	260.	315.	635.	1500.	3550.	——
1881-CC	365.	600.	2000.	5150.	17000.	——
1881-S	130.	140.	155.	190.	265.	1750.
1882	130.	140.	155.	190.	255.	1050.
1882-CC	265.	300.	450.	1150.	5500.	——
1882-S	130.	140.	155.	190.	265.	1400.
1883	130.	140.	155.	220.	600.	4000.
1883-CC	290.	400.	850.	3250.	16500.	——
1883-S	165.	190.	225.	300.	1100.	5100.
1884	130.	155.	175.	275.	1150.	4900.
1884-CC	350.	475.	900.	3100.	——	——
1884-S	160.	200.	225.	280.	775.	4200.
1885	130.	140.	155.	190.	250.	1500.

—— = Insufficient pricing data	* = None Issued	FV = Face Value

	F-12	VF-20	EF-40	AU-50	MS-60	MS-63
1885-S	130.	140.	155.	190.	245.	1050.
1886	130.	150.	165.	205.	400.	2700.
1886-S	130.	140.	160.	195.	250.	1100.
1887 Proofs Only Prf 50 $11250 Prf 60 $25000 Prf 63 $42500 Prf 65 $115000.						
1887-S	130.	140.	155.	200.	250.	1150.
1888	150.	165.	205.	335.	1175.	5500.
1888-S	155.	175.	285.	575.	2500.	——
1889	150.	275.	500.	900.	1950.	6000.
1890	225.	375.	625.	1150.	4250.	——
1890-CC	175.	235.	305.	500.	1150.	5300.
1891	130.	160.	190.	260.	700.	2800.
1891-CC	165.	225.	280.	450.	730.	3600.
1892	130.	140.	155.	175.	245.	1750.
1892-CC	170.	250.	350.	650.	1600.	6900.
1892-O	360.	460.	1250.	2300.	5250.	——
1892-S	130.	165.	180.	255.	1350.	4450.
1893	130.	140.	155.	175.	245.	975.
1893-CC	175.	225.	350.	600.	1850.	6750.
1893-O	140.	185.	230.	390.	2000.	6500.
1893-S	130.	175.	220.	260.	550.	1775.
1894	130.	140.	155.	175.	260.	1550.
1894-O	130.	165.	250.	375.	2050.	6250.
1894-S	150.	210.	360.	800.	3400.	9750.
1895	130.	140.	155.	175.	235.	950.
1895-S	135.	205.	375.	925.	4000.	——
1896	130.	150.	175.	210.	425.	3850.
1896-S	145.	200.	325.	650.	2300.	——
1897	130.	140.	155.	175.	230.	925.
1897-S	135.	165.	300.	675.	1800.	8500.
1898	130.	140.	155.	175.	240.	1100.
1898-S	135.	145.	165.	215.	450.	1250.
1899	130.	140.	155.	175.	235.	975.
1899-S	130.	145.	165.	190.	300.	1150.
1900	130.	140.	155.	175.	230.	875.
1900-S	135.	155.	190.	285.	625.	1800.
1901	130.	140.	155.	175.	230.	950.
1901-S	130.	140.	165.	175.	230.	875.
1901/0-S	140.	170.	210.	315.	575.	1750.
1902	130.	140.	160.	190.	245.	950.
1902-S	130.	140.	155.	175.	230.	925.
1903	130.	140.	160.	190.	255.	950.
1903-S	130.	140.	155.	175.	230.	875.
1904	130.	140.	155.	175.	230.	9000.
1904-S	135.	155.	195.	275.	1150.	3750.
1905	130.	140.	160.	190.	250.	950.
1905-S	135.	150.	180.	260.	900.	2950.
1906	130.	140.	155.	175.	240.	1125.
1906-D	130.	140.	155.	175.	235.	925.
1906-S	130.	150.	165.	195.	310.	2000.
1907	130.	140.	155.	175.	230.	875.
1907-D	130.	140.	155.	175.	230.	950.
1908	130.	140.	155.	175.	235.	875.

— = Insufficient pricing data　　　* = None issued　　　FV = Face Value

Indian Head half eagle chart

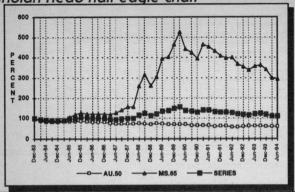

Legend: —○— AU.50 —▲— MS.65 —■— SERIES

Indian Head $5 half eagle

Date of authorization: Jan. 18, 1837
Dates of issue: 1908-1929
Designer: Bela Lyon Pratt
Engraver: Charles Barber
Diameter (Millimeters/inches): 21.54mm/0.85 inch
Weight (Grams/ounces): 8.359 grams/0.26875 ounce
Metallic content: 90% gold, 10% copper
Weight of pure gold: 7.5231 grams/0.24187 ounce
Edge: Reeded
Mint mark: Reverse lower left

	F-12	VF-20	EF-40	AU-50	MS-60	MS-63	MS-64	MS-65
1908	165.	180.	195.	220.	350.	2250.	4800.	12000.
1908-D	165.	180.	195.	220.	345.	2300.	6000.	13500.
1908-S	190.	250.	350.	600.	1800.	3450.	5950.	13000.
1909	165.	180.	195.	220.	395.	2450.	5100.	12500.
1909-D	165.	180.	195.	220.	345.	2250.	4850.	14500.
1909-O	335.	675.	1100.	2150.	7500.	18500.	45000.	90000.
1909-S	185.	190.	215.	300.	1250.	5250.	13500.	31500.
1910	165.	180.	195.	220.	365.	2450.	7800.	18500.

— = Insufficient pricing data	* = None issued	FV = Face Value

	F-12	VF-20	EF-40	AU-50	MS-60	MS-63	MS-64	MS-65
1910-D	170.	185.	200.	265.	525.	2600.	8500.	19000.
1910-S	180.	190.	240.	340.	1750.	8250.	16500.	36500.
1911	165.	180.	195.	220.	345.	2300.	5150.	13500.
1911-D	225.	285.	550.	850.	4250.	17250.	40000.	——
1911-S	175.	190.	225.	285.	925.	3850.	17000.	38500.
1912	165.	180.	200.	225.	345.	2400.	5000.	13250.
1912-S	180.	190.	230.	350.	1700.	10000.	16500.	39000.
1913	165.	180.	195.	230.	345.	2300.	5150.	13000.
1913-S	185.	215.	300.	525.	2100.	11500.	36500.	60000.
1914	170.	185.	200.	230.	370.	2300.	5150.	14500.
1914-D	170.	185.	210.	240.	475.	2400.	7450.	35000.
1914-S	180.	190.	235.	325.	1850.	12500.	27500.	75000.
1915	170.	185.	200.	230.	340.	2300.	5100.	13000.
1915-S	185.	230.	290.	450.	2100.	9500.	26500.	62500.
1916-S	175.	195.	230.	305.	700.	4000.	8500.	19000.
1929	——	——	3500.	4650.	5900.	7500.	10000.	37500.

— = Insufficient pricing data   * = None Issued   FV = Face Value

Capped Bust, Small Eagle or Heraldic Eagle $10 eagle

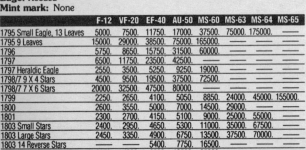

Date of authorization: April 2, 1792
Dates of issue: 1795-1804
Designer/Engraver: Robert Scot
Diameter (Millimeters/inches):
  33.00mm/1.30 inches
Weight (Grams/ounces):
  17.496 grams/0.56251 ounce
Metallic content: 91.67% gold, 8.33% copper and silver
Weight of pure gold: 16.0386 grams/0.51565 ounce
Edge: Reeded
Mint mark: None

	F-12	VF-20	EF-40	AU-50	MS-60	MS-63	MS-64	MS-65
1795 Small Eagle, 13 Leaves	5000.	7500.	11750.	17000.	37500.	75000.	175000.	——
1795 9 Leaves	15000.	29000.	38500.	75000.	165000.	——	——	——
1796	5750.	8650.	15750.	31500.	60000.	——	——	——
1797	6500.	11750.	23500.	42500.		——	——	——
1797 Heraldic Eagle	2550.	3500.	5250.	9250.	19000.	——	——	——
1798/7 9 X 4 Stars	4500.	9500.	19500.	37500.	72500.	——	——	——
1798/7 7 X 6 Stars	20000.	32500.	47500.	80000.		——	——	——
1799	2250.	2650.	4100.	5050.	8850.	24000.	45000.	155000.
1800	2600.	3550.	5000.	7000.	14500.	29000.	——	——
1801	2300.	2700.	4150.	5100.	9000.	25000.	55000.	——
1803 Small Stars	2400.	2950.	4650.	5300.	11000.	35000.	67500.	——
1803 Large Stars	2450.	3350.	4900.	6750.	13500.	37500.	70000.	——
1803 14 Reverse Stars	——	——	5400.	7750.	16500.	——	——	——
1804	3650.	4200.	6000.	12500.	25000.	——	——	——

— = Insufficient pricing data   * = None issued   FV = Face Value

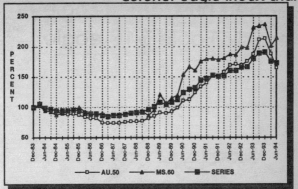

PERCENT

—□— AU.50   —▲— MS.60   —■— SERIES

Coronet $10 eagle

Date of authorization: Jan. 18, 1837
Dates of issue: 1838-1907
Designers:
   Obverse: Christian Gobrecht
   Reverse: John Reich-William Kneass-Christian Gobrecht
Engraver: Christian Gobrecht
Diameter (Millimeters/inches): 27.00mm/1.07 inches
Weight (Grams/ounces): 16.718 grams/0.5375 ounce
Metallic content:
   (1838-1873): 90% gold, 10% copper and silver
   (1873-1907): 90% gold, 10% copper
Weight of pure gold:
   15.0462 grams/0.48375 ounce
Edge: Reeded
Mint mark: Reverse below eagle

— = Insufficient pricing data   * = None issued   FV = Face Value

Coronet $10 eagle (continued)

	F-12	VF-20	EF-40	AU-50	MS-60	MS-63
1838 No Motto	600.	1050.	2850.	5750.	32500.	—
1839 Old Portrait	525.	850.	2200.	3700.	21500.	48500.
1839 New Portrait	850.	1850.	4500.	—	—	—
1840	295.	380.	700.	2100.	9000.	—
1841	290.	330.	625.	2150.	11250.	—
1841-O	950.	2300.	8500.	27500.	—	—
1842 Small Date	250.	340.	600.	1750.	8000.	—
1842 Large Date	260.	355.	725.	2800.	11500.	30000.
1842-O	265.	360.	850.	4150.	15500.	—
1843 Doubled Date	280.	425.	1025.	4000.	—	—
1843	260.	390.	825.	2700.	—	—
1843-O	255.	325.	560.	1700.	13000.	—
1844	525.	1400.	3400.	10250.	—	—
1844-O	245.	345.	800.	2000.	14500.	—
1845	400.	800.	1900.	6000.	16500.	—
1845-O	260.	405.	825.	3750.	15000.	—
1846	475.	900.	2400.	6250.	—	—
1846-O	270.	550.	1300.	7850.	—	—
1847	220.	250.	280.	950.	6000.	25000.
1847-O	225.	270.	375.	1000.	6000.	18500.
1848	265.	300.	465.	1000.	6300.	18000.
1848-O	320.	525.	1200.	8500.	—	—
1849	230.	255.	325.	925.	5850.	14500.
1849-O	385.	1000.	2750.	6550.	—	—
1850 Large Date	230.	255.	360.	1000.	5900.	16500.
1850 Small Date	335.	600.	1750.	5250.	—	—
1850-O	290.	475.	1050.	6300.	—	—
1851	260.	280.	435.	1250.	7300.	—
1851-O	250.	315.	700.	1550.	13500.	—
1852	245.	280.	425.	1100.	6800.	—
1852-O	385.	800.	2350.	6000.	—	—
1853	235.	260.	275.	975.	6150.	15000.
1853/2	420.	550.	1050.	2400.	—	—
1853-O	275.	325.	500.	1600.	—	—
1854	280.	320.	430.	1850.	—	—
1854-O Small Date	250.	375.	1600.	3450.	—	—
1854-O Large Date	365.	625.	2200.	5500.	—	—
1854-S	255.	285.	450.	2300.	8900.	27500.
1855	240.	275.	350.	1050.	6500.	25000.
1855-O	315.	775.	2300.	6150.	—	—
1855-S	750.	1700.	3200.	9000.	—	—
1856	275.	280.	390.	1000.	6450.	16000.
1856-O	415.	1050.	2100.	5750.	—	—
1856-S	245.	285.	625.	2150.	8000.	—
1857	290.	425.	1250.	4500.	—	—
1857-O	675.	1150.	2300.	6450.	—	—
1857-S	315.	385.	1000.	3000.	—	—
1858	—	5250.	10600.	23000.	—	—
1858-O	275.	320.	950.	2100.	12500.	—
1858-S	900.	2000.	6000.	13000.	—	—
1859	290.	360.	1250.	3500.	—	—
1859-O	1650.	4250.	9500.	21500.	—	—
1859-S	1400.	2500.	7000.	22000.	—	—
1860	280.	385.	1150.	2900.	8500.	—
1860-O	375.	775.	1700.	3350.	15000.	26500.

— = Insufficient pricing data   * = None Issued   FV = Face Value

	F-12	VF-20	EF-40	AU-50	MS-60	MS-63
1860-S	1750.	3500.	7500.	20500.	—	—
1861	245.	295.	330.	785.	6300.	27000.
1861-S	700.	1600.	4000.	14250.	—	—
1862	275.	575.	1300.	4150.	—	—
1862-S	725.	1750.	4100.	14750.	—	—
1863	—	3650.	10000.	22500.	57500.	125000.
1863-S	750.	1725.	5000.	14500.	—	—
1864	825.	1700.	3600.	11250.	29000.	—
1864-S	2750.	4500.	12000.	—	—	—
1865	800.	1900.	4850.	10500.	—	—
1865-S	2250.	7500.	21000.	—	—	—
1865-S Inverted 865/186	1300.	2650.	7000.	15750.	—	—
1866-S No Motto	1350.	2800.	5500.	15000.	—	—
1866 Motto	515.	875.	3450.	7250.	—	—
1866-S Motto	635.	1650.	4200.	14500.	—	—
1867	750.	1775.	4050.	9750.	—	—
1867-S	1075.	2850.	7750.	13750.	—	—
1868	470.	850.	2050.	4250.	15500.	—
1868-S	825.	1650.	3950.	13500.	—	—
1869	925.	1650.	3700.	10250.	—	—
1869-S	900.	1700.	3900.	14000.	38000.	—
1870	475.	750.	1875.	4000.	—	—
1870-CC	3750.	10500.	22500.	—	—	—
1870-S	925.	1650.	3950.	11250.	—	—
1871	—	1400.	2800.	5000.	—	—
1871-CC	1350.	2550.	5400.	17000.	—	—
1871-S	825.	1800.	3900.	10000.	—	—
1872	1250.	2750.	5000.	16500.	38500.	120000.
1872-CC	1600.	3400.	12000.	21000.	—	—
1872-S	425.	950.	1850.	6000.	—	—
1873	—	4500.	9500.	25000.	—	—
1873-CC	1750.	3650.	12500.	—	—	—
1873-S	685.	1200.	3400.	7000.	—	—
1874	245.	255.	290.	385.	2400.	9500.
1874-CC	675.	1100.	4650.	10450.	—	—
1874-S	750.	1400.	4700.	11000.	—	—
1875 VF-30 $37500. Prf 60 $47500. Prf 63 $87500. Prf 65 $325000.						
1875-CC	1650.	4000.	12750.	27000.	—	—
1876	—	3450.	10000.	21500.	—	—
1876-CC	1650.	3850.	8650.	21000.	—	—
1876-S	875.	1600.	3900.	7500.	—	—
1877	—	2750.	6000.	14500.	—	—
1877-CC	1550.	3450.	7000.	12000.	—	—
1877-S	415.	925.	1500.	4150.	—	—
1878	230.	240.	270.	325.	2000.	10750.
1878-CC	2650.	5250.	11250.	20000.	—	—
1878-S	375.	750.	1650.	3850.	—	—
1879	210.	235.	245.	310.	750.	4250.
1879-CC	2850.	5900.	15500.	26500.	—	—
1879-O	3000.	3750.	6250.	12000.	—	—
1879-S	210.	235.	285.	350.	1900.	—
1880	205.	220.	225.	235.	425.	4500.
1880-CC	340.	450.	950.	2600.	18000.	—
1880-O	270.	500.	950.	1900.	10000.	—
1880-S	210.	225.	235.	295.	625.	—
1881	200.	210.	220.	240.	350.	1900.
1881-CC	275.	350.	800.	1500.	7700.	—

— = Insufficient pricing data	* = None issued	FV = Face Value

Coronet $10 eagle (continued)

	F-12	VF-20	EF-40	AU-50	MS-60	MS-63
1881-O	280.	400.	1050.	2000.	——	——
1881-S	200.	210.	220.	265.	475.	——
1882	200.	210.	220.	245.	360.	1500.
1882-CC	——	550.	1500.	3500.	——	——
1882-O	285.	375.	875.	1850.	——	——
1882-S	220.	230.	245.	325.	775.	6150.
1883	210.	225.	230.	270.	390.	5400.
1883-CC	315.	400.	825.	2750.	9000.	——
1883-O	1350.	3400.	8250.	19000.	——	——
1883-S	240.	255.	305.	500.	1000.	——
1884	220.	245.	270.	435.	1150.	5700.
1884-CC	370.	625.	1400.	4000.	10500.	——
1884-S	210.	225.	245.	415.	950.	——
1885	205.	220.	240.	270.	475.	5850.
1885-S	205.	220.	230.	250.	385.	6000.
1886	215.	225.	240.	315.	925.	4750.
1886-S	200.	215.	225.	275.	365.	2300.
1887	205.	225.	275.	625.	1550.	——
1887-S	210.	220.	230.	260.	345.	——
1888	230.	240.	265.	360.	1175.	——
1888-O	200.	215.	260.	345.	850.	——
1888-S	200.	215.	225.	250.	380.	4000.
1889	260.	345.	530.	1100.	3750.	——
1889-S	200.	205.	225.	245.	370.	2600.
1890	235.	245.	310.	425.	1900.	6200.
1890-CC	295.	335.	450.	800.	1850.	——
1891	205.	235.	250.	265.	320.	2900.
1891-CC	245.	310.	360.	525.	875.	5850.
1892	210.	220.	230.	240.	300.	1700.
1892-CC	285.	330.	475.	825.	4500.	——
1892-O	225.	255.	280.	350.	525.	——
1892-S	230.	245.	260.	300.	475.	2900.
1893	200.	215.	225.	240.	295.	1375.
1893-CC	295.	375.	800.	1650.	——	——
1893-O	210.	235.	275.	375.	835.	5500.
1893-S	230.	255.	285.	305.	700.	——
1894	200.	215.	225.	255.	300.	1400.
1894-O	200.	215.	255.	375.	1450.	5750.
1894-S	210.	250.	385.	975.	4850.	——
1895	200.	215.	225.	235.	290.	2250.
1895-O	205.	230.	275.	315.	800.	3400.
1895-S	260.	290.	350.	1075.	3900.	——
1896	205.	225.	240.	255.	290.	2800.
1896-S	220.	240.	350.	1100.	6000.	——
1897	200.	215.	225.	240.	285.	1325.
1897-O	205.	225.	250.	335.	825.	2700.
1897-S	210.	230.	265.	375.	1900.	4800.
1898	200.	215.	225.	235.	280.	1300.
1898-S	210.	220.	240.	315.	575.	2550.
1899	200.	215.	225.	235.	285.	1225.
1899-O	230.	255.	280.	355.	925.	4250.
1899-S	220.	235.	245.	275.	385.	1900.
1900	205.	220.	230.	240.	285.	1250.
1900-S	215.	255.	290.	475.	1600.	——
1901	200.	215.	225.	235.	275.	1200.

— = Insufficient pricing data	* = None issued	FV = Face Value

	F-12	VF-20	EF-40	AU-50	MS-60	MS-63
1901-O	205.	230.	270.	320.	500.	3000.
1901-S	200.	215.	225.	235.	280.	1275.
1902	205.	220.	235.	250.	290.	1300.
1902-S	200.	215.	230.	240.	285.	1225.
1903	205.	225.	240.	255.	295.	1750.
1903-O	200.	215.	255.	310.	475.	3250.
1903-S	215.	230.	255.	260.	385.	1225.
1904	205.	220.	230.	240.	290.	1275.
1904-O	225.	240.	280.	295.	485.	2100.
1905	205.	225.	235.	240.	285.	1325.
1905-S	225.	235.	255.	465.	3350.	——
1906	205.	225.	235.	240.	290.	1375.
1906-D	200.	215.	225.	235.	295.	1350.
1906-O	230.	250.	275.	375.	675.	3350.
1906-S	225.	245.	275.	300.	825.	4150.
1907	200.	215.	225.	235.	280.	1225.
1907-D	215.	230.	250.	275.	340.	1375.
1907-S	220.	235.	260.	365.	1100.	3300.

Indian Head eagle index chart

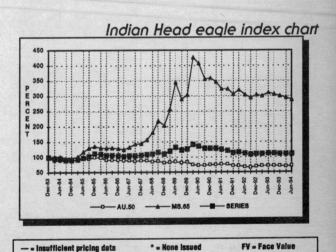

— = Insufficient pricing data   * = None issued   FV = Face Value

Indian Head $10 eagle

Date of authorization: Jan. 18, 1837
Dates of issue: 1907-1933
Designer: Augustus Saint-Gaudens
Engraver: Charles Barber
Diameter (Millimeters/inches): 27.00mm/1.07 inches
Weight (Grams/ounces): 16.718 grams/0.5375 ounce
Metallic content: 90% gold, 10% copper
Weight of pure gold: 15.0462 grams/0.48375 ounce
Edge: Starred
Mint mark: Reverse left of TEN DOLLARS

	F-12	VF-20	EF-40	AU-50	MS-60	MS-63	MS-64	MS-65
1907 Wire Rim, Periods	—	—	4500.	5850.	7000.	10000.	16000.	37500.
1907 Rolled Rim, Periods	—	—	12500.	20000.	26500.	38500.	47500.	67500.
1907 No Periods	355.	375.	405.	425.	550.	1650.	3450.	8500.
1908 No Motto	365.	395.	420.	500.	750.	2450.	6500.	12750.
1908-D No Motto	365.	395.	415.	470.	925.	2400.	10500.	37500.
1908 Motto	360.	375.	390.	375.	440.	1150.	2450.	4800.
1908-D	385.	405.	450.	525.	900.	2150.	8250.	24000.
1908-S	400.	450.	525.	850.	2650.	5500.	12000.	28500.
1909	355.	385.	425.	435.	475.	1600.	3250.	8500.
1909-D	365.	395.	420.	455.	775.	6950.	14000.	42500.
1909-S	375.	400.	440.	465.	1050.	2500.	5750.	15100.
1910	360.	375.	390.	415.	460.	1150.	2250.	4950.
1910-D	360.	375.	390.	405.	430.	1175.	2200.	5000.
1910-S	360.	415.	445.	475.	950.	6000.	20500.	45000.
1911	345.	360.	375.	400.	415.	1050.	2150.	4900.
1911-D	405.	465.	640.	1250.	4800.	32500.	52500.	87500.
1911-S	350.	420.	460.	600.	1350.	2900.	6500.	12000.
1912	350.	365.	380.	400.	415.	1300.	2350.	5600.
1912-S	355.	370.	385.	465.	850.	2500.	8850.	40000.
1913	340.	355.	375.	395.	415.	1225.	2250.	5450.
1913-S	365.	405.	525.	1000.	4150.	16000.	37500.	80000.
1914	345.	360.	380.	400.	420.	1250.	2300.	8600.
1914-D	345.	360.	375.	390.	430.	1300.	2400.	8850.
1914-S	355.	375.	390.	485.	840.	4000.	17000.	40000.
1915	345.	365.	380.	410.	425.	1100.	2200.	4600.
1915-S	370.	395.	460.	750.	2600.	11500.	36500.	65000.
1916-S	365.	385.	435.	475.	725.	2700.	7000.	15000.
1920-S	4100.	4850.	6000.	8500.	15500.	34500.	55000.	110000.

— = Insufficient pricing data   * = None issued   FV = Face Value

	F-12	VF-20	EF-40	AU-50	MS-60	MS-63	MS-64	MS-65
1926	345.	360.	375.	390.	410.	1000.	1950.	4300.
1930-S	—	—	—	5500.	7250.	10250.	16000.	47500.
1932	345.	360.	375.	390.	410.	925.	1825.	3800.
1933	—	—	—	—	55000.	85000.	140000.	500000.

Coronet double eagle index chart

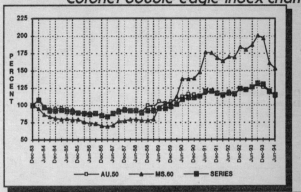

Coronet $20 double eagle

Date of authorization: March 3, 1849
Dates of issue: 1850-1907
Designer/Engraver: James B. Longacre
Diameter (Millimeters/inches): 34.29mm/1.35 inches
Weight (Grams/ounces): 33.436 grams/1.07499 ounce
Metallic content:
   (1850-1873): 90% gold, 10% copper and silver
   (1873-1907): 90% gold, 10% copper

— = Insufficient pricing data	* = None Issued	FV = Face Value

Coronet $20 double eagle (continued)
Weight of pure gold: 30.0924 grams/0.96749 ounce
Edge: Reeded
Mint mark: Reverse below eagle

	F-12	VF-20	EF-40	AU-50	MS-60	MS-63
1849 One Specimen U.S. Mint collection						
1850 No Motto	460.	480.	675.	1025.	2550.	33000.
1850-O	545.	630.	1150.	3900.	—	—
1851	455.	485.	590.	690.	2250.	20000.
1851-O	505.	550.	875.	1750.	14750.	35500.
1852	470.	500.	585.	675.	2400.	13000.
1852-O	485.	525.	700.	1800.	15000.	34000.
1853	465.	470.	585.	700.	6750.	17000.
1853/2	520.	570.	1050.	3000.	35000.	—
1853-O	530.	575.	1175.	4250.	18000.	—
1854	475.	495.	605.	775.	4750.	—
1854-O	—	14000.	29000.	52500.	—	—
1854-S	500.	540.	655.	875.	3200.	11000.
1855	475.	495.	670.	1100.	4900.	30000.
1855-O	1900.	2900.	6250.	14500.	—	—
1855-S	460.	470.	650.	1200.	8750.	—
1856	460.	470.	600.	950.	4250.	28500.
1856-O	—	14000.	26500.	55000.	—	—
1856-S	460.	470.	590.	640.	3900.	18000.
1857	490.	505.	605.	665.	3600.	24500.
1857-O	700.	925.	1850.	4500.	—	—
1857-S	460.	470.	650.	1000.	3800.	10500.
1858	475.	540.	700.	1475.	4400.	26000.
1858-O	825.	1050.	2300.	5600.	—	—
1858-S	460.	480.	620.	1100.	7250.	20000.
1859	685.	900.	2050.	5100.	25000.	—
1859-O	1800.	2850.	6000.	12000.	—	—
1859-S	455.	475.	625.	975.	3750.	—
1860	475.	500.	630.	675.	4250.	15000.
1860-O	2150.	2750.	5400.	12500.	—	—
1860-S	490.	525.	650.	975.	5250.	24500.
1861	460.	470.	545.	575.	2200.	7000.
1861-O	750.	1200.	2900.	6350.	—	—
1861-S	485.	510.	605.	1050.	6900.	29000.
"1861 Paquet Reverse MS-67 $660,000"	—	—	—	—	—	—
1861-S Paquet Reverse	—	5000.	10000.	23000.	—	—
1862	550.	700.	1500.	3300.	8750.	33000.
1862-S	490.	525.	775.	1850.	9500.	—
1863	475.	520.	800.	1650.	9250.	35500.
1863-S	460.	505.	665.	1250.	5250.	20000.
1864	460.	525.	775.	1550.	7750.	—
1864-S	500.	530.	825.	1900.	6000.	—
1865	485.	500.	610.	900.	6150.	21500.
1865-S	460.	490.	625.	1200.	6500.	22750.
1866-S	575.	1450.	3450.	11500.	—	—
1866 Motto	455.	465.	665.	1050.	5850.	27000.
1866-S Motto	470.	525.	1000.	3250.	13750.	—
1867	420.	430.	525.	650.	1350.	17000.
1867-S	450.	475.	675.	1775.	13000.	—
1868	525.	540.	950.	2050.	7500.	27000.
1868-S	455.	480.	650.	1600.	11500.	—

— = Insufficient pricing data	* = None issued	FV = Face Value

	F-12	VF-20	EF-40	AU-50	MS-60	MS-63
1869	455.	475.	600.	1250.	4750.	17500.
1869-S	440.	485.	525.	825.	4300.	24500.
1870	470.	510.	900.	1850.	5250.	—
1870-CC	17500.	35000.	75000.	—	—	—
1870-S	435.	450.	525.	750.	4750.	23500.
1871	485.	560.	735.	1500.	4000.	15000.
1871-CC	1150.	2050.	4500.	10500.	—	—
1871-S	435.	440.	525.	625.	3900.	17500.
1872	420.	440.	485.	590.	2900.	17000.
1872-CC	750.	1100.	1950.	5900.	16500.	—
1872-S	435.	450.	480.	560.	2200.	—
1873 Closed 3	500.	600.	725.	1550.	4800.	—
1873 Open 3	415.	420.	440.	500.	600.	5500.
1873-CC	625.	950.	1800.	3950.	23500.	—
1873-S Closed 3	440.	450.	525.	575.	1800.	16500.
1873-S Open 3	500.	525.	575.	825.	7000.	—
1874	440.	445.	480.	530.	1400.	16500.
1874-CC	515.	600.	785.	1450.	10000.	—
1874-S	440.	460.	485.	550.	1350.	16250.
1875	435.	445.	475.	525.	675.	7000.
1875-CC	465.	530.	615.	900.	2450.	21000.
1875-S	430.	450.	470.	520.	800.	16000.
1876	430.	450.	470.	505.	625.	6500.
1876-CC	475.	550.	685.	1050.	5250.	39000.
1876-S	430.	455.	480.	525.	900.	12500.
1877 TWENTY DOLLARS	430.	450.	475.	505.	650.	3600.
1877-CC	515.	650.	875.	1800.	14000.	46500.
1877-S	420.	440.	455.	505.	750.	3900.
1878	435.	455.	465.	510.	700.	7750.
1878-CC	600.	875.	2000.	4250.	16000.	—
1878-S	430.	455.	475.	530.	950.	10000.
1879	450.	475.	495.	525.	1100.	8750.
1879-CC	610.	950.	2200.	5350.	20000.	—
1879-O	1900.	2900.	4500.	12500.	28000.	—
1879-S	435.	460.	480.	525.	2000.	10000.
1880	450.	475.	505.	900.	3250.	13500.
1880-S	450.	470.	495.	530.	2100.	8000.
1881	2250.	3600.	7400.	18500.	50000.	—
1881-S	450.	465.	485.	525.	1400.	7750.
1882	—	7000.	17000.	35000.	—	—
1882-CC	495.	540.	700.	1000.	7150.	20500.
1882-S	435.	450.	465.	520.	800.	9750.
1883 Proofs Only - Prf 60 $30000 Prf 63 $44000 Prf 64 $80000.						
1883-CC	520.	560.	685.	1100.	7000.	19500.
1883-S	455.	460.	465.	515.	610.	4700.
1884 Proofs Only - Prf 60 $35000 Prf 63 $48500 Prf 64 $85000.						
1884-CC	490.	540.	640.	950.	3300.	16500.
1884-S	425.	440.	445.	490.	585.	4300.
1885	—	—	5750.	11250.	37500.	—
1885-CC	750.	950.	1900.	3150.	9500.	30000.
1885-S	430.	450.	455.	480.	585.	4200.
1886	—	5850.	11000.	23000.	40000.	67500.
1887 Proofs Only - Prf 60 $17500 Prf 63 $31000 Prf 64 $55000.						
1887-S	430.	460.	470.	505.	625.	3400.
1888	435.	455.	480.	515.	775.	7250.
1888-S	435.	450.	460.	485.	585.	3100.
1889	435.	455.	475.	585.	700.	5350.

— = Insufficient pricing data	* = None issued	FV = Face Value

Coronet $20 double eagle (continued)

	F-12	VF-20	EF-40	AU-50	MS-60	MS-63
1889-CC	540.	625.	875.	1250.	6000.	15500.
1889-S	430.	450.	470.	500.	585.	3800.
1890	450.	460.	475.	520.	735.	3650.
1890-CC	530.	560.	635.	950.	3250.	15750.
1890-S	450.	460.	485.	515.	650.	3500.
1891	——	3150.	5250.	11750.	——	——
1891-CC	1050.	1550.	2400.	4700.	14000.	——
1891-S	410.	430.	445.	470.	550.	2100.
1892	725.	900.	1400.	2600.	6500.	19000.
1892-CC	590.	640.	850.	1500.	5050.	17000.
1892-S	430.	450.	455.	475.	600.	2150.
1893	420.	440.	445.	485.	565.	2700.
1893-CC	565.	665.	750.	1100.	2350.	8500.
1893-S	430.	445.	450.	480.	545.	1900.
1894	410.	430.	445.	475.	540.	1600.
1894-S	420.	440.	455.	495.	595.	1750.
1895	400.	420.	445.	465.	525.	1500.
1895-S	410.	430.	455.	505.	550.	1550.
1896	410.	430.	445.	475.	525.	1900.
1896-S	420.	440.	455.	500.	650.	2100.
1897	410.	430.	445.	475.	525.	1100.
1897-S	410.	430.	445.	480.	540.	1200.
1898	430.	450.	460.	525.	725.	5500.
1898-S	400.	420.	430.	455.	515.	950.
1899	400.	420.	430.	455.	515.	775.
1899-S	410.	430.	440.	475.	530.	1400.
1900	400.	420.	430.	455.	515.	750.
1900-S	400.	420.	430.	475.	575.	3150.
1901	400.	420.	430.	460.	545.	775.
1901-S	430.	450.	455.	485.	550.	3000.
1902	430.	450.	475.	615.	975.	3900.
1902-S	425.	445.	460.	500.	560.	2000.
1903	400.	420.	430.	455.	515.	750.
1903-S	420.	440.	455.	485.	540.	1100.
1904	400.	415.	425.	450.	510.	725.
1904-S	400.	420.	430.	455.	520.	775.
1905	435.	455.	495.	640.	1775.	14500.
1905-S	430.	450.	455.	485.	550.	1600.
1906	430.	450.	465.	615.	850.	3650.
1906-D	420.	440.	445.	475.	660.	1550.
1906-S	410.	430.	435.	465.	525.	1500.
1907	400.	420.	430.	455.	515.	765.
1907-D	410.	430.	435.	470.	525.	800.
1907-S	405.	425.	430.	460.	530.	900.

— = Insufficient pricing data   * = None Issued   FV = Face Value

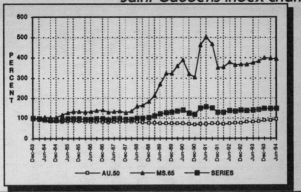

Saint-Gaudens index chart

Saint-Gaudens $20 double eagle

Date of authorization: March 3, 1849
Dates of issue: 1907-1933
Designer: Augustus Saint-Gaudens
Engraver: Charles Barber
Diameter (Millimeters/inches): 34.29mm/1.35 inches
Weight (Grams/ounces): 33.436 grams/1.07499 ounces
Metallic content: 90% gold, 10% copper
Weight of pure gold: 30.0924 grams/0.96749 ounce
Edge: Lettered (E PLURIBUS UNUM, with stars dividing words)
Mint mark: Obverse above date

	F-12	VF-20	EF-40	AU-50	MS-60	MS-63	MS-64	MS-65
1907 Extremely High Relief Proofs Only			*	*	*	*	*	375000.
1907 High Relief, Roman Numerals, Wire Rim	2300.	2750.	3850.	4750.	6850.	9750.	14750.	27000.

— = Insufficient pricing data	* = None issued	FV = Face Value

Saint-Gaudens $20 double eagle (continued)

	F-12	VF-20	EF-40	AU-50	MS-60	MS-63	MS-64	MS-65
1907 High Relief, Roman Numerals, Flat Rim	2350.	2800.	3950.	4800.	6950.	10000.	15000.	27500.
1907	400.	410.	425.	445.	535.	1000.	1650.	5000.
1908	400.	410.	425.	445.	530.	675.	875.	1300.
1908-D	425.	430.	450.	475.	550.	900.	2400.	12750.
1908 Motto	410.	420.	440.	465.	565.	1400.	3950.	10000.
1908-D Motto	425.	430.	450.	470.	545.	950.	1400.	3350.
1908-S Motto	445.	520.	850.	1950.	5000.	11500.	18500.	40000.
1909/8	430.	445.	515.	675.	1650.	6500.	15000.	37500.
1909	425.	425.	455.	500.	825.	5250.	17000.	47500.
1909-D	435.	450.	575.	750.	1400.	2600.	6750.	32500.
1909-S	400.	410.	425.	450.	575.	725.	1100.	4750.
1910	400.	410.	425.	450.	530.	750.	1750.	5900.
1910-D	400.	410.	425.	450.	530.	650.	1050.	3600.
1910-S	400.	410.	425.	450.	550.	800.	1950.	12500.
1911	400.	410.	435.	495.	675.	1275.	4500.	11000.
1911-D	400.	410.	430.	450.	515.	645.	850.	1600.
1911-S	400.	410.	435.	470.	545.	750.	1175.	5000.
1912	400.	415.	440.	510.	800.	2000.	4700.	15500.
1913	400.	410.	430.	495.	850.	3050.	7000.	22500.
1913-D	400.	410.	425.	445.	535.	950.	1750.	4750.
1913-S	420.	430.	485.	775.	1350.	4100.	17500.	57500.
1914	400.	410.	455.	490.	875.	1750.	3750.	13500.
1914-D	400.	410.	430.	455.	530.	635.	900.	2800.
1914-S	400.	410.	425.	445.	535.	645.	850.	2350.
1915	410.	420.	440.	485.	575.	1500.	4500.	15000.
1915-S	400.	410.	435.	455.	535.	630.	785.	2500.
1916-S	400.	410.	430.	455.	545.	635.	860.	2250.
1920	400.	410.	435.	460.	545.	1250.	3600.	30000.
1920-S	—	—	6350.	9500.	26000.	50000.	85000.	—
1921	—	—	10000.	22500.	41500.	70000.	105000.	225000.
1922	400.	410.	425.	445.	515.	640.	850.	4750.
1922-S	430.	440.	465.	540.	800.	2450.	5250.	40000.
1923	400.	410.	425.	440.	500.	675.	1500.	9500.
1923-D	400.	410.	425.	440.	520.	630.	825.	1650.
1924	400.	410.	425.	440.	510.	615.	750.	1250.
1924-D	—	—	850.	1200.	2500.	5850.	21000.	50000.
1924-S	—	—	—	1150.	2200.	4950.	21500.	53500.
1925	400.	410.	425.	440.	510.	615.	750.	1275.
1925-D	—	—	—	1325.	2750.	7500.	25000.	50000.
1925-S	—	725.	900.	1750.	5250.	16000.	27500.	57500.
1926	400.	410.	425.	440.	525.	640.	825.	1450.
1926-D	—	—	—	2500.	8500.	24500.	50000.	125000.
1926-S	—	—	825.	1250.	1750.	2850.	6000.	32500.
1927	400.	410.	425.	440.	500.	615.	750.	1275.
1927-D	—	—	—	—	—	225000.	300000.	600000.
1927-S	—	—	3000.	6100.	15500.	27500.	45000.	90000.
1928	400.	410.	425.	440.	500.	615.	750.	1275.
1929	—	—	—	7000.	13500.	18000.	26000.	55000.
1930-S	—	—	—	13500.	19000.	27500.	45000.	90000.
1931	—	—	—	12500.	18000.	25000.	36000.	72500.
1931-D	—	—	—	11000.	18500.	23000.	33000.	70000.
1932	—	—	—	—	13000.	17000.	28000.	42500.
1933 Not officially issued								

— = Insufficient pricing data   * = None issued   FV = Face Value

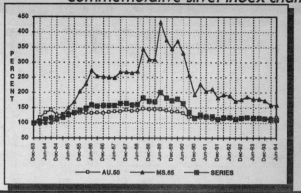

Commemorative silver, clad

Half dollars except as noted

	EF-40	AU-50	MS-60	MS-63	MS-64	MS-65
1892 Columbian Exposition	16.75	22.00	48.00	115.	205.	600.
1893 Columbian Exposition	12.00	17.00	42.50	105.	190.	825.
1893 Isabella quarter dollar	170.	215.	290.	550.	875.	1950.
1900 Lafayette $1	275.	350.	585.	1350.	3000.	10000.
1915-S Panama-Pacific Expo	140.	200.	325.	675.	1100.	2500.
1918 Illinois 100th	55.00	62.50	80.00	110.	210.	550.
1920 Maine 100th	52.50	70.00	90.00	185.	300.	725.
1920 Pilgrim 300th	57.50	65.00	70.00	90.00	165.	625.
1921 Pilgrim 300th	75.00	85.00	105.	185.	325.	1050.
1921 Alabama 100th, 2x2	105.	145.	330.	575.	950.	3650.
1921 Alabama 100th, No 2x2	55.00	85.00	245.	500.	800.	3400.
1921 Missouri 100th, No 2*4	150.	225.	325.	600.	1500.	6950.
1921 Missouri 100th, 2*4	175.	325.	400.	750.	1700.	7750.
1922 Grant Memorial, No Star	52.00	57.50	75.00	175.	350.	775.
1922 Grant Memorial, Star	325.	485.	1050.	1900.	2900.	8500.
1923-S Monroe Doctrine 100th	29.00	33.00	40.00	135.	600.	2750.
1924 Huguenot-Walloon 300th	65.00	75.00	85.00	110.	185.	690.
1925 Lexington-Concord 150th	55.00	62.50	72.50	110.	215.	1150.
1925 Stone Mountain Memorial	28.00	30.00	37.50	57.50	80.00	225.
1925-S California 75th	70.00	77.50	95.00	190.	450.	850.
1925 Fort Vancouver 100th	155.	190.	265.	375.	600.	1200.
1926 American Indep 150th	60.00	65.00	72.50	155.	450.	5250.
1926 Oregon Trail Memorial	70.00	85.00	90.00	115.	185.	240.
1926-S Oregon Trail Memorial	77.50	90.00	95.00	120.	185.	415.
1928 Oregon Trail Memorial	90.00	110.	150.	190.	240.	350.
1933-D Oregon Trail Memorial	140.	175.	210.	280.	315.	400.
1934-D Oregon Trail Memorial	87.50	110.	120.	170.	215.	320.
1936 Oregon Trail Memorial	77.50	90.00	100.	135.	185.	265.

— = insufficient pricing data   * = None issued   FV = Face Value

Commemorative silver, clad (continued)

	EF-40	AU-50	MS-60	MS-63	MS-64	MS-65
1936-S Oregon Trail Memorial	90.00	110.	135.	170.	200.	285.
1937-D Oregon Trail Memorial	82.50	95.00	110.	140.	195.	240.
1938 Oregon Trail Memm PDS set	—	—	350.	575.	725.	950.
1939 Oregon Trail Mem PDS set	—	—	975.	1250.	1600.	2050.
1927 Bennington VT 150th	100.	140.	175.	200.	340.	890.
1928 Hawaii 150th	650.	800.	1200.	1950.	2650.	5300.
1934 Boone 200th	65.00	72.50	80.00	87.50	95.00	150.
1935 Boone 200th Set, Small 4	—	—	450.	775.	1150.	1850.
1935 Boone 200th PDS set	—	—	210.	250.	360.	485.
1936 Boone 200th PDS set	—	—	210.	250.	350.	500.
1937 Boone 200th PDS set	—	—	400.	600.	875.	1250.
1938 Boone 200th PDS set	—	—	500.	850.	1050.	1750.
1934 Maryland 300th	95.00	105.	130.	155.	185.	375.
1934 Texas 100th	72.50	82.50	92.50	100.	115.	165.
1935 Texas 100th PDS set	—	—	250.	275.	335.	540.
1936 Texas 100th PDS set	—	—	260.	290.	340.	565.
1937 Texas 100th PDS set	—	—	275.	300.	365.	650.
1938 Texas 100th PDS set	—	—	525.	850.	1050.	1300.
1935 Arkansas 100th PDS set	—	—	200.	235.	285.	1250.
1936 Arkansas 100th PDS set	—	—	200.	240.	300.	1650.
1936 Arkansas 100th single	52.50	60.00	72.50	85.00	115.	375.
1937 Arkansas 100th PDS set	—	—	225.	260.	485.	1650.
1938 Arkansas 100th PDS set	—	—	300.	410.	625.	2500.
1939 Arkansas 100th PDS set	—	—	725.	1000.	1350.	3350.
1935 Connecticut 300th	155.	175.	200.	235.	320.	575.
1935 Hudson, N.Y., 300th	265.	360.	425.	550.	775.	1450.
1935-S San Diego, Cal-Pac Expo	50.00	59.00	62.50	65.00	70.00	95.00
1936-D San Diego, Cal-Pac Expo	52.50	62.50	65.00	70.00	77.50	100.
1935 Old Spanish Trail 1535-1935	450.	550.	700.	785.	850.	1025.
1936 Albany NY	160.	180.	200.	250.	370.	580.
1936 Bridgeport, Conn., 100th	80.00	85.00	92.50	120.	160.	330.
1936 Cincinnati Music PDS set	—	—	650.	850.	1600.	2400.
1936 Cincinnati Music single	165.	190.	220.	250.	285.	625.
1936 Cleveland Gt Lakes Expo	42.50	50.00	57.50	70.00	105.	280.
1936 Columbia SC 150th PDS set	—	—	565.	650.	700.	925.
1936 Columbia SC 150th single	135.	150.	170.	180.	190.	235.
1936 Delaware 300th	155.	175.	185.	235.	275.	525.
1936 Elgin, Ill., 100th	145.	155.	175.	200.	225.	300.
1936 Battle/Gettysburg 1863-1938	150.	165.	190.	245.	335.	590.
1936 Long Island 300th	50.00	57.50	65.00	75.00	110.	390.
1936 Lynchburg, Va., 150th	105.	120.	140.	175.	265.	400.
1936 Norfolk, Va., 200th	330.	345.	360.	380.	400.	465.
1936 Rhode Island 300th single	65.00	67.50	77.50	85.00	125.	375.
1936 Rhode Island 300th PDS set	—	—	230.	275.	415.	1150.
1936 Arkansas 100th (Robinson)	55.00	62.50	77.50	95.00	150.	425.
1936-S San Francisco-Oakland Bay Bridge	75.00	87.50	100.	145.	165.	385.
1936 Wisconsin 100th	145.	155.	175.	185.	200.	225.
1936 York County, Maine, 100th	135.	145.	155.	165.	175.	225.
1937 Battle/Antietam 1862-1937	205.	265.	350.	415.	495.	625.
1937 Roanoke Isl NC 1587-1937	115.	130.	145.	165.	200.	250.
1938 New Rochelle NY 1688-1938	210.	225.	235.	250.	325.	425.
1946 Iowa 100th	52.50	60.00	70.00	80.00	95.00	120.
1946 B.T. Washington PDS set	—	—	37.50	52.50	70.00	145.
1946 B.T. Washington single	9.00	10.25	12.75	17.50	20.00	60.00
1947 B.T. Washington PDS set	—	—	45.00	75.00	87.50	240.

— = Insufficient pricing data   *** = None issued**   **FV = Face Value**

	EF-40	AU-50	MS-60	MS-63	MS-64	MS-65
1948 B.T. Washington PDS set	—	—	72.50	100.	130.	185.
1949 B.T. Washington PDS set	—	—	175.	230.	255.	300.
1950 B.T. Washington PDS set	—	—	70.00	110.	140.	220.
1951 B.T. Washington PDS set	—	—	60.00	115.	150.	285.
1951 Washington-Carver PDS set	—	—	45.00	95.00	125.	450.
1951 Washington-Carver single	9.50	10.50	13.00	18.00	21.00	60.00
1952 Washington-Carver PDS set	—	—	46.00	95.00	145.	525.
1953 Washington-Carver PDS set	—	—	52.50	100.	170.	580.
1954 Washington-Carver PDS set	—	—	45.00	90.00	115.	450.

	MS-60	MS-63	MS-64	MS-65	PF-65
1982-D (S Proof) Washington half dollar	4.00	4.25	4.35	4.75	4.25
1983-P Olympic dollar	8.75	9.25	9.50	12.00	*
1983-D Olympic dollar	19.00	21.00	22.00	25.00	*
1983-S Olympic dollar	10.00	12.00	13.00	16.00	10.00
1984-P Olympic dollar	13.00	14.50	15.00	17.00	*
1984-D Olympic dollar	31.00	35.00	36.00	45.00	*
1984-S Olympic dollar	29.00	33.00	34.00	47.50	11.00
1986-D (S Proof) Immigrant clad half dollar	3.40	3.45	3.50	4.00	4.50
1986-P (S Proof) Ellis Island dollar	8.25	8.35	9.00	10.00	10.00
1987-P (S Proof) Constitution dollar	9.00	9.50	10.00	10.50	10.00
1988-D (S Proof) Olympic dollar	18.00	19.00	20.00	21.00	10.00
1989-D (S Proof) Congress clad half dollar	12.00	12.50	13.00	15.00	9.75
1989-D (S Proof) Congress dollar	20.00	21.00	22.00	26.00	15.00
1990-W (P Proof) Eisenhower dollar	19.50	20.50	21.00	22.00	12.00
1991-D (S Proof) Mount Rushmore clad half dollar	11.50	12.00	12.50	14.00	12.00
1991-P (S Proof) Mount Rushmore dollar	26.00	28.00	30.00	35.00	27.00
1991-D (P Proof) Korean War dollar	16.00	17.00	18.00	20.00	18.00
1991-D (S Proof) USO dollar	35.00	37.50	40.00	41.00	28.50
1992-D (W Proof) White House dollar	47.50	55.00	59.00	65.00	65.00
1992-P (S Proof) Olympic half dollar	7.00	7.15	7.25	7.50	10.00
1992-D (S Proof) Olympic dollar	20.00	22.00	26.00	29.00	28.50
1992-D (S Proof) Columbus half dollar	9.75	10.00	10.75	11.00	11.00
1992-D (P Proof) Columbus dollar	26.00	28.00	30.00	31.00	30.00
1993-W (S Proof) Bill of Rights half dollar	19.00	20.00	21.00	22.00	16.00
1993-D (S Proof) Bill of Rights dollar	24.00	24.50	25.00	30.00	27.00
1991-1995-P WWII 50th Anniversary half dollar	10.00	11.00	12.00	14.00	12.00
1991-1995-D (W Proof) WWII 50th Anniversary dollar	30.00	32.00	33.00	35.00	32.00
1994-D (P Proof) World Cup Soccer half dollar	11.00	12.00	12.50	14.00	13.00
1994-D (S Proof) World Cup Soccer dollar	30.00	32.50	35.00	37.50	37.50
1994-W (P Proof) Prisoner of War dollar	—	—	—	—	—
1994-W (P Proof) Vietnam Veterans Memorial dollar	—	—	—	—	—
1994-W (P Proof) Women in Service dollar	—	—	—	—	—

— = Insufficient pricing data　　　* = None Issued　　　FV = Face Value

Commemorative gold index chart

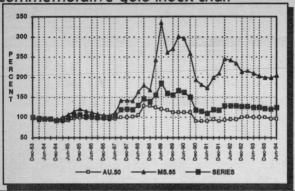

Commemorative gold

	EF-40	AU-50	MS-60	MS-63	MS-64	MS-65
1903 Louisiana Pur Jefferson $1	250.	350.	435.	1350.	2100.	3100.
1903 Louisiana Pur McKinley $1	240.	325.	415.	1200.	2300.	3350.
1904 Lewis & Clark Expo $1	365.	400.	875.	2800.	4450.	6500.
1905 Lewis & Clark Expo $1	385.	425.	1000.	3450.	5850.	19750.
1915-S Panama-Pacific Expo $1	150.	285.	425.	950.	1650.	3500.
1915-S Panama-Pacific Expo $2.50	825.	1100.	1750.	2850.	4500.	5650.
1915-S Panama-Pacific Expo $50 Round	16000.	19000.	24750.	36500.	52500.	105000.
1915-S Panama-Pacific Expo $50 Octagonal	14000.	17500.	22000.	32500.	47500.	87500.
1916 McKinley Memorial $1	285.	325.	400.	950.	1525.	2750.
1917 McKinley Memorial $1	295.	350.	480.	1250.	2100.	3850.
1922 Grant Memorial, Star $1	825.	1025.	1450.	2050.	2850.	3775.
1922 Grant Mem, No Star $1	775.	900.	1200.	1900.	2300.	3250.
1926 American Indep 150th $2.50	235.	265.	350.	775.	1550.	7000.

	MS-60	MS-63	MS-64	MS-65	PF-65
1984-P Olympic Torch eagle	*	*	*	*	275.
1984-D Olympic Torch eagle	*	*	*	*	260.
1984-S Olympic Torch eagle	*	*	*	*	240.
1984-W Olympic Torch eagle	225.	230.	235.	250.	220.
1986-W Statue of Liberty $5	135.	140.	145.	150.	125.
1987-W Constitution $5	120.	125.	130.	135.	115.
1988-W Olympic $5	125.	130.	135.	140.	115.
1989-W Congress Bicentennial $5	130.	135.	140.	145.	120.
1991-W Mount Rushmore $5	140.	145.	150.	155.	130.
1992-W Olympic $5	165.	170.	175.	180.	160.
1992-W Columbus $5	215.	220.	225.	235.	225.
1993-W Bill of Rights $5	240.	250.	255.	275.	275.
1991-1995-W WWII 50th Anniversary $5	230.	240.	250.	275.	275.
1994-W World Cup Soccer $5	230.	240.	250.	275.	265.

— = Insufficient pricing data   *** = None issued**   **FV = Face Value**

Proof sets

Year	Price range	
1936	2900.	3950.
1937	1950.	2500.
1938	900.	1350.
1939	800.	1200.
1940	675.	790.
1941	575.	725.
1942 5-piece	500.	600.
1942 6-piece	550.	725.
1950	325.	440.
1951	225.	290.
1952	120.	150.
1953	90.00	115.
1954	55.00	65.00
1955 Flat	42.00	55.00
1956	20.00	25.00
1957	9.50	13.50
1958	14.00	18.00
1959	11.00	14.00
1960	7.00	9.00
1960 Small Date cent	14.00	20.00
1961	6.00	7.65
1962	6.00	7.65
1963	6.00	7.65
1964	6.00	7.75
1968-S	3.50	4.50
1969-S	3.50	4.50
1970-S	5.75	7.00
1971-S	2.80	4.50
1972-S	2.80	4.50
1973-S	3.75	5.00
1974-S	3.30	4.75
1975-S	5.00	6.00
1976-S	6.50	7.75
1976-S Bicentennial 3-piece	7.50	13.00
1977-S	4.25	5.75
1978-S	4.50	5.75

Year	Price range	
1979-S Filled S	4.75	6.50
1979-S Clear S	50.00	60.00
1980-S	5.00	6.00
1981-S Filled S	5.75	7.0C
1981-S Clear S	190.	235.
1982-S	3.30	4.50
1983-S	4.30	5.75
1983-S Prestige	86.00	100.
1984-S	8.00	9.50
1984-S Prestige	20.00	26.00
1985-S	5.00	6.00
1986-S	12.00	14.75
1986-S Prestige	18.00	24.00
1987-S	3.60	5.00
1987-S Prestige	12.00	18.00
1988-S	7.00	8.65
1988-S Prestige	15.00	23.00
1989-S	6.60	8.00
1989-S Prestige	20.00	27.00
1990-S	15.00	17.00
1990-S Prestige	17.00	26.00
1991-S	18.00	26.00
1991-S Prestige	44.00	55.00
1992-S	14.00	18.00
1992-S Prestige	40.00	48.00
1992-S Silver	16.00	24.00
1992-S Premier	22.00	30.00
1993-S	12.50	15.50
1993-S Prestige	44.00	55.00
1993-S Silver	15.00	20.00
1993-S Silver Premium	25.00	29.00
1994-S	11.50	14.00
1994-S Prestige	48.00	55.00
1994-S Silver		
1994-S Silver Premium		

Year sets

	Phila.	Denver	San Fr.	Price	Range
1940	160.	75.00	155.	285.	390.
1941	90.00	140.	195.	335.	425.
1942	75.00	130.	145.	275.	350.
1943	85.00	150.	140.	285.	375.
1944	60.00	95.00	85.00	200.	240.
1945	77.50	95.00	90.00	185.	260.
1946	57.50	52.50	75.00	150.	185.

— = Insufficient pricing data	* = None issued	FV = Face Value

Uncirculated Mint sets

	Phila.	Denver	San Fr.	Price	Range
1947 Double set	310.	300.	65.00	500.	675.
1948 Double set	110.	100.	35.00	180.	245.
1949 Double set	170.	180.	250.	400.	600.
1950 No Sets Issued					
1951 Double set	50.00	205.	145.	300.	400.
1952 Double set	22.50	57.50	170.	210.	250.
1953 Double set	135.	37.50	87.50	190.	260.
1954 Double set	37.50	30.00	47.50	84.00	115.
1955 Double set	45.00	20.00	5.00	55.00	70.00
1956 Double set	31.50	26.00	*	47.00	57.50
1957 Double set	42.50	42.50	*	75.00	85.00
1958 Double set	45.00	40.00	*	70.00	85.00
1959 Single set	6.75	7.25	*	12.00	14.00
1960	6.65	6.85	*	11.00	13.50
1961	6.50	6.50	*	10.75	13.00
1962	5.00	5.00	*	8.00	10.00
1963	4.25	4.75	*	7.25	9.00
1964	4.25	4.50	*	7.00	8.75

Year	Price range		Year	Price range	
1965 Special Mint Sets	2.85	4.50	1979	3.70	5.50
1966 Special Mint Sets	3.50	5.00	1980	4.50	6.25
1967 Special Mint Sets	4.50	6.75	1981	5.50	7.75
1968 (PD&S)	2.00	2.90	1984	3.00	5.50
1969 (PD&S)	2.50	3.50	1985	4.00	6.00
1970 (PD&S)	8.00	10.50	1986	13.00	18.00
1971 (PD&S)	2.20	3.25	1987	3.50	5.00
1972 (PD&S)	2.00	2.75	1988	2.50	4.50
1973 (PD&S)	5.50	7.75	1989	2.20	4.00
1974 (PD&S)	4.00	6.50	1990	3.80	5.50
1975	4.25	7.00	1991	4.60	6.00
1976-S 3-piece 40% silver	7.00	9.50	1992	6.50	8.00
1976	4.80	6.50	1993	7.50	9.75
1977	4.00	6.00	1994	8.50	10.50
1978	4.00	6.00			

Brilliant Uncirculated rolls

	1¢	5¢	10¢	25¢	50¢
1934	260.	1750.	1300.	1150.	1750.
1934-D	850.	3500.	3500.	5500.	—
1935	88.00	1050.	825.	875.	1250.
1935-D	165.	2100.	3450.	5550.	3950.
1935-S	500.	1550.	1500.	4250.	6250.
1936	78.00	725.	650.	800.	1200.
1936-D	145.	1100.	2050.	—	2300.
1936-S	100.	1200.	1175.	3650.	3250.
1937	55.00	600.	650.	750.	1250.
1937-D	82.50	850.	1300.	1475.	4000.
1937-S	110.	875.	1275.	5000.	3300.
1938	67.50	100.	1000.	2150.	1900.
1938-D	110.	135.	1100.	*	—

— = Insufficient pricing data	* = None issued	FV = Face Value

	1¢	5¢	10¢	25¢	50¢
1938-D Bison	*	475.	*	*	*
1938-S	62.50	140.	1350.	2400.	*
1939	38.00	60.00	725.	600.	1300.
1939-D	115.	1500.	625.	1050.	1350.
1939-S	70.00	785.	1600.	2500.	2600.
1940	38.00	26.00	360.	440.	950.
1940-D	37.00	77.50	650.	2200.	*
1940-S	35.00	97.50	600.	575.	1350.
1941	45.00	32.50	335.	200.	850.
1941-D	135.	92.50	675.	800.	1275.
1941-S	120.	165.	390.	875.	3650.
1942	24.00	125.	285.	260.	850.
1942-P	*	290.	*	*	*
1942-D	19.00	775.	600.	500.	1350.
1942-S	190.	285.	750.	2900.	1700.
1943	29.00	135.	285.	160.	750.
1943-D	46.00	115.	450.	550.	1650.
1943-S	87.50	155.	850.	1150.	1450.
1944	15.00	145.	280.	120.	750.
1944-D	19.00	375.	435.	310.	1050.
1944-S	9.00	190.	415.	305.	1300.
1945	24.00	160.	280.	85.00	750.
1945-D	11.00	125.	325.	305.	1000.
1945-S	10.00	95.00	340.	205.	1150.
1946	10.25	25.00	28.00	150.	950.
1946-D	9.00	20.00	35.00	120.	750.
1946-S	12.00	11.00	55.00	100.	1050.
1947	40.00	30.00	48.00	235.	1000.
1947-D	8.00	22.00	90.00	140.	900.
1947-S	25.00	14.00	80.00	105.	*
1948	21.00	15.00	225.	135.	385.
1948-D	12.00	52.50	185.	150.	265.
1948-S	23.00	16.50	80.00	180.	*
1949	22.00	21.00	500.	775.	850.
1949-D	27.00	33.00	250.	280.	750.
1949-S	47.00	40.00	850.	*	1200.
1950	28.00	20.00	87.50	95.00	625.
1950-D	26.00	245.	55.00	110.	550.
1950-S	26.00	*	475.	240.	*
1951	25.00	40.00	52.50	115.	290.
1951-D	11.00	33.00	57.50	105.	725.
1951-S	28.00	82.50	280.	600.	550.
1952	17.50	37.50	65.00	80.00	245.
1952-D	8.00	40.00	37.00	83.50	185.
1952-S	62.50	18.00	205.	310.	750.
1953	4.75	7.00	57.50	75.00	255.
1953-D	4.00	6.25	25.50	75.00	175.
1953-S	11.50	15.50	26.00	77.50	260.
1954	11.00	5.00	25.00	47.50	135.
1954-D	4.50	7.50	26.00	47.50	125.
1954-S	4.90	6.50	26.50	50.00	140.
1955	5.25	13.50	30.00	52.50	130.
1955-D	4.00	6.25	24.50	55.00	*
1955-S	17.00	*	26.00	52.50	*
1956	3.25	3.75	24.00	47.50	95.00
1956-D	2.25	3.50	26.00	55.00	*
1957	2.40	4.75	24.00	48.50	125.

— = Insufficient pricing data	* = None issued	FV = Face Value

Brilliant Uncirculated rolls (continued)

	1¢	5¢	10¢	25¢	50¢
1957-D	2.25	3.50	28.00	47.50	100.
1958	2.10	3.50	24.00	47.50	85.00
1958-D	2.20	3.50	25.00	46.00	80.00
1959	1.10	3.25	23.50	46.50	105.
1959-D	1.20	3.20	23.50	46.00	110.
1960	1.10	3.35	24.00	47.50	85.00
1960-D	1.10	3.25	24.00	46.00	90.00
1960 Small Date	57.50	*	*	*	*
1960-D Small Date	1.90	*	*	*	*
1961	1.30	3.40	24.00	46.00	60.00
1961-D	1.20	3.30	22.50	46.00	80.00
1962	1.50	3.00	22.50	46.00	57.50
1962-D	1.10	3.55	22.50	46.50	57.50
1963	1.30	2.95	22.50	45.00	45.00
1963-D	1.10	2.95	22.50	45.00	45.00
1964	1.10	4.00	19.50	39.00	43.50
1964-D	1.50	4.25	19.50	39.00	43.50
1965	1.40	3.25	7.25	18.00	20.00
1966	3.90	3.75	10.00	20.00	20.00
1967	4.00	4.25	9.50	27.50	19.50
1968	3.00	*	7.75	22.50	*
1968-D	2.00	4.50	7.75	21.50	19.00
1968-S	1.10	3.75	*	*	*
1969	6.00	*	28.00	24.00	*
1969-D	1.35	4.00	10.00	22.50	19.50
1969-S	1.30	3.65	*	*	*
1970	1.60	*	8.75	17.50	*
1970-D	1.45	3.75	8.00	17.00	225.
1970-S	1.35	4.25	*	*	*
1971	8.00	14.00	13.50	25.00	17.00
1971-D	7.50	4.00	9.50	23.50	14.00
1971-S	6.00	*	*	*	*
1972	2.50	4.25	10.00	13.75	19.00
1972-D	2.50	4.00	9.00	14.00	16.50
1972-S	1.75	*	*	*	*
1973	1.30	5.75	10.50	16.00	16.50
1973-D	1.25	5.00	8.25	17.00	14.00
1973-S	1.25	*	*	*	*
1974	1.10	4.25	8.25	19.00	16.00
1974-D	1.10	6.25	8.25	18.00	16.50
1974-S	3.30	*	*	*	*
1975	1.50	5.50	12.50	*	*
1975-D	1.75	4.85	9.75	*	*
1976	1.50	9.75	12.00	18.00	15.50
1976-D	3.25	12.00	12.00	18.50	15.50
1976-S 40% silver BU	*	*	*	52.50	55.00
1976-S 40% silver Proof	*	*	*	65.00	70.00
1977	1.35	5.00	7.75	14.50	29.00
1977-D	1.20	10.50	9.00	16.00	29.50
1978	1.60	3.75	8.75	13.50	24.00
1978-D	1.10	4.25	9.00	13.00	25.00
1979	1.45	3.75	7.75	17.00	17.50
1979-D	1.05	4.50	7.50	14.50	23.00
1980	1.50	4.25	7.75	16.00	16.00
1980-D	1.50	4.00	7.75	15.00	15.50

— = Insufficient pricing data   * = None issued   FV = Face Value

	1¢	5¢	10¢	25¢	50¢
1981	1.50	3.25	7.25	14.50	21.50
1981-D	1.50	3.75	7.25	13.50	17.50
1982	3.00	8.00	52.50	175.	16.00
1982 Small Date Zinc	22.50	*	*	*	*
1982-D	1.30	12.50	12.50	65.00	16.50
1982-D Large Date Zinc	5.25	*	*	*	*
1983	1.60	10.50	29.00	200.	16.00
1983-D	1.65	11.00	27.50	240.	16.00
1984	4.50	4.75	11.50	30.00	18.00
1984-D	11.00	5.00	12.50	60.00	17.50
1985	2.50	5.00	15.00	50.00	16.75
1985-D	1.75	5.75	10.50	125.	17.50
1986	6.75	5.50	13.75	120.	17.50
1986-D	3.20	6.00	13.75	130.	18.50
1987	3.75	3.75	7.25	15.50	38.00
1987-D	2.10	3.75	7.25	15.50	38.00
1988	1.65	3.75	9.50	19.00	16.00
1988-D	1.30	4.00	8.00	17.50	15.00
1989	1.25	3.75	7.25	15.00	13.85
1989-D	1.25	3.75	7.25	13.00	13.75
1990	1.50	3.75	7.00	15.50	14.25
1990-D	1.50	3.75	7.00	13.00	13.50
1991	1.40	3.75	7.00	13.00	14.00
1991-D	1.40	3.75	7.00	13.00	13.50
1992	1.35	3.75	6.75	19.00	15.00
1992-D	1.35	3.75	7.00	16.00	14.00
1993	1.40	3.50	7.00	13.50	13.50
1993-D	1.40	3.50	7.00	13.50	13.50
1994	1.40	3.50	7.45	13.75	14.45
1994-D	1.40	3.50	7.95	13.70	14.40

Proof 65 coins

	1¢	5¢	10¢	25¢	50¢	$1.00
1859 Copper-nickel 1¢	6000.	*	3600.	3500.	4900.	13500.
1860	2350.	*	1375.	3600.	5000.	14000.
1861	2850.	*	1450.	3950.	5300.	14000.
1862	1800.	*	2900.	3450.	4600.	14500.
1863	2100.	*	1400.	3500.	4750.	13500.
1864 Copper-nickel 1¢	2500.	*	*	*	*	*
1864 Bronze 1¢	11000.	*	1425.	3400.	4500.	13000.
1865	5500.	*	1425.	3600.	4400.	13500.
1866 Motto	2600.	3600.	1425.	3150.	2950.	9850.
1867 Rays 5¢	*	13500.	*	*	*	*
1867 No Rays 5¢	2700.	1750.	1450.	2450.	2950.	8850.
1868	2350.	900.	1400.	3600.	2900.	9250.
1869	2100.	850.	1450.	3400.	2550.	9600.
1870	2075.	975.	1375.	3450.	2900.	9500.
1871	1850.	900.	1525.	3200.	2750.	10100.
1872	2100.	1050.	1500.	2750.	3050.	9850.
1873 No Arrows	2000.	825.	1375.	2800.	2600.	9350.
1873 With Arrows	*	*	5750.	6500.	8750.	*
1874	1400.	850.	5250.	5000.	8000.	*
1875	2550.	900.	1375.	2600.	2750.	*

— = Insufficient pricing data	* = None issued	FV = Face Value

	1¢	5¢	10¢	25¢	50¢	$1
1876	2350.	800.	1600.	2425.	2725.	*
1877	6000.	2500.	1400.	2450.	2800.	*
1878	1050.	850.	1450.	2375.	3350.	*
1878 8 Tail Feathers	*	*	*	*	*	6550.
1878 7 Tail Feathers 2nd Reverse	*	*	*	*	*	14000.
1879	1000.	800.	1375.	2275.	2500.	3750.
1880	975.	750.	1325.	2200.	2600.	3350.
1881	950.	775.	1300.	2250.	2600.	3700.
1882	1050.	650.	1325.	2250.	2500.	3650.
1883 Shield 5¢	1000.	650.	1375.	2250.	2525.	3450.
1883 With CENTS Liberty 5¢	*	475.	*	*	*	*
1883 No CENTS Liberty 5¢	*	625.	*	*	*	*
1884	1100.	475.	1300.	2250.	2700.	3650.
1885	975.	1300.	1300.	2250.	2525.	3650.
1886	1750.	535.	1325.	2200.	2525.	3450.
1887	1600.	485.	1350.	2250.	2550.	3450.
1888	4000.	485.	1325.	2300.	2600.	3700.
1889	1200.	500.	1325.	2275.	2650.	3650.
1890	1750.	500.	1325.	2300.	2575.	3450.
1891	1850.	500.	1325.	2250.	2475.	3450.
1892	800.	500.	1300.	1800.	2400.	3450.
1893	1200.	500.	1300.	1850.	2400.	4850.
1894	1550.	500.	1275.	1900.	2400.	4200.
1895	800.	525.	1500.	1800.	2375.	26500.
1896	1450.	525.	1225.	1900.	2500.	3400.
1897	840.	500.	1225.	1850.	2400.	3650.
1898	815.	500.	1250.	1850.	2400.	3500.
1899	800.	500.	1250.	2050.	3000.	3800.
1900	800.	500.	1250.	1875.	2350.	3350.
1901	800.	475.	1300.	1875.	2325.	7500.
1902	850.	500.	1300.	1950.	2400.	3450.
1903	800.	475.	1300.	1825.	2350.	3900.
1904	890.	535.	1325.	1875.	2400.	4150.
1905	800.	490.	1275.	1850.	2375.	*
1906	800.	475.	1300.	1875.	2375.	*
1907	1100.	510.	1300.	1875.	2375.	*
1908	800.	465.	1350.	1900.	2400.	*
1909 Indian 1¢	800.	465.	1350.	1875.	2400.	*
1909 Lincoln VDB 1¢	5250.	*	*	*	*	*
1909 Lincoln 1¢	700.	*	*	*	*	*
1910	650.	465.	1350.	1900.	2450.	*
1911	1000.	475.	1400.	1850.	2375.	*
1912	1650.	475.	1400.	1850.	2500.	*
1913 Bison on Mound 5¢	800.	2600.	1400.	2100.	2950.	*
1913 Bison on Plain 5¢	*	1700.	*	*	*	*
1914	775.	1550.	1450.	2050.	2500.	*
1915	1100.	1350.	1650.	2300.	2900.	*
1916	1750.	2300.	*	*	*	*
1936	600.	900.	825.	900.	2350.	*
1937	175.	875.	385.	245.	750.	*
1938	100.	50.00	225.	160.	575.	*
1939	90.00	52.50	215.	170.	550.	*
1940	90.00	47.50	185.	110.	520.	*
1941	85.00	37.50	185.	105.	505.	*
1942	100.	32.50	185.	100.	505.	*
1942 Wartime Alloy 5¢	*	110.	*	*	*	*

— = Insufficient pricing data   * = None issued   FV = Face Value

American Eagle gold bullion

Date of authorization: Dec. 17, 1985
Dates of issue: 1986-present
Designers:
    Obverse: Augustus Saint-Gaudens
    Reverse: Miley Busiek
Engravers:
    Obverse: Matthew Peloso
    Reverse: Sheri Winter
Diameter (Millimeters/inches):
    $50: 32.70mm/1.29 inches
    $25: 27.00mm/1.07 inches
    $10: 22.00mm/0.87 inch
    $5: 16.50mm/0.65 inch
Weight (Grams/ounces):
    $50: 33.931 grams/1.09091 ounces
    $25: 16.966 grams/0.54547 ounce
    $10: 8.483 grams/0.27273 ounce
    $5: 3.393 grams/0.10909 ounce
Metallic content: 91.67% gold, 5.33% copper, 3% silver
Weight of pure gold:
    $50: 1 ounce
    $25: half ounce
    $10: quarter ounce
    $5: tenth ounce
Edge: Reeded
Mint mark: Proofs only, obverse below date

Values for all American Eagles appear on next page with silver bullion specifications.
Gold spot at time of writing— about $378
Silver spot at time of writing — about $5.10

— = Insufficient pricing data   * = None issued   FV = Face Value

American Eagle silver bullion

Date of authorization: Dec. 17, 1985
Dates of issue: 1986-present
Designers:
   Obverse: Adolph A. Weinman
   Reverse: John Mercanti
Engravers:
   Obverse: Edgar Steever
   Reverse: Mercanti
Diameter (Millimeters/inches): 40.10mm/1.58 inches
Weight (Grams/ounces): 31.103 grams/1 ounce
Metallic content: 100% silver (.999 fine)
Weight of pure silver: 31.103 grams/1 ounce
Edge: Reeded
Mint mark: Proofs only, reverse left of eagle's tail

	$5 gold	$10 gold	$25 gold	$50 gold	Gold set	$1 silver
1986 Unc.	55.00	125.	220.	405.	805.	11.50
1986 Proof	*	*	*	440.	*	17.00
1987 Unc.	57.00	130.	230.	410.	825.	7.15
1987 Proof	*	*	225.	430.	610.	17.25
1988 Unc.	74.00	130.	230.	410.	845.	7.35
1988 Proof	69.00	130.	240.	450.	790.	70.00
1989 Unc.	64.00	135.	240.	410.	850.	7.40
1989 Proof	65.00	140.	295.	450.	790.	17.00
1990 Unc.	55.00	150.	550.	410.	1050.	7.15
1990 Proof	70.00	150.	285.	475.	805.	26.00
1991 Unc.	53.00	145.	375.	425.	930.	7.15
1991 Proof	70.00	150.	295.	490.	800.	19.00
1992 Unc.	52.00	115.	260.	405.	820.	7.05
1992 Proof	80.00	160.	275.	600.	845.	20.00
1993 Unc.	46.50	109.	209.	404.	770.	7.00
1993 Proof	85.00	170.	300.	690.	1025.	29.00
1994 Unc.	45.00	109.	208.	402.	765.	7.00
1994 Proof	85.00	170.	300.	690.	1050.	27.00

— = Insufficient pricing data	* = None issued	FV = Face Value

Major U.S. Type Coin (Copper and Silver) Trend Values

	AG-3	G-4	VG-8	F-12	VF-20	EF-40	AU-50	MS-60	MS-63	MS-64	MS-65	PF-60	PF-63	PF-65
HALF CENTS														
Flowing Hair 1793	700	1475.	2350.	3250	4750	9750	17000	24500	55000	115000.	—	—	—	—
Liberty Cap 1794-1797	85.00	215.	415.	685	1075	2350	4250	7250	16500	37500.	82500.	—	—	—
Draped Bust 1800-1808	14.50	26.00	35.00	50.00	90.00	190.	425	1100	2000	3750.	40000.	—	—	—
Classic Head 1809-1836	14.00	21.00	28.00	35.00	47.00	75.00	115	245	385	725.	5500.	2500	4750	25000
Coronet 1840-1857	15.00	29.00	32.50	35.00	50.00	67.50	120	205	375	575.	4000.	2000	3850	12500
CENTS - (Large)														
Flowing Hair, Chain 1793	1050	2450.	3600.	5450	11250	18000	33000	50000	95000.	—	—	—	—	—
Flowing Hair, Wreath 1793	450	900.	1350.	2300	3750	8500	15500	19000	42500.	77500.	185000.	—	—	—
Liberty Cap 1793-1796	72.50	145.	245.	435	800	1650	4250	3850	6000.	15500.	47500.	—	—	—
Draped Bust 1796-1807	19.00	25.00	52.50	110	225	575	1300	2100	5500.	14000.	50000.	—	—	—
Classic Head 1808-1814	12.50	29.00	60.00	190	440	975	1850	3250	7900.	16000.	52500.	—	—	—
Coronet 1816-1839	4.25	8.50	10.00	21.00	34.00	80.00	175	325	570	850.	7250	3500	12000	19500
Coronet 1840-1857	4.00	7.50	9.50	13.00	19.00	45.00	125	240	345	450.	2175	2150	6800	—
CENTS - (Small)														
Flying Eagle 1856-1858	5.75	12.50	15.00	20.00	27.00	70.00	140	255	400	725.	2100	1400	4000	16500
Indian copper-nickel 1859	1.90	7.00	8.50	12.00	28.00	66.00	115	165	310	850.	1850	375	950	6000
Indian copper-nickel, With Shield 1860-64	1.50	3.00	4.25	6.00	10.00	20.00	45.00	65.00	130	300.	700	260	600	1400
Indian Bronze 1864-1909	0.45	1.00	1.15	1.50	2.00	6.00	13.00	21.00	35.00	62.50	275	90.00	165	800
TWO CENTS														
1864-1873	4.00	6.75	11.00	17.00	21.00	28.50	52.50	100	135	200.	1100	250	425	1700
THREE CENT NICKEL														
1865-1889	4.00	6.00	6.50	7.50	9.00	14.00	37.00	80.00	125	265.	725	150	300	540
THREE CENT SILVER														
1851-1853 One Outline of Star	5.50	12.00	14.50	18.50	25.00	48.00	95.00	155	250	420.	1275			875
1854-1858 Three Outlines of Star	7.75	15.00	18.00	24.00	45.00	80.00	170	275	590	1250.	4560	1850	2750	12500
1859-1873 Two Outlines of Star	5.75	12.75	16.00	21.00	33.50	60.00	100	160	290	400.	1200	325	585	1325
NICKEL FIVE CENT														
Shield, With Rays 1866-1867	7.00	15.00	16.50	20.00	35.00	87.50	130	215	385	750.	2100	875	1850	3600
Shield, No Rays 1867-1883	4.00	8.50	9.00	11.25	14.00	27.50	47.50	87.50	185	300.	550	170	235	650
Liberty Head, No CENTS 1883	1.35	2.10	2.50	3.00	4.50	6.00	11.00	27.50	37.00	105.	385	165	230	625
Liberty Head, With CENTS 1883-1912	0.45	0.95	1.15	3.50	5.75	14.00	42.50	72.50	105	175.	450	120	170	465
Indian Head, Bison on Mound 1913	1.50	4.50	5.25	6.00	7.25	10.50	18.00	29.00	40.00	70.00	85.00	700	1200	2600
Indian Head, Bison on Plain 1913-1938	0.30	0.40	0.45	0.55	1.00	1.75	6.00	12.00	18.00	22.00	32.50	390	650	875

Major U.S. Type Coin (Copper and Silver) Trend Values (continued)

	AG-3	G-4	VG-8	F-12	VF-20	EF-40	AU-50	MS-60	MS-63	MS-64	MS-65	PF-60	PF-63	PF-65
HALF DIMES														
Flowing Hair 1794-1795	315	515	650	950	1450	2100	3250	4650	7000	12000	20500	—	—	—
Draped Bust, Small Eagle 1796-1797	340	525	790	1300	1800	2350	4050	6000	12500	27500	77500	—	—	—
Draped Bust, Heraldic Eagle 1800-1805	180	425	575	800	1325	2150	3350	4900	8400	15000	28000	—	—	—
Capped Bust 1829-1837	8.50	15.00	22.00	28.00	52.50	95.00	180	275	500	900	2550	3250	7000	22500
Seated Liberty, No Stars 1837-1838	13.00	22.50	28.00	42.50	77.50	140	250	535	850	1600	3750	4350	11500	36500
Seated Liberty, Stars 1838-1859	3.00	6.35	6.95	9.00	15.00	41.00	82.50	145	295	600	1550	500	1050	4050
Seated Liberty, Arrows 1853-1855	2.90	6.35	6.95	9.25	15.00	42.00	85.00	225	510	1150	2050	2650	6000	17000
Seated Liberty, Legend 1860-1873	2.75	6.20	7.00	8.50	13.50	28.00	60.00	130	240	425	1150	250	450	1675
DIMES														
Draped Bust, Small Eagle 1796-1797	425	825	1250	1650	2600	3900	5250	8000	12500	19000	42500	—	—	—
Draped Bust, Heraldic Eagle 1798-1807	160	410	450	550	935	1725	2400	3850	6750	15000	32500	—	—	—
Capped Bust, Large Planchet 1809-1828	6.00	12.25	18.00	32.50	80.00	275	500	900	1750	3200	8500	6750	15000	32500
Capped Bust, Small Planchet 1829-1837	5.25	12.50	15.00	22.00	47.50	165	285	550	1050	2100	5750	4000	8500	23500
Seated Liberty, No Stars 1837-1838	12.25	23.50	35.00	70.00	260	500	625	1150	2000	3250	6500	3750	8500	29000
Seated Liberty, Stars 1838-1860	2.25	5.40	6.00	8.50	11.00	31.00	90.00	225	735	1350	2400	600	1400	3600
Seated Liberty, Arrows 1853-1855	2.00	5.65	6.50	8.50	13.25	40.00	110	300	800	1500	2600	4000	10150	40500
Seated Liberty, Legend 1860-1891	1.95	5.50	6.25	7.75	11.25	20.00	52.50	125	290	375	1175	290	525	1300
Seated Liberty, Arrows 1873-1874	3.15	7.00	11.00	25.00	40.00	140	275	445	1100	2400	5000	575	925	5250
Barber 1892-1916	0.85	1.75	1.90	3.50	6.50	19.00	44.50	95.00	135	265	650	285	525	1225
Winged Liberty Head 1916-1945	0.45	0.50	0.55	0.85	1.10	1.50	2.00	6.00	9.50	14.00	25.50	145	170	185
TWENTY CENT PIECE														
Seated Liberty 1875-1878	25.00	36.50	45.00	65.00	87.50	145	270	500	1000	1750	4500	775	1650	5500
QUARTERS														
Draped Bust, Small Eagle 1796	1950	3850	5250	7500	11000	14000	17250	22500	30000	42000	96000	—	—	—
Draped Bust, Heraldic Eagle 1804-1807	90.00	175	225	400	775	1800	2800	3650	6000	16500	47500	—	—	—
Capped Bust, Large Planchet 1815-28	27.50	40.00	52.50	80.00	225	600	940	1950	2850	5000	15000	14500	30000	52500
Capped Bust, Small Planchet 1831-1838	19.00	27.00	35.00	45.00	75.00	205	515	900	2200	4400	11500	5000	12500	47500
Seated Liberty, No Motto 1838-65	3.00	8.00	11.00	20.00	47.00	155	325	290	550	1450	3450	4000	12500	3400
Seated Liberty, Arrows & Rays 1853	3.25	7.50	11.50	22.50	36.50	155	325	800	2900	4500	15750	26500	62500	25000
Seated Liberty, Arrows 1854-55	3.00	7.50	10.50	20.00	25.00	70.00	190	540	1400	2650	7000	8500	12500	—
Seated Liberty, Motto 1866-91	3.10	10.25	11.00	19.75	23.00	47.00	110	235	500	850	1650	360	625	2200
Seated Liberty, Arrows 1873-74	5.50	10.25	15.50	29.00	55.00	195	320	675	1400	1950	3600	675	1325	5000
Barber 1892-1916	1.85	3.50	3.85	15.50	25.00	57.50	110	160	265	475	1250	375	575	1800
Standing Liberty, Bared Breast 1916-1917	3.00	9.25	11.00	14.00	29.00	50.00	95.00	150	265	385	750	—	—	—
Standing Liberty, Mailed Breast 1917-1930	1.50	1.75	3.50	5.00	13.50	24.00	52.50	100	160	200	400	—	—	—

Major U.S. Type Coin (Copper and Silver) Trend Values (continued)

	AG-3	G-4	VG-8	F-12	VF-20	EF-40	AU-50	MS-60	MS-63	MS-64	MS-65	PF-60	PF-63	PF-65
HALF DOLLARS														
Flowing Hair 1794-1795	225	365	450	875	1700	3950	8000	17000	37500	75000	145000			
Draped Bust, Small Eagle 1796-1797	7000	9000	10250	15250	19500	31500	55000	135000				135000		
Draped Bust, Heraldic Eagle 1801-1807	32.50	105	125	200	300	685	2025	4250	12500	26500	57500			
Capped Bust, Lettered Edge 1807-1836	14.75	24.00	29.00	33.00	42.00	80.00	215	500	1200	2400	5750	4000	14500	75000
Capped Bust, Reeded Edge 1836-1839	15.25	28.00	32.50	47.50	67.50	145	350	675	1700	4000	12500	15000	35000	
Seated Liberty, No Motto 1839-66	6.65	13.50	19.00	31.00	38.00	70.00	145	380	775	1800	4350	575	900	4400
Seated Liberty, Arrows & Rays 1853	7.25	15.00	22.00	43.00	85.00	200	500	1300	3400	5750	19000	25000	60000	
Seated Liberty, Arrows 1854-55	6.75	15.00	19.00	33.00	40.00	90.00	210	525	1500	2500	8000	12000	19000	28500
Seated Liberty, Motto 1866-91	6.50	13.00	19.00	30.00	38.00	65.00	155	310	625	1250	2600	465	800	2475
Seated Liberty, Arrows 1873-74	8.50	17.00	24.00	40.00	70.00	180	400	925	2100	4000	16000	825	1775	8000
Barber 1892-1915	3.75	5.50	7.00	23.00	60.00	115	245	365	925	725	2100	575	725	2225
Walking Liberty 1916-1947	2.00	2.25	2.50	2.75	3.75	5.75	8.75	19.00	36.00	49.00	95.00	250	325	505
DOLLARS														
Flowing Hair 1794-1795	400	685	825	1250	1950	4100	7900	15500	42500	85000	200000			
Draped Bust, Small Eagle 1795-1798	275	465	715	950	1500	3500	7000	18000	37500	67500	135000			
Draped Bust, Heraldic Eagle 1798-1803	125	300	385	490	675	1650	3300	9500	21000	40000	90000			
Gobrecht 1836-1839	1100	2000	2400	2750	3500	4500	5750	7600	15000	23500	60000	37500	72500	200000
Seated Liberty, No Motto 1840-66	32.50	76.50	90.00	135	180	235	440	885	1200	2750	6000	7500	14500	57500
Seated Liberty, Motto 1866-73	30.00	80.00	100	155	190	230	550	1200	3450	5500	24500	1450	2900	13000
Morgan 1878-1921	5.75	6.75	7.00	7.25	7.50	7.75	8.25	9.75	17.50	35.00	100	875	1550	3350
Peace 1921-1935	5.65	6.25	6.40	6.50	7.25	7.75	8.50	10.50	22.00	40.00	140			
Trade 1873-1885	27.50	40.00	53.00	75.00	85.00	105	230	415	1150	2600	6150	1200	1775	5350

Major U.S. Gold Type Coin Trend Values

	F-12	VF-20	EF-40	AU-50	MS-60	MS-63	MS-64	MS-65	PF-60	PF-63	PF-64	PF-65
GOLD DOLLARS												
Coronet 1849-1854	115	130	160	210	400	1575	2700	5450		6000	9000	17000
Indian Head Small Head 1854-1856	200	275	475	700	2400	11500	18000	29500			85000	160000
Indian Head Large Head 1856-1889	110	120	140	175	380	1375	2050	2900	2350	3750	5000	9000

Major U.S. Gold Type Coin Trend Values (continued)

	F-12	VF-20	EF-40	AU-50	MS-60	MS-63	MS-64	MS-65	PF-60	PF-63	PF-64	PF-65
QUARTER EAGLES												
Capped Bust, No Stars 1796	10500	19500	31500	55000	—	—	—	—	—	—	—	—
Capped Bust 1796-1807	2750	3650	4750	7850	18250	45000	—	—	—	—	—	—
Capped Draped Bust 1808	7750	11500	16500	25000	40000	95000	—	—	—	—	—	—
Capped Head 1821-1834	2850	3300	3800	4800	8500	15500	27500	39000	35000	70000	125000	250000
Classic Head 1834-1839	200	275	490	825	2075	5600	12500	26000	2300	5150	6750	14000
Coronet 1840-1907	125	140	155	190	300	1150	1500	2350	3000	5500	8900	14500
Indian Head 1908-1929	120	130	145	160	250	950	1550	4500	5250	8600	14000	25500
THREE DOLLARS												
Indian Head 1854-1889	380	495	660	850	2000	4900	7100	13000	—	—	—	—
FOUR DOLLAR (Stella pattern)												
Flowing Hair 1879-1880	12500	15000	17500	19500	—	—	—	—	27500	34000	42500	52500
Coiled Hair 1879-1880	—	—	45000	70000	—	—	—	—	90000	125000	165000	275000
HALF EAGLES												
Capped Bust, Small Eagle 1795-1798	4600	6250	8750	17000	40000	150000	—	—	—	—	—	—
Capped Bust, Heraldic Eagle 1795-1807	1000	1500	2250	2800	5650	18250	31500	89000	—	—	—	—
Capped Draped Bust 1807-1812	975	1475	2250	2700	5500	16000	25000	81000	—	—	—	—
Capped Head 1813-1834	1200	1525	2275	2850	6150	16750	24500	65000	—	—	—	—
Classic Head 1834-1838	245	315	465	935	2900	10250	18250	57500	—	—	—	—
Coronet, No Motto 1839-1866	145	170	200	325	1550	6600	15000	40000	7000	18000	31000	62500
Coronet, Motto 1866-1908	130	140	155	175	230	875	2000	4700	3000	7750	15000	26500
Indian Head 1908-1929	165	180	195	220	340	2250	4800	12000	3800	6500	10500	23000
EAGLES												
Capped Bust, Small Eagle 1795-1797	5000	7500	11750	17000	37500	75000	175000	—	—	—	—	—
Capped Bust, Heraldic Eagle 1797-1804	2250	2650	4100	5050	8850	24000	45000	155000	—	—	—	—
Coronet, No Motto 1838-1866	220	250	275	785	5850	14500	30000	60000	12500	28500	47500	115000
Coronet, Motto 1866-1907	200	205	220	235	275	1200	2500	4900	3400	8500	18000	37500
Indian Head, No Motto 1907-1908	355	375	405	425	550	1650	3450	6500	—	—	—	—
Indian Head, 1908-1933	340	355	375	375	410	925	1825	3800	3750	11750	15250	18500
DOUBLE EAGLES												
Coronet, No Motto 1849-1866	455	470	545	575	2200	7000	17500	65000	19000	37500	75000	150000
Coronet, TWENTY D. 1866-1876	415	420	440	500	600	5500	40000	125000	12500	25000	57500	120000
Coronet, TWENTY DOLLARS 1877-1907	400	415	425	450	510	725	1350	4000	6500	17500	29500	55000
Saint-Gaudens, Roman Numerals, High Relief 1907	2300	2750	3850	4750	6850	9750	14750	27000	9250	18000	32000	70000
Saint-Gaudens, Arabic Numerals, No Motto 1907-08	400	410	425	445	530	675	875	1300	—	—	—	—
Saint-Gaudens, Motto 1908-1933	400	410	425	440	500	615	750	1250	6350	14000	25000	35500

*T*HE mintage figures that follow are based on years of study by various numismatists, including Coin World staff members. The figures were compiled from official Mint Reports, data from the National Archives, conversations with other experts and in some cases, an educated guess. In many instances the figures given are based on the best information available to researchers today. Prior to 1950 the generally accepted source of mintage figures was the *U.S. Mint Report*. Since the Mint Report for many years was simply a bookkeeper's record of how many coins were issued in a given year, the figures given often had no relation to the actual number of coins struck with each date. Particularly for many 18th century and early 19th century coins, mintage figures here reflect the number of coins struck during the year, no matter the date on the coin.

Mintage figures should not be mistaken for survival figures. For example, 12,000 1895 Morgan dollars were recorded as having been struck, but none are known today; it is likely that all were melted before any entered circulation. Similarly, some coins' survival rates may suggest higher mintages than are recorded.

The mintage figures in this book differ from those in other works, particularly for coins struck since 1965. A coinage shortage in the mid-1960s led Mint officials to suspend the use of Mint marks from 1965-67. Three facilities — the Philadelphia and Denver Mints and the San Francisco Assay Office — struck coins but their separate products are indistinguishable from each other. For that reason, price guides traditionally have combined mintages despite the confusion this may cause future numismatists. For example, many collectors refer to the 40 percent silver Kennedy half dollars without Mint marks struck between 1965 and 1970 as "Philadelphia" strikes. However, not a single 40 percent silver half dollar was ever struck at the Philadelphia Mint during that period.

This book also clarifies mintage figures of more recent years, particularly for coins struck at the former San Francisco Assay Office and West Point Bullion Depository (both received Mint status in 1988). Like most Philadelphia coins struck until 1979-80, none have Mint marks. For various reasons, in most price guides and other numismatic works, mintages for coins struck at the West Point and San Francisco facilities have been added to the Philadelphia mintages, since no Mint marks were used on any of the coins.

This book differs. Separate mintage figures are given for all coins by striking facility; we have not combined mintage figures just because the coins have no Mint marks. To indicate those coins which do not have Mint marks, the Mint mark letter is enclosed in parentheses [a coin indicated by a P has a P Mint mark; one indicated by (P) does not have a Mint mark but was struck at the Philadelphia Mint].

Since the Mint has altered its bookkeeping practices several times in recent years, some mintage figures for circulation coins include the pieces struck for assay purposes and those business strikes struck for Uncirculated Mint sets, while other figures may not include those pieces.

In years prior to 1860, when Proof mintages were small and were not recorded, a delta (Δ) marks those issues that are known or are thought to exist. In many instances from 1860 to 1922 the figures shown are approximate, the result of incomplete records, restrikes and the melting of unsold Proofs. Where a delta is followed by an R in parentheses [Δ(R)], the original Proof mintage is unknown, but original specimens are believed to exist, and restrikes are known.

Since 1950, Proof coins have been available from the Mint in sets only (designated by ⑤ in the Notes column. Therefore, Proof mintages since 1950 listed here represent the official tally of Proof sets sold, distributed across the coins included in the set. Proof coins sold as part of a special set, such as a Prestige Proof set, are also included.

Where [——] appears under a mintage column, no coins of that date/Mint were issued.

LIBERTY CAP, LEFT HALF CENT

DATE	NOTE	BUSINESS	PROOF
1793		35,334	—

LIBERTY CAP, RIGHT HALF CENT

DATE	NOTE	BUSINESS	PROOF
1794		81,600	—
1795		139,690	—
1796		1,390	—
1797		127,840	—

DRAPED BUST HALF CENT

DATE	NOTE	BUSINESS	PROOF
1800		202,908	—
1802		20,266	—
1803		92,000	—
1804		1,055,312	—
1805		814,464	—
1806		356,000	—
1807		476,000	—
1808		400,000	—

CLASSIC HEAD HALF CENT

DATE	NOTE	BUSINESS	PROOF
1809		1,154,572	—
1810		215,000	—
1811	‹1›	63,140	—
1825		63,000	Δ
1826		234,000	Δ
1828		606,000	Δ
1829		487,000	Δ
1831		2,200	Δ (R)
1832	‹2›	154,000	Δ
1833	‹2›	120,000	Δ
1834	‹2›	141,000	Δ
1835	‹2›	398,000	Δ
1836		—	Δ (R)

CORONET HALF CENT

DATE	NOTE	BUSINESS	PROOF
1840 (P)		—	Δ (R)
1841 (P)		—	Δ (R)
1842 (P)		—	Δ (R)
1843 (P)		—	Δ (R)
1844 (P)		—	Δ (R)
1845 (P)		—	Δ (R)
1846 (P)		—	Δ (R)
1847 (P)		—	Δ (R)
1848 (P)		—	Δ (R)
1849 (P)		43,364	Δ (R)
1850 (P)		39,812	Δ
1851 (P)		147,672	Δ
1852 (P)		—	Δ (R)
1853 (P)		129,694	—
1854 (P)		55,358	Δ
1855 (P)		56,500	Δ
1856 (P)		40,430	Δ (R)
1857 (P)		35,180	Δ (R)

FLOWING HAIR, CHAIN CENT

DATE	NOTE	BUSINESS	PROOF
1793		36,103	—

FLOWING HAIR, WREATH CENT

DATE	NOTE	BUSINESS	PROOF
1793		63,353	—

LIBERTY CAP CENT

DATE	NOTE	BUSINESS	PROOF
1793		11,056	—
1794		918,521	—
1795		538,500	—
1796		109,825	—

DRAPED BUST CENT

DATE	NOTE	BUSINESS	PROOF
1796		363,375	—
1797		897,510	—
1798		1,841,745	—
1799		42,540	—
1800		2,822,175	—
1801		1,362,837	—
1802		3,435,100	—
1803		3,131,691	—

DRAPED BUST CENT (CONT.)

DATE	NOTE	BUSINESS	PROOF
1804	‹1›	96,500	—
1805		941,116	—
1806		348,000	—
1807		829,221	—

CLASSIC HEAD CENT

DATE	NOTE	BUSINESS	PROOF
1808		1,007,000	—
1809		222,867	—
1810		1,458,500	—
1811		218,025	—
1812		1,075,500	—
1813		418,000	—
1814		357,830	—

CORONET CENT

DATE	NOTE	BUSINESS	PROOF
1816		2,820,982	—
1817		3,948,400	Δ
1818		3,167,000	Δ
1819		2,671,000	Δ
1820		4,407,550	Δ
1821		389,000	Δ
1822		2,072,339	Δ
1823	‹1, 3›	68,061	Δ
1824		1,193,939	—
1825		1,461,100	Δ
1826		1,517,425	Δ
1827		2,357,732	Δ
1828		2,260,624	Δ
1829		1,414,500	Δ
1830		1,711,500	Δ
1831		3,539,260	Δ
1832		2,362,000	Δ
1833		2,739,000	Δ
1834		1,855,100	Δ
1835		3,878,400	Δ
1836		2,111,000	Δ
1837		5,558,300	Δ
1838 (P)		6,370,200	Δ
1839 (P)		3,128,661	Δ
1840 (P)		2,462,700	Δ
1841 (P)		1,597,367	Δ
1842 (P)		2,383,390	Δ
1843 (P)		2,425,342	Δ
1844 (P)		2,398,752	Δ
1845 (P)		3,894,804	Δ
1846 (P)		4,120,800	Δ
1847 (P)		6,183,669	Δ
1848 (P)		6,415,799	Δ
1849 (P)		4,178,500	Δ
1850 (P)		4,426,844	Δ
1851 (P)		9,889,707	—
1852 (P)		5,063,094	Δ
1853 (P)		6,641,131	
1854 (P)		4,236,156	Δ
1855 (P)		1,574,829	Δ
1856 (P)	‹4›	2,690,463	Δ
1857 (P)		333,456	Δ

FLYING EAGLE CENT

DATE	NOTE	BUSINESS	PROOF
1857 (P)		17,450,000	Δ
1858 (P)		24,600,000	Δ

INDIAN HEAD CENT

DATE	NOTE	BUSINESS	PROOF
1859 (P)		36,400,000	Δ
1860 (P)		20,566,000	1,000
1861 (P)		10,100,000	1,000
1862 (P)		28,075,000	550
1863 (P)		49,840,000	460
1864 (P) ¬			
C-N	‹5›	13,740,000	300
bronze	‹5›	39,233,714	170

INDIAN HEAD CENT (CONT.)

DATE	NOTE	BUSINESS	PROOF
1865 (P)		35,429,286	500
1866 (P)		9,826,500	725
1867 (P)		9,821,000	625
1868 (P)		10,266,500	600
1869 (P)		6,420,000	600
1870 (P)		5,275,000	1,000
1871 (P)		3,929,500	960
1872 (P)		4,042,000	950
1873 (P)	‹6›	11,676,500	1,100
1874 (P)		14,187,500	700
1875 (P)		13,528,000	700
1876 (P)		7,944,000	1,150
1877 (P)	‹7›	852,500	510
1878 (P)		5,797,500	2,350
1879 (P)		16,228,000	3,200
1880 (P)		38,961,000	3,955
1881 (P)		39,208,000	3,575
1882 (P)		38,578,000	3,100
1883 (P)		45,591,500	6,609
1884 (P)		23,257,800	3,942
1885 (P)		11,761,594	3,790
1886 (P)		17,650,000	4,290
1887 (P)		45,223,523	2,960
1888 (P)		37,489,832	4,582
1889 (P)		48,866,025	3,336
1890 (P)		—	2,740
1891 (P)		—	2,350
1892 (P)		37,647,087	2,745
1893 (P)		46,640,000	2,195
1894 (P)		16,749,500	2,632
1895 (P)		38,341,574	2,062
1896 (P)		39,055,431	1,862
1897 (P)		50,464,392	1,938
1898 (P)		49,821,284	1,795
1899 (P)		53,598,000	2,031
1900 (P)		66,821,284	2,262
1901 (P)		79,609,158	1,985
1902 (P)		87,374,704	2,018
1903 (P)		85,092,703	1,790
1904 (P)		61,326,198	1,817
1905 (P)		80,717,011	2,152
1906 (P)		96,020,530	1,725
1907 (P)		108,137,143	1,475
1908 (P)		32,326,367	1,620
1908-S		1,115,000	—
1909 (P)		14,368,470	2,175
1909-S		309,000	—

LINCOLN CENT

DATE	NOTE	BUSINESS	PROOF
1909 (P) ¬			
VDB		27,994,580	420
No VDB		72,700,420	2,198
1909-S ¬			
VDB		484,000	—
No VDB		1,825,000	—
1910 (P)		146,798,813	2,405
1910-S		6,045,000	—
1911 (P)		101,176,054	1,733
1911-D		12,672,000	—
1911-S		4,026,000	—
1912 (P)		68,150,915	2,145
1912-D		10,411,000	—
1912-S		4,431,000	—
1913 (P)		76,529,504	2,848
1913-D		15,804,000	—
1913-S		6,101,000	—
1914 (P)		75,237,067	1,365
1914-D		1,193,000	—
1914-S		4,137,000	—

LINCOLN CENT (CONT.)

DATE	NOTE	BUSINESS	PROOF
1915 (P)		29,090,970	1,150
1915-D		22,050,000	—
1915-S		4,833,000	—
1916 (P)		131,832,627	1,050
1916-D		35,956,000	—
1916-S		22,510,000	—
1917 (P)		196,429,785	Δ
1917-D		55,120,000	—
1917-S		32,620,000	—
1918 (P)		288,104,634	—
1918-D		47,830,000	—
1918-S		34,680,000	—
1919 (P)		392,021,000	—
1919-D		57,154,000	—
1919-S		139,760,000	—
1920 (P)		310,165,000	—
1920-D		49,280,000	—
1920-S		46,220,000	—
1921 (P)		39,157,000	—
1921-S		15,274,000	—
1922 (P)	‹8›	7,160,000	—
1923 (P)		74,723,000	—
1923-S		8,700,000	—
1924 (P)		75,178,000	—
1924-D		2,520,000	—
1924-S		11,696,000	—
1925 (P)		139,949,000	—
1925-D		22,580,000	—
1925-S		26,380,000	—
1926 (P)		157,088,000	—
1926-D		28,020,000	—
1926-S		4,550,000	—
1927 (P)		144,440,000	—
1927-D		27,170,000	—
1927-S		14,276,000	—
1928 (P)		134,116,000	—
1928-D		31,170,000	—
1928-S		17,266,000	—
1929 (P)		185,262,000	—
1929-D		41,730,000	—
1929-S		50,148,000	—
1930 (P)		157,415,000	—
1930-D		40,100,000	—
1930-S		24,286,000	—
1931 (P)		19,395,000	—
1931-D		4,480,000	—
1931-S		866,000	—
1932 (P)		9,062,000	—
1932-D		10,500,000	—
1933 (P)		14,360,000	—
1933-D		6,200,000	—
1934 (P)		219,080,000	—
1934-D		28,446,000	—
1935 (P)		245,388,000	—
1935-D		47,000,000	—
1935-S		38,702,000	—
1936 (P)		309,632,000	5,569
1936-D		40,620,000	—
1936-S		29,130,000	—
1937 (P)		309,170,000	9,320
1937-D		50,430,000	—
1937-S		34,500,000	—
1938 (P)		156,682,000	14,734
1938-D		20,010,000	—
1938-S		15,180,000	—
1939 (P)		316,466,000	13,520
1939-D		15,160,000	—
1939-S		52,070,000	—

LINCOLN CENT (CONT.)

DATE	NOTE	BUSINESS	PROOF
1940 (P)		586,810,000	15,872
1940-D		81,390,000	—
1940-S		112,940,000	—
1941 (P)		887,018,000	21,100
1941-D		128,700,000	—
1941-S		92,360,000	—
1942 (P)		657,796,000	32,600
1942-D		206,698,000	—
1942-S		85,590,000	—
1943 (P)	‹9›	684,628,670	—
1943-D	‹9›	217,660,000	—
1943-S	‹9›	191,550,000	—
1944 (P)		1,435,400,000	—
1944-D		430,578,000	—
1944-S		282,760,000	—
1945 (P)		1,040,515,000	—
1945-D		226,268,000	—
1945-S		181,770,000	—
1946 (P)		991,655,000	—
1946-D		315,690,000	—
1946-S		198,100,000	—
1947 (P)		190,555,000	—
1947-D		194,750,000	—
1947-S		99,000,000	—
1948 (P)		317,570,000	—
1948-D		172,637,500	—
1948-S		81,735,000	—
1949 (P)		217,775,000	—
1949-D		153,132,500	—
1949-S		64,290,000	—
1950 (P)	‹§›	272,635,000	51,386
1950-D		334,950,000	—
1950-S		118,505,000	—
1951 (P)	‹§›	294,576,000	57,500
1951-D		625,355,000	—
1951-S		136,010,000	—
1952 (P)	‹§›	186,765,000	81,980
1952-D		746,130,000	—
1952-S		137,800,004	—
1953 (P)	‹§›	256,755,000	128,800
1953-D		700,515,000	—
1953-S		181,835,000	—
1954 (P)	‹§›	71,640,050	233,300
1954-D		251,552,500	—
1954-S		96,190,000	—
1955 (P)	‹§›	330,580,000	378,200
1955-D		563,257,500	—
1955-S		44,610,000	—
1956 (P)	‹§›	420,745,000	669,384
1956-D		1,098,210,100	—
1957 (P)	‹§›	282,540,000	1,247,952
1957-D		1,051,342,000	—
1958 (P)	‹§›	252,525,000	875,652
1958-D		800,953,300	—
1959 (P)	‹§›	609,715,000	1,149,291
1959-D		1,279,760,000	—
1960 (P)	‹§, 10›	586,405,000	1,691,602
1960-D		1,580,884,000	—
1961 (P)	‹§›	753,345,000	3,028,244
1961-D		1,753,266,700	—
1962 (P)	‹§›	606,045,000	3,218,019
1962-D		1,793,148,400	—
1963 (P)	‹§›	754,110,000	3,075,645
1963-D		1,774,020,400	—
1964 (P)	‹§, 11›	2,648,575,000	3,950,762
1964-D	‹11›	3,799,071,500	—
1965 (P)	‹11›	301,470,000	—
1965 (D)	‹11›	973,364,900	—
1965 (S)	‹11›	220,030,000	—
1966 (P)	‹11›	811,100,000	—
1966 (D)	‹11›	991,431,200	—
1966 (S)	‹11›	383,355,000	—
1967 (P)	‹11›	907,575,000	—
1967 (D)	‹11›	1,327,377,100	—
1967 (S)	‹11›	813,715,000	—
1968 (P)		1,707,880,970	—
1968-D		2,886,269,600	—
1968-S	‹§›	258,270,001	3,041,506
1969 (P)		1,136,910,000	—
1969-D		4,002,832,200	—
1969-S	‹§›	544,375,000	2,934,631
1970 (P)		1,898,315,000	—
1970-D		2,891,438,900	—
1970-S	‹§›	690,560,004	2,632,810
1971 (P)		1,919,490,000	—
1971-D		2,911,045,600	—
1971-S	‹§›	525,130,054	3,220,733
1972 (P)		2,933,255,000	—
1972-D		2,655,071,400	—
1972-S	‹§›	380,200,104	3,260,996
1973 (P)		3,728,245,000	—
1973-D		3,549,576,588	—
1973-S	‹§›	319,937,634	2,760,339
1974 (P)		4,232,140,523	—
1974-D		4,235,098,000	—
1974-S	‹§›	409,421,878	2,612,568
1975 (P)		3,874,182,000	—
1975-D		4,505,275,300	—
1975-S	‹§›		2,845,450
1975 (W)		1,577,294,142	—
1976 (P)		3,133,580,000	—
1976-D		4,221,592,455	—
1976-S			—
1976 (W)		1,540,695,000	—
1977 (P)		3,074,575,000	—
1977-D		4,194,062,300	—
1977-S	‹§›		3,236,798
1977 (W)		1,395,355,000	—
1978 (P)		3,735,655,000	—
1978-D		4,280,233,400	—
1978 (S)		291,700,000	—
1978-S	‹§›		3,120,285
1978 (W)		1,531,250,000	—
1979 (P)		3,560,940,000	—
1979-D		4,139,357,254	—
1979 (S)		751,725,000	—
1979-S	‹§›		3,677,175
1979 (W)		1,705,850,000	—
1980 (P)		6,230,115,000	—
1980-D		5,140,098,660	—
1980 (S)		1,184,590,000	—
1980-S	‹§›		3,554,806
1980 (W)		1,576,200,000	—
1981 (P)		6,611,305,000	—
1981 (S)		880,440,000	—
1981-S	‹§›		4,063,083
1981 (W)		1,882,400,000	—
1982 (P)	‹12›	7,135,275,000	—
1982-D	‹12›	6,012,979,368	—
1982 (S)	‹12›	1,587,245,000	—
1982-S	‹§›		3,857,479
1982 (W)	‹12›	1,990,005,000	—
1983 (P)		5,567,190,000	—
1983-D		6,467,199,428	—
1983 (S)		180,765,000	—

LINCOLN CENT (CONT.)

DATE	NOTE	BUSINESS	PROOF
1983-S	‹S›	—	3,279,126
1983 (W)		2,004,400,000	—
1984 (P)		6,114,864,000	—
1984-D		5,569,238,906	—
1984-S	‹S›	—	3,065,110
1984 (W)		2,036,215,000	—
1985 (P)		4,951,904,887	—
1985-D		5,287,399,926	—
1985-S	‹S›	—	3,362,821
1985 (W)		696,585,000	—
1986 (P)		4,490,995,493	—
1986-D		4,442,866,698	—
1986-S	‹S›	—	3,010,497
1986 (W)		400,000	—
1987 (P)		4,682,466,931	—
1987-D		4,879,389,514	—
1987-S	‹S›	—	3,792,233
1988 (P)		6,092,810,000	—
1988-D		5,253,740,443	—
1988-S	‹S›	—	3,262,948
1989 (P)		7,261,535,000	—
1989-D		5,345,467,711	—
1989-S	‹S›	—	3,220,914
1990 (P)		6,851,765,000	—
1990-D		4,922,894,553	—
1990-S	‹S›	—	3,299,559
1991 (P)		5,165,940,000	—
1991-D		4,158,442,076	—
1991-S	‹S›	—	2,867,787
1992 (P)		4,648,905,000	—
1992-D		4,448,673,300	—
1992-S	‹S›	—	4,176,544
1993 (P)		5,684,705,000	—
1993-D		6,426,650,571	—
1993-S	‹S›	—	U
1994 (P)		U	—
1994-D		U	—
1994-S	‹S›	—	U

TWO CENTS

DATE	NOTE	BUSINESS	PROOF
1864 (P)	‹13›	19,847,500	100
1865 (P)		13,640,000	500
1866 (P)		3,177,000	725
1867 (P)		2,938,750	625
1868 (P)		2,803,750	600
1869 (P)		1,546,500	600
1870 (P)		861,250	1,000
1871 (P)		721,250	960
1872 (P)		65,000	950
1873 (P)	‹6, 14›	—	1,100

COPPER-NICKEL 3 CENTS

DATE	NOTE	BUSINESS	PROOF
1865 (P)		11,382,000	400
1866 (P)		4,801,000	725
1867 (P)		3,915,000	625
1868 (P)		3,252,000	600
1869 (P)		1,604,000	600
1870 (P)		1,335,000	1,000
1871 (P)		604,000	960
1872 (P)		862,000	950
1873 (P)	‹6›	1,173,000	1,100
1874 (P)		790,000	700
1875 (P)		228,000	700
1876 (P)		162,000	1,150
1877 (P)	‹7›	—	510
1878 (P)		—	2,350
1879 (P)		38,000	3,200
1880 (P)		21,000	3,955
1881 (P)		1,077,000	3,575
1882 (P)		22,200	3,100

COPPER-NICKEL 3 CENTS (CONT.)

DATE	NOTE	BUSINESS	PROOF
1883 (P)		4,000	6,609
1884 (P)		1,700	3,942
1885 (P)		1,000	3,790
1886 (P)		—	4,290
1887 (P)	‹15›	5,001	2,960
1888 (P)		36,501	4,582
1889 (P)		18,125	3,336

SILVER 3 CENTS

DATE	NOTE	BUSINESS	PROOF
1851 (P)		5,447,400	Δ
1851-O		720,000	Δ
1852 (P)		18,663,500	—
1853 (P)	‹16›	11,400,000	—
1854 (P)		671,000	Δ
1855 (P)		139,000	Δ
1856 (P)		1,458,000	Δ
1857 (P)		1,042,000	Δ
1858 (P)		1,604,000	Δ
1859 (P)		365,000	Δ
1860 (P)		286,000	1,000
1861 (P)		497,000	1,000
1862 (P)		343,000	550
1863 (P)	‹17›	21,000	460
1864 (P)	‹18›	12,000	470
1865 (P)		8,000	500
1866 (P)		22,000	725
1867 (P)		4,000	625
1868 (P)		3,500	600
1869 (P)		4,500	600
1870 (P)		3,000	1,000
1871 (P)		3,400	960
1872 (P)		1,000	950
1873 (P)	‹6›	—	600

SHIELD 5 CENTS

DATE	NOTE	BUSINESS	PROOF
1866 (P)		14,742,500	125
1867 (P)	‹19›	30,909,500	625
1868 (P)		28,817,000	600
1869 (P)		16,395,000	600
1870 (P)		4,806,000	1,000
1871 (P)		561,000	960
1872 (P)		6,036,000	950
1873 (P)	‹6›	4,550,000	1,100
1874 (P)		3,538,000	700
1875 (P)		2,097,000	700
1876 (P)		2,530,000	1,150
1877 (P)	‹7›	—	510
1878 (P)		—	2,350
1879 (P)		25,900	3,200
1880 (P)		16,000	3,955
1881 (P)		68,800	3,575
1882 (P)		11,473,500	3,100
1883 (P)		1,451,500	5,419

LIBERTY HEAD 5 CENTS

DATE	NOTE	BUSINESS	PROOF
1883 (P) ¬			
No CENTS		5,474,300	5,219
CENTS		16,026,200	6,783
1884 (P)		11,270,000	3,942
1885 (P)		1,472,700	3,790
1886 (P)		3,326,000	4,290
1887 (P)		15,260,692	2,960
1888 (P)		10,715,901	4,582
1889 (P)		15,878,025	3,336
1890 (P)		16,256,532	2,740
1891 (P)		16,832,000	2,350
1892 (P)		11,696,897	2,745
1893 (P)		13,368,000	2,195
1894 (P)		5,410,500	2,632
1895 (P)		9,977,822	2,062
1896 (P)		8,841,058	1,862

LIBERTY HEAD 5 CENTS (CONT.)

DATE	NOTE	BUSINESS	PROOF
1897 (P)		20,426,797	1,938
1898 (P)		12,530,292	1,795
1899 (P)		26,027,000	2,031
1900 (P)		27,253,733	2,262
1901 (P)		26,478,228	1,985
1902 (P)		31,487,561	2,018
1903 (P)		28,004,935	1,790
1904 (P)		21,401,350	1,817
1905 (P)		29,825,124	2,152
1906 (P)		38,612,000	1,725
1907 (P)		39,213,325	1,475
1908 (P)		22,684,557	1,620
1909 (P)		11,585,763	4,763
1910 (P)		30,166,948	2,405
1911 (P)		39,557,639	1,733
1912 (P)		26,234,569	2,145
1912-D		8,474,000	—
1912-S		238,000	—
1913 (P)	‹20›	—	—

INDIAN HEAD 5 CENTS

DATE	NOTE	BUSINESS	PROOF
1913 (P) ¬			
Mound		30,992,000	1,520
Plain		29,857,186	1,514
1913-D ¬			
Mound		5,337,000	—
Plain		4,156,000	—
1913-S ¬			
Mound		2,105,000	—
Plain		1,209,000	—
1914 (P)		20,664,463	1,275
1914-D		3,912,000	—
1914-S		3,470,000	—
1915 (P)		20,986,220	1,050
1915-D		7,569,500	—
1915-S		1,505,000	—
1916 (P)		63,497,466	600
1916-D		13,333,000	—
1916-S		11,860,000	—
1917 (P)		51,424,029	Δ
1917-D		9,910,800	—
1917-S		4,193,000	—
1918 (P)		32,086,314	—
1918-D		8,362,000	—
1918-S		4,882,000	—
1919 (P)		60,868,000	—
1919-D		8,006,000	—
1919-S		7,521,000	—
1920 (P)		63,093,000	—
1920-D		9,418,000	—
1920-S		9,689,000	—
1921 (P)		10,663,000	—
1921-S		1,557,000	—
1923 (P)		35,715,000	—
1923-S		6,142,000	—
1924 (P)		21,620,000	—
1924-D		5,258,000	—
1924-S		1,437,000	—
1925 (P)		35,565,100	—
1925-D		4,450,000	—
1925-S		6,256,000	—
1926 (P)		44,693,000	—
1926-D		5,638,000	—
1926-S		970,000	—
1927 (P)		37,981,000	—
1927-D		5,730,000	—
1927-S		3,430,000	—
1928 (P)		23,411,000	—
1928-D		6,436,000	—

INDIAN HEAD 5 CENTS (CONT.)

DATE	NOTE	BUSINESS	PROOF
1928-S		6,936,000	—
1929 (P)		36,446,000	—
1929-D		8,370,000	—
1929-S		7,754,000	—
1930 (P)		22,849,000	—
1930-S		5,435,000	—
1931-S		1,200,000	—
1934 (P)		20,213,003	—
1934-D		7,480,000	—
1935 (P)		58,264,000	—
1935-D		12,092,000	—
1935-S		10,300,000	—
1936 (P)		118,997,000	4,420
1936-D		24,814,000	—
1936-S		14,930,000	—
1937 (P)		79,480,000	5,769
1937-S		17,826,000	—
1937-S		5,635,000	—
1938-D		7,020,000	—

JEFFERSON 5 CENTS

DATE	NOTE	BUSINESS	PROOF
1938 (P)		19,496,000	19,365
1938-D		5,376,000	—
1938-S		4,105,000	—
1939 (P)		120,615,000	12,535
1939-D		3,514,000	—
1939-S		6,630,000	—
1940 (P)		176,485,000	14,158
1940-D		43,540,000	—
1940-S		39,690,000	—
1941 (P)		203,265,000	18,720
1941-D		53,432,000	—
1941-S		43,445,000	—
1942 (P)	‹21›	49,789,000	29,600
1942-P	‹21›	57,873,000	27,600
1942-D	‹21›	13,938,000	—
1942-S	‹21›	32,900,000	—
1943-P	‹21›	271,165,000	—
1943-D	‹21›	15,294,000	—
1943-S	‹21›	104,060,000	—
1944-P	‹21, 22›	119,150,000	—
1944-D	‹21›	32,309,000	—
1944-S	‹21›	21,640,000	—
1945-P	‹21›	119,408,100	—
1945-D	‹21›	37,158,000	—
1945-S	‹21›	58,939,000	—
1946 (P)		161,116,000	—
1946-D		45,292,000	—
1946-S		13,560,000	—
1947 (P)		95,000,000	—
1947-D		37,822,000	—
1947-S		24,720,000	—
1948 (P)		89,348,000	—
1948-D		44,734,000	—
1948-S		11,300,000	—
1949 (P)		60,652,000	—
1949-D		36,498,000	—
1949-S		9,716,000	—
1950 (P)	‹§›	9,796,000	51,386
1950-D		2,630,030	—
1951 (P)	‹§›	28,552,000	57,500
1951-D		20,460,000	—
1951-S		7,776,000	—
1952 (P)	‹§›	63,988,000	81,980
1952-D		30,638,000	—
1952-S		20,572,000	—
1953 (P)	‹§›	46,644,000	128,800
1953-D		59,878,600	—
1953-S		19,210,900	—

DATE	NOTE	BUSINESS	PROOF
1954 (P)	‹§›	47,684,050	233,300
1954-D		117,136,560	—
1954-S		29,384,000	—
1955 (P)	‹§›	7,888,000	378,200
1955-D		74,464,100	—
1956 (P)	‹§›	35,216,000	669,384
1956-D		67,222,640	—
1957 (P)	‹§›	38,408,000	1,247,952
1957-D		136,828,900	—
1958 (P)	‹§›	17,088,000	875,652
1958-D		168,249,120	—
1959 (P)	‹§›	27,248,000	1,149,291
1959-D		160,738,240	—
1960 (P)	‹§›	55,416,000	1,691,602
1960-D		192,582,180	—
1961 (P)	‹§›	73,640,000	3,028,244
1961-D		229,342,760	—
1962 (P)	‹§›	97,384,000	3,218,019
1962-D		280,195,720	—
1963 (P)	‹§›	175,776,000	3,075,645
1963-D		276,829,460	—
1964 (P)	‹§, 11›	1,024,672,000	3,950,762
1964-D	‹11›	1,787,297,160	—
1965 (P)	‹11›	12,440,000	—
1965 (D)	‹11›	82,291,380	—
1965 (S)	‹11›	39,040,000	—
1966 (P)	‹11, 23›	—	Δ
1966 (D)	‹11›	103,546,700	—
1966 (S)	‹11›	50,400,000	—
1967 (P)	‹11›	—	—
1967 (D)	‹11›	75,993,800	—
1967 (S)	‹11›	31,332,000	—
1968 (P)		—	—
1968-D		91,227,880	—
1968-S	‹§›	100,396,004	3,041,506
1969 (P)		—	—
1969-D		202,807,500	—
1969-S	‹§›	120,165,000	2,934,631
1970-D		515,485,380	—
1970-S	‹§›	238,832,004	2,632,810
1971 (P)		106,884,000	—
1971-D		316,144,800	—
1971-S	‹24›	—	3,220,733
1972 (P)		202,036,000	—
1972-D		351,694,600	—
1972-S	‹§›	—	3,260,995
1973 (P)		384,396,000	—
1973-D		261,405,400	—
1973-S	‹§›	—	2,760,339
1974 (P)		601,752,000	—
1974-D		277,373,000	—
1974-S	‹§›	—	2,612,568
1975 (P)		181,772,000	—
1975-D		401,875,300	—
1975-S	‹§›	—	2,845,450
1976 (P)		367,124,000	—
1976-D		563,964,147	—
1976-S		—	—
1977 (P)		585,376,000	—
1977-D		297,313,422	—
1977-S	‹§›	—	3,236,798
1978 (P)		391,308,000	—
1978-D		313,092,780	—
1978-S	‹§›	—	3,120,285
1979 (P)		463,188,000	—
1979-D		325,867,672	—
1979-S	‹§›	—	3,677,175
1980-P	‹25›	593,004,000	—
1980-D		502,323,448	—

DATE	NOTE	BUSINESS	PROOF
1980-S	‹§›	—	3,554,806
1981-P		657,504,000	—
1981-D		364,801,843	—
1981-S	‹§›	—	4,063,083
1982-P		292,355,000	—
1982-D		373,726,544	—
1982-S	‹§›	—	3,857,479
1983-P		561,615,000	—
1983-D		536,726,276	—
1983-S	‹§›	—	3,279,126
1984-P		746,769,000	—
1984-D		517,675,146	—
1984-S	‹§›	—	3,065,110
1985-P		647,114,962	—
1985-D		459,747,446	—
1985-S	‹§›	—	3,362,821
1986-P		536,883,493	—
1986-D		361,819,144	—
1986-S	‹§›	—	3,010,497
1987-P		371,499,481	—
1987-D		410,590,604	—
1987-S	‹§›	—	3,792,233
1988-P		771,360,000	—
1988-D		663,771,652	—
1988-S	‹§›	—	3,262,948
1989-P		898,812,000	—
1989-D		570,842,474	—
1989-S	‹§›	—	3,220,914
1990-P		661,636,000	—
1990-D		663,938,503	—
1990-S	‹§›	—	3,299,559
1991-P		614,104,000	—
1991-D		436,496,678	—
1991-S	‹§›	—	2,867,787
1992-P		399,552,000	—
1992-D		450,565,113	—
1992-S	‹§›	—	4,176,544
1993-P		412,076,000	—
1993-D		406,084,135	—
1993-S	‹§›	—	U
1994-P		U	—
1994-D		U	—
1994-S	‹§›	—	U

FLOWING HAIR HALF DIME

DATE	NOTE	BUSINESS	PROOF
1794		7,756	—
1795		78,660	—

DRAPED BUST HALF DIME

DATE	NOTE	BUSINESS	PROOF
1796		10,230	—
1797		44,527	—
1800		40,000	—
1801		33,910	—
1802		13,010	—
1803		37,850	—
1805		15,600	—

CAPPED BUST HALF DIME

DATE	NOTE	BUSINESS	PROOF
1829		1,230,000	Δ
1830		1,240,000	Δ
1831		1,242,700	Δ
1832		965,000	Δ
1833		1,370,000	Δ
1834		1,480,000	Δ
1835		2,760,000	Δ
1836		1,900,000	Δ
1837		871,000	Δ

SEATED LIBERTY HALF DIME

DATE	NOTE	BUSINESS	PROOF
1837		1,405,000	—
1838 (P)		2,255,000	Δ
1838-O	‹26›	115,000	—

SEATED LIBERTY HALF DIME (CONT.)

DATE	NOTE	BUSINESS	PROOF
1839 (P)		1,069,150	Δ
1839-O		981,550	
1840 (P)		1,344,085	Δ
1840-O		935,000	—
1841 (P)		1,150,000	Δ
1841-O		815,000	—
1842 (P)		815,000	Δ
1842-O		350,000	—
1843 (P)		1,165,000	Δ
1844 (P)		430,000	Δ
1844-O		220,000	—
1845 (P)		1,564,000	Δ
1846 (P)		27,000	Δ
1847 (P)		1,274,000	Δ
1848 (P)		668,000	Δ
1848-O		600,000	—
1849 (P)		1,309,000	Δ
1849-O		140,000	—
1850 (P)		955,000	Δ
1850-O		690,000	—
1851 (P)		781,000	Δ
1851-O		860,000	—
1852 (P)		1,000,500	Δ
1852-O		260,000	—
1853 (P) ¬			
No Arrows ‹16›		135,000	—
Arrows ‹16›		13,210,020	Δ
1853-O ¬			
No Arrows ‹16›		160,000	—
Arrows ‹16›		2,200,000	—
1854 (P)		5,740,000	Δ
1854-O		1,560,000	—
1855 (P)		1,750,000	Δ
1855-O		600,000	—
1856 (P)		4,880,000	Δ
1856-O		1,100,000	—
1857 (P)		7,280,000	Δ
1857-O		1,380,000	—
1858 (P)		3,500,000	Δ
1858-O		1,660,000	—
1859 (P)		340,000	Δ
1859-O		560,000	—
1860 (P)	‹28›	798,000	1,000
1860-O	‹28, 29›	1,060,000	Δ
1861 (P)		3,360,000	1,000
1862 (P)		1,492,000	550
1863 (P)		18,000	460
1863-S		100,000	—
1864 (P)	‹18›	48,000	470
1864-S		90,000	—
1865 (P)		13,000	500
1865-S		120,000	—
1866 (P)		10,000	725
1866-S		120,000	—
1867 (P)		8,000	625
1867-S		120,000	—
1868 (P)		88,600	600
1868-S		280,000	—
1869 (P)		208,000	600
1869-S		230,000	—
1870 (P)		535,600	1,000
1871 (P)		1,873,000	960
1871-S		161,000	—
1872 (P)		2,947,000	950
1872-S		837,000	—
1873 (P)	‹6›	712,000	600
1873-S	‹6›	324,000	—

DRAPED BUST DIME

DATE	NOTE	BUSINESS	PROOF
1796		22,135	—

DRAPED BUST DIME (CONT.)

DATE	NOTE	BUSINESS	PROOF
1797		25,261	—
1798		27,550	—
1800		21,760	—
1801		34,640	—
1802		10,975	—
1803		33,040	—
1804		8,265	—
1805		120,780	—
1807		165,000	—

CAPPED BUST DIME

DATE	NOTE	BUSINESS	PROOF
1809		51,065	—
1811		65,180	—
1814		421,500	—
1820		942,587	Δ
1821		1,186,512	Δ
1822		100,000	Δ
1823	‹3›	440,000	Δ
1824		100,000	Δ
1825		410,000	Δ
1827		1,215,000	Δ
1828		125,000	Δ
1829		770,000	Δ
1830		510,000	Δ
1831		771,350	Δ
1832		522,500	Δ
1833		485,000	Δ
1834		635,000	Δ
1835		1,410,000	Δ
1836		1,190,000	Δ
1837		359,500	Δ

SEATED LIBERTY DIME

DATE	NOTE	BUSINESS	PROOF
1837		682,500	—
1838 (P)		1,992,500	Δ
1838-O	‹26›	406,034	—
1839 (P)		1,053,115	
1839-O			Δ
1840 (P)		1,323,000	—
1840-O		1,358,580	Δ
1841 (P)		1,622,500	Δ
1841-O		2,007,500	
1842 (P)		1,887,500	Δ
1842-O		2,020,000	
1843 (P)		1,370,000	Δ
1843-O		50,000	—
1844 (P)		72,500	Δ
1845 (P)		1,755,000	Δ
1845-O		230,000	
1846 (P)		31,300	Δ
1847 (P)		245,000	Δ
1848 (P)		451,500	Δ
1849 (P)		839,000	Δ
1849-O		300,000	
1850 (P)		1,931,500	Δ
1850-O		510,000	
1851 (P)		1,026,500	Δ
1851-O		400,000	
1852 (P)		1,535,500	Δ
1852-O		430,000	Δ
1853 (P) ¬			
No Arrows ‹16›		95,000	—
With Arrows ‹16›		12,078,010	Δ
1853-O		1,100,000	
1854 (P)		4,470,000	Δ
1854-O		1,770,000	
1855 (P)		2,075,000	Δ
1856 (P)		5,780,000	Δ
1856-O		1,180,000	
1856-S		70,000	

SEATED LIBERTY DIME (CONT.)

DATE	NOTE	BUSINESS	PROOF
1857 (P)		5,580,000	Δ
1857-O		1,540,000	=
1858 (P)		1,540,000	=
1858-O		290,000	Δ
1858-S		60,000	=
1859 (P)		430,000	Δ
1859-O		480,000	=
1859-S		60,000	=
1860 (P)	‹28›	606,000	1,000
1860-O	‹28›	40,000	=
1860-S	‹28›	140,000	=
1861 (P)		1,883,000	1,000
1861-S		172,500	=
1862 (P)		847,000	550
1862-S		180,750	=
1863 (P)		14,000	460
1863-S		157,500	=
1864 (P)	‹18›	11,000	470
1864-S		230,000	=
1865 (P)		10,000	500
1865-S		175,000	=
1866 (P)		8,000	725
1866-S		135,000	=
1867 (P)		6,000	625
1867-S		140,000	=
1868 (P)		464,000	600
1868-S		260,000	=
1869 (P)		256,000	600
1869-S		450,000	=
1870 (P)		470,500	1,000
1870-S		50,000	=
1871 (P)		906,750	960
1871-CC		20,100	=
1871-S		320,000	=
1872 (P)		2,395,500	950
1872-CC		35,480	=
1872-S		190,000	=
1873 (P) ¬			
No Arrows ‹6›		1,568,000	600
With Arrows ‹6›		2,377,700	800
1873-CC ¬			
No Arrows ‹6, 30›		12,400	—
With Arrows ‹6›		18,791	—
1873-S ¬			
With Arrows ‹6›		455,000	—
1874 (P)		2,940,000	700
1874-CC		10,817	=
1874-S		240,000	=
1875 (P)		10,350,000	700
1875-CC		4,645,000	=
1875-S		9,070,000	=
1876 (P)		11,460,000	1,150
1876-CC		8,270,000	=
1876-S		10,420,000	=
1877 (P)		7,310,000	510
1877-CC		7,700,000	=
1877-S		2,340,000	=
1878 (P)		1,678,000	800
1878-CC		200,000	=
1879 (P)		14,000	1,100
1880 (P)		36,000	1,355
1881 (P)		24,000	975
1882 (P)		3,910,000	1,100
1883 (P)		7,674,673	1,039
1884 (P)		3,365,505	875
1884-S		564,969	=
1885 (P)		2,532,497	930
1885-S		43,690	=
1886 (P)		6,376,684	886

SEATED LIBERTY DIME (CONT.)

DATE	NOTE	BUSINESS	PROOF
1886-S		206,524	=
1887 (P)		11,283,229	710
1887-S		4,454,450	=
1888 (P)		5,495,655	832
1888-S		1,720,000	=
1889 (P)		7,380,000	711
1889-S		972,678	=
1890 (P)		9,910,951	590
1890-S		1,423,076	=
1891 (P)		15,310,000	600
1891-O		4,540,000	=
1891-S		3,196,116	=

BARBER DIME

DATE	NOTE	BUSINESS	PROOF
1892 (P)		12,120,000	1,245
1892-O		3,841,700	=
1892-S		990,710	=
1893 (P)		3,340,000	792
1893-O		1,760,000	=
1893-S		2,491,401	=
1894 (P)		1,330,000	972
1894-O		720,000	=
1894-S	‹31›	—	880
1895 (P)		690,000	880
1895-O		440,000	=
1895-S		1,120,000	=
1896 (P)		2,000,000	762
1896-O		610,000	=
1896-S		575,056	=
1897 (P)		10,868,533	731
1897-O		666,000	=
1897-S		1,342,844	=
1898 (P)		16,320,000	735
1898-O		2,130,000	=
1898-S		1,702,507	=
1899 (P)		19,580,000	846
1899-O		2,650,000	=
1899-S		1,867,493	=
1900 (P)		17,600,000	912
1900-O		2,010,000	=
1900-S		5,168,270	=
1901 (P)		18,859,665	813
1901-O		5,620,000	=
1901-S		593,022	=
1902 (P)		21,380,000	777
1902-O		4,500,000	=
1902-S		2,070,000	=
1903 (P)		19,500,000	755
1903-O		8,180,000	=
1903-S		613,300	=
1904 (P)		14,600,357	670
1904-S		800,000	=
1905 (P)		14,551,623	727
1905-O		3,400,000	=
1905-S		6,855,199	=
1906 (P)		19,957,731	675
1906-D	‹32›	4,060,000	Δ
1906-O		2,610,000	=
1906-S		3,136,640	=
1907 (P)		22,220,000	575
1907-D		4,080,000	=
1907-O		5,058,000	=
1907-S		3,178,470	=
1908 (P)		10,600,000	545
1908-D		7,490,000	=
1908-O		1,789,000	=
1908-S		3,220,000	=
1909 (P)		10,240,000	650
1909-D		954,000	=
1909-O		2,287,000	=

DATE	NOTE	BUSINESS	PROOF
BARBER DIME (CONT.)			
1909-S		1,000,000	—
1910 (P)		11,520,000	551
1910-D		3,490,000	—
1910-S		1,240,000	—
1911 (P)		18,870,000	543
1911-D		11,209,000	—
1911-S		3,520,000	—
1912 (P)		19,350,000	700
1912-D		11,760,000	—
1912-S		3,420,000	—
1913 (P)		19,760,000	622
1913-S		510,000	—
1914 (P)		17,360,230	—
1914-D		11,908,000	425
1914-S		2,100,000	—
1915 (P)		5,620,000	450
1915-S		960,000	—
1916 (P)		18,490,000	Δ
1916-S		5,820,000	—
WINGED LIBERTY HEAD DIME			
1916 (P)		22,180,080	—
1916-D		264,000	—
1916-S		10,450,000	—
1917 (P)		55,230,000	—
1917-D		9,402,000	—
1917-S		27,330,000	—
1918 (P)		26,680,000	—
1918-D		22,674,800	—
1918-S		19,300,000	—
1919 (P)		35,740,000	—
1919-D		9,939,000	—
1919-S		8,850,000	—
1920 (P)		59,030,000	—
1920-D		19,171,000	—
1920-S		13,820,000	—
1921 (P)		1,230,000	—
1921-D		1,080,000	—
1923 (P)	‹22›	50,130,000	—
1923-S		6,440,000	—
1924 (P)		24,010,000	—
1924-D		6,810,000	—
1924-S		7,120,000	—
1925 (P)		25,610,000	—
1925-D		5,117,000	—
1925-S		5,850,000	—
1926 (P)		32,160,000	—
1926-D		6,828,000	—
1926-S		1,520,000	—
1927 (P)		28,080,000	—
1927-D		4,812,000	—
1927-S		4,770,000	—
1928 (P)		19,480,000	—
1928-D		4,161,000	—
1928-S		7,400,000	—
1929 (P)		25,970,000	—
1929-D		5,034,000	—
1929-S		4,730,000	—
1930 (P)	‹22›	6,770,000	—
1930-S		1,843,000	—
1931 (P)		3,150,000	—
1931-D		1,260,000	—
1931-S		1,800,000	—
1934 (P)		24,080,000	—
1934-D		6,772,000	—
1935 (P)		58,830,000	—
1935-D		10,477,000	—
1935-S		15,840,000	—
1936 (P)		87,500,000	4,130
1936-D		16,132,000	—

DATE	NOTE	BUSINESS	PROOF
WINGED LIBERTY DIME (CONT.)			
1936-S		9,210,000	—
1937 (P)		56,860,000	5,756
1937-D		14,146,000	—
1937-S		9,740,000	—
1938 (P)		22,190,000	8,728
1938-D		5,537,000	—
1938-S		8,090,000	—
1939 (P)		67,740,000	9,321
1939-D		24,394,000	—
1939-S		10,540,000	—
1940 (P)		65,350,000	11,827
1940-D		21,198,000	—
1940-S		21,560,000	—
1941 (P)		175,090,000	16,557
1941-D		45,634,000	—
1941-S		43,090,000	—
1942 (P)		205,410,000	22,329
1942-D		60,740,000	—
1942-S		49,300,000	—
1943 (P)		191,710,000	—
1943-D		71,949,000	—
1943-S		60,400,000	—
1944 (P)		231,410,000	—
1944-D		62,224,000	—
1944-S		49,490,000	—
1945 (P)		159,130,000	—
1945-D		40,245,000	—
1945-S		41,920,000	—
ROOSEVELT DIME			
1946 (P)		255,250,000	—
1946-D		61,043,500	—
1946-S		27,900,000	—
1947 (P)		121,520,000	—
1947-D		46,835,000	—
1947-S		34,840,000	—
1948 (P)		74,950,000	—
1948-D		52,841,000	—
1948-S		35,520,000	—
1949 (P)		30,940,000	—
1949-D		26,034,000	—
1949-S		13,510,000	—
1950 (P)	‹§›	50,130,114	51,386
1950-D		46,803,000	—
1950-S		20,440,000	—
1951 (P)	‹§›	102,880,102	57,500
1951-D		56,529,000	—
1951-S		31,630,000	—
1952 (P)	‹§›	99,040,093	81,980
1952-D		122,100,000	—
1952-S		44,419,500	—
1953 (P)	‹§›	53,490,120	128,800
1953-D		136,433,000	—
1953-S		39,180,000	—
1954 (P)	‹§›	114,010,203	233,300
1954-D		106,397,000	—
1954-S		22,860,000	—
1955 (P)	‹§›	12,450,181	378,200
1955-D		13,959,000	—
1955-S		18,510,000	—
1956 (P)	‹§›	108,640,000	669,384
1956-D		108,015,100	—
1957 (P)	‹§›	160,160,000	1,247,952
1957-D		113,354,330	—
1958 (P)	‹§›	31,910,000	875,652
1958-D		136,564,600	—
1959 (P)	‹§›	85,780,000	1,149,291
1959-D		164,919,790	—
1960 (P)	‹§›	70,390,000	1,691,602

ROOSEVELT DIME (CONT.)

DATE	NOTE	BUSINESS	PROOF
1960-D		200,160,400	—
1961 (P)	‹§›	93,730,000	3,028,244
1961-D		209,146,550	—
1962 (P)	‹§›	72,450,000	3,218,019
1962-D		334,948,380	—
1963 (P)	‹§›	123,650,000	3,075,645
1963-D		421,476,530	—
1964 (P)	‹§, 11›	929,360,000	3,950,762
1964-D	‹11›	1,357,517,180	—
1965 (P)	‹11›	845,130,000	—
1965 (D)	‹11›	757,472,820	—
1965 (S)	‹11›	47,177,750	—
1966 (P)	‹11›	622,550,000	—
1966 (D)	‹11›	683,771,010	—
1966 (S)	‹11›	74,151,947	—
1967 (P)	‹11›	1,030,110,000	—
1967 (D)	‹11›	1,156,277,320	—
1967 (S)	‹11›	57,620,000	—
1968 (P)		424,470,400	—
1968-D		480,748,280	—
1968-S	‹§, 33›	—	3,041,506
1969 (P)		145,790,000	—
1969-D		563,323,870	—
1969-S	‹§›	—	2,934,631
1970 (P)		345,570,000	—
1970-D		754,942,100	—
1970-S	‹§, 34›	—	2,632,810
1971 (P)		162,690,000	—
1971-D		377,914,240	—
1971-S	‹§›	—	3,220,733
1972 (P)		431,540,000	—
1972-D		330,290,000	—
1972-S	‹§›	—	3,260,996
1973 (P)		315,670,000	—
1973-D		455,032,426	—
1973-S	‹§›	—	2,760,339
1974 (P)		470,248,000	—
1974-D		571,083,000	—
1974-S	‹§›	—	2,612,568
1975 (P)		513,682,000	—
1975-D		313,705,300	—
1975 (S)		71,991,900	—
1976 (P)		568,760,000	—
1976-D		695,222,774	—
1976-S		—	—
1977 (P)		796,930,000	—
1977-D		376,607,228	—
1977-S	‹§›	—	3,236,798
1978 (P)		663,980,000	—
1978-D		282,847,540	—
1978-S	‹§›	—	3,120,285
1979 (P)		315,440,000	—
1979-D		390,921,184	—
1979-S	‹§›	—	3,677,175
1980-P	‹25›	735,170,000	—
1980-D		719,354,321	—
1980-S	‹§›	—	3,554,806
1981-P		676,650,000	—
1981-D		712,284,143	—
1981-S	‹§›	—	4,063,083
1982-P	‹35›	519,475,000	—
1982-D		542,713,584	—
1982-S	‹§›	—	3,857,479
1983-P		647,025,000	—
1983-D		730,129,224	—
1983-S	‹§›	—	3,279,126
1984-P		856,669,000	—
1984-D		704,803,976	—
1984-S	‹§›	—	3,065,110

ROOSEVELT DIME (CONT.)

DATE	NOTE	BUSINESS	PROOF
1985-P		705,200,962	—
1985-D		587,979,970	—
1985-S	‹§›	—	3,362,821
1986-P		682,649,693	—
1986-D		473,326,974	—
1986-S	‹§›	—	3,010,497
1987-P		762,709,481	—
1987-D		653,203,402	—
1987-S	‹§›	—	3,792,233
1988-P		1,030,550,000	—
1988-D		962,385,488	—
1988-S	‹§›	—	3,262,948
1989-P		1,298,400,000	—
1989-D		896,535,597	—
1989-S	‹§›	—	3,220,914
1990-P		1,034,340,000	—
1990-D		839,995,824	—
1990-S	‹§›	—	3,299,559
1991-P		927,220,000	△
1991-D		601,241,114	‹§› —
1991-S	‹§›	—	2,867,787
1992-P		593,500,000	△
1992-D		616,273,932	—
1992-S	‹§› ¬		
Clad		—	2,858,903
90% silver		—	1,317,641
1993-P		766,180,000	—
1993-D		750,110,166	—
1993-S	‹§› ¬		
Clad		—	U
90% silver		—	U
1994-P		U	—
1994-D		U	—
1994-S	‹§› ¬		
Clad		—	U
90% silver		—	U

TWENTY CENTS

DATE	NOTE	BUSINESS	PROOF
1875 (P)		38,500	1,200
1875-CC		133,290	—
1875-S	‹36›	1,155,000	△
1876 (P)		14,750	1,150
1876-CC	‹37›	10,000	—
1877 (P)		—	510
1878 (P)		—	600

DRAPED BUST, SMALL EAGLE QUARTER DOLLAR

DATE	NOTE	BUSINESS	PROOF
1796		6,146	—

DRAPED BUST, LARGE EAGLE QUARTER DOLLAR

DATE	NOTE	BUSINESS	PROOF
1804		6,738	—
1805		121,394	—
1806		286,424	—
1807		140,343	—

CAPPED BUST QUARTER DOLLAR

DATE	NOTE	BUSINESS	PROOF
1815		89,235	—
1818		361,174	△
1819		144,000	—
1820		127,444	△
1821		216,851	△
1822		64,080	△
1823	‹3›	17,800	△
1824		24,000	△
1825		148,000	△
1827	‹38›	—	△ (R)
1828		102,000	△
1831		398,000	△
1832		320,000	△

CAPPED BUST QUARTER (CONT.)

DATE	NOTE	BUSINESS	PROOF
1833		156,000	Δ
1834		286,000	Δ
1835		1,952,000	Δ
1836		472,000	Δ
1837		252,400	Δ
1838 (P)		366,000	Δ

SEATED LIBERTY QUARTER DOLLAR

DATE	NOTE	BUSINESS	PROOF
1838 (P)		466,000	—
1839 (P)		491,146	Δ
1840 (P)		188,127	Δ
1840-O		425,200	—
1841 (P)		120,000	Δ
1841-O		452,000	—
1842 (P)		88,000	Δ
1842-O		769,000	—
1843 (P)		645,600	Δ
1843-O		968,000	—
1844 (P)		421,200	—
1844-O		740,000	—
1845 (P)		922,000	Δ
1846 (P)		510,000	Δ
1847 (P)		734,000	Δ
1847-O		358,000	—
1848 (P)		146,000	Δ
1849 (P)		340,000	Δ
1849-O		16,000	—
1850 (P)		190,800	Δ
1850-O		396,000	—
1851 (P)		160,000	Δ
1851-O		88,000	—
1852 (P)		177,060	Δ
1852-O		96,000	—
1853 (P) ¬			
No Arr. & Rays ‹16›		44,200	—
Arrows & Rays ‹16›		15,210,020	Δ
1853-O		1,332,000	—
1854 (P)		12,380,000	Δ
1854-O		1,484,000	—
1855 (P)		2,857,000	Δ
1855-O		176,000	—
1855-S	‹39›	396,400	Δ
1856 (P)		7,264,000	Δ
1856-O		968,000	—
1856-S		286,000	—
1857 (P)		9,644,000	Δ
1857-O		1,180,000	—
1857-S		82,000	—
1858 (P)		7,368,000	Δ
1858-O		520,000	—
1858-S		121,000	—
1859 (P)		1,344,000	Δ
1859-O		260,000	—
1859-S		80,000	—
1860 (P)		804,400	1,000
1860-O		388,000	—
1860-S		56,000	—
1861 (P)		4,853,600	1,000
1861-S		96,000	—
1862 (P)		932,000	550
1862-S		67,000	—
1863 (P)		191,600	460
1864 (P)		93,600	470
1864-S		20,000	—
1865 (P)		58,800	500
1865-S		41,000	—
1866 (P)	‹40›	16,800	725
1866-S	‹40›	28,000	—
1867 (P)		20,000	625
1867-S		48,000	—

SEATED LIBERTY QUARTER (CONT.)

DATE	NOTE	BUSINESS	PROOF
1868 (P)		29,400	600
1868-S		96,000	—
1869 (P)		16,000	600
1869-S		76,000	—
1870 (P)		86,400	1,000
1870-CC		8,340	—
1871 (P)		118,200	960
1871-CC		10,890	—
1871-S		30,900	—
1872 (P)		182,000	950
1872-CC		22,850	—
1872-S		83,000	—
1873 (P) ¬			
No Arrows ‹6›		212,000	600
With Arrows ‹6›		1,271,160	540
1873-CC ¬			
No Arrows ‹6›		4,000	—
With Arrows ‹6›		12,462	—
1873-S ¬			
With Arrows ‹6›		156,000	—
1874 (P)		471,200	700
1874-S		392,000	—
1875 (P)		4,292,800	700
1875-CC		140,000	—
1875-S		680,000	—
1876 (P)		17,816,000	1,150
1876-CC		4,944,000	—
1876-S		8,596,000	—
1877 (P)		10,911,200	510
1877-CC		4,192,000	—
1877-S		8,996,000	—
1878 (P)		2,260,000	800
1878-CC		996,000	—
1878-S		140,000	—
1879 (P)	‹41›	14,450	250
1880 (P)		13,600	1,355
1881 (P)		12,000	975
1882 (P)		15,200	1,100
1883 (P)		14,400	1,039
1884 (P)		8,000	875
1885 (P)		13,600	930
1886 (P)		5,000	886
1887 (P)		10,000	710
1888 (P)		10,001	832
1888-S		1,216,000	—
1889 (P)		12,000	711
1890 (P)		80,000	590
1891 (P)		3,920,000	600
1891-O	‹42›	68,000	Δ
1891-S		2,216,000	—

BARBER QUARTER DOLLAR

DATE	NOTE	BUSINESS	PROOF
1892 (P)		8,236,000	1,245
1892-O		2,640,000	—
1892-S		964,079	—
1893 (P)		5,444,023	792
1893-O		3,396,000	—
1893-S		1,454,535	—
1894 (P)		3,432,000	972
1894-O		2,852,000	—
1894-S		2,648,821	—
1895 (P)		4,440,000	880
1895-O		2,816,000	—
1895-S		1,764,681	—
1896 (P)		3,874,000	762
1896-O		1,484,000	—
1896-S		188,039	—
1897 (P)		8,140,000	731
1897-O		1,414,800	—

BARBER QUARTER DOLLAR (CONT.)

DATE	NOTE	BUSINESS	PROOF
1897-S		542,229	
1898 (P)		11,100,000	735
1898-O		1,868,000	—
1898-S		1,020,592	—
1899 (P)		12,624,000	846
1899-O		2,644,000	—
1899-S		708,000	—
1900 (P)		10,016,000	912
1900-O		3,416,000	—
1900-S		1,858,585	—
1901 (P)		8,892,000	813
1901-O		1,612,000	—
1901-S		72,664	—
1902 (P)		12,196,967	777
1902-O		4,748,000	—
1902-S		1,524,612	—
1903 (P)		9,669,309	755
1903-O		3,500,000	—
1903-S		1,036,000	—
1904 (P)		9,588,143	670
1904-O		2,456,000	—
1905 (P)		4,967,523	727
1905-O		1,230,000	—
1905-S		1,884,000	—
1906 (P)		3,655,760	675
1906-O		3,280,000	—
1906-S		2,056,000	—
1907 (P)		7,192,000	575
1907-O		2,484,000	—
1907-O		4,560,000	—
1907-S		1,360,000	—
1908 (P)		4,232,000	545
1908-D		5,788,000	—
1908-O		6,244,000	—
1908-S		784,000	—
1909 (P)		9,268,000	650
1909-D		5,114,000	—
1909-O		712,000	—
1909-S		1,348,000	—
1910 (P)		2,244,000	551
1910-D		1,500,000	—
1911 (P)		3,720,000	543
1911-D		933,600	—
1911-S		988,000	—
1912 (P)		4,400,000	700
1912-S		708,000	—
1913 (P)		484,000	613
1913-D		1,450,800	—
1913-S		40,000	—
1914 (P)		6,244,230	380
1914-D		3,046,000	—
1914-S		264,000	—
1915 (P)		3,480,000	450
1915-D		3,694,000	—
1915-S		704,000	—
1916 (P)		1,788,000	—
1916-D		6,540,800	—

STANDING LIBERTY QUARTER DOLLAR

DATE	NOTE	BUSINESS	PROOF
1916 (P)		52,000	—
1917 (P) ¬			
Bare Breast		8,740,000	Δ
Mailed Breast		13,880,000	—
1917-D ¬			
Bare Breast		1,509,200	—
Mailed Breast		6,224,400	—
1917-S ¬			
Bare Breast		1,952,000	—
Mailed Breast		5,552,000	—
1918 (P)		14,240,000	—

STANDING LIBERTY QUARTER (CONT.)

DATE	NOTE	BUSINESS	PROOF
1918-D		7,380,000	—
1918-S		11,072,000	—
1919 (P)		11,324,000	—
1919-D		1,944,000	—
1919-S		1,836,000	—
1920 (P)		27,860,000	—
1920-D		3,586,400	—
1920-S		6,380,000	—
1921 (P)		1,916,000	—
1923 (P)		9,716,000	—
1923-S		1,360,000	—
1924 (P)		10,920,000	—
1924-D		3,112,000	—
1924-S		2,860,000	—
1925 (P)		12,280,000	—
1926 (P)		11,316,000	—
1926-D		1,716,000	—
1926-S		2,700,000	—
1927 (P)		11,912,000	—
1927-D		976,400	—
1927-S		396,000	—
1928 (P)		6,336,000	—
1928-D		1,627,600	—
1928-S		2,644,000	—
1929 (P)		11,140,000	—
1929-D		1,358,000	—
1929-S		1,764,000	—
1930 (P)		5,632,000	—
1930-S		1,556,000	—

WASHINGTON QUARTER DOLLAR

DATE	NOTE	BUSINESS	PROOF
1932 (P)		5,404,000	—
1932-D		436,800	—
1932-S		408,000	—
1934 (P)		31,912,052	—
1934-D		3,527,200	—
1935 (P)		32,484,000	—
1935-D		5,780,000	—
1935-S		5,660,000	—
1936 (P)		41,300,000	3,837
1936-D		5,374,000	—
1936-S		3,828,000	—
1937 (P)		19,696,000	5,542
1937-D		7,189,600	—
1937-S		1,652,000	—
1938 (P)		9,472,000	8,045
1938-S		2,832,000	—
1939 (P)		33,540,000	8,795
1939-D		7,092,000	—
1939-S		2,628,000	—
1940 (P)		35,704,000	11,246
1940-D		2,797,600	—
1940-S		8,244,000	—
1941 (P)		79,032,000	15,287
1941-D		16,714,800	—
1941-S		16,080,000	—
1942 (P)		102,096,000	21,123
1942-D		17,487,200	—
1942-S		19,384,000	—
1943 (P)		99,700,000	—
1943-D		16,095,600	—
1943-S		21,700,000	—
1944 (P)		104,956,000	—
1944-D		14,600,800	—
1944-S		12,560,000	—
1945 (P)		74,372,000	—
1945-D		12,341,600	—
1945-S		17,004,001	—
1946 (P)		53,436,000	—
1946-D		9,072,800	—

WASHINGTON QUARTER DOLLAR (CONT.)

DATE	NOTE	BUSINESS	PROOF
1946-S		4,204,000	—
1947 (P)		22,556,000	—
1947-D		15,338,400	—
1947-S		5,532,000	—
1948 (P)		35,196,000	—
1948-D		16,766,800	—
1948-S		15,960,000	—
1949 (P)		9,312,000	—
1949-D		10,068,400	—
1950 (P)	‹§›	24,920,126	51,386
1950-D		21,075,600	—
1950-S		10,284,004	—
1951 (P)	‹§›	43,448,102	57,500
1951-D		35,354,800	—
1951-S		9,048,000	—
1952 (P)	‹§›	38,780,093	81,980
1952-D		49,795,200	—
1952-S		13,707,800	—
1953 (P)	‹§›	18,536,120	128,800
1953-D		56,112,400	—
1953-S		14,016,000	—
1954 (P)	‹§›	54,412,203	233,300
1954-D		42,305,500	—
1954-S		11,834,722	—
1955 (P)	‹§›	18,180,181	378,200
1955-D		3,182,400	—
1956 (P)	‹§›	44,144,000	669,384
1956-D		32,334,500	—
1957 (P)		46,532,000	1,247,952
1957-D		77,924,160	—
1958 (P)	‹§›	6,360,000	875,652
1958-D		78,124,900	—
1959 (P)	‹§›	24,384,000	1,149,291
1959-D		62,054,232	—
1960 (P)	‹§›	29,164,000	1,691,602
1960-D		63,000,324	—
1961 (P)	‹§›	37,036,000	3,028,244
1961-D		83,656,928	—
1962 (P)	‹§›	36,156,000	3,218,019
1962-D		127,554,756	—
1963 (P)	‹§›	74,316,000	3,075,645
1963-D		135,288,184	—
1964 (P)	‹§, 11›	560,390,585	3,950,762
1964-D	‹11›	704,135,528	—
1965 (P)	‹11›	1,082,216,000	—
1965 (D)	‹11›	673,305,540	—
1965 (S)	‹11›	61,836,000	—
1966 (P)	‹11›	404,416,000	—
1966 (D)	‹11›	367,490,400	—
1966 (S)	‹11›	46,933,517	—
1967 (P)	‹11›	873,524,000	—
1967 (D)	‹11›	632,767,848	—
1967 (S)	‹11›	17,740,000	—
1968 (P)		220,731,500	—
1968-D		101,534,000	—
1968-S	‹§›	—	3,041,506
1969 (P)		176,212,000	—
1969-D		114,372,000	—
1969-S	‹§›	—	2,934,631
1970 (P)		136,420,000	—
1970-D		417,341,364	—
1970-S	‹§›	—	2,632,810
1971 (P)		109,284,000	—
1971-D		258,634,428	—
1971-S	‹§›	—	3,220,733
1972 (P)		215,048,000	—
1972-D		311,067,732	—
1972-S	‹§›	—	3,260,996
1973 (P)		346,924,000	—
1973-D		232,977,400	—
1973-S	‹§›	—	2,760,339
1974 (P)	‹43›	801,456,000	—
1974-D	‹43›	353,160,300	—
1974-S	‹§, 43›	—	2,612,568
1976 (P)	‹43›	809,408,016	—
1976-D	‹43›	860,118,839	—
1976-S	‹43›	—	—
1976 (W)	‹43›	376,000	—
1977 (P)		461,204,000	—
1977-D		256,524,978	—
1977-S	‹§›	—	3,236,798
1977 (W)		7,352,000	—
1978 (P)		500,652,000	—
1978-D		287,373,152	—
1978-S	‹§›	—	3,120,285
1978 (W)		20,800,000	—
1979 (P)		493,036,000	—
1979-D		489,789,780	—
1979-S	‹§›	—	3,677,175
1979 (W)		22,672,000	—
1980-P	‹25›	635,832,000	—
1980-D		518,327,487	—
1980-S	‹§›	—	3,554,806
1981-P		601,716,000	—
1981-D		575,722,833	—
1981-S	‹§›	—	4,063,083
1982-P		500,931,000	—
1982-D		480,042,788	—
1982-S	‹§›	—	3,857,479
1983-P		673,535,000	—
1983-D		617,806,446	—
1983-S	‹§›	—	3,279,126
1984-P		676,545,000	—
1984-D		546,483,064	—
1984-S	‹§›	—	3,065,110
1985-P		775,818,962	—
1985-D		519,962,888	—
1985-S	‹§›	—	3,362,821
1986-P		551,199,333	—
1986-D		504,298,660	—
1986-S	‹§›	—	3,010,497
1987-P		582,499,481	—
1987-D		655,595,696	—
1987-S	‹§›	—	3,792,233
1988-P		562,052,000	—
1988-D		596,810,688	—
1988-S	‹§›	—	3,262,948
1989-P		512,868,000	—
1989-D		896,733,858	—
1989-S	‹§›	—	3,220,914
1990-P		613,792,000	—
1990-D		927,638,181	—
1990-S	‹§›	—	3,299,559
1991-P		570,960,000	—
1991-D		630,966,693	—
1991-S	‹§›	—	2,867,787
1992-P		384,764,000	—
1992-D		389,777,107	—
1992-S	‹§ ¬›		
Clad		—	2,858,903
90% silver		1,317,641	—
1993-P		639,276,000	—
1993-D		645,476,128	—
1993-S	‹§ ¬›		
Clad		—	U
90% silver		U	—
1994-P		U	—

WASHINGTON QUARTER DOLLAR (CONT.)

DATE	NOTE	BUSINESS	PROOF
1994-D		U	—
1994-S	‹§›¬		
Clad		—	U
90% silver	——		U

FLOWING HAIR HALF DOLLAR

DATE	NOTE	BUSINESS	PROOF
1794		23,464	—
1795		299,680	—

DRAPED BUST, SMALL EAGLE HALF DOLLAR

DATE	NOTE	BUSINESS	PROOF
1796		934	—
1797		2,984	—

DRAPED BUST, HERALDIC EAGLE HALF DOLLAR

DATE	NOTE	BUSINESS	PROOF
1801		30,289	—
1802		29,890	—
1803		188,234	—
1805		211,722	—
1806		839,576	—
1807		301,076	—

CAPPED BUST HALF DOLLAR

DATE	NOTE	BUSINESS	PROOF
1807		750,500	—
1808		1,368,600	—
1809		1,405,810	—
1810		1,276,276	—
1811		1,203,644	—
1812		1,628,059	—
1813		1,241,903	—
1814		1,039,075	—
1815		47,150	—
1817	‹44›	1,215,567	Δ
1818		1,960,322	Δ
1819		2,208,000	Δ
1820		751,122	Δ
1821		1,305,797	Δ
1822		1,559,573	Δ
1823		1,694,200	Δ
1824		3,504,954	Δ
1825		2,943,166	Δ
1826		4,004,180	Δ
1827		5,493,400	Δ
1828		3,075,200	Δ
1829		3,712,156	Δ
1830		4,764,800	Δ
1831		5,873,660	Δ
1832		4,797,000	Δ
1833		5,206,000	Δ (R)
1834		6,412,004	Δ (R)
1835		5,352,006	Δ (R)
1836 ¬			
Lettered Edge		6,545,000	Δ
Reeded Edge	‹45›	1,200	Δ
1837		3,629,820	Δ
1838 (P)		3,546,000	Δ
1838-O	‹46›	—	Δ
1839 (P)		1,362,160	Δ
1839-O	‹47›	178,976	Δ

SEATED LIBERTY HALF DOLLAR

DATE	NOTE	BUSINESS	PROOF
1839 (P)	‹48›	1,972,400	Δ
1840 (P)		1,435,008	Δ
1840-O		855,100	—
1841 (P)		310,000	Δ
1841-O		401,000	—
1842 (P)		2,012,764	Δ
1842-O		957,000	—
1843 (P)		3,844,000	Δ
1843-O		2,268,000	—
1844 (P)		1,766,000	Δ

SEATED LIBERTY HALF DOLLAR (CONT.)

DATE	NOTE	BUSINESS	PROOF
1844-O		2,005,000	—
1845 (P)		589,000	Δ
1845-O		2,094,000	—
1846 (P)		2,210,000	Δ
1846-O		2,304,000	—
1847 (P)		1,156,000	Δ
1847-O		2,584,000	—
1848 (P)		580,000	Δ
1848-O		3,180,000	—
1849 (P)		1,252,000	Δ
1849-O		2,310,000	—
1850 (P)		227,000	Δ
1850-O		2,456,000	—
1851 (P)		200,750	—
1851-O		402,000	—
1852 (P)		77,130	Δ
1852-O		144,000	—
1853 (P)	‹16, 49›	3,532,708	Δ
1853-O	‹49›	1,328,000	—
1854 (P)		2,982,000	Δ
1854-O		5,240,000	—
1855 (P)		759,500	Δ
1855-O		3,688,000	—
1855-S	‹50›	129,950	Δ
1856 (P)		938,000	Δ
1856-O		2,658,000	—
1856-S		211,000	—
1857 (P)		1,988,000	Δ
1857-O		818,000	—
1857-S		158,000	—
1858 (P)		4,226,000	Δ
1858-O		7,294,000	—
1858-S		476,000	—
1859 (P)		748,000	Δ
1859-O		2,834,000	—
1859-S		566,000	—
1860 (P)		302,700	1,000
1860-O		1,290,000	—
1860-S		472,000	—
1861 (P)		2,887,400	1,000
1861-O	‹51›	2,532,633	Δ
1861-S		939,500	—
1862 (P)		253,000	550
1862-S		1,352,000	—
1863 (P)		503,200	460
1863-S		916,000	—
1864 (P)		379,100	470
1864-S		658,000	—
1865 (P)		511,400	500
1865-S		675,000	—
1866 (P)	‹40›	744,900	725
1866-S ¬			
No Motto	‹40›	60,000	—
Motto	‹40›	994,000	—
1867 (P)		449,300	625
1867-S		1,196,000	—
1868 (P)		417,600	600
1868-S		1,160,000	—
1869 (P)		795,300	600
1869-S		656,000	—
1870 (P)		633,900	1,000
1870-CC		54,617	—
1870-S		1,004,000	—
1871 (P)		1,203,600	960
1871-CC		153,950	—
1871-S		2,178,000	—
1872 (P)		880,600	950
1872-CC		257,000	—
1872-S		580,000	—

SEATED LIBERTY HALF DOLLAR (CONT.)

DATE	NOTE	BUSINESS	PROOF
1873 (P) ¬			
No Arrows	‹6›	801,200	600
With Arrows	‹6›	1,815,150	550
1873-CC ¬			
No Arrows	‹6, 52›	122,500	——
With Arrows	‹6›	214,560	——
1873-S ¬			
No Arrows	‹6›	5,000	——
With Arrows	‹6›	228,000	——
1874 (P)		2,359,600	700
1874-CC		59,000	——
1874-S		394,000	——
1875 (P)		6,026,800	700
1875-CC		1,008,000	——
1875-S		3,200,000	——
1876 (P)		8,418,000	1,150
1876-CC		1,956,000	——
1876-S		4,528,000	——
1877 (P)		8,304,000	510
1877-CC		1,420,000	——
1877-S		5,356,000	——
1878 (P)		1,377,600	800
1878-CC		62,000	——
1878-S		12,000	——
1879 (P)		4,800	1,100
1880 (P)		8,400	1,355
1881 (P)		10,000	975
1882 (P)		4,400	1,100
1883 (P)		8,000	1,039
1884 (P)		4,400	875
1885 (P)		5,200	930
1886 (P)		5,000	886
1887 (P)		5,000	710
1888 (P)		12,001	832
1889 (P)		12,000	711
1890 (P)		12,000	590
1891 (P)		200,000	600

BARBER HALF DOLLAR

DATE	NOTE	BUSINESS	PROOF
1892 (P)		934,245	1,245
1892-O		390,000	——
1892-S		1,029,028	——
1893 (P)		1,826,000	792
1893-O		1,389,000	——
1893-S		740,000	——
1894 (P)		1,148,000	972
1894-O		2,138,000	——
1894-S		4,048,690	——
1895 (P)		1,834,338	880
1895-O	‹53›	1,766,000	Δ
1895-S		1,108,086	——
1896 (P)		950,000	762
1896-O		924,000	——
1896-S		1,140,948	——
1897 (P)		2,480,000	731
1897-O		632,000	——
1897-S		933,900	——
1898 (P)		2,956,000	735
1898-O		874,000	——
1898-S		2,358,550	——
1899 (P)		5,538,000	846
1899-O		1,724,000	——
1899-S		1,686,411	——
1900 (P)		4,762,000	912
1900-O		2,744,000	——
1900-S		2,560,322	——
1901 (P)		4,268,000	813
1901-O		1,124,000	——
1901-S		847,044	——
1902 (P)		4,922,000	777

BARBER HALF DOLLAR (CONT.)

DATE	NOTE	BUSINESS	PROOF
1902-O		2,526,000	——
1902-S		1,460,670	——
1903 (P)		2,278,000	755
1903-O		2,100,000	——
1903-S		1,920,772	——
1904 (P)		2,992,000	670
1904-O		1,117,600	——
1904-S		553,038	——
1905 (P)		662,000	727
1905-O		505,000	——
1905-S		2,494,000	——
1906 (P)		2,638,000	675
1906-D		4,028,000	——
1906-O		2,446,000	——
1906-S		1,740,154	——
1907 (P)		2,598,000	575
1907-D		3,856,000	——
1907-O		3,946,600	——
1907-S		1,250,000	——
1908 (P)		1,354,000	545
1908-D		3,280,000	——
1908-O		5,360,000	——
1908-S		1,644,828	——
1909 (P)		2,368,000	650
1909-O		925,400	——
1909-S		1,764,000	——
1910 (P)		418,000	551
1910-S		1,948,000	——
1911 (P)		1,406,000	543
1911-D		695,080	——
1911-S		1,272,000	——
1912 (P)		1,550,000	700
1912-D		2,300,800	——
1912-S		1,370,000	——
1913 (P)		188,000	627
1913-D		534,000	——
1913-S		604,000	——
1914 (P)		124,230	380
1914-S		992,000	——
1915 (P)		138,000	450
1915-D		1,170,400	——
1915-S		1,604,000	——

WALKING LIBERTY HALF DOLLAR

DATE	NOTE	BUSINESS	PROOF
1916 (P)		608,000	Δ
1916-D		1,014,400	——
1916-S		508,000	——
1917 (P)		12,292,000	——
1917-D ¬			
Obv. Mint Mark		765,400	
Rev. Mint Mark		1,940,000	——
1917-S ¬			
Obv. Mint Mark		952,000	——
Rev. Mint Mark		5,554,000	——
1918 (P)		6,634,000	——
1918-D		3,853,040	——
1918-S		10,282,000	——
1919 (P)		962,000	——
1919-D		1,165,000	——
1919-S		1,552,000	——
1920 (P)		6,372,000	——
1920-D		1,551,000	——
1920-S		4,624,000	——
1921 (P)		246,000	——
1921-D		208,000	——
1921-S		548,000	——
1923-S		2,178,000	——
1927-S		2,392,000	——
1928-S		1,940,000	——
1929-D		1,001,200	——

WALKING LIBERTY HALF DOLLAR (CONT.) / FRANKLIN HALF DOLLAR (CONT.)

DATE	NOTE	BUSINESS	PROOF	DATE	NOTE	BUSINESS	PROOF
1929-S		1,902,000	—	1960 (P)	‹§›	6,024,000	1,691,602
1933-S		1,786,000	—	1960-D		18,215,812	—
1934 (P)		6,964,000	—	1961 (P)	‹§›	8,290,000	3,028,244
1934-D		2,361,400	—	1961-D		20,276,442	—
1934-S		3,652,000	—	1962 (P)	‹§›	9,714,000	3,218,019
1935 (P)		9,162,000	—	1962-D		35,473,281	—
1935-D		3,003,800	—	1963 (P)	‹§›	22,164,000	3,075,645
1935-S		3,854,000	—	1963-D		67,069,292	—
1936 (P)		12,614,000	3,901	**KENNEDY HALF DOLLAR**			
1936-D		4,252,400	—	1964 (P)	‹§, 11›	273,304,004	3,950,762
1936-S		3,884,000	—	1964-D	‹11›	156,205,446	—
1937 (P)		9,522,000	5,728	1965 (P)	‹11›		—
1937-D		1,676,000	—	1965 (D)	‹11›	63,049,366	—
1937-S		2,090,000	—	1965 (S)	‹11, 54›	470,000	—
1938 (P)		4,110,000	8,152	1966 (P)	‹11›		—
1938-D		491,600	—	1966 (D)	‹11›	106,439,312	—
1939 (P)		6,812,000	8,808	1966 (S)	‹11, 54›	284,037	—
1939-D		4,267,800	—	1967 (P)	‹11›		—
1939-S		2,552,000	—	1967 (D)	‹11›	293,183,634	—
1940 (P)		9,156,000	11,279	1967 (S)	‹11, 54›		—
1940-S		4,550,000	—	1968-D		246,951,930	—
1941 (P)		24,192,000	15,412	1968-S	‹§›		3,041,506
1941-D		11,248,400	—	1969-D		129,881,800	—
1941-S		8,098,000	—	1969-S	‹§›		2,934,631
1942 (P)		47,818,000	21,120	1970-D	‹55›	2,150,000	—
1942-D		10,973,800	—	1970-S	‹§›		2,632,810
1942-S		12,708,000	—	1971 (P)		155,164,000	—
1943 (P)		53,190,000	—	1971-D		302,097,424	—
1943-D		11,346,000	—	1971-S	‹§›		3,220,733
1943-S		13,450,000	—	1972 (P)		153,180,000	—
1944 (P)		28,206,000	—	1972-D		141,890,000	—
1944-D		9,769,000	—	1972-S	‹§›		3,260,996
1944-S		8,904,000	—	1973 (P)		64,964,000	—
1945 (P)		31,502,000	—	1973-D		83,171,400	—
1945-D		9,996,800	—	1973-S	‹§›		2,760,339
1945-S		10,156,000	—	1974 (P)	‹43›	201,596,000	—
1946 (P)		12,118,000	—	1974-D	‹43›	79,066,300	—
1946-D		2,151,000	—	1974-S	‹§, 43›		2,612,568
1946-S		3,724,000	—	1976 (P)	‹43›	234,308,000	—
1947 (P)		4,094,000	—	1976-D	‹43›	287,565,248	—
1947-D		3,900,600	—	1976-S	‹43›		—
FRANKLIN HALF DOLLAR				1977 (P)		43,598,000	—
1948 (P)		3,006,814	—	1977-D		31,449,106	—
1948-D		4,028,600	—	1977-S	‹§›		3,236,798
1949 (P)		5,614,000	—	1978 (P)		14,350,000	—
1949-D		4,120,600	—	1978-D		13,765,799	—
1949-S		3,744,000	—	1978-S	‹§›		3,120,285
1950 (P)	‹§›	7,742,123	51,386	1979 (P)		68,312,000	—
1950-D		8,031,600	—	1979-D		15,815,422	—
1951 (P)	‹§›	16,802,102	57,500	1979-S	‹§›		3,677,175
1951-D		9,475,200	—	1980-P	‹25›	44,134,000	—
1951-S		13,696,000	—	1980-D		33,456,449	—
1952 (P)	‹§›	21,192,093	81,980	1980-S	‹§›		3,554,806
1952-D		25,395,600	—	1981-P		29,544,000	—
1952-S		5,526,000	—	1981-D		27,839,533	—
1953 (P)	‹§›	2,668,120	128,800	1981-S	‹§›		4,063,083
1953-D		20,900,400	—	1982-P		10,819,000	—
1953-S		4,148,000	—	1982-D		13,140,102	—
1954 (P)	‹§›	13,188,203	233,300	1982-S	‹§›		3,857,479
1954-D		25,445,580	—	1983-P		34,139,000	—
1954-S		4,993,400	—	1983-D		32,472,244	—
1955 (P)	‹§›	2,498,181	378,200	1983-S	‹§›		3,279,126
1956 (P)	‹§›	4,032,000	669,384	1984-P		26,029,000	—
1957 (P)	‹§›	5,114,000	1,247,952	1984-D		26,262,158	—
1957-D		19,966,850	—	1984-S	‹§›		3,065,110
1958 (P)	‹§›	4,042,000	875,652	1985-P		18,706,962	—
1958-D		23,962,412	—	1985-D		19,814,034	—
1959 (P)	‹§›	6,200,000	1,149,291	1985-S	‹§›		3,362,821
1959-D		13,053,750	—	1986-P		13,107,633	—

KENNEDY HALF DOLLAR (CONT.)

DATE	NOTE	BUSINESS	PROOF
1986-D		15,366,145	——
1986-S	‹§›	——	3,010,497
1987-P	‹55›	==	==
1987-D	‹55›	==	==
1987-S	‹§›	——	3,792,233
1988-P		13,626,000	==
1988-D		12,000,096	==
1988-S	‹§›	——	3,262,948
1989-P		24,542,000	==
1989-D		23,000,216	==
1989-S	‹§›	——	3,220,914
1990-P		22,278,000	==
1990-D		20,096,242	==
1990-S	‹§›	——	3,299,559
1991-P		14,874,000	==
1991-D		15,054,678	==
1991-S	‹§›	——	2,867,787
1992-P		17,628,000	==
1992-D		17,000,106	==
1992-S	‹§› ¬		
Clad		——	2,858,903
90% Silver		——	1,317,641
1993-P		15,510,000	==
1993-D		15,000,006	==
1993-S	‹§› ¬		
Clad		——	U
90% Silver		——	U
1994-P		U	==
1994-D		U	==
1994-S	‹§› ¬		
Clad		——	U
90% Silver		——	U

FLOWING HAIR SILVER DOLLAR

DATE	NOTE	BUSINESS	PROOF
1794		1,758	==
1795		160,295	==

DRAPED BUST SILVER DOLLAR

DATE	NOTE	BUSINESS	PROOF
1795		42,738	==
1796		72,920	==
1797		7,776	==
1798	‹56›	327,536	==
1799		423,515	==
1800		220,920	==
1801	‹57›	54,454	==
1802	‹57›	41,650	==
1803	‹57›	85,634	==
1804	‹58›	——	==
1805	‹59›	——	==

GOBRECHT SILVER DOLLAR

DATE	NOTE	BUSINESS	PROOF
1836	‹60›	1,600	Δ
1838	‹60›	——	Δ
1839 (P)	‹60›	300	Δ

SEATED LIBERTY SILVER DOLLAR

DATE	NOTE	BUSINESS	PROOF
1840 (P)		61,005	Δ (R)
1841 (P)		173,000	Δ (R)
1842 (P)		184,618	Δ (R)
1843 (P)		165,100	Δ (R)
1844 (P)		20,000	Δ (R)
1845 (P)		24,500	Δ (R)
1846 (P)		110,600	Δ (R)
1846-O		59,000	—— (R)
1847 (P)		140,750	Δ (R)
1848 (P)		15,000	Δ (R)
1849 (P)		62,600	Δ (R)
1850 (P)		7,500	Δ (R)
1850-O		40,000	—— (R)
1851 (P)		1,300	Δ (R)
1852 (P)		1,100	Δ (R)
1853 (P)	‹16, 61›	46,110	—— (R)

SEATED LIBERTY DOLLAR (CONT.)

DATE	NOTE	BUSINESS	PROOF
1854 (P)		33,140	Δ
1855 (P)		26,000	Δ
1856 (P)		63,500	Δ
1857 (P)		94,000	Δ
1858 (P)	‹62›	——	Δ
1859 (P)		256,500	Δ
1859-O		360,000	——
1859-S		20,000	——
1860 (P)		217,600	1,330
1860-O		515,000	——
1861 (P)		77,500	1,000
1862 (P)		11,540	550
1863 (P)		27,200	460
1864 (P)		30,700	470
1865 (P)		46,500	500
1866 (P)	‹40›	48,900	725
1867 (P)		46,900	625
1868 (P)		162,100	600
1869 (P)		423,700	600
1870 (P)		415,000	1,000
1870-CC	‹63›	12,462	Δ
1870-S	‹64›		
1871 (P)		1,073,800	960
1871-CC		1,376	——
1872 (P)		1,105,500	950
1872-CC		3,150	——
1872-S		9,000	——
1873 (P)	‹6›	293,000	600
1873-CC	‹6›	2,300	——
1873-S	‹6, 65›	700	——

MORGAN SILVER DOLLAR

DATE	NOTE	BUSINESS	PROOF
1878 (P)	‹66›	10,508,550	1,000
1878-CC		2,212,000	——
1878-S		9,774,000	——
1879 (P)		14,806,000	1,100
1879-CC		756,000	——
1879-O	‹67›	2,887,000	Δ
1879-S		9,110,000	——
1880 (P)		12,600,000	1,355
1880-CC		591,000	——
1880-O		5,305,000	——
1880-S		8,900,000	——
1881 (P)		9,163,000	975
1881-CC		296,000	——
1881-O		5,708,000	——
1881-S		12,760,000	——
1882 (P)		11,100,000	1,100
1882-CC	‹68›	1,133,000	Δ
1882-O		6,090,000	——
1882-S		9,250,000	——
1883 (P)		12,290,000	1,039
1883-CC	‹69›	1,204,000	Δ
1883-O	‹70›	8,725,000	Δ
1883-S		6,250,000	——
1884 (P)		14,070,000	875
1884-CC	‹71›	1,136,000	Δ
1884-O		9,730,000	——
1884-S		3,200,000	——
1885 (P)		17,786,837	930
1885-CC		228,000	——
1885-O		9,185,000	——
1885-S		1,497,000	——
1886 (P)		19,963,000	886
1886-O		10,710,000	——
1886-S		750,000	——
1887 (P)		20,290,000	710
1887-O		11,550,000	——
1887-S		1,771,000	——
1888 (P)		19,183,000	832

MORGAN SILVER DOLLAR (CONT.)

DATE	NOTE	BUSINESS	PROOF
1888-O		12,150,000	—
1888-S		657,000	—
1889 (P)		21,726,000	811
1889-CC		350,000	—
1889-O		11,875,000	—
1889-S		700,000	—
1890 (P)		16,802,000	590
1890-CC		2,309,041	—
1890-O		10,701,000	—
1890-S		8,230,373	—
1891 (P)		8,693,556	650
1891-CC		1,618,000	—
1891-O		7,954,529	—
1891-S		5,296,000	—
1892 (P)		1,036,000	1,245
1892-CC		1,352,000	—
1892-O		2,744,000	—
1892-S		1,200,000	—
1893 (P)		389,000	792
1893-CC	‹72›	677,000	Δ
1893-O		300,000	—
1893-S		100,000	—
1894 (P)		110,000	972
1894-O		1,723,000	—
1894-S		1,260,000	—
1895 (P)	‹73›	12,000	880
1895-O		450,000	—
1895-S		400,000	—
1896 (P)		9,976,000	762
1896-O		4,900,000	—
1896-S		5,000,000	—
1897 (P)		2,822,000	731
1897-O		4,004,000	—
1897-S		5,825,000	—
1898 (P)		5,884,000	735
1898-O		4,440,000	—
1898-S		4,102,000	—
1899 (P)		330,000	846
1899-O		12,290,000	—
1899-S		2,562,000	—
1900 (P)		8,830,000	912
1900-O		12,590,000	—
1900-S		3,540,000	—
1901 (P)		6,962,000	813
1901-O		13,320,000	—
1901-S		2,284,000	—
1902 (P)		7,994,000	777
1902-O		8,636,000	—
1902-S		1,530,000	—
1903 (P)		4,652,000	755
1903-O		4,450,000	—
1903-S		1,241,000	—
1904 (P)		2,788,000	650
1904-O		3,720,000	—
1904-S		2,304,000	—
1921 (P)		44,690,000	Δ
1921-D		20,345,000	—
1921-S		21,695,000	—

PEACE SILVER DOLLAR

DATE	NOTE	BUSINESS	PROOF
1921 (P)	‹74›	1,006,473	—
1922 (P)		51,737,000	Δ
1922-D		15,063,000	—
1922-S		17,475,000	—
1923 (P)		30,800,000	—
1923-D		6,811,000	—
1923-S		19,020,000	—
1924 (P)		11,811,000	—
1924-S		1,728,000	—
1925 (P)		10,198,000	—

PEACE SILVER DOLLAR (CONT.)

DATE	NOTE	BUSINESS	PROOF
1925-S		1,610,000	—
1926 (P)		1,939,000	—
1926-D		2,348,700	—
1926-S		6,980,000	—
1927 (P)		848,000	—
1927-D		1,268,900	—
1927-S		866,000	—
1928 (P)		360,649	—
1928-S		1,632,000	—
1934 (P)		954,057	—
1934-D		1,569,500	—
1934-S		1,011,000	—
1935 (P)		1,576,000	—
1935-S		1,964,000	—

TRADE DOLLAR

DATE	NOTE	BUSINESS	PROOF
1873 (P)	‹6, 75›	396,635	865
1873-CC	‹6›	124,500	—
1873-S	‹6›	703,000	—
1874 (P)		987,100	700
1874-CC		1,373,200	—
1874-S		2,549,000	—
1875 (P)		218,200	700
1875-CC		1,573,700	—
1875-S		4,487,000	—
1876 (P)		455,000	1,150
1876-CC		509,000	—
1876-S		5,227,000	—
1877 (P)		3,039,200	510
1877-CC		534,000	—
1877-S		9,519,000	—
1878 (P)			900
1878-CC		97,000	—
1878-S		4,162,000	—
1879 (P)			1,541
1880 (P)			1,987
1881 (P)			960
1882 (P)			1,097
1883 (P)			979
1884 (P)	‹76›		10
1885 (P)	‹76›		5

EISENHOWER DOLLAR

DATE	NOTE	BUSINESS	PROOF
1971 (P)		47,799,000	—
1971-D		68,587,424	—
1971-S ¬			
40% silver	‹§, 77›	6,868,530	4,265,234
1972 (P)		75,890,000	—
1972-D		92,548,511	—
1972-S ¬			
40% silver	‹77›	2,193,056	1,811,631
1973 (P)	‹78›	2,000,056	—
1973-D	‹78›	2,000,000	—
1973-S ¬			
copper-nickel	‹§›	—	2,760,339
40% silver	‹77›	1,883,140	1,013,646
1974 (P)	‹43›	27,366,000	—
1974-D	‹43›	45,517,000	—
1974-S ¬			
copper-nickel	‹§, 43›	—	2,612,568
40% silver	‹43, 77›	1,900,156	1,306,579
1976 (P)	‹43›	117,337,000	—
1976-D	‹43›	103,228,274	—
1976-S	‹43, 77›		—
1977 (P)		12,596,000	—
1977-D		32,983,006	—
1977-S	‹§›		3,236,798
1978 (P)		25,702,000	—
1978-D		33,012,890	—
1978-S	‹§›		3,120,285

ANTHONY DOLLAR

DATE	NOTE	BUSINESS	PROOF
1979-P	‹25›	360,222,000	—
1979-D		288,015,744	—
1979-S	‹§›	109,576,000	3,677,175
1980-P		27,610,000	—
1980-D		41,628,708	—
1980-S	‹§›	20,422,000	3,554,806
1981-P	‹79›	3,000,000	—
1981-D	‹79›	3,250,000	—
1981-S	‹§, 79›	3,492,000	4,063,083

CORONET GOLD DOLLAR

DATE	NOTE	BUSINESS	PROOF
1849 (P)		688,567	Δ
1849-C		11,634	—
1849-D		21,588	—
1849-O		215,000	—
1850 (P)		481,953	—
1850-C		6,966	—
1850-D		8,382	—
1850-O		14,000	—
1851 (P)		3,317,671	—
1851-C		41,267	—
1851-D		9,882	—
1851-O		290,000	—
1852 (P)		2,045,351	—
1852-C		9,434	—
1852-D		6,360	—
1852-O		140,000	—
1853 (P)		4,076,051	—
1853-C		11,515	—
1853-D		6,583	—
1853-O		290,000	—
1854 (P)		736,709	Δ
1854-D		2,935	—
1854-S		14,632	—

INDIAN HEAD GOLD DOLLAR

DATE	NOTE	BUSINESS	PROOF
1854 (P)		902,736	Δ
1855 (P)		758,269	Δ
1855-C		9,803	—
1855-D		1,811	—
1855-O		55,000	—
1856 (P) ¬ Large Head		1,762,936	Δ
1856-D ¬ Large Head		1,460	—
1856-S ¬ Small Head		24,600	—
1857 (P)		774,789	Δ
1857-C		13,280	—
1857-D		3,533	—
1857-S		10,000	—
1858 (P)		117,995	Δ
1858-D		3,477	—
1858-S		10,000	—
1859 (P)		168,244	Δ
1859-C		5,235	—
1859-D		4,952	—
1859-S		15,000	—
1860 (P)		36,514	154
1860-D		1,566	—
1860-S		13,000	—
1861 (P)		527,150	349
1861-D	‹80›	—	—
1862 (P)		1,361,365	35
1863 (P)		6,200	50
1864 (P)		5,900	50
1865 (P)		3,700	25
1866 (P)		7,100	30
1867 (P)		5,200	50
1868 (P)		10,500	25
1869 (P)		5,900	25

INDIAN HEAD GOLD DOLLAR (CONT.)

DATE	NOTE	BUSINESS	PROOF
1870 (P)		6,300	35
1870-S	‹81›	3,000	—
1871 (P)		3,900	30
1872 (P)		3,500	30
1873 (P)	‹6›	125,100	25
1874 (P)		198,800	20
1875 (P)		400	20
1876 (P)		3,200	45
1877 (P)		3,900	20
1878 (P)		3,000	20
1879 (P)		3,000	30
1880 (P)		1,600	36
1881 (P)		7,620	87
1882 (P)		5,000	125
1883 (P)		10,800	207
1884 (P)		5,230	1,006
1885 (P)		11,156	1,105
1886 (P)		5,000	1,016
1887 (P)		7,500	1,043
1888 (P)		15,501	1,079
1889 (P)		28,950	1,779

CAPPED BUST $2.50 QUARTER EAGLE

DATE	NOTE	BUSINESS	PROOF
1796		1,395	—
1797		427	—
1798		1,094	—
1802		3,035	—
1804		3,327	—
1805		1,781	—
1806		1,616	—
1807		6,812	—

CAPPED DRAPED BUST $2.50 QUARTER EAGLE

DATE	NOTE	BUSINESS	PROOF
1808		2,710	—

CAPPED HEAD $2.50 QUARTER EAGLE

DATE	NOTE	BUSINESS	PROOF
1821		6,448	Δ
1824		2,600	Δ
1825		4,434	Δ
1826		760	Δ
1827		2,800	Δ
1829		3,403	Δ
1830		4,540	Δ
1831		4,520	Δ
1832		4,400	Δ
1833		4,160	Δ
1834	‹82›	4,000	Δ

CLASSIC HEAD $2.50 QUARTER EAGLE

DATE	NOTE	BUSINESS	PROOF
1834		113,370	Δ
1835		131,402	Δ
1836		547,986	Δ
1837		45,080	Δ
1838 (P)		47,030	—
1838-C		7,908	—
1839 (P)		27,021	—
1839-C		18,173	—
1839-D		13,674	—
1839-O		17,781	—

CORONET $2.50 QUARTER EAGLE

DATE	NOTE	BUSINESS	PROOF
1840 (P)		18,859	Δ
1840-C		12,838	—
1840-D		3,532	—
1840-O		33,580	—
1841 (P)	‹83›		Δ
1841-C		10,297	—
1841-D		4,164	—
1842 (P)		2,823	Δ
1842-C		6,737	—
1842-D		4,643	—

CORONET QUARTER EAGLE (CONT.)

DATE	NOTE	BUSINESS	PROOF
1842-O		19,800	—
1843 (P)		100,546	Δ
1843-C		26,096	=
1843-D		36,209	=
1843-O		363,002	=
1844 (P)		6,784	Δ
1844-C		11,622	=
1844-D		17,332	=
1845 (P)		91,051	Δ
1845-D		19,460	=
1845-O		4,000	=
1846 (P)		21,598	Δ
1846-C		4,808	=
1846-D		19,303	=
1846-O		62,000	=
1847 (P)		29,814	Δ
1847-C		23,226	=
1847-D		15,784	=
1847-O		124,000	=
1848 (P)		7,497	Δ
CAL.	‹84›	1,389	=
1848-C		16,788	=
1848-D		13,771	=
1849 (P)		23,294	Δ
1849-C		10,220	=
1849-D		10,945	=
1850 (P)		252,923	=
1850-C		9,148	=
1850-D		12,148	=
1850-O		84,000	=
1851 (P)		1,372,748	=
1851-C		14,923	=
1851-D		11,264	=
1851-O		148,000	=
1852 (P)		1,159,681	=
1852-C		9,772	=
1852-D		4,078	=
1852-O		140,000	=
1853 (P)		1,404,668	=
1853-D		3,178	=
1854 (P)		596,258	Δ
1854-C		7,295	=
1854-D		1,760	=
1854-O		153,000	=
1854-S		246	=
1855 (P)		235,480	Δ
1855-C		3,677	=
1855-D		1,123	=
1856 (P)		384,240	Δ
1856-C		7,913	=
1856-D		874	=
1856-O		21,100	=
1856-S		71,120	=
1857 (P)		214,130	Δ
1857-D		2,364	=
1857-O		34,000	=
1857-S		69,200	=
1858 (P)		47,377	Δ
1858-C		9,056	=
1859 (P)		39,444	Δ
1859-D		2,244	=
1859-S		15,200	=
1860 (P)		22,563	112
1860-C		7,469	=
1860-S		35,600	=
1861 (P)		1,272,428	90
1861-S		24,000	=
1862 (P)		98,508	35
1862-S		8,000	=

CORONET QUARTER EAGLE (CONT.)

DATE	NOTE	BUSINESS	PROOF
1863 (P)		—	30
1863-S		10,800	—
1864 (P)		2,824	50
1865 (P)		1,520	25
1865-S		23,376	—
1866 (P)		3,080	30
1866-S		38,960	—
1867 (P)		3,200	50
1867-S		28,000	—
1868 (P)		3,600	25
1868-S		34,000	—
1869 (P)		4,320	25
1869-S		29,500	—
1870 (P)		4,520	35
1870-S		16,000	—
1871 (P)		5,320	30
1871-S		22,000	—
1872 (P)		3,000	30
1872-S		18,000	—
1873 (P)	‹6›	178,000	25
1873-S	‹6›	27,000	—
1874 (P)		3,920	20
1875 (P)		400	20
1875-S		11,600	—
1876 (P)		4,176	45
1876-S		5,000	—
1877 (P)		1,632	20
1877-S		35,400	—
1878 (P)		286,240	20
1878-S		178,000	—
1879 (P)		88,960	30
1879-S		43,500	—
1880 (P)		2,960	36
1881 (P)		640	51
1882 (P)		4,000	67
1883 (P)		1,920	82
1884 (P)		1,950	73
1885 (P)		800	87
1886 (P)		4,000	88
1887 (P)		6,160	122
1888 (P)		16,006	92
1889 (P)		17,500	48
1890 (P)		8,720	93
1891 (P)		10,960	80
1892 (P)		2,440	105
1893 (P)		30,000	106
1894 (P)		4,000	122
1895 (P)		6,000	119
1896 (P)		19,070	132
1897 (P)		29,768	136
1898 (P)		24,000	165
1899 (P)		27,200	150
1900 (P)		67,000	205
1901 (P)		91,100	223
1902 (P)		133,540	193
1903 (P)		201,060	197
1904 (P)		160,790	170
1905 (P)		217,800	144
1906 (P)		176,330	160
1907 (P)		336,294	154

INDIAN HEAD $2.50 QUARTER EAGLE

DATE	NOTE	BUSINESS	PROOF
1908 (P)		564,821	236
1909 (P)		441,760	139
1910 (P)		492,000	682
1911 (P)		704,000	191
1911-D		55,680	—
1912 (P)		616,000	197
1913 (P)		722,000	165
1914 (P)		240,000	117

INDIAN HEAD $2.50 (CONT.)

DATE	NOTE	BUSINESS	PROOF
1914-D		448,000	—
1915 (P)		606,000	100
1925-D		578,000	—
1926 (P)		446,000	—
1927 (P)		388,000	—
1928 (P)		416,000	—
1929 (P)		532,000	—

THREE DOLLAR GOLD

DATE	NOTE	BUSINESS	PROOF
1854 (P)		138,618	Δ
1854-D		1,120	—
1854-O		24,000	—
1855 (P)		50,555	Δ
1855-S		6,600	—
1856 (P)		26,010	Δ
1856-S		34,500	—
1857 (P)		20,891	Δ
1857-S		14,000	—
1858 (P)		2,133	Δ
1859 (P)		15,638	Δ
1860 (P)		7,036	119
1860-S	‹85›	4,408	—
1861 (P)		5,959	113
1862 (P)		5,750	35
1863 (P)		5,000	39
1864 (P)		2,630	50
1865 (P)		1,140	25
1866 (P)		4,000	30
1867 (P)		2,600	50
1868 (P)		4,850	25
1869 (P)		2,500	25
1870 (P)		3,500	35
1870-S	‹86›	—	—
1871 (P)		1,300	30
1872 (P)		2,000	30
1873 (P)	‹6, 87›	—	25 (R)
1874 (P)		41,800	20
1875 (P)		—	20 (R)
1876 (P)		—	45
1877 (P)		1,468	20
1878 (P)		82,304	20
1879 (P)		3,000	30
1880 (P)		1,000	36
1881 (P)		500	54
1882 (P)		1,500	76
1883 (P)		900	89
1884 (P)		1,000	106
1885 (P)		800	110
1886 (P)		1,000	142
1887 (P)		6,000	160
1888 (P)		5,000	291
1889 (P)		2,300	129

CAPPED BUST $5 HALF EAGLE

DATE	NOTE	BUSINESS	PROOF
1795		8,707	—
1796		6,196	—
1797		3,609	—
1798	‹88›	24,867	—
1799		7,451	—
1800		37,628	—
1802		53,176	—
1803		33,506	—
1804		30,475	—
1805		33,183	—
1806		64,093	—
1807		32,488	—

CAPPED DRAPED BUST $5 HALF EAGLE

DATE	NOTE	BUSINESS	PROOF
1807		51,605	—
1808		55,578	—
1809		33,875	—

CAPPED DRAPED BUST $5 (CONT.)

DATE	NOTE	BUSINESS	PROOF
1810		100,287	—
1811		99,581	—
1812		58,087	—

CAPPED HEAD $5 HALF EAGLE

DATE	NOTE	BUSINESS	PROOF
1813		95,428	—
1814		15,454	—
1815		635	—
1818		48,588	—
1819		51,723	—
1820		263,806	Δ
1821		34,641	Δ
1822	‹89›	17,796	—
1823		14,485	Δ
1824		17,340	Δ
1825	‹90›	29,060	Δ
1826		18,069	Δ
1827		24,913	Δ
1828	‹91›	28,029	Δ
1829		57,442	Δ
1830		126,351	Δ
1831		140,594	Δ
1832		157,487	Δ
1833		193,630	Δ
1834		50,141	Δ

CLASSIC HEAD $5 HALF EAGLE

DATE	NOTE	BUSINESS	PROOF
1834		657,460	Δ
1835		371,534	Δ
1836		553,147	Δ
1837		207,121	Δ
1838 (P)		286,588	Δ
1838-C		19,145	—
1838-D		20,583	—

CORONET $5 HALF EAGLE

DATE	NOTE	BUSINESS	PROOF
1839 (P)		118,143	Δ
1839-C		17,235	—
1839-D		18,939	—
1840 (P)		137,382	Δ
1840-C		19,028	—
1840-D		22,896	—
1840-O		38,700	—
1841 (P)		15,833	Δ
1841-C		21,511	—
1841-D		30,495	—
1841-O		50	—
1842 (P)		27,578	Δ
1842-C		27,480	—
1842-D		59,608	—
1842-O		16,400	—
1843 (P)		611,205	Δ
1843-C		44,353	—
1843-D		98,452	—
1843-O		101,075	—
1844 (P)		340,330	Δ
1844-C		23,631	—
1844-D		88,982	—
1844-O	‹92›	364,600	Δ
1845 (P)		417,099	Δ
1845-D		90,629	—
1845-O		41,000	—
1846 (P)		395,942	Δ
1846-C		12,995	—
1846-D		80,294	—
1846-O		58,000	—
1847 (P)		915,981	Δ
1847-C		84,151	—
1847-D		64,405	—
1847-O		12,000	—
1848 (P)		260,775	Δ

DATE	NOTE	BUSINESS	PROOF	DATE	NOTE	BUSINESS	PROOF
CORONET $5 HALF EAGLE (CONT.)				**CORONET $5 HALF EAGLE (CONT.)**			
1848-C		64,472	—	1868-S		52,000	—
1848-D		47,465	—	1869 (P)		1,760	25
1849 (P)		133,070	—	1869-S		31,000	—
1849-C		64,823	—	1870 (P)		4,000	35
1849-D		39,036	—	1870-CC		7,675	—
1850 (P)		64,491	—	1870-S		17,000	—
1850-C		63,591	—	1871 (P)		3,200	30
1850-D		43,984	—	1871-CC		20,770	—
1851 (P)		377,505	—	1871-S		25,000	—
1851-C		49,176	—	1872 (P)		1,660	30
1851-D		62,710	—	1872-CC		16,980	—
1851-O		41,000	—	1872-S		36,400	—
1852 (P)		573,901	—	1873 (P)	‹6›	112,480	25
1852-C		72,574	—	1873-CC	‹6›	7,416	—
1852-D		91,584	—	1873-S	‹6›	31,000	—
1853 (P)		305,770	—	1874 (P)		3,488	20
1853-C		65,571	—	1874-CC		21,198	—
1853-D		89,678	—	1874-S		16,000	—
1854 (P)		160,675	—	1875 (P)		200	20
1854-C		39,283	—	1875-CC		11,828	—
1854-D		56,413	—	1875-S		9,000	—
1854-O		46,000	—	1876 (P)		1,432	45
1854-S		268	—	1876-CC		6,887	—
1855 (P)		117,098	Δ	1876-S		4,000	—
1855-C		39,788	—	1877 (P)		1,132	20
1855-D		22,432	—	1877-CC		8,680	—
1855-O		11,100	—	1877-S		26,700	—
1855-S		61,000	—	1878 (P)		131,720	20
1856 (P)		197,990	Δ	1878-CC		9,054	—
1856-C		28,457	—	1878-S		144,700	—
1856-D		19,786	—	1879 (P)		301,920	30
1856-O		10,000	—	1879-CC		17,281	—
1856-S		105,100	—	1879-S		426,200	—
1857 (P)		98,188	Δ	1880 (P)		3,166,400	36
1857-C		31,360	—	1880-CC		51,017	—
1857-D		17,046	—	1880-S		1,348,900	—
1857-O		13,000	—	1881 (P)		5,708,760	42
1857-S		87,000	—	1881-CC		13,886	—
1858 (P)		15,136	Δ	1881-S		969,000	—
1858-C		38,856	—	1882 (P)		2,514,520	48
1858-D		15,362	—	1882-CC		82,817	—
1858-S		18,600	—	1882-S		969,000	—
1859 (P)		16,814	Δ	1883 (P)		233,400	61
1859-C		31,847	—	1883-CC		12,958	—
1859-D		10,366	—	1883-S		83,200	—
1859-S		13,220	—	1884 (P)		191,030	48
1860 (P)		19,763	62	1884-CC		16,402	—
1860-C		14,813	—	1884-S		177,000	—
1860-D		14,635	—	1885 (P)		601,440	66
1860-S		21,200	—	1885-S		1,211,500	—
1861 (P)		688,084	66	1886 (P)		388,360	72
1861-C	‹93›	6,879	—	1886-S		3,268,000	—
1861-D		1,597	—	1887 (P)		—	87
1861-S		18,000	—	1887-S		1,912,000	—
1862 (P)		4,430	35	1888 (P)		18,202	94
1862-S		9,500	—	1888-S		293,900	—
1863 (P)		2,442	30	1889 (P)		7,520	45
1863-S		17,000	—	1890 (P)		4,240	88
1864 (P)		4,220	50	1890-CC		53,800	—
1864-S		3,888	—	1891 (P)		61,360	53
1865 (P)		1,270	25	1891-CC		208,000	—
1865-S		27,612	—	1892 (P)		753,480	92
1866 (P)	‹40›	6,700	30	1892-CC		82,968	—
1866-S ¬				1892-O		10,000	—
No Motto	‹40›	9,000	—	1892-S		298,400	—
Motto	‹40›	34,920	—	1893 (P)		1,528,120	77
1867 (P)		6,870	50	1893-CC		60,000	—
1867-S		29,000	—	1893-O		110,000	—
1868 (P)		5,700	25	1893-S		224,000	—

CORONET $5 HALF EAGLE (CONT.)

DATE	NOTE	BUSINESS	PROOF
1894 (P)		957,880	75
1894-O		16,600	—
1894-S		55,900	—
1895 (P)		1,345,855	81
1895-S		112,000	—
1896 (P)		58,960	103
1896-S		155,400	—
1897 (P)		867,800	83
1897-S		354,000	—
1898 (P)		633,420	75
1898-S		1,397,400	—
1899 (P)		1,710,630	99
1899-S	‹94›	1,545,000	Δ
1900 (P)		1,405,500	230
1900-S		329,000	—
1901 (P)		615,900	140
1901-S		3,648,000	—
1902 (P)		172,400	162
1902-S		939,000	—
1903 (P)		226,870	154
1903-S		1,855,000	—
1904 (P)		392,000	136
1904-S		97,000	—
1905 (P)		302,200	108
1905-S		880,700	—
1906 (P)		348,735	85
1906-D	‹95›	320,000	—
1906-S		598,000	—
1907 (P)		626,100	92
1907-D	‹95›	888,000	—
1908 (P)		421,874	—

INDIAN HEAD $5 HALF EAGLE

DATE	NOTE	BUSINESS	PROOF
1908 (P)		577,845	167
1908-D		148,000	—
1908-S		82,000	—
1909 (P)		627,060	78
1909-D		3,423,560	—
1909-O		34,200	—
1909-S		297,200	—
1910 (P)		604,000	250
1910-D		193,600	—
1910-S		770,200	—
1911 (P)		915,000	139
1911-D		72,500	—
1911-S		1,416,000	—
1912 (P)		790,000	144
1912-S		392,000	—
1913 (P)		916,000	99
1913-S		408,000	—
1914 (P)		247,000	125
1914-D		247,000	—
1914-S		263,000	—
1915 (P)		588,000	75
1915-S		164,000	—
1916-S		240,000	—
1929 (P)		662,000	—

CAPPED BUST $10 EAGLE

DATE	NOTE	BUSINESS	PROOF
1795		5,583	—
1796		4,146	—
1797	‹96›	14,555	—
1798		1,742	—
1799		37,449	—
1800		5,999	—
1801		44,344	—
1803		15,017	—
1804		3,757	—

CORONET $10 EAGLE

DATE	NOTE	BUSINESS	PROOF
1838 (P)		7,200	Δ

CORONET $10 EAGLE (CONT.)

DATE	NOTE	BUSINESS	PROOF
1839 (P)	‹97›	38,248	Δ
1840 (P)		47,338	Δ
1841 (P)		63,131	Δ
1841-O		2,500	—
1842 (P)		81,507	Δ
1842-O		27,400	—
1843 (P)		75,462	Δ
1843-O		175,162	—
1844 (P)		6,361	Δ
1844-O	‹98›	118,700	Δ
1845 (P)		26,153	Δ
1845-O		47,500	—
1846 (P)		20,095	Δ
1846-O		81,780	—
1847 (P)		862,258	Δ
1847-O		571,500	—
1848 (P)		145,484	Δ
1848-O		35,850	—
1849 (P)		653,618	—
1849-O		23,900	—
1850 (P)		291,451	—
1850-O		57,500	—
1851 (P)		176,328	—
1851-O		263,000	—
1852 (P)		263,106	—
1852-O	‹99›	18,000	Δ
1853 (P)		201,253	—
1853-O	‹100›	51,000	Δ
1854 (P)		54,250	—
1854-O		52,500	—
1854-S		123,826	—
1855 (P)		121,701	Δ
1855-O		18,000	—
1855-S		9,000	—
1856 (P)		60,490	Δ
1856-O		14,500	—
1856-S		68,000	—
1857 (P)		16,606	Δ
1857-O		5,500	—
1857-S		26,000	—
1858 (P)		2,521	Δ
1858-O		20,000	—
1858-S		11,800	—
1859 (P)		16,093	Δ
1859-O		2,300	—
1859-S		7,000	—
1860 (P)		15,055	50
1860-O		11,100	—
1860-S		5,000	—
1861 (P)		113,164	69
1861-S		15,500	—
1862 (P)		10,960	35
1862-S		12,500	—
1863 (P)		1,218	30
1863-S		10,000	—
1864 (P)		3,530	50
1864-S		2,500	—
1865 (P)		3,980	25
1865-S		16,700	—
1866 (P)	‹40›	3,750	30
1866-S ¬			
No Motto	‹40›	8,500	—
Motto	‹40›	11,500	—
1867 (P)		3,090	50
1867-S		9,000	—
1868 (P)		10,630	25
1868-S		13,500	—
1869 (P)		1,830	25
1869-S		6,430	—

CORONET $10 EAGLE (CONT.)

DATE	NOTE	BUSINESS	PROOF
1870 (P)		3,990	35
1870-CC		5,908	
1870-S		8,000	
1871 (P)		1,790	30
1871-CC		8,085	
1871-S		16,500	
1872 (P)		1,620	30
1872-CC		4,600	
1872-S		17,300	
1873 (P)	‹6›	800	25
1873-CC	‹6›	4,543	
1873-S	‹6›	12,000	
1874 (P)		53,140	20
1874-CC		16,767	
1874-S		10,000	
1875 (P)		100	20
1875-CC		7,715	
1876 (P)		687	45
1876-CC		4,696	
1876-S		5,000	
1877 (P)		797	20
1877-CC		3,332	
1877-S		17,000	
1878 (P)		73,780	20
1878-CC		3,244	
1878-S		26,100	
1879 (P)		384,740	30
1879-CC		1,762	
1879-O		1,500	
1879-S		224,000	
1880 (P)		1,644,840	36
1880-CC		11,190	
1880-O		9,200	
1880-S		506,250	
1881 (P)		3,877,220	42
1881-CC		24,015	
1881-O		8,350	
1881-S		970,000	
1882 (P)		2,324,440	44
1882-CC		6,764	
1882-O		10,820	
1882-S		132,000	
1883 (P)		208,700	49
1883-CC		12,000	
1883-O		800	
1883-S		38,000	
1884 (P)		76,890	45
1884-CC		9,925	
1884-S		124,250	
1885 (P)		253,462	67
1885-S		228,000	
1886 (P)		236,100	60
1886-S		826,000	
1887 (P)		53,600	80
1887-S		817,000	
1888 (P)		132,924	72
1888-O		21,335	
1888-S		648,700	
1889 (P)		4,440	45
1889-S		425,400	
1890 (P)		57,980	63
1890-CC		17,500	
1891 (P)		91,820	48
1891-CC		103,732	
1892 (P)		797,480	72
1892-CC		40,000	
1892-O		28,688	
1892-S		115,500	
1893 (P)		1,840,840	55

CORONET $10 EAGLE (CONT.)

DATE	NOTE	BUSINESS	PROOF
1893-CC		14,000	
1893-O		17,000	
1893-S		141,350	
1894 (P)		2,470,735	43
1894-O		107,500	
1894-S		25,000	
1895 (P)		567,770	56
1895-O		98,000	
1895-S		49,000	
1896 (P)		76,270	78
1896-S		123,750	
1897 (P)		1,000,090	69
1897-O		42,500	
1897-S		234,750	
1898 (P)		812,130	67
1898-S		473,600	
1899 (P)		1,262,219	86
1899-O		37,047	
1899-S		841,000	
1900 (P)		293,840	120
1900-S		81,000	
1901 (P)		1,718,740	85
1901-O		72,041	
1901-S		2,812,750	
1902 (P)		82,400	113
1902-S		469,500	
1903 (P)		125,830	96
1903-O		112,771	
1903-S		538,000	
1904 (P)		161,930	108
1904-O		108,950	
1905 (P)		200,992	86
1905-S		369,250	
1906 (P)		165,420	77
1906-D	‹101›	981,000	Δ
1906-O		86,895	
1906-S		457,000	
1907 (P)		1,203,899	74
1907-D		1,030,000	
1907-S		210,500	

INDIAN HEAD $10 EAGLE

DATE	NOTE	BUSINESS	PROOF
1907 (P)	‹102›	239,406	
1908 (P) ¬			
Without Motto		33,500	
With Motto		341,370	116
1908-D ¬			
Without Motto		210,000	
With Motto		836,500	
1908-S ¬			
With Motto		59,850	
1909 (P)		184,789	74
1909-D		121,540	
1909-S		292,350	
1910 (P)		318,500	204
1910-D		2,356,640	
1910-S		811,000	
1911 (P)		505,500	95
1911-D		30,100	
1911-S		51,000	
1912 (P)		405,000	83
1912-S		300,000	
1913 (P)		442,000	71
1913-S		66,000	
1914 (P)		151,000	50
1914-D		343,500	
1914-S		208,000	
1915 (P)		351,000	75
1915-S		59,000	
1916-S		138,500	

DATE	NOTE	BUSINESS	PROOF
INDIAN HEAD $10 EAGLE (CONT.)			
1920-S		126,500	—
1926-S		1,014,000	—
1930-S		96,000	—
1932 (P)		4,463,000	—
1933 (P)	‹103›	312,500	—
CORONET $20 DOUBLE EAGLE			
1849 (P)	‹104›	—	·Δ
1850 (P)	‹105›	1,170,261	Δ
1850-O		141,000	—
1851 (P)		2,087,155	—
1851-O		315,000	—
1852 (P)		2,053,026	—
1852-O		190,000	—
1853 (P)		1,261,326	—
1853-O		71,000	—
1854 (P)		757,899	—
1854-O		3,250	—
1854-S	‹106›	141,468	Δ
1855 (P)		364,666	—
1855-O		8,000	—
1855-S		879,675	—
1856 (P)		329,878	Δ
1856-O		2,250	—
1856-S		1,189,780	—
1857 (P)		439,375	—
1857-O		30,000	—
1857-S		970,500	—
1858 (P)		211,714	Δ
1858-O		35,250	—
1858-S		846,710	—
1859 (P)		43,597	Δ
1859-O		9,100	—
1859-S		636,445	—
1860 (P)		577,611	59
1860-O		6,600	—
1860-S		544,950	—
1861 (P)	‹107›	2,976,387	66
1861-O	‹108›	17,741	—
1861-S	‹109›	768,000	—
1862 (P)		92,098	35
1862-S		854,173	—
1863 (P)		142,760	30
1863-S		966,570	—
1864 (P)		204,235	50
1864-S		793,660	—
1865 (P)		351,175	25
1865-S		1,042,500	—
1866 (P)	‹40, 110›	698,745	30
1866-S ¬			
No Motto	‹40, 110›	120,000	—
With Motto	‹40, 110›	722,250	—
1867 (P)		251,015	50
1867-S		920,750	—
1868 (P)		98,575	25
1868-S		837,500	—
1869 (P)		175,130	25
1869-S		686,750	—
1870 (P)		155,150	35
1870-CC		3,789	—
1870-S		982,000	—
1871 (P)		80,120	30
1871-CC		17,387	—
1871-S		928,000	—
1872 (P)		251,850	30
1872-CC		26,900	—
1872-S		780,000	—
1873 (P)	‹6›	1,709,800	25
1873-CC	‹6›	22,410	—
1873-S	‹6›	1,040,600	—

DATE	NOTE	BUSINESS	PROOF
CORONET $20 DOUBLE EAGLE (CONT.)			
1874 (P)		366,780	20
1874-CC		115,000	—
1874-S		1,214,000	—
1875 (P)		295,720	20
1875-CC		111,151	—
1875-S		1,230,000	—
1876 (P)		583,860	45
1876-CC		138,441	—
1876-S		1,597,000	—
1877 (P)	‹111›	397,650	20
1877-CC		42,565	—
1877-S		1,735,000	—
1878 (P)		543,625	20
1878-CC		13,180	—
1878-S		1,739,000	—
1879 (P)		207,600	30
1879-CC		10,708	—
1879-O		2,325	—
1879-S		1,223,800	—
1880 (P)		51,420	36
1880-S		836,000	—
1881 (P)		2,220	61
1881-S		727,000	—
1882 (P)		590	59
1882-CC		39,140	—
1882-S		1,125,000	—
1883 (P)		—	92
1883-CC		59,962	—
1883-S		1,189,000	—
1884 (P)		—	71
1884-CC		81,139	—
1884-S		916,000	—
1885 (P)		751	77
1885-CC		9,450	—
1885-S		683,500	—
1886 (P)		1,000	106
1887 (P)		—	121
1887-S		283,000	—
1888 (P)		226,164	102
1888-S		859,600	—
1889 (P)		44,070	41
1889-CC		30,945	—
1889-S		774,700	—
1890 (P)		75,940	55
1890-CC		91,209	—
1890-S		802,750	—
1891 (P)		1,390	52
1891-CC		5,000	—
1891-S		1,288,125	—
1892 (P)		4,430	93
1892-CC		27,265	—
1892-S		930,150	—
1893 (P)		344,280	59
1893-CC		18,402	—
1893-S		996,175	—
1894 (P)		1,368,940	50
1894-S		1,048,550	—
1895 (P)		1,114,605	51
1895-S		1,143,500	—
1896 (P)		792,535	128
1896-S		1,403,925	—
1897 (P)		1,383,175	86
1897-S		1,470,250	—
1898 (P)		170,395	75
1898-S		2,575,175	—
1899 (P)		1,669,300	84
1899-S		2,010,300	—
1900 (P)		1,874,460	124
1900-S		2,459,500	—

CORONET $20 DOUBLE EAGLE (CONT.)

DATE	NOTE	BUSINESS	PROOF
1901 (P)		111,430	96
1901-S		1,596,000	—
1902 (P)		31,140	114
1902-S		1,753,625	—
1903 (P)		287,270	158
1903-S		954,000	—
1904 (P)		6,256,699	98
1904-S		5,134,175	—
1905 (P)		58,919	90
1905-S		1,813,000	—
1906 (P)		69,596	94
1906-D	‹112›	620,250	Δ
1906-S		2,065,750	—
1907 (P)		1,451,786	78
1907-D	‹113›	842,250	Δ
1907-S		2,165,800	—

SAINT-GAUDENS $20 DOUBLE EAGLE

DATE	NOTE	BUSINESS	PROOF
1907 (P) ¬			
Roman Numerals	‹114›	11,250	—
Arabic Numerals		361,667	—
1908 (P) ¬			
No Motto		4,271,551	—
With Motto		156,258	101
1908-D ¬			
No Motto		663,750	—
With Motto		349,500	—
1908-S ¬			
With Motto		22,000	—
1909 (P)		161,215	67
1909-D		52,500	—
1909-S		2,774,925	—
1910 (P)		482,000	167
1910-D		429,000	—
1910-S		2,128,250	—
1911 (P)		197,250	100
1911-D		846,500	—
1911-S		775,750	—
1912 (P)		149,750	74
1913 (P)		168,780	58
1913-D		393,500	—
1913-S		34,000	—
1914 (P)		95,250	70
1914-D		453,000	—
1914-S		1,498,000	—
1915 (P)		152,000	50
1915-S		567,500	—
1916-S		796,000	—
1920 (P)		228,250	—
1920-S		558,000	—
1921 (P)		528,500	—
1922 (P)		1,375,500	—
1922-S		2,658,000	—
1923 (P)		566,000	—
1923-D		1,702,250	—
1924 (P)		4,323,500	—
1924-D		3,049,500	—
1924-S		2,927,500	—
1925 (P)		2,831,750	—
1925-D		2,938,500	—
1925-S		3,776,500	—
1926 (P)		816,750	—
1926-D		481,000	—
1926-S		2,041,500	—
1927 (P)		2,946,750	—
1927-D		180,000	—
1927-S		3,107,000	—
1928 (P)		8,816,000	—
1929 (P)		1,779,750	—
1930-S		74,000	—

SAINT-GAUDENS $20 (CONT.)

DATE	NOTE	BUSINESS	PROOF
1931 (P)		2,938,250	—
1931-D		106,500	—
1932 (P)		1,101,750	—
1933 (P)	‹115›	445,000	—

AMERICAN EAGLE 1-OZ SILVER $1

DATE	NOTE	BUSINESS	PROOF
1986 (S)		5,393,005	—
1986-S		—	1,446,778
1987 (S)		11,442,335	—
1987-S		—	904,732
1988 (S)		5,004,646	—
1988-S		—	557,370
1989 (S or W)		5,203,327	—
1989-S		—	617,694
1990 (S or W)		5,840,110	—
1990-S		—	695,510
1991 (S or W)		7,191,066	—
1991-S		—	511,924
1992 (S or W)		5,540,068	—
1992-S		—	498,543
1993 (S or W)		U	—
1993-S		—	U
1994 (S or W)		U	—
1994-S		—	U

AMERICAN EAGLE 1/10-OZ GOLD $5

DATE	NOTE	BUSINESS	PROOF
1986 (W)		912,609	—
1987 (W)		580,266	—
1988 (W)		159,500	—
1988-P		—	143,881
1989 (W)		264,790	—
1989-P		—	84,647
1990 (W)		210,210	—
1990-P		—	99,349
1991 (W)		165,200	—
1991-P		—	70,334
1992 (W)		209,300	—
1992-P		—	64,874
1993 (W)		U	—
1993-P		—	U
1994 (W)		U	—
1994-P		—	U

AMERICAN EAGLE 1/4-OZ GOLD $10

DATE	NOTE	BUSINESS	PROOF
1986 (W)		726,031	—
1987 (W)		269,255	—
1988 (W)		49,000	—
1988-P		—	98,028
1989 (W)		81,789	—
1989-P		—	54,170
1990 (W)		41,000	—
1990-P		—	62,674
1991 (W)		36,100	—
1991-P		—	50,839
1992 (W)		59,546	—
1992-P		—	46,269
1993 (W)		U	—
1993-P		—	U
1994 (W)		U	—
1994-P		—	U

AMERICAN EAGLE 1/2-OZ GOLD $25

DATE	NOTE	BUSINESS	PROOF
1986 (W)		599,566	—
1987 (W)		131,255	—
1987-P		—	143,398
1988 (W)		45,000	—
1988-P		—	76,528
1989 (W)		44,829	—
1989-P		—	44,798
1990 (W)		31,000	—
1990-P		—	51,636

DATE	NOTE	BUSINESS	PROOF
AMERICAN EAGLE 1/2-OZ GOLD (CONT.)			
1991 (W)		24,100	——
1991-P		——	53,125
1992 (W)		54,404	——
1992-P		——	40,976
1993 (W)		U	——
1993-P		——	U
1994 (W)		U	——
1994-P		——	U
AMERICAN EAGLE 1-OZ GOLD $50			
1986 (W)		1,362,650	——
1986-W		——	446,290
1987 (W)		1,045,500	——
1987-W		——	147,498
1988 (W)		465,500	——

DATE	NOTE	BUSINESS	PROOF
AMERICAN EAGLE 1-OZ GOLD (CONT.)			
1988-W		——	87,133
1989 (W)		415,790	——
1989-W		——	54,570
1990 (W)		373,210	——
1990-W		——	62,401
1991 (W)		243,100	——
1991-W		——	50,411
1992 (W)		275,000	——
1992-W		——	44,826
1993 (W)		U	——
1993-W		——	U
1993 (W)		U	——
1993-W		——	U

MINTAGE NOTES

Many different Proof issues before 1880 were restruck in Proof one or more times. In some instances, as with the 1873 $3 gold piece, there are more coins of this date known than were "officially" struck.

KEY

(R): Known to have been restruck at least once.

(§): Proofs originally sold in sets only.

——: None issued.

Δ: Specimens known or believed to exist; no official mintage reported.

U: Final, official mintages unreported by the U.S. Mint.

NOTES

1. 1804, 1823 cent, and 1811 half cent: Counterfeits, called restrikes, exist which were made outside the Mint, using old, genuine but mismatched Mint dies.

2. 1832-35 half cent: The figures shown are listed in the Mint Report for 1833-36 instead, but are assumed to be misplaced.

3. 1823 cent, dime, quarter dollar: Proofs exist with overdate, 1823/2.

4. 1856 cent: More than 1,000 1856 Flying Eagle cents were struck in Proof and Uncirculated, in this and later years. As they were patterns they are not included in the Mint Report or this figure.

5. 1864 cent: Proof breakdown by varieties thought to be about 300 to 350 copper-nickel and about 100 to 150 bronze coins without the designer's initial L. Perhaps 20 or fewer Proofs with initial L were struck. Business strike bronze coins with designer's initial L are also rarer.

6. 1873 coinage: Early in the year a relatively closed style of 3 was used in the date on all denominations. In response to complaints that the 3 looked like an 8, a new, more open 3 was introduced. Most types were struck with both styles, except for those which were created or discontinued by the Coinage Act of Feb. 12, 1873. This law created the Trade dollar and eliminated the standard silver dollar, the silver 5-cent piece, the 3-cent piece and the 2-cent piece. The weight of the dime, quarter dollar and half dollar were slightly increased, and the heavier coins were marked by arrows for the remainder of 1873 and all of 1874. All Proofs are of the relatively Closed 3 variety.

7. 1877 minor coinages: Proof estimates for this year vary considerably, usually upwards. For lack of any records, the number shown is that of the silver Proofs of this year, conforming with the method used in the preceding years. These figures may be considerably low.

8. 1922 "Plain" cent: No cents were struck in Philadelphia in 1922. Some 1922-D cents are found with the Mint mark missing due to obstructed dies. Beware of altered coins.

9. 1943-(P), D, S cent: All 1943 cents were made of zinc-plated steel. A few 1943 bronze and 1944 steel cents were made by accident. Many fakes of these have been produced. Test any suspected off-metal 1943 or 1944 cent with a magnet to see if it has been plated, and check the date for alterations.

Cents struck on steel planchets produced in 1942 weigh 41.5 grains, while those struck on planchets produced later in 1943 weigh 42.5 grains.

10. 1960 cent: Includes Large Date and Small Date varieties. The Small Date is the scarcer for both Proof and business strikes.

11. 1964-67 coinage: All coins dated 1965-67 were made without Mint marks. Many coins dated 1964-66 were struck in later years.

12. 1982 cent: The composition of the cent changed from 95 percent copper, 5 percent zinc to 97.5 percent zinc, 2.5 percent copper (composed of a planchet of 99.2 percent zinc, 0.8 percent copper, plated with pure copper). Some 1982 cents were struck in late 1981.

13. 1864 2 cents: Struck with Large and Small Motto IN GOD WE TRUST. The Small Motto in Proof is rare.

14. 1873 2 cents: Originally struck in Proof only early in 1873 with a Closed 3. An estimated 500 restrikes in Proof with an Open 3.

15. 1887 copper-nickel 3 cents: Many Proofs struck from an overdated die, 1887/6.

16. 1853 silver coinage: In early 1853 the weight of all fractional silver coins was reduced by about 7 percent, to prevent hoarding and melting. To distinguish between the old and new weights, arrows were placed on either side of the date on the half dime through half dollar, and rays were put around the eagle on the quarter and half dollar. The rays were removed after 1853, and the arrows after 1855. Much of the old silver was withdrawn from circulation and melted. The exception to all this was the silver 3-cent piece, which was decreased in weight but increased in fineness, making it intrinsically worth more than before and proportionate with the other fractional silver coins. No coins of the new weight were struck until 1854, at which time an olive branch and a cluster of arrows was added to the reverse.

17. 1863 silver 3 cents: It is possible that all of these non-Proofs were dated 1862. Proof coins dated 1863/2 were struck in 1864. Obviously these were hard times at the Mint.

18. 1864-(P) silver 3 cents, half dime, and dime: These figures, like many others in the years 1861-1871, are highly controversial due to extraordinary bookkeeping methods used in the Mint in this era.

19. 1867 copper-nickel 5 cents: Struck with rays on reverse (type of 1866) and without rays (type of 1868-83). Approximately 25 Proofs struck With Rays on reverse (type of 1866), and 600 Without Rays (type of 1868-83).

20. 1913 Liberty Head copper-nickel 5 cents: Five unauthorized pieces were struck by person or persons unknown, using Mint machinery and dies. All five accounted for by some sources, although numismatic researcher Walter Breen states that one piece is missing. Beware of forgeries.

21. 1942-1945-(P), P, D, S 5 cents: To conserve nickel during the war, the composition of the 5-cent piece was changed to a 56 percent copper, 35 percent silver, and 9 percent manganese alloy. Coins of this alloy were marked with a large Mint mark over the dome of Monticello, including those from Philadelphia. They consist of some 1942-P, all 1942-S, and all 1943-45 coins. The 1942 Philadelphia coins were made either way. Many wartime alloy 5-cent coins have been melted for their silver content.

22. 1944 copper-nickel 5 cents, 1923-D and 1930-D dimes: Coins without a Mint mark are counterfeits made for circulation. Not all counterfeits are of rare dates, meant to sell at high prices. Some were meant to circulate.

23. 1966 5-cent piece: Two Proof Jefferson 5-cent pieces were struck to mark the addition of designer Felix Schlag's initials, F.S., to the obverse design. At least one coin was presented to Schlag; the other may have been retained by the Mint.

24. 1971 5 cents: Some Proof sets contain 5-cent coins which were struck from a Proof die without a Mint mark. This was an engraver's oversight and is not a filled die. Official estimate of 1,655 sets released.

25. P Mint mark: The P Mint mark, placed on the 1979 Anthony dollar, was added to all 1980 denominations from the Philadelphia Mint except for the cent.

26. 1838-O half dime and dime: Both are of Seated Liberty, Without Stars design (type of 1837). 1838 Philadelphia coins have stars, as do all others through 1859.

27. 1856-O half dime: One Proof known, reason for issue unknown.

28. 1860-(P), O, S half dime and dime: Beginning in 1860 (with the exception of the 1860-S dime), the half dime and dime were redesigned by eliminating the stars, moving the legend UNITED STATES OF AMERICA to the obverse, and using a larger, more elaborate wreath on the reverse. A number of fabrications with the obverse of 1859 and the reverse of 1860 (thereby omitting the legend UNITED STATES OF AMERICA), were struck by order of the Director of the Mint. These consist of half dimes dated 1859 or 1860, and dimes dated 1859. Although they are considered by some to be patterns, that designation is doubtful as the intentions of the Director were highly questionable.

29. 1860-O half dime: Three Proofs known, reason for issue unknown.

30. 1873-CC dime: One known, all others presumably were melted.

31. 1894-S dime: Twenty-four Proof or specimen strikings were made for private distribution by the Superintendent of the San Francisco Mint. Twelve can be traced today, including two circulated pieces.

32. 1906-D dime: Proofs struck in honor of the opening of the Denver Mint.

33. 1968 dime: Some Proof sets contain dimes which were struck from a Proof die without a Mint mark. This was an engraver's oversight and is not a filled die. It has been unofficially estimated that only 20 specimens from this die are known. Beware of sets opened and reclosed with "processed" P-Mint coins inserted. Check the edge of the case for signs of tampering.

34. 1970 dime: Some Proof sets contain dimes which were struck from a Proof die without a Mint mark. This was an engraver's oversight and is not a filled die. Official estimate is that 2,200 sets were released with this error.

35. 1982 No-P dimes: Some 1982 dimes were released without a Mint mark, although dimes have been Mint marked since 1980. Distribution of the coins, many found in the Sandusky, Ohio, area, indicates they were from the Philadelphia Mint.

36. 1875-S 20 cents: Six to seven Proofs known, probably struck to celebrate the first (or last) year of this denomination at this Mint.

37. 1876-CC 20 cents: Virtually all remelted at the Mint. A few escaped, possibly as souvenirs given to visitors. Fewer than 20 are known today.

38. 1827 quarter dollar: Although the Mint Report lists a mintage of 4,000 pieces for this year, it is likely that all of these coins were dated 1825 except for a few Proofs. Later this date was unofficially (but intentionally) restruck at the Mint using an obverse die dated 1827 and a reverse die which had been used in 1819, and which had a Square Base 2 in quarter dollar, rather than the Curled Base 2 of the original 1827.

39. 1855-S quarter dollar: One Proof known, presumably struck to celebrate the beginning of silver coinage at the San Francisco Mint.

40. 1866 coinage: It was decided to add the motto IN GOD WE TRUST to the reverse of all double eagles, eagles, half eagles, silver dollars, half dollars and quarter dollars beginning in 1866. Early in the year, before the new reverse dies had arrived, the San Francisco Mint produced $20, $10, $5, and half dollar coins without the motto. These are regular issue coins and are not patterns or errors. They are not to be confused with a peculiar set of Philadelphia Mint silver coins without motto, consisting of two dollars, one half dollar and one quarter dollar, which was clandestinely struck inside (but not by) the Mint for sale to a collector. A three-piece set containing the unique quarter dollar and half dollar and one of the two known silver dollars was stolen from the Willis H. DuPont collection in 1967 and never recovered. Beware of regular coins with motto or Mint mark removed.

41. 1879 quarter dollar: The Proof figure is official, but may be wrong. The true number might be near or equal to 1,100.

42. 1891-O quarter dollar: Two Proofs known, probably struck to celebrate the resumption of fractional silver coinage at this Mint.

43. 1974-1976 quarter dollars, half dollars and dollars: The circulating commemorative coinage dated 1776-1976 in celebration of the nation's Bicentennial wreaked havoc on mintage bookkeeping. In anticipation of the program, 1974-dated coins of these denominations were struck in calendar years 1974 and 1975. No 1975-dated quarter dollars, half dollars or dollars were struck; 1975 Proof and Mint sets contain Bicentennial

dates. 1776-1976-dated dollars, half dollars and quarter dollars were struck in calendar years 1975 and 1976. The 1976-S mintages for these denominations includes copper-nickel clad Proofs sold in 1975 and 1976 in six-piece Proof sets, and 40 percent silver clad Proofs and Uncirculateds, of which 15 million pieces of each denomination were struck.

44. 1817 half dollar: Only one Proof known, with overdate 1817/3.

45. 1836 Reeded Edge half dollar: Actually a pattern of the design adopted the following year, but much of the mintage was placed into circulation.

46. 1838-O half dollar: It is thought that 20 Proof specimens were struck as souvenirs in honor of the opening of the New Orleans Mint. No regular issue coins of this date and Mint were struck, and it is possible that these were struck in 1839.

47. 1839-O half dollar: Three or four Proofs known.

48. 1839-(P) half dollar: Although Christian Gobrecht's half dollar design was slightly modified during 1839 by the addition of a small drapery fold beneath the elbow, the design was never as fully modified as the other Seated Liberty denominations were in 1840. In subsequent years individual dies would occasionally be over-polished, thus removing this small drapery fold. Coins struck from these inferior dies are sometimes referred to as having a "No-Drapery design," when in fact no design change was intended or made.

49. 1853-(P), O half dollar: All 1853-(P) and virtually all 1853-O half dollar are of the new weight. Two or three 1853-O are known without the arrows and rays. Beware of alterations from 1858-O.

50. 1855-S half dollar: Three Proofs known, presumably struck to celebrate the beginning of silver coinage at the San Francisco Mint.

51. 1861-O half dollar: Mintage includes 330,000 struck by the USA; 1,240,000 by the State of Louisiana; and 962,633 by the Confederate States of America. It is impossible to tell them apart. One obverse die is identifiable as having been used with the CSA reverse to strike four pattern coins, but there is no way of telling when that die was used with a regular reverse die or who issued the coins struck from it. Three to six Proofs known, probably struck under the authority of either the state of Louisiana or the CSA.

52. 1873-S half dollar: The 1873-S Seated Liberty, Without Arrows half dollar is unknown in any condition in any collection. Presumably they were all melted with the 1873-S silver dollars. Beware of any regular 1873-S with the arrows removed. The difference in weight between the two issues is insignificant, and useless in checking a suspected altered coin.

53. 1895-O half dollar: Proofs issued to mark reopening of New Orleans Mint.

54. Proof set sales suspended 1965-67.

55. 1970-D and 1987 half dollar: Struck only for inclusion in Mint sets. Not a regular issue coin. 1987 coins were struck for Uncirculated sets, Proof sets and Souvenir Mint sets only, forcing a change in the Mint's accounting procedures. Previously, business strikes intended for Uncirculated Mint sets and Souvenir sets had been reported with coins intended for circulation. However, upon seeing "circulation" mintages where none should be, the Mint began separating the mintages of coins intended for sale to collectors from those intended for commerce.

56. 1798 silver dollar: Mintage includes both reverse designs.

57. 1801, 1802, and 1803 silver dollar: All three dates were restruck in Proof in 1858 with a plain edge, using obverse dies made in 1834-5 and the reverse die from the Class I 1804 dollar, which was also made in 1834. Due to the scandal caused by the private issue of 1804 dollars in 1858, these coins were not offered for sale to collectors until 1875, by which time their edges had been lettered.

58. 1804 silver dollar: Although the Mint Report lists 19,570 dollars for this year it is assumed that they were all dated 1803. The 1804 dollars were first struck in 1834-35 for inclusion in diplomatic presentation sets. A few pieces, possibly flawed Proofs or production overruns, reached collectors via trades with the Mint or in circulation and the coin was popularized as a rarity. In 1858 the son of a Mint employee used the obverse die

prepared in 1834 and a newly prepared reverse die plus a plain collar to secretly strike 1804 dollars, a few of which were sold to collectors. While the Mint had intended to do exactly the same thing with dollars dated 1801-04, Mint officials were forced to cancel the project due to the public scandal over the privately-issued 1804s. The privately struck coins were recalled, and all but one (which went to the Mint Cabinet collection) were allegedly melted. Instead, they and the plain edged 1801-03s were put in storage and offered for sale in 1875, by which time their edges had been mechanically lettered.

59. 1805 silver dollar: The 321 dollars listed in the Mint Report for 1805 were older dollars which were found in deposits of Spanish-American silver and which were re-issued through the Treasury. On the basis of this misinformation a few coins have been altered to this date in the past.

60. 1836, 1838, and 1839 silver dollar: Gobrecht dollars, some patterns and some intended for circulation, were struck in these years. Also, some varieties were restruck in later years, making mintage figures questionable. Varieties exist with or without stars and/or the designer's name, some of them exceedingly scarce. The 1,600 mintage figure for 1836 represents 1,000 struck for circulation on the 1836 standard of 416 grains, and 600 pieces struck in 1837 (dated 1836) on the new standard of 412.5 grains.

61. 1853 silver dollar: All Proofs are restrikes, made 1864-5.

62. 1858 silver dollar: It is estimated that 80 Proofs were struck, some of them possibly at a later date.

63. 1870-CC silver dollar: Proofs mintage unknown, possibly struck to mark first Carson City dollar coinage.

64. 1870-S silver dollar: Not listed in the Mint Report, but a few pieces may have been struck as souvenirs of the opening of the new Mint.

65. 1873-S silver dollar: Presumably all or most were melted at the Mint after production of standard silver dollars was suspended.

66. 1878-(P) silver dollar: Three slightly different designs were used for both the obverse and reverse of this date, including some dies with the second designs impressed over the first. All 1878-CC and 1878-S are from the second designs. Most 1879-1904 dollars are of the third design, except for some second design reverses on 1879-S and 1880-CC coins. New, slightly different master hubs were prepared for 1921. Proof mintage includes 700 of the 8 Tail Feathers variety and 300 of the 7 Tail Feathers, flat eagle breast variety. Beware of any early strike, prooflike surface Morgan dollar being sold as a Proof.

67. 1879-O silver dollar: Two Proofs now known of 12 struck to celebrate the re-opening of the New Orleans Mint.

68. 1882-CC silver dollar: Proof mintage unknown, reason for issue unknown.

69. 1883-CC silver dollar: Proof mintage unknown, reason for issue unknown.

70. 1883-O silver dollar: One Proof now known of 12 struck for presentation to various local dignitaries. Occasion uncertain.

71. 1884-CC silver dollar: One Proof reported, reason for issue unknown.

72. 1893-CC silver dollar: 12 Proofs struck for presentation to Mint officials to mark the closing of the Carson City Mint.

73. 1895 silver dollar: Apparently virtually all business strike coins were never issued and were probably melted in the great silver melt of 1918. One circulated business strike coin has reportedly been authenticated. Beware of altered dates and removed Mint marks.

74. 1921-(P) Peace silver dollar: The 1921 Peace dollars, (and a very few Proof 1922s), are of a higher relief than the 1922-35s.

75. 1873 Trade silver dollar: All Proofs are of the Open 3 variety.

76. 1884-85 Trade dollar: Struck in Proof in the Mint 'for private distribution by person or persons unknown. Not listed in the Mint Report.

77. S-Mint clad dollars: Struck only for sale to collectors. In 1971-72 struck in 40 percent clad silver in Proof and Uncirculated for individual sale. Beginning in 1973 a copper-nickel clad dollar was added to the Proof sets.

78. 1973-(P), D copper-nickel dollar: Struck only for inclusion in Mint sets. Not a regular issue coin. 1,769,258 Mint sets were sold. 439,899 excess dollars melted, presumably of near-equal distribution. 21,641 coins were kept for possible replacement of defective sets and may have been melted.

79. Anthony dollars: Anthony dollars were sold in three-coin sets only in 1981. None were released into circulation.

80. 1861-D gold dollar: A small number were struck by the CSA.

81. 1870-S gold dollar: 2,000 coins were struck without a Mint mark. It is unknown if they were melted and recoined or released as is and included in the Mint Report figure of 3,000 coins.

82. 1834 $2.50: Most or all were melted. It may be that all survivors are Proofs and circulated Proofs.

83. 1841-(P) $2.50: Struck in Proof only, possibly at a later date. Unlisted in Mint Report. Nine known, several of them circulated or otherwise impaired.

84. 1848-(P) $2.50: Approximately 1,389 coins were counterstamped CAL. above the eagle to show that they were made from California gold. This was done while the coins were resting on an inverted obverse die on a worktable. This virtually eliminated distortion of the obverse, which will probably show on a genuine coin with a fake counterstamp.

85. 1860-S $3: Out of 7,000 coins struck, 2,592 pieces were not released because of short weight. They were melted in 1869 for use in other denominations.45. 1860-S $3: Out of 7,000 coins struck, 2,592 pieces were not released because of short weight. They were melted in 1869 for use in other denominations.

86. 1870-S $3: Not included in the Mint Report, supposedly one piece was struck for inclusion in the cornerstone of the new San Francisco Mint. One piece is known in a private collection, and the present whereabouts of the cornerstone piece is unknown. It is possible there is only one piece.

87. 1873 $3: All original Proofs are of the more Open 3 variety. There were two restrikes with the Closed 3 and one with the Open 3.

88. 1798 $5: Mint Report of 24,867 coins includes Small Eagle reverse coins dated 1798, as well as Heraldic Eagle coins dated 1795, 1797 and 1798. This mixture of mulings is the result of an emergency coinage late in 1798 after the Mint had been closed for a while due to yellow fever. Quantities struck of each are unknown and can only be a guess.

89. 1822 $5: Although the Mint Report says 17,796 coins were struck, only three pieces are known and it is likely that most of this mintage was from dies dated 1821.

90. 1825 $5: Struck from the regular overdated dies. 1825/4, one known, and 1825/1, two known.

91. 1828 $5: Includes at least one overdate, 1828/7.

92. 1844-O half eagle: One Proof known, reason for issue unknown.

93. 1861-C $5: Mintage includes 5,992 pieces coined by USA and 887 by CSA. It is impossible to prove the issuer.

94. 1899-S half eagle: One or two Proofs known, reason for issue unknown.

95. 1906-D and 1907-D $5: These were, of course, struck at the Denver Mint. This is the only design which was struck at both Dahlonega and Denver.

96. 1797 $10: Mintage includes both reverse types.

97. 1839 $10: Includes first design head (type of 1838) and modified head (type of 1840-1907). Proofs are of the type of 1838, with large letters and different hair style.

98. 1844-O eagle: One Proof known, reason for issue unknown.

99. 1852-O eagle: Three Proofs known, reason for issue unknown.

100. 1853-O eagle: Proof mintage unknown, reason for issue unknown.

101. 1906-D eagle: Proofs struck in honor of the opening of the Denver Mint.

102. 1907 $10: An unknown number of Indian Head patterns were also struck in Proof.

103. 1933 $10: Very few of these were issued, perhaps several dozens known. Beware of counterfeits.

104. 1849 $20: One specimen in gold survives of a small number of trial strikes produced in December 1849. The dies were rejected, allegedly because of improper high relief, but in actuality to discredit Longacre in an attempt to force his removal. The attempt failed and Longacre eventually produced a second set of dies, but they were not completed until the following month and so they were dated 1850. The one known Proof gold specimen is in the National Numismatic

Collection at the Smithsonian Institution and all others were melted.

105. 1850 $20: One Proof was once owned by the engraver, James B. Longacre. Whereabouts presently unknown.

106. 1854-S double eagle: One Proof known, in the Smithsonian Institution. Struck in honor of the opening of the San Francisco Mint.

107. 1861-(P) $20: A few trial pieces are known with a reverse as engraved by Paquet, with taller, thinner letters and a narrow rim. The design was judged unacceptable because the narrow reverse rim would not stack easily.

108. 1861-O $20: Mintage includes 5,000 coins struck by the USA; 9,750 by the State of Louisiana; and 2,991 by the Confederate States of America. It is impossible to prove the issuer of any given coin.

109. 1861-S $20: Mintage includes 19,250 pieces struck with the Paquet reverse and released into circulation. Most of these were recalled and melted during the next few years, but specie hoarding during the Civil War probably preserved a number of them until later years when the problem was forgotten.

110. 1866-(P), S $20: When the reverse of the double eagle was altered to include the motto there were also a few minor changes made in the scrollwork, the most prominent being the change in the shield from flat-sided to curved. Check any alleged 1866-S No Motto $20 for this feature.

111. 1877 $20: In this year the master hubs were redesigned slightly, raising the head and changing TWENTY D. to TWENTY DOLLARS.

112. 1906-D double eagle: Two Proofs now known of 12 struck in honor of the opening of the Denver Mint.

113. 1907-D double eagle: One Proof known, possibly struck as a specimen of the last year of this design.

114. 1907 $20: An unknown number of Saint-Gaudens type coins of pattern or near-pattern status were also struck in extremely high relief Proof.

115. 1933 $20: This issue was officially never released, so the coins are considered illegal to own. A few are reported to exist, including one in the National Numismatic Collection at the Smithsonian Institution. Most late-date gold never filtered down through the banks and so it was returned to the Mint for melting.

*T*HE United States Mint has had a longstanding relationship with American coin collectors. Although the primary business of the Mint is to produce sufficient coinage for use in commerce, it has produced special collectors' products for much of its existence. It has struck commemorative coins **(see Chapter 7)** since 1892. Medals — many duplicates of congressional awards — have been produced for sale to the public since 1861; however, medals are beyond this book's scope.

The Mint's most popular collectors' products, no doubt, are Proof coins and sets and Uncirculated Mint sets.

Proof coins are produced using special minting and processing techniques, resulting in coins with special finishes. They have been sold separately in the past, and since 1950, have been offered only in sets although Proof versions of recent commemorative coins and the American Eagle bullion coins are offered.

Uncirculated Mint sets contain coins produced under more or less standard conditions, and which are packaged as a set and sold for a nominal fee over the coins' face value. The sets provide collectors with Uncirculated examples of each coin struck for circulation that year, and in some cases, examples of coins struck for the Uncirculated Mint sets only.

The first Uncirculated Mint sets, dated 1947, were offered in 1948. After the 1947 sets sold out, 1948-dated sets were offered to the public. Sets were again offered in 1949, but none were offered in 1950 due to a Treasury decision to conserve apppropriations and manpower during the Korean War, and because Uncirculated coins

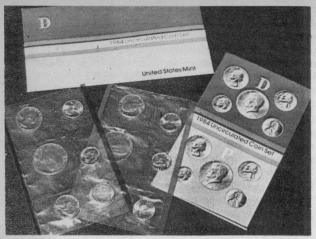

U.S. Mint Uncirculated Mint set

were available from banks. From 1951 through 1964, sets were offered every year. The numbers of coins offered fluctuated from year to year, depending upon what denominations were being struck for circulation.

Before 1959, the sets were individually packaged in cardboard folders; each set containing two specimens of each coin struck that year. Beginning in 1959, sets were packaged in polyethylene packets, and contained just one example of each coin struck that year.

No Uncirculated Mint sets or Proof sets were offered from 1965-67 because of a major coin shortage sweeping the country. However, Mint officials did offer Special Mint sets, featuring coins not the quality of Proofs but better than those found in the pre-1964 Uncirculated Mint sets.

Production and sales of Uncirculated Mint sets resumed in 1968. From 1973-78, Philadelphia and Denver Mint specimens of the Eisenhower dollar were contained in the set. In 1979, the Eisenhower dollar was replaced by the Anthony dollar, and a San Francisco Assay Office specimen added. No Uncirculated Mint sets were offered in 1982-83, with Mint officials blaming budgetary cutbacks. Congress passed a law in 1983, however, requiring annual sales of both Uncirculated Mint sets and Proof sets.

As noted earlier, some Uncirculated Mint sets contain coins not struck for circulation. This generally increases the value of the sets because collectors saving an example of each coin struck each year will be unable to find the needed coins in circulation. In 1970, no half dollars were struck for circulation; thus, the 1970-D Kennedy half dollar could only be found in the set. In 1973, no Eisenhower dollars were struck for circulation, but were included in the set. The only way to obtain the three 1981 Anthony dollars was to buy the Uncirculated Mint set of that year, and in 1987, no Kennedy half dollars were struck for circulation but were included in the set.

Proof coins and sets

While coins in Uncirculated Mint sets are no different from those struck for circulation, Proof coins are a special breed. A Proof coin is struck on specially prepared planchets, using special minting techniques, generally on a specialized coining press.

The term "Proof" means different things to many collectors, dealers and other hobbyists. Some believe Proof is the top level of preservation, or grade — it is not. Others believe Proof coins are particularly shiny coins destined for collectors rather than circulation — they are only partly correct.

"Proof" in numismatics refers to a special manufacturing process designed to result in coins of the highest quality produced especially for collectors. "Proof" is not a grade, as many beginning collectors think, although there is a growing movement by some dealers and other hobbyists to assign Proof coins a numerical grade such as Proof 63 or Proof 65.

Proof coins result from the same basic processes used in producing the dies and planchets used in producing business strikes for circulation. Business strikes refer to the everyday coin, struck for use in circulation. However, Mint employees use special techniques in preparing the surfaces of the dies and planchets intended for Proof coins. Special presses and striking techniques are also used in the production of Proof coins.

The Proof coins sold by the United States Mint today are Frosted Proofs. The flat fields are mirror-like, reflective and shiny. The frosting refers to the white, textured, non-reflective finish found on the raised devices, lettering and other points in relief. Both the frosted and mirror finishes are the results of the special techniques used in preparing the dies.

All dies are produced at the Philadelphia Mint although the surfaces of Proof dies used at the San Francisco Mint are prepared in San Francisco. Remember, a die features a mirror-image, incused version of the finished coin's design. Points that are raised on the coin are incused on the die. Points incused on the coin are in relief on the die.

To prepare a Frosted Proof die, the die is first sandblasted with an aluminum oxide and glass bead compound. This imparts a rough, textured finish to the entire die. After the sandblasting is completed, cellophane tape is placed over the entire surface. The person preparing the die then removes the cellophane tape from around the incused areas in the die; in effect, the fields are uncovered and the incused areas are protected by the cellophane.

The uncovered surfaces are then polished to a high sheen while the textured finish on the incused areas is left intact. Once the polishing is completed, the die receives a light plating of chrome, two- to three-thousandths of an inch thick. The chrome is then buffed. The finished die now has mirror-like fields and textured relief, and will impart the same finishes to the coins it strikes.

The planchets used to strike the Proof coins also receive special treatment. The planchets are run through a burnishing process, by tumbling the planchets in a media of carbon steel balls, water and an alkaline soap. The process cleans and polishes the planchets. The burnished planchets are rinsed in clear water and towel-dried by hand, then go through another cleaning and hand-drying process. Compressed air is used to blow lint and dust from the planchets.

Proof coins are struck on special hand-fed presses which operate at slower speeds than the high-speed presses used for striking business-strike coinage. The Proof coining presses tend to impress the design from the dies onto the planchet; the production of a business strike is a much more rapid, violent event. The striking of a Proof coin has been compared more to pressing out a hamburger patty than to cracking a nut. Each Proof coin is struck two or more times, depending on the size of the coin, the design and the composition of the metal. The multiple striking ensures that the detail is brought up fully on each coin. Business strikes are struck only once (although some U.S. business strikes in the past have been struck more than once, most notably the 1907 Saint-Gaudens, High Relief double eagle).

U.S. Mint Proof set

Proof coins are then sealed into plastic capsules or plastic holders to protect their surfaces from potentially damaging environmental factors.

Although most collectors of modern U.S. Proof coins are familiar with the Frosted Proofs in vogue today, there are many other types of Proof finishes. Some no longer used by the U.S. Mint include the Matte Proof, used in the early 20th century. The entire surface of the coin is uniformly dull or granular; the surface results from the struck coin being pickled in acid. A Satin Finish Proof coin has a matte, satiny surface; the finishing process, used in the early 20th century, is currently unknown. A Sandblast Proof is a type of Matte Proof in which the surface of the coin is sandblasted, not pickled in acid. A Roman Finish Proof was used on gold Proofs of 1909-10 and is similar to the Satin Finish Proof. A Brilliant Proof is one in which the entire surface is mirror-like; any frosted devices are accidental, found generally only on the first few strikes of the die. Brilliant Proofs were produced by the U.S. Mint until the late 1970s and early 1980s, when Mint officials began taking care to produce the Frosted Proofs.

The Philadelphia Mint struck its first true Proof coins in 1817, not for collectors but as presentation pieces. The Class I 1804 dollars, for example, were produced in 1834 for placement in sets of coins to be presented as diplomatic gifts to the King of Siam and the Sultan of Muscat. From 1817 to 1859, Proof coins were made in small batches whenever a number of orders had accumulated.

Proof coins were first offered to the public at large in 1858, thanks to a decision by Mint Director John Ross Snowden. It was not until 1860, however, that mintages jumped as collector interest caught hold and the Mint began anticipating demand rather than striking the Proof coins to order.

Coins were sold individually and in complete sets, the latter in limited quantities. Sets were sometimes broken into sets of minor coins and gold coins in addition to the complete sets.

From 1907-16, the Mint began experimenting with various Proof finishes, including the aforementioned Matte Proof, Sandblast Proof and Roman Finish Proof finishes.

The Mint stopped offering Proof coins in 1916. Walter Breen in his *Encyclopedia of United States and Colonial Proof Coins: 1722-1977* notes: "At first ostensibly because of the war, later more likely because of administration changes (there being no coin collectors in high office until William H. Woodin became Secretary of the Treasury), no Proofs were publicly sold. The few made went to VIPs and most are controversial."

Proof coinage resumed in 1936 with the production of Brilliant Proofs. Coins were sold by the piece with five denominations making a complete set. Mintages of the Proof sets from 1936 through 1942 are based on the coin with the largest mintage. Abandoned were the experiments with Matte Proofs and other experimental finishes. Proof production halted again at the end of 1942 because of World War II, and did not resume until 1950.

Beginning in 1950, customers could no longer purchase single coins. The five-coin sets were housed in individual cellophane envelopes, stapled together and placed into a cardboard box. The box and envelope combination was not meant to be a permanent resting place for the coins, a fact collectors learned after the staple began to rust. The Mint changed to new packaging in mid-1955 (the 1955 set is available each way): a plastic softpack inserted into an envelope. This packaging remained in use through 1964.

No Proof sets were struck in 1965-67 because of the massive coin shortage haunting the nation. As noted earlier, Special Mint sets were sold in place of the Proof and Uncirculated Mint sets normally offered.

Proof set production resumed in 1968, but at a new location. Prior to 1968, most Proof coins were struck at the Philadelphia

Mint. All earlier branch Mint Proof coins were and are rare. Production was moved to the San Francisco Assay Office (the San Francisco Mint became an Assay Office in 1962, and a Mint again in 1988), and the S Mint mark was added to the coins. Also, the coins were housed in a hard-plastic holder.

Proof sets have been struck every year since 1968, with a Proof version of the Eisenhower copper-nickel dollar first placed in the set in 1973. A 40 percent silver version of the Proof Eisenhower dollar was offered in a separate package from 1971 through 1974.

Special Proof and Uncirculated sets were offered in recognition of the 1976 Bicentennial of American Independence. The Bicentennial event was numismatically celebrated with changes in the reverse designs of the Washington quarter dollar, Kennedy half dollar and Eisenhower dollar. Copper-nickel versions of all three were issued for circulation and for the regular Proof set.

Collectors were offered two three-coin sets of the same coins struck in a 40 percent silver composition, in Proof and Uncirculated versions. The silver collectors' coins were first offered Nov. 15, 1974, at prices of $15 for the Proof set and $9 for the Uncirculated set. In the 12 years of sales for the two three-coin sets, from November 1974 to Dec. 31, 1986, prices for the three-coin sets were changed no fewer than five times due to rising and falling silver prices. Mint officials reduced the prices for the Proof set Jan. 19, 1975, to $12. On Sept. 20, 1979, Mint officials

suspended sales of the Bicentennial Uncirculated set because of the rising price of silver; the bullion value of the three coins in the set exceeded the Mint's price of $9. Sales of the Bicentennial Proof set were suspended in December 1979 as silver rose to even greater heights. When sales of the two Bicentennial sets were resumed Aug. 4, 1980, the prices rose to $15

U.S. Mint Prestige Proof set

for the Uncirculated sets and $20 for the Proof sets. Falling silver prices permitted the introduction of lower prices Sept. 1, 1981: $15 for the Proof set, $12 for the Uncirculated set. In September 1982, prices for the coins dropped even lower — to $12 for the Proof set, and $9 for the Uncirculated set. Prices maintained those levels until sales of the sets ceased: in 1985 for the Proof set, and Dec. 31, 1986, for the Uncirculated set.

From 1976-81, standard Proof sets were issued with either the Eisenhower dollar or Anthony dollar. With the resumption of commemorative coinage production in 1982, and the introduction of American Eagle bullion coins in 1986, Proof production was spread to all four coining facilities, in Philadelphia, Denver, San Francisco and West Point. The San Francisco Mint continues to strike the regular five-coin Proof set in addition to Proof commemorative and bullion coins. Prestige Proof sets were offered since 1983 in years when the Mint issued commemoratives. Prestige Proof sets contain the regular set and one or more Proof commemorative coins.

Another change occurred in 1986, in the Proof die production process. Since Mint marks were first used in 1838, the marks have been punched into the individual working dies. However, the inadvertent release of a 1983 Proof dime with no "S" Mint mark prompted Mint officials to place the Mint mark on the master die in an attempt to prevent this type of error from occurring again (it also happened in 1968, 1970, 1971 and, according to some sources, 1975). In 1986, the Mint mark was included on the plasticene model stage for all Proof coins, including commemoratives; thus, the Mint mark appears at every stage of the modeling and die-making process of all collectors' coins.

Congress mandated annual sales of a Silver Proof set in 1990; it authorized a Proof set with 90 percent silver versions of the dime, quarter dollar and half dollar. The Mint did not issue the first Silver Proof sets until 1992, citing 1991 production difficulties. The Mint offered two packaging versions of the new Proof set: a set in the same sort of holder as the standard Proof set marked with the word "silver," and a Premier Silver Proof set containing the same coins in a higher quality package.

Proof sets

Year Minted	Sets Sold	Prestige Commemorative	Selling Price	Face Value
1950	51,386		2.10	0.91
1951	57,500		2.10	0.91
1952	81,980		2.10	0.91
1953	128,800		2.10	0.91
1954	233,300		2.10	0.91
1955	378,200		2.10	0.91
1956	669,384		2.10	0.91
1957	1,247,952		2.10	0.91
1958	875,652		2.10	0.91
1959	1,149,291		2.10	0.91
1960 ‹1›	1,691,602		2.10	0.91
1961	3,028,244		2.10	0.91
1962	3,218,019		2.10	0.91
1963	3,075,645		2.10	0.91
1964	3,950,762		2.10	0.91
Production suspended during 1965, 1966, 1967				
1968 ‹2›	3,041,506		5.00	0.91
1969	2,934,631		5.00	0.91
1970 ‹3›	2,632,810		5.00	0.91
1971 ‹4›	3,220,733		5.00	0.91
1972	3,260,996		5.00	0.91
1973	2,760,339		7.00	1.91
1974	2,612,568		7.00	1.91
1975 ‹5›	2,845,450		7.00	1.91
1976 ‹6›	4,123,056		7.00	1.91
1977	3,236,798		9.00	1.91
1978	3,120,285		9.00	1.91
1979 ‹6›	3,677,175		9.00	1.91
1980	3,554,806		10.00	1.91
1981	4,063,083		11.00	1.91
1982 ‹7›	3,857,479		11.00	0.91
1983 ‹8›	3,138,765		11.00	0.91
1983 Prestige	140,361	1983-S Olympic silver dollar	59.00	1.91
1984	2,748,430		11.00	0.91
1984 Prestige	316,680	1984-S Olympic silver dollar	59.00	1.91
1985	3,362,821		11.00	0.91
1986	2,411,180		11.00	0.91
1986 Prestige	599,317	1986-S Immigrant half dollar, 1986-S Ellis Island silver dollar	48.50	2.41
1987	3,356,738		11.00	0.91
1987 Prestige	435,495	1987-S Constitution silver dollar	45.00	1.91
1988	3,031,287		11.00	0.91
1988 Prestige	231,661	1988-S Olympic silver dollar	45.00	1.91
1989	3,009,107		11.00	0.91
1989 Prestige	211,807	1989-S Congress half dollar 1989-S Congress silver dollar	52.00	2.41
1990 ‹9›	2,793,433		11.00	0.91
1990 Prestige	506,126	1990-P Eisenhower silver dollar	46.00	1.91
1991	2,610,833		11.00	0.91

Proof set mintages (Cont.)

Year Minted	Sets Sold	Prestige Commemorative	Selling Price	Face Value
1991 Prestige	256,954	1991-S Mount Rushmore half dollar		
		1991-S Mount Rushmore silver dollar	55.00	2.41
1992 ‹10›	2,675,618		11.00/12.50	0.91
1992 Prestige ‹11›	183,285	1992-S Olympic half dollar		
		1992-S Olympic silver dollar	49.00/56.00	2.41
1992 Silver ‹11, 12›	1,009,586		18.00/21.00	0.91
1992 Premiere ‹11,12›	308,055		29.50/37.00	0.91
1993	Pending		12.50	0.91
1993 Prestige ‹11›	Pending	1993-S James Madison half dollar		
		1993-S James Madison silver dollar	51.00/57.00	2.41
1993 Silver ‹11, 12›	Pending		18.00/21.00	0.91
1993 Premiere ‹11,12›	Pending		29.00/37.00	0.91
1994	Pending		12.50	0.91
1994 Prestige ‹11›	Pending	1994-P World Cup half dollar		
		1994-S World Cup silver dollar	49.00/56.00	2.41
1994 Silver ‹11, 12›	Pending		18.00/21.00	0.91
1994 Premiere ‹11,12›	Pending		29.00/37.00	0.91

40% silver clad dollars
Struck in San Francisco

	Uncirculated	Proof
1971	6,868,530	4,265,234
1972	2,193,056	1,811,631
1973	1,883,140	1,013,646
1974	1,900,156	1,306,579

Special Mint Sets

Year Minted	Sets Sold	Selling Price	Face Value
1965	2,360,000	4.00	0.91
1966	2,261,583	4.00	0.91
1967	1,863,344	4.00	0.91

Uncirculated sets

Year Minted	Sets Sold	Selling Price	Face Value
1947	12,600	4.87	4.46
1948	17,000	4.92	4.46
1949	20,739	5.45	4.96
1951	8,654	6.75	5.46
1952	11,499	6.14	5.46
1953	15,538	6.14	5.46
1954	25,599	6.19	5.46
1955	49,656	3.57	2.86
1956	45,475	3.34	2.64

Year Minted	Sets Sold	Selling Price	Face Value
1957	34,324	4.40	3.64
1958	50,314	4.43	3.64
1959	187,000	2.40	1.82
1960	260,485	2.40	1.82
1961	223,704	2.40	1.82
1962	385,285	2.40	1.82
1963	606,612	2.40	1.82
1964	1,008,108	2.40	1.82
1965	2,360,000	4.00	0.91
1966	2,261,583	4.00	0.91
1967	1,863,344	4.00	0.91
1968	2,105,128	2.50	1.33
1969	1,817,392	2.50	1.33
1970	2,038,134	2.50	1.33
1971	2,193,396	3.50	1.83
1972	2,750,000	3.50	1.83
1973	1,767,691	6.00	3.83
1974	1,975,981	6.00	3.83
1975	1,921,488	6.00	3.82
1976	1,892,513	6.00	3.82
1977	2,006,869	7.00	3.82
1978	2,162,609	7.00	3.82
1979	2,526,000	8.00	4.82
1980	2,815,066	9.00	4.82
1981	2,908,145	11.00	4.82
1984	1,832,857	7.00	1.82
1985	1,710,571	7.00	1.82
1986	1,153,536	7.00	1.82
1987	2,890,758	7.00	1.82
1988	1,447,100	7.00	1.82
1989	1,987,915	7.00	1.82
1990	1,809,184	7.00	1.82
1991	1,352,101	7.00	1.82
1992	1,500,098	7.00/8.00	1.82
1993	Pending	8.00	1.82
1994	Pending	8.00	1.82

Bicentennial sets

Final mintages are 3,998,621 for the Proof set, and 4,908,319 for the Uncirculated set.

Notes

1. Includes Large Date and Small Date cents. The Small Date is rarer.
2. Some Proof sets contain dimes struck from Proof die missing the Mint mark, an engraver's oversight, not a filled die. Unofficially estimated that 20 specimens are known. Beware

of sets opened and reclosed with "processed" P-Mint coins inserted. Check edge of case for signs of tampering.

3. An estimated 2,200 Proof sets contain dimes struck from Proof die missing the Mint mark, an engraver's oversight, not a filled die.

4. An estimated 1,655 Proof sets contain 5-cent coins struck from Proof die missing the Mint mark, an engraver's oversight, not a filled die.

5. Contains 1776-1976 dated Bicentennial quarter dollar, half dollar and dollar.

6. 1979 Proof set: The Anthony dollar replaced the Eisenhower dollar. During latter 1979, a new, clearer Mint mark punch was used on the dies. Sets with all six coins bearing the new Mint mark command a premium.

7. 1982 Proof set: A new Mint mark punch with serifs was introduced.

8. 1983 10-cent piece: Some 1983 sets were issued with dimes missing the S Mint mark, similar to errors on 1968, 1970, 1971 and 1975 Proof coins.

9. The Mint released an estimated 3,555 1990 Proof sets with a cent missing the S Mint mark. The die was for business strikes at Philadelphia, but was inadvertently sent to San Francisco, prepared as a Proof and placed into Proof production.

10. Price increased from $11 to $12.50 July 1, 1992.

11. Prices are pre-issue discount/regular price.

12. Beginning in 1992 a new type of Proof set was issued, consisting of a regular Proof cent and 5 cents, but with the dime, quarter dollar and half dollar struck on 90 percent silver planchets, rather than the copper-nickel clad planchets of the circulating and regular Proof coinage. A "Premiere" edition — essentially fancy packaging — was sold at an additional premium.

AMERICA'S commemorative coins are graphic reminders of the United States' past, honoring its history, its heroes and its accomplishments. Commemorative coins are also examples of individual greed, and the willingness of Congress to oblige special-interest groups.

U.S. commemorative coins were issued from 1892 to 1954, and from 1982 to date. They are special coinage issues, authorized by acts of Congress to recognize the people and events which have shaped the United States. They occasionally honor an individual, like Ulysses S. Grant. They may honor a historical event such as the Battle of Gettysburg. Or they may honor a more recent event such as the 1994 World Cup soccer tournament.

They are rarely issued for circulation — although the 1932 Washington quarter dollar is considered a commemorative issue, as are the 1776-1976 Bicentennial of the Declaration of Independence coins, and all were struck for circulation. Most commemorative coins are sold directly to collectors in a variety of packaging options, often with a portion of the proceeds from sales going to special-interest groups.

Congressional catering to special-interest groups and abuses spelled the doom of America's commemorative coinage program after the 1930s, with only a few programs authorized between 1946 and 1954. And as this edition of this book is being written, Congressional abuses once again threaten the future of U.S. commemoratives.

Abuses were many. Low sales were rewarded not by cancellation of the programs but by new legislation authorizing production in succeeding years. Coins were struck during non-anniversary years simply to raise funds for special-interest groups. The 1936 Cincinnati Music Center half dollar honors a non-event, was sponsored by a non-existent commission and depicts Stephen Foster, who lived in the city for only brief period, as a bookkeeper, not a musician (the money went to a private coin collector who promoted the coins).

Angry Treasury officials eventually withdrew their support for all commemorative coinage, with backing from the White House (presidents eventually vetoed commemorative coinage legislation authorized by Congress).

Interestingly, with the resumption of commemorative coins in 1982, many of the same abuses have returned and a few new ones added. Prices for current commemoratives contain surcharges that go directly into the coffers of special-interest groups, to fund such things as soccer games, newly created foundations and the White House.

First U.S. commemorative

The history of America's commemorative coin program is now a little more than a century old. Ironically, the first two U.S. commemorative coins do not honor Americans. The first is a half dollar struck in 1892 and 1893 for the World's Columbian Exposition, held in Chicago to celebrate the 400th anniversary of Christopher Columbus' first voyage to the New World; it depicts Columbus and one of his three ships. The second is an 1893 quarter dollar honoring Queen Isabella of Spain, the monarch whose financial and political support of Columbus made his 1492 voyage possible.

The third commemorative — in yet a third denomination, a silver dollar — honors both an American and an European: George Washington and the Marquis de Lafayette. The coin was struck in December 1899; the date, 1900, appearing on the coin refers to the Paris Exposition also honored by the coin. (Incidentally, Washington has appeared on four U.S. commemorative coins, more than any other individual: the Lafayette-Washington silver dollar, the 1926 American Independence Sesquicentennial half dollar, the 1932 Washington quarter dollar celebrating the president's 200th birthday, and the 1982 half dollar celebrating his 250th birthday.)

Following the Lafayette-Washington silver dollar, the next

Commemorative or con?

commemorative coins were struck in 1903, when yet another denomination was added: two gold dollars honoring the Louisiana Purchase Exposition, held in St. Louis in 1904. Two additional denominations were added in 1915, when a series of gold and silver coins was struck honoring the Panama-Pacific International Exposition, held that year in San Francisco and celebrating the opening of the Panama Canal. In addition to the silver half dollar and gold dollar struck in 1915, a gold quarter eagle ($2.50 piece) and two gold $50 coins were struck. The $50 coins were struck in round and octagonal varieties, the latter being the only non-round U.S. coin.

After several more gold commemoratives were struck in the late 1910s and early 1920s, Congress and the Mint turned to the silver half dollar as the commemorative denomination of choice. From 1918 to 1954, commemorative half dollars were struck honoring a wide and varied series of events, several of national interest but most of local, state or regional significance.

Abuses like the Cincinnati half dollar led to a greatly reduced commemorative program. From 21 different half dollars in 1936, the number of coins dropped to five half dollars in 1937, four in 1938 and one in 1939 (and of those 10 coins, seven were simply new dates of coins struck in earlier years; only three were new). Following 1939, only two more commemoratives were struck:

the Booker T. Washington half dollar, struck from 1946 through 1951, and the George Washington Carver-Booker T. Washington half dollar, struck from 1951 through 1954.

In 1939, Congress took corrective action when it voted to prohibit the striking of new dates of any pre-1939 commemorative coins. Still, Congress continued to authorize new issues. President Truman approved the Booker T. Washington and Washington-Carver half dollars, but was the last president to approve a commemorative coinage program for more than 30 years; he joined Presidents Hoover and Franklin Roosevelt in vetoing other commemorative coinage legislation. President Eisenhower, too, exercised his veto powers, killing three commemorative coin bills on Feb. 3, 1954, calling for coins celebrating the tercentennials of New York City and Northampton, Mass., and the 250th anniversary of the Louisiana Purchase. Eisenhower outlined in a message accompanying his vetoes the same arguments used by Treasury officials for nearly three decades in opposing new legislation: commemorative coins cause confusion among the public and facilitate counterfeiting; public interest in the coins had been lagging with many coins unsold and consigned to the melting pot; and the authorization of just a few commemoratives results in a "flood" of additional commemorative issues.

Neither the Kennedy half dollar nor the Eisenhower dollar are considered commemorative coins by a majority of hobbyists although both coins were issued in the waves of public sentiment that followed the deaths of those two popular presidents.

When the 1976 Bicentennial of the Declaration of Independence quarter dollars, half dollars and dollars were issued in 1975-76, Treasury officials carefully avoided any and all use of the word "commemorative," although

Rebirth in 1982

clearly the coins are commemorative in nature. The official policy remained as stated by Eisenhower in 1954.

It came as a surprise, then, when in 1981 United States Treasurer Angela M. Buchanan announced Treasury Department support for a commemorative half dollar honoring George Washington's 250th birthday in 1982. Buchanan said that Treasury "has not objected to special coinage authorized by Congress for the government's own account," referring specifically to the 40 percent silver versions of the Bicentennial coinage. Buchanan said that Treasury had always objected to "the issuance of commemorative coins for the benefit of private sponsors and organizations." Congress passed the Washington half dollar bill and President Reagan signed it into law. Thus the commemorative coin program in the United States was reborn.

Since 1982, commemorative coins have been issued in every year but 1985. In 1983 and 1984, a three-coin program honored the 1984 Summer Olympic Games in Los Angeles. In 1986, the

Centennial of the Dedication of the Statue of Liberty was honored, with three coins: one honoring the Statue, one honoring the Ellis Island immigration facility and one honoring the contributions of immigrants to America. In 1987, a two-coin series was issued to honor the Bicentennial of the U.S. Constitution, and in 1988, two coins were authorized honoring the participation of American athletes during the 1988 Olympic Games. In 1989, a gold half eagle, silver dollar and copper-nickel half dollar were issued to commemorate the Bicentennial of Congress (congressional members conveniently "forgot" that the judicial and executive branches of federal government also celebrate their bicentennial birthdays in 1989, choosing to honor only themselves, a fact which did not suit many coin

Surcharge bonanza

collectors also angered over the proposed 51 percent pay raise for congressional members that went down in defeat in 1989). In 1990, a silver dollar commemorating the 100th anniversary of the birth of Dwight D. Eisenhower was released. Three programs were authorized for 1991. Three programs were also approved for 1992: a three-coin program honoring that year's Olympic Games; a three-coin program commemorating the 500th anniversary of Christopher Columbus' 1492 voyage; and a silver dollar honoring the Bicentennial of the White House.

Two programs were authorized for 1993: the 1993 James Madison/Bill of Rights coins, and the 1991-1995 World War II 50th Anniversary coins. The World War II coins have no date of issue, a violation of federal law that Treasury officials are preferring to ignore. The legislation, while requiring the anniversary years 1991-1995 on the coin, does not overturn standing legislation requiring all U.S. coins to bear the date of issue. "1993" appears nowhere on the three World War II coins.

Coin programs in 1994 include three denominations honoring the World Cup Soccer Games held in the United States, three silver dollars honoring veterans, and a silver dollar marking the bicentennial of the U.S. Capitol.

Coins honoring Civil War battlefields will be issued in 1995 (see **Page 21** for design concepts). A 16-coin program (32 when counting Proof and Uncirculated versions) has been authorized for the 1996 Olympic Summer Games in Atlanta, with sales to begin in 1995.

Nearing approval as this is written are coin programs for Special Olympics (1995), Student Volunteers (1996), Botanical Gardens (1997), Robert F. Kennedy (1998), and the West Point Military Academy (2002). Others are well into the legislative process.

Have Congress and the Treasury Department avoided the abuses of the earlier commemorative program? The answer has to be no. The concept of surcharges was conceived in the 1983-84 program, with a fee (not deductible on one's income tax return) added to the price of each coin by the order of Congress; the surcharges went to the United States Olympic Committee, the Los Angeles Olympic Organizing Committee and foreign Olympic committees. Surcharges have been added to every program since, with none of the money going back to the numismatic community that buys most of the commemorative coins. Instead, surcharges have gone to a variety of special-interest groups seeking to fund their projects on the backs of coin collectors, and in a few cases, to retire the country's massive national debt.

One legislator, dissatisfied with low sales of the 1992 Columbus coins, introduced a bill which would authorize continued sales and production, even though legislative authority for both ended in July 1993. Other legislators, greedy for the profits being generated by the Mint, sought more money than authorized through the surcharges for the causes their commemorative coin programs support.

Commemorative coin reform, espoused by some in Congress, the Mint and most of those in the numismatic community, has not gotten very far. An advisory committee was authorized by Congress and signed into law in 1992 to work on a long-range commemorative coin plan. Even as the committee was being empowered, however, Congress seemed to be ignoring it.

Chairman of the Citizens Commemorative Coin Advisory Committee at the time of this writing is U.S. Mint Director Philip N. Diehl. When Diehl raised the committee's concerns about the number of programs being authorized by Congress, Treasury Secretary Lloyd Bentsen asked for an "immediate moratorium" on the passage of coin legislation.

What prompted Bentsen's action was actually Congress' abuse of its own rules regarding commemorative legislation. In 1993, Rep. Joseph P. Kennedy II, D-Mass., authored a Sense of Congress resolution stating there should be no more than two commemorative coin programs per year, and that Congress should not act on coin proposals without recommendations from the Citizens Advisory Committee. The technique apparently favored by Kennedy and others is to attach the coin legislation as amendments to big-ticket, politically-charged legislation at the stage of the final conference report.

One example is the Riegle-Neal Interstate Banking and Branching Efficiency Act of 1994. This wide-reaching legislation has been under construction for as much as three years. Support of both parties in Congress has been a long time in coming, at the expense of compromises and the usual trade-offs of law-making. At the last stage, legislation for five coin programs was attached, in apparent disregard for the House's "germaine" rule, which tries to prevent such tactics. Should the banking bill pass, as seems likely, President Bill Clinton is unlikely to veto such massive legislation with bipartisan support merely to derail commemorative coin programs. Ironically, Rep. Kennedy is directly connected to three of the five programs.

The Advisory Committee's seven voting members voiced opposition to two coin bills being included in the Treasury Appropriations conference report. The programs would be a two-coin program for the National Law Enforcement Officers Memorial (suggested for 1994, but actual production and sales not feasible until well into 1995 at best) and the 1995 Franklin Delano Roosevelt Commemorative Coin Act.

As long as there are buyers, members of Congress and special-interest groups will see coin collectors as some sort of cash cow to be milked for everything they can get. It seems that at this point, the would-be milkers have more lobbying power in Congress than does the cow.

Despite the end-around maneuvers Congress has devised in recent months, it may ultimately prove that the Citizens Commemorative Coin Advisory Committee can have a positive and long-lasting impact on commemorative coin programs in the United States. The committee is legally mandated to develop a five-year plan to advise Congress on appropriate coin themes and mintage levels and to advise the Secretary of the Treasury on designs for commemoratives.

Composed of prominent and active members of the coin collecting community from many of its corners, including hobby organizations and government, the committee was appointed in December 1993. By mid-1994, the committee claims to have played a key role in 38 different commemorative designs.

The overriding concern of the committee is the number of coin programs issuing forth from Congress. The committee estimates the total market for new commemorative coins to be about 4 million per year, regardless of the number of programs authorized. Commemorative programs rarely sell out their maximum authorized mintages. A program designed to raise money based on estimates of 500,000 coins being sold will fall far short if, because there are three or four other programs during the year, less than a quarter of the mintage is actually sold. In this way — thinning the cash cow's milk with too many hands on the udder — Congress' current rate of authorizing programs may ultimately be self-defeating.

Commemoratives 1892-1994

Commemorative Date	Original Mintage	Melted	Final Mintage	Designer Original Price
Columbian Exposition half dollar			**Charles E. Barber/George Morgan**	
1892	950,000	None	950,000	$1.00
1893	4,052,105	2,501,700	1,550,405	$1.00
Isabella quarter dollar			**Charles E. Barber**	
1893	40,023	15,809	24,124	$1.00
Lafayette-Washington silver dollar			**Charles E. Barber**	
1900	50,026	14,000	36,026	$2.00
Louisiana Purchase Exposition gold dollar			**Charles E. Barber**	
1903	250,258	215,250	each type 17,375	$3.00
Lewis and Clark Exposition gold dollar			**Charles E. Barber**	
1904	25,028	15,003	10,025	$2.00
1905	35,041	25,000	10,041	$2.00
Panama-Pacific Exposition half dollar			**Charles E. Barber**	
1915-S	60,030	32,896	27,134	$1.00
Panama-Pacific Exposition gold dollar			**Charles Keck**	
1915-S	25,034	10,034	15,000	$2.00
Panama-Pacific Exposition quarter eagle			**Charles E. Barber**	
1915-S	10,017	3,278	6,749	$4.00
Panama-Pacific Exposition $50			**Robert Aiken**	
1915-S Round	1,510	1,027	483	$100
1915-S Octag.	1,509	864	645	$100
McKinley Memorial gold dollar			**Charles E. Barber/George T. Morgan**	
1916	20,026	10,049	9,977	$3.00
1917	10,014	14	10,000	$3.00
Illinois Centennial half dollar			**George T. Morgan/John R. Sinnock**	
1918	100,058	None	100,058	$1.00
Maine Centennial half dollar			**Anthony de Francisci**	
1920	50,028	None	50,028	$1.00
Pilgrim Tercentenary half dollar			**Cyrus E. Dallin**	
1920	200,112	48,000	152,112	$1.00
1921	100,053	80,000	20,053	$1.00
Missouri Centennial half dollar			**Robert Aitken**	
1921 2*4	5,000	None	5,000	$1.00
1921 No 2*4	45,028	29,600	15,428	$1.00
Alabama Centennial half dollar			**Laura Gardin Fraser**	
1921 2X2	6,006	None	6,006	$1.00
1921 No 2X2	64,038	5,000	59,038	$1.00

Date	Original Mintage	Melted	Final Mintage	Designer Original Price
Grant Memorial half dollar			**Laura Gardin Fraser**	
1922 Star	5,006	750	4,256	$1.00
1922 No Star	95,055	27,650	67,405	$1.00
Grant Memorial gold dollar			**Laura Gardin Fraser**	
1922 Star	5,016	None	5,016	$3.50
1922 No Star	5,000	None	5,000	$3.00
Monroe Doctrine Centennial half dollar			**Chester Beach**	
1923-S	274,077	None	274,077	$1.00
Huguenot-Walloon Tercentenary half dollar			**George T. Morgan**	
1924	142,080	None	142,080	$1.00
Lexington-Concord Sesquicentennial half dollar			**Chester Beach**	
1925	162,099	86	162,013	$1.00
Stone Mountain half dollar			**Gutzon Borglum**	
1925	2,314,709	1,000,000	1,314,709	$1.00
California Diamond Jubilee half dollar			**Jo Mora**	
1925-S	150,200	63,606	86,594	$1.00
Fort Vancouver Centennial half dollar			**Laura Gardin Fraser**	
1925	50,028	35,034	14,994	$1.00
American Independence Sesquicentennial half dollar			**John R. Sinnock**	
1926	1,000,528	859,408	141,120	$1.00
American Independence Sesquicentennial quarter eagle			**John R. Sinnock**	
1926	200,226	154,207	46,019	$4.00
Oregon Trail Memorial half dollar			**James E. and Laura G. Fraser**	
1926	48,030	75	47,955	$1.00
1926-S	100,055	17,000	83,055	$1.00
1928	50,028	44,000	6,028	$2.00
1933-D	5,250	242	5,008	$2.00
1934-D	7,006	None	7,006	$2.00
1936	10,006	None	10,006	$1.60
1936-S	5,006	None	5,006	$1.60
1937-D	12,008	None	12,008	$1.60
1938	6,006	None	6,006	$6.25
1938-D	6,005	None	6,005	for
1938-S	6,006	None	6,006	three
1939	3,004	None	3,004	$7.50
1939-D	3,004	None	3,004	for
1939-S	3,005	None	3,005	three
Vermont Sesquicentennial half dollar			**Charles Keck**	
1927	40,034	11,872	28,162	$1.00
Hawaiian Sesquicentennial half dollar			**Juliette Mae Fraser/Chester Beach**	
1928	10,000	None	10,000	$2.00

Commemorative Date	Original Mintage	Melted	Final Mintage	Designer Original Price
Maryland Tercentenary half dollar				**Hans Schuler**
1934	25,015	None	25,015	$1.00
Texas Independence Centennial				**Pompeo Coppini**
1934	205,113	143,650	61,463	$1.00
1935	10,0078	12	9,996	$1.50
1935-D	10,007	None	10,007	$1.50
1935-S	10,008	None	10,008	$1.50
1936	10,008	1,097	8,911	$1.50
1936-D	10,007	968	9,039	$1.50
1936-S	10,008	943	9,055	$1.50
1937	8,005	1,434	6,571	$1.50
1937-D	8,006	1,401	6,605	$1.50
1937-S	8,007	1,370	6,637	$1.50
1938	5,005	1,225	3,780	$2.00
1938-D	5,005	1,230	3,775	$2.00
1938-S	5,006	1,192	3,814	$2.00
Daniel Boone Bicentennial half dollar				**Augustus Lukeman**
1934	10,007	None	10,007	$1.60
1935	10,010	None	10,010	$1.10
1935-D	5,005	None	5,005	$1.60
1935-S	5,005	None	5,005	$1.60
1935 W/1934	10,008	None	10,008	$1.10
1935-D W/1934	2,003	None	2,003	$3.70
1935-S W/1934	2,004	None	2,004	for two
1936	12,012	None	12,012	$1.10
1936-D	5,005	None	5,005	$1.60
1936-S	5,006	None	5,006	$1.60
1937	15,010	5,200	9,810	$1.60, $7.25 set
1937-D	7,506	5,000	2,506	$7.25 in set
1937-S	5,006	2,500	2,506	$5.15
1938	5,005	2,905	2,100	$6.50
1938-D	5,005	2,905	2,100	for
1938-S	5,006	2,906	2,100	three
Connecticut Tercentenary half dollar				**Henry G. Kreiss**
	25,018	None	25,018	$1.00
Arkansas Centennial half dollar				**Edward E. Burr**
1935	13,012	None	13,012	$1.00
1935-D	5,005	None	5,005	$1.00
1935-S	5,506	None	5,006	$1.00
1936	10,010	350	9,660	$1.50
1936-D	10,010	350	9,660	$1.50
1936-S	10,012	350	9,662	$1.50
1937	5,505	None	5,505	$8.75
1937-D	5,505	None	5,505	for

Date	Original Mintage	Melted	Final Mintage	Designer Original Price
1937-S	5,506	None	5,506	three
1938	6,006	2,850	3,156	$8.75
1938-D	6,005	2,850	3,155	for
1938-S	6,006	2,850	3,156	three
1939	2,104	None	2,104	$10
1939-D	2,104	None	2,104	for
1939-S	2,105	None	2,105	three

Arkansas-Robinson half dollar — E.E. Burr/Henry Kreiss

1936	25,265	None	25,265	$1.85

Hudson, N.Y., Sesquicentennial half dollar — Chester Beach

1935	10,008		10,008	$1.00

California-Pacific International Expo — Robert Aitken

1935-S	250,132	180,000	70,132	$1.00
1936-D	180,092	150,000	30,092	$1.50

Old Spanish Trail half dollar — L.W. Hoffecker

1935	10,008	None	10,008	$2.00

Providence, R.I., Tercentenary — John H. Benson/Abraham G. Carey

1936	20,013	None	20,013	$1.00
1936-D	15,010	None	15,010	$1.00
1936-S	15,011	None	15,011	$1.00

Cleveland, Great Lakes Exposition half dollar — Brenda Putnam

1936	50,030	None	50,030	$1.50

Wisconsin Territorial Centennial half dollar — David Parsons/Benjamin Hawkins

1936	25,015	None	25,015	$1.50

Cincinnati Music Center half dollar — Constance Ortmayer

1936	5,005	None	5,005	$7.75
1936-D	5,005	None	5,005	for
1936-S	5,006	None	5,006	three

Long Island Tercentenary half dollar — Howard K. Weinmann

1936	100,053	18,227	81,826	$1.00

York County, Maine, Tercentanary half dollar — Walter H. Rich

1936	25,015	None	25,015	$1.50

Bridgeport, Conn., Centennial half dollar — Henry G. Kreiss

1936	25,015	None	25,015	$2.00

Lynchburg, Va., Sesquicentennial half dollar — Charles Keck

1936	20,013	None	20,013	$1.00

Elgin, Ill., Centennial half dollar — Trygve Rovelstad

1936	25,015	5,000	20,015	$1.50

Albany, N.Y., half dollar — Gertrude K. Lathrop

1936	25,013	7,342	17,671	$2.00

Date	Original Mintage	Melted	Final Mintage	Designer Original Price
San Francisco-Oakland Bay Bridge half dollar			**Jacques Schnier**	
1936-S	100,055	28,631	71,424	$1.50
Columbia, S.C., Sesquicentennial half dollar			**A. Wolfe Davidson**	
1936	9,007	None	9,007	$6.45
1936-D	8,009	None	8,009	for
1936-S	8,007	None	8,007	three
Delaware Tercentenary half dollar			**Carl L. Schmitz**	
1936	25,015	4,022	20,993	$1.75
Battle of Gettysburg half dollar			**Frank Vittor**	
1936	50,028	23,100	26,928	$1.65
Norfolk, Va., Bicentennial half dollar			**William M. Simpson/Marjorie E. Simpson**	
1936	25,013	8,077	16,936	$1.50
Roanoke Island, N.C., half dollar			**William M. Simpson**	
1937	50,030	21,000	29,030	$1.65
Battle of Antietam half dollar			**William M. Simpson**	
1937	50,028	32,000	18,028	$1.65
New Rochelle, N.Y., half dollar			**Gertrude K. Lathrop**	
1938	25,015	9,749	15,266	$2.00
Iowa Statehood Centennial half dollar			**Adam Pietz**	
1946	100,057	None	100,057	$2.50/$3.00
Booker T. Washington half dollar			**Isaac S. Hathaway**	
1946	1,000,546	?	?	$1.00
1946-D	200,113	?	?	$1.50
1946-S	500,279	?	?	$1.00
1947	100,017	?	?	$6.00
1947-D	100,017	?	?	for
1947-S	100,017	?	?	three
1948	20,005	12,000	8,005	$7.50
1948-D	20,005	12,000	8,005	for
1948-S	20,005	12,000	8,005	three
1949	12,004	6,000	6,004	$8.50
1949-D	12,004	6,000	6,004	for
1949-S	12,004	6,000	6,004	three
1950	12,004	6,000	6,004	$8.50
1950-D	12,004	6,000	6,004	for
1950-S	512,091	?	?	three
1951	510,082	?	?	$3 or $10
1951-D	12,004	5,000	7,004	for
1951-S	12,004	5,000	7,004	three

Commemorative Date	Original Mintage	Melted	Final Mintage	Designer Original Price
Booker T. Washington/George Washington Carver				**Isaac S. Hathaway**
1951	?	?	110,018	$10
1951-D	?	?	· 10,004	for
1951-S	?	?	10,004	three
1952	?	?	2,006,292	$10
1952-D	?	?	8,006	for
1952-S	?	?	8,006	three
1953	?	?	8,003	$10
1953-D	?	?	8,003	for
1953-S	?	?	108,020	three
1954	?	?	12,006	$10
1954-D	?	?	12,006	for
1954-S	?	?	122,024	three
George Washington half dollar				**Elizabeth Jones**
1982-D			2,210,458	$8.50/$10[1]
1982-S			4,894,044	$10/$12[1]
Los Angeles Olympic Games silver dollar				**Elizabeth Jones**
1983-P Unc.			294,543	$28 or $89[2]
1983-D Unc.			174,014	for
1983-S Unc.			174,014	three
1983-S Proof			1,577,05	$24.95[2]
Los Angeles Olympic Games silver dollar				**Robert Graham**
1984-P Unc.			217,954	$28 or $89[2]
1984-D Unc.			116,675	for
1984-S Unc.			116,675	three
1984-S Proof			1,801,210	$32[2]
Los Angeles Olympic Games gold eagle				**James Peed/John Mercanti**
1984-P Proof			33,309	$352[2]
1984-D Proof			34,533	$352[2]
1984-S Proof			48,551	$352[2]
1984-W Proof			381,085	$352[2]
1984-W Unc.			75,886	$339[2]
Statue of Liberty, Immigrant half dollar				**Edgar Steever/Sheri Winter**
1986-D Unc.			928,008	$5/$6[3]
1986-S Proof			6,925,627	$6.50/$7.50[3]
Statue of Liberty, Ellis Island dollar				**John Mercanti/Matthew Peloso**
1986-P Unc.			723,635	$20.50/$22[3]
1986-S Proof			6,414,638	$22.50/$24[3]
Statue of Liberty half eagle				**Elizabeth Jones**
1986-W Unc.			95,248	$160/$165[3]
1986-W Proof			404,013	$170/$175[3]

| Commemorative | | | | Designer |
Date	Original Mintage	Melted	Final Mintage	Original Price
Constitution Bicentennial silver dollar				**Patricia L. Verani**
1987-P Unc.			451,629	$22.50/$26[3]
1987-S Proof			2,747,116	$24/$28[3]
Constitution Bicentennial half eagle				**Marcel Jovine**
1987-W Unc.			214,225	$195/$215[3]
1987-W Proof			651,659	$200/$225[3]
1988 Olympic Games silver dollar				**Patricia L. Verani/Sheri J. Winter**
1988-D Unc.			191,368	$22/$27[3]
1988-S Proof			1,359,366	$23/$29[3]
1988 Olympic Games gold half eagle				**Elizabeth Jones/Marcel Jovine**
1988-W Unc.			62,913	$200/$225[3]
1988-W Proof			281,465	$205/$235[3]
Congress Bicentennial half dollar				**Patricia L. Verani/William Woodward**
1989-D Unc.			163,753	$5/$6[3]
1989-S Proof			767,897	$7/$8[3]
Congress Bicentennial silver dollar				**William Woodward**
1989-D Unc.			135,203	$23/$26[3]
1989-S Proof			762,198	$25/$29[3]
Congress Bicentennial half eagle				**John Mercanti**
1989-W Unc.			46,899	$185/$200[3]
1989-W Proof			164,690	$195/$215[3]
Eisenhower Birth Centennial silver dollar				**John Mercanti/Marcel Jovine**
1990-W Unc.			241,669	$23/$26[3]
1990-P Proof			1,144,461	$25/$29[3]
Mount Rushmore 50th Anniversary half dollar				**Marcel Jovine/James Ferrell**
1991-D Unc.			172,754	$6/$7[3]
1991-S Proof			753,257	$8.50/$9.50[3]
Mount Rushmore 50th Anniversary silver dollar				**Marika Somogyl/Frank Gasparro**
1991-P Unc.			133,139	$23/$26[3]
1991-S Proof			738,419	$28/$31[3]
Mount Rushmore 50th Anniversary half eagle				**John Mercanti/Robert Lamb**
1991-W Unc.			31,959	$185/$210[3]
1991-W Proof			111,991	$195/$225[3]
Korean War Memorial silver dollar				**John Mercanti/James Ferrell**
1991-D Unc.			213,049	$23/$26[3]
1991-P Proof			618,488	$28/$31[3]
USO 50th Anniversary silver dollar				**Robert Lamb/John Mercanti**
1991-D Unc.			124,958	$23/$26[3]
1991-S Proof			321,275	$28/$31[3]

Date	Original Mintage	Melted	Final Mintage	Designer Original Price
1992 Olympics clad half dollar			**William Cousins/Steven Bieda**	
1992-P Unc.			161,607	$6/$7.50[3]
1992-S Proof			519,645	$8.50/$9.50[3]
1992 Olympics silver dollar			**John R. Deecken/Marcel Jovine**	
1992-D Unc.			187,552	$24/$29[3]
1992-S Proof			504,505	$28/$32[3]
1992 Olympic gold half eagle			**Jim Sharpe/Jim Peed**	
1992-W Unc.			27,732	$185/$215[3]
1992-W Proof			77,313	$195/$230[3]
White House Bicentennial silver dollar			**Edgar Z. Steever/Chester Y. Martin**	
1992-D Unc.			123,803	$23/$28[3]
1992-W Proof			375,851	$28/$32[3]
Columbus Quincentenary clad half dollar			**T. James Ferrell**	
1992-D Unc.			135,702	$6.50/$7.50[3]
1992-S Proof			390,154	$8.50/$9.50[3]
Columbus Quincentenary silver dollar			**John M. Mercanti/Thomas D. Rogers Sr.**	
1992-D Unc.			106,949	$23/$28[3]
1992-P Proof			385,241	$27/$31[3]
Columbus Quincentenary half eagle			**T. James Ferrell/Thomas D. Rogers Sr.**	
1992-W Unc.			24,329	$180/$210[3]
1992-W Proof			79,730	$190/$225[3]
Bill of Rights/Madison silver half dollar			**T. James Ferrell/Dean E. McMullen**	
1993-W Unc.			Pending	$9.75/$11.50[3]
1993-S Proof			Pending	$12.50/$13.50[3]
Bill of Rights/Madison silver dollar			**William J. Krawczewicz/Dean E. McMullen**	
1993-D Unc.			Pending	$22/$27[3]
1993-S Proof			Pending	$25/$29[3]
Bill of Rights/Madison gold $5 half eagle			**Scott R. Blazek/Joseph D. Pena**	
1993-W Unc.			Pending	$175/$205[3]
1993-W Proof			Pending	$185/$220[3]
World War II 50th Anniversary clad half dollar			**George Klauba/Bill J. Leftwich**	
1991-1995-P Unc. (1993[4])			Pending	$8/$9[3]
1991-1995-S Proof (1993[4])			Pending	$9/$10[3]
World War II 50th Anniversary silver dollar			**Thomas D. Rogers Sr.**	
1991-1995-D Unc. (1993[4])			Pending	$23/$28[3]
1991-1995-W Proof (1993[4])			Pending	$27/$31[3]
World War II 50th Anniversary gold $5 half eagle			**Charles J. Madsen/Edward Southworth Fisher**	
1991-1995-W Unc. (1993[4])			Pending	$170/$200[3]
1991-1995-W Proof (1993[4])			Pending	$185/$220[3]

| Commemorative | | | | Designer |
Date	Original Mintage	Melted	Final Mintage	Original Price
Thomas Jefferson 250th Anniversary silver dollar				**James Ferrell**
1743-1993-P Unc. (1994[5])			Pending	$27/$32[3]
1743-1993-S Proof (1994[5])			Pending	$31/$35[3]
World Cup Soccer clad half dollar		**Richard T. LaRoche/Dean E. McMullen**		
1994-D Unc.			Pending	$8.75/$9.50[3]
1994-P Proof			Pending	$9.75/$10.50[3]
World Cup Soccer silver dollar				**Dean E. McMullen**
1994-D Unc.			Pending	$23/$28[3]
1994-S Proof			Pending	$27/$31[3]
World Cup Soccer gold $5 half eagle		**William J. Krawczewicz/Dean E. McMullen**		
1994-W Unc.			Pending	$170/$200[3]
1994-W Proof			Pending	$185/$220[3]
Prisoner of War silver dollar				
		Tom Nielsen and Alfred Maletsky/Edgar Z. Steever IV		
1994-W Unc.			Pending	$27/$32[3]
1994-P Proof			Pending	$31/$35[3]
Vietnam Veterans Memorial silver dollar		**John Mercanti/Thomas D. Rogers Sr.**		
1994-W Unc.			Pending	$27/$32[3]
1994-P Proof			Pending	$31/$35[3]
Women in Military Service silver dollar		**T. James Ferrell/Thomas D. Rogers Sr.**		
1994-W Unc.			Pending	$27/$32[3]
1994-P Proof			Pending	$31/$35[3]
U.S. Capitol Bicentennial silver dollar		**William C. Cousins/John Mercanti**		
1994-D Unc.			Pending	Pending
1994-S Proof			Pending	Pending

Notes

1. Prices for 1982 George Washington half dollar are for 1982 and 1983-85.
2. Prices for 1983-84 Olympic coins in some cases are first prices charged and do not reflect higher prices charged later.
3. Prices from 1986-92 are pre-issue/regular issue of single coins only. Most modern commem programs have offered various packaging options and combinations.
4. Although produced and sold in 1993, none of these coins actually carries the year of issue in its legends, in apparent violation of law. The anniversary dates 1991-1995 refer to the 50th anniversaries of the beginning and ending of United

States involvement in World War II. More clearly, it would have been stated "1941-1991/1945-1995."

5. Although produced and sold in 1994, the coin does not carry the year of issue in its legends, in apparent violation of law. 1743 is the year of Jefferson's birth; 1993 is the 250th anniversary of that date.

*P*ROBABLY no other subject has been more hotly debated in American numismatics by collectors, dealers and investors. Since a dealer first charged more for one specimen of a coin than for another of the same type, date and Mint mark simply because the second had less wear than the other, there has been controversy.

The grade of a coin (note, medal or token) represents what professional numismatist and researcher Dr. Richard Bagg aptly called its "level of preservation." The grading controversy arises both from disagreements over the grade of a coin and often the enormous differences in price between two specimens of the same type and date of a U.S. coin, even when the only difference lies in the placement of one or two marks or surface abrasions from contact with other coins, commonly referred to as "contact marks."

The grade measures the amount of wear, natural mishaps and other surface degradation a coin has received after leaving the coining press. The more wear and surface marks a coin has received, the less it is worth compared to other specimens of the same coin with less surface degradation.

However, not all coins have received circulation wear since they were struck. These coins are called Uncirculated or Mint State. Rather than being easier to grade because there are no points of wear to determine, Uncirculated coins become much harder to grade.

A non-collector unexposed to the intricacies of grading might be expected to show surprise at this last statement. After all, he might think, it seems logical that a coin which has received less wear is worth more than one which has received more wear. But if a coin hasn't received any wear, how can it be different from other unworn specimens of the same coin? Suffice to say, there are graduated levels of Mint State, as many as 11 (from Mint State 60 to Mint State 70), determined by such factors as contact marks, luster and — depending on the grading standard being used — the strength of the strike and toning. Therein lies the heart of the controversy.

For decades, the controversy lay mainly in the differences between the dealer's grade for a specific coin and that of the collector. As grading became more complicated and values increased in greater increments between coins of different grades, third-party grading services began operation.

The first third-party grading agency, the International Numismatic Society Authentication Bureau, began grading coins in December 1976, several months after it began authenticating coins. It laid the groundwork for third-party grading services, all of

A sealed grading service holder, or "slab"

which provide an opinion about a coin's grade for a fee. INSAB was followed March 1, 1979, when the American Numismatic Association Certification Service began grading coins for a fee.

Another major step in third-party grading services was taken by the Professional Coin Grading Service, a private business founded in February 1986. PCGS is responsible for two firsts. It was the first grading service to encapsulate the coins it graded into hard plastic holders, nicknamed "slabs," and it was the first grading service to use 11 levels of Mint State (the term for a coin with no wear), from Mint State 60 to MS-70. It rapidly overtook ANACS, until then the most active of grading services in terms of numbers of coins graded.

PCGS was followed by the Numismatic Guaranty Corporation of America and the Numismatic Certification Institute, both of which grade and encapsulate coins for a fee. INSAB offered a "slab" service beginning in 1989, as did the ANA with its ANACS Cache.

PCGS was the first of several firms developing computer grading services to go on-line and actually begin grading coins. CompuGrade, a New Orleans firm, began grading coins by computer in 1991 but closed its doors in early 1992 due to a lack of business. Amos Press Inc., Sidney, Ohio, is also exploring computer grading but has not announced when it might inaugurate such a service.

In 1990 the American Numismatic Association sold ANACS — its grading and certification service — to Amos Press. ANA retained the right to authenticate — but not grade — coins, and now operates under the acronym ANAAB, the American Numismatic Association Authentication Bureau.

Amos Press has retained the ANACS name, but it no longer refers to the American Numismatic Association. Amos Press moved ANACS from ANA headquarters in Colorado Springs, Colo., to Columbus, Ohio. Columbus is the site of Battelle Laboratories, with whom Amos Press is developing its computer grading system.

In 1991, NGC announced plans to grade ancient coins but dropped them after widespread criticism from specialists in ancients. PCGS later announced plans to begin grading Colonial-era coins; its plans also drew criticism, this time from Colonial coin specialists.

Grading: What's involved?

Dr. Richard Bagg, in *Grading Coins: A Collection of Readings* which he co-edited in 1977 with James J. Jelinski, described the grade of a coin as its "level of preservation." It is not entirely accurate to call grading the charting of wear on a coin, since the very definition of an Uncirculated coin (also called Mint State) is "a coin which has seen no circulation" (in *Official American Numismatic Association Grading Standards for United States Coins*) and a coin with "no wear" (in *New Photograde: A Photographic Grading Guide for United States Coins*). However, Uncirculated coins are subject to other forms of surface degradation other than circulation wear.

A coin becomes subject to external factors affecting its surface from the second it leaves the press. The moment a coin is struck, it is pushed from the surface of the anvil die. (Prior to 1836, the coin was removed manually by a nimble-fingered press operator; since the widescale mechanization of the Mint, various mechanical devices have removed the newly struck coin from the die.) The coin then falls into a bin of other coins. When the coin hits the previously struck coins lying in the bin, the portion of its surface coming into contact with the other coins will probably be marred. Then, as the coins are bundled into bags for shipment to banks, the coins will scrape, scratch and bump each other.

Contact marks

The collisions between coins create a variety of surface marks called "contact marks" or "bag marks." A contact mark may range in severity from a light, minor disruption of the coin's surface to a large, heavy scrape. Generally, the bigger and heavier the coin, the larger and more unsightly the contact marks, due to the heavier weight of the coins.

The location of contact marks plays a major role in determining at what level of Mint State a coin may be categorized. For example, marks that are clearly visible in the field of a coin, or on the cheeks, chin or forehead of a Liberty Head device, are more distracting than marks of equal severity hidden in curls of Liberty's hair or the wing feathers of the eagle found on the reverse of many U.S. coins.

The size of contact marks also plays a role in determining the proper Mint State level. Larger marks, of course, are more distracting than smaller marks. Remember, however, that a contact mark 1 millimeter long is less distracting on a large coin such as a silver dollar (diameter of 38.1mm) than it is on a smaller coin such as a silver half dime (diameter of 15.5mm).

The number of contact marks also play a significant role in determining the proper level of a Mint State coin. A coin with numerous contact marks is less appealing to the eye than a coin with one or two distracting marks. The diameter of the coin plays a role here too. A silver dollar with five contact marks scattered across its surfaces may be judged appealing; a much smaller half dime with five contact marks may be judged less appealing, since the half dime has a smaller surface area in which the marks appear.

Luster

Another factor involved in determining the level of Mint State and high-level circulated grades is luster. "Luster is simply the way light reflects from the microscopic flow lines of a coin," according to American Numismatic Association grader-authenticator Michael Fahey in "Basic Grading," a reprint from his series of articles in the American Numismatic Association's *The Numismatist*. James L. Halperin, author of the Numismatic Certification Institute's *The NCI Grading Guide*, defines luster as, "The brightness of a coin which results from the way in which it reflects light."

Luster is imparted to the surfaces of a coin at the moment of striking. The immense pressures used in the coining process create flow lines, the microscopic lines that trace the paths the metal took while filling the crevices of the die that compose the designs.

A coin with full luster is generally one which has a bright, shiny surface (although toning, to be discussed later, may obscure full luster), caused by the light reflecting off the surface of the coin. If the luster has been disturbed, the light reflects from the surface of the coin differently; the coin may appear dull.

Circulation wear erases the microscopic flow lines which cause the luster. Heavy cleaning, or cleaning with a substance that removes a microscopic layer of the surface metal, will also damage the flow lines and disrupt or eliminate the luster of a coin.

A Mint State coin cannot be lackluster. At best, an Uncirculated coin without full luster can be no higher than Mint State 63 under the American Numismatic Association grading standards. Under NCI grading standards, lackluster coins can be graded Mint

State but must be described as being lackluster. Also, high-level circulated coins may show small patches of luster in protected areas.

Wear vs. friction

Once a coin enters the channels of commerce, it begins to receive wear. An individual reaches into his pocket to pull out some change and his fingers rub across the surfaces of the coin, creating wear. A coin is thrown into a cash register drawer where it bumps against other coins, creating more wear. A dime is used as an impromptu screwdriver, damaging the edge and creating more wear.

The amount of wear a coin receives determines its grade among the circulated grade levels. The high points of a design are usually the first to depict wear, since they are the most exposed. Then the raised inscriptions and date depict wear, and finally, the flat fields.

Circulation wear erases design details, ultimately to the point where the design features are only slightly visible to the naked eye. The separate curls of hair tend to merge, the eagle's feathers are rubbed away and the inscriptions begin to disappear into the fields.

Coins with only the slightest hint of wear are called About Uncirculated, a term which, if studied closely, defies logic. A coin is either Uncirculated or it is not. Then, in descending order, are Extremely Fine, Very Fine, Fine, Very Good, Good, About Good, Fair (and many years ago, Poor). Some of the higher circulated grades are broken into several levels to denote, for example, an Extremely Fine coin of higher quality than another legitimate Extremely Fine coin.

Many hobbyists differentiate between circulation wear and another form of wear labeled "friction." According to Halperin in *NCI Grading Guide*, friction is "A disturbance which appears either on the high points of a coin or in the fields, as a result of that coin rubbing against other projections." It is often referred to as cabinet friction, a term applied to the minute wear a coin received when sliding back and forth in the drawer of a cabinet used for storage by earlier numismatists.

According to some grading services, friction does disturb the luster of the coin, but it should not disturb the metal underneath. If it does, the disturbance falls into the category of wear, they believe. However, John Albanese of the Numismatic Guaranty

Corporation of America says NGC graders make no distinction between circulation wear and friction. Steve Mayer of the Professional Coin Grading Service said PCGS graders do not consider cabinet friction to be wear unless it is heavy.

Some grading standards permit coins with friction to be Mint State. For example, ANACS distinguishes between a coin with circulation wear and one with friction wear, permitting Mint State coins to possess small amounts of friction wear. NGC, however, would consider a coin with just the slightest amount of friction to be no better than About Uncirculated, according to Albanese.

Strike

Strike is "The sharpness of detail which the coin had when it was Mint State," according to Halperin; Fahey defines it as "the evenness and fullness of metal-flow into all the crevices of a die."

The amount of pressure used to strike a coin controls the sharpness of a strike. Design elements may also affect the strike; if two large design features are centered on both sides of the same coin, there may not be enough metal to flow into every little crevice of the design, thus leaving some details weak and ill-defined.

A coin with a sharp strike has sharp design details. For example, the curls of hair on Liberty's head are strong and distinct. The feathers on the eagle's wings and breast are clearly visible. All of the other design details, legends and other elements are sharp and well defined.

A coin with a weak strike has weak and ill-defined design details. It may look worn, since design details are missing from the high points of a coin. However, luster is unimpaired. Lower striking pressures may not force the metal into the deepest crevices on the die (the highest point on the coin), thus the weaker design details.

Most grading services and dealers consider strike an important part of a coin's grade. An Uncirculated coin relatively free of marks and with full luster may still be placed at the lower end of the Mint State scale if it has a weak strike.

Strike does affect the value of a coin. A coin with a sharp strike will generally have a higher value than a coin with a weak strike, all other factors being equal.

Toning and color

As coins age, the original color changes in reaction to the environment. The original red of copper coins becomes brown (or green; witness the copper of the Statue of Liberty, which once had a deep copper color). Silver coins may tone into any color of the rainbow, depending on environmental factors. Gold is a more stable metal and even when immersed in seawater for centuries, generally shows little change in tone and color.

Many years ago, toned coins, particularly silver coins, were judged unattractive. Silver coins were "dipped," placed into a chemical solution that removed the toning and restored the shiny surface by stripping away the outer surface of the silver or the dirt.

However, in the last decade in the United States, attractively toned coins are more appreciated from an aesthetic viewpoint. A silver dollar with rainbow toning may bring a considerable premium because of its coloration. Still, coins which exhibit unattractive tarnish (a form of toning) are still considered to be lesser specimens.

Because attractively toned coins bring higher prices, some unscrupulous individuals have devised ways of artificially toning coins. Some use the bluing materials used by gunsmiths. Others bake their coins in ovens using various substances to impart different colors. Some chemically treat coins.

Novices will find it difficult to judge between natural toning and artificial toning. Experience is important here. An individual who has looked at a large number of coins will find that he can determine at a glance whether the toning is natural or whether it looks "odd." The value of an artificially toned coin is less, since the treatment is considered altering the coin.

Other factors

There are other factors involved in grading that under some grading standards, do not affect the grade but may affect the value. Under other standards, those same factors affect both the grade and the value of the coin.

Among these factors are die scratches, not to be confused with "hairline" scratches. Die scratches are thin raised lines on a coin, resulting from minute scratches in the surface of the die. A hairline is a thin scratch scraped into the surface of a coin inflicted after the coin is struck.

A close examination of a coin's surface through a magnifying glass should indicate whether a line on a coin is raised, and thus a die scratch, or incused, making it a hairline scratch.

Hairlines tend to affect the value more than die scratches. ANACS will not lower the grade of a coin for die scratches, since the scratches took place before the striking. Other grading services, however, will lower the grade of a coin for more extensive, distracting die scratches. For example, NGC considers die scratches when determining a coin's grade.

Adjustment marks are often found on older U.S. silver and gold coins. Planchets (unstruck coins) were individually weighed before striking. If found to be a little overweight, the excess gold or silver was filed away.

The striking pressures often did not obliterate the adjustment marks, which may resemble a series of parallel grooves. Under ANA standards, adjustment marks do not affect the grade, although they may affect value. Under NGC standards, adjustment marks may affect both the grade and the value.

Eye appeal

All of the factors mentioned earlier are ultimately considered when hobbyists decide on the "eye appeal" of a coin. Eye appeal relates to the overall attractiveness of a coin, and ultimately determines its value. A potential buyer, whether he is a dealer, collector or investor, decides just how attractive he believes the coin to be.

Judging eye appeal is a purely subjective action. For example, a coin could have a strong strike and full details, possess full luster and have few large, distracting contact marks and still not have eye appeal if it has toned to an unattractive color.

When examining a coin, a buyer must decide for himself just how "pretty" the coin is and whether its attractiveness warrants the price being asked. Only the buyer can decide the eye appeal, for aesthetic judgments differ from person to person.

"Raw" coins vs. "slabbed" coins

When the Professional Coin Grading Service began grading coins in early 1986, it introduced a new product onto the market: the "slabbed" coin. A "slab" is the hard plastic holder into which a coin graded by a third-party grading service is sealed. The grading information is sealed into the slab as well. The slab permits both obverse and reverse of the coin to be viewed.

Proponents of the "slab" cite several benefits: 1. A coin encased within a slab is protected from environmental factors which could cause a deterioration in the coin's surfaces, and a lowering of its grade; 2. By sealing a coin into the same holder that contains the grading certificate, a buyer is "assured" that a coin meets the grading requirements of a specific grading service, if graded accurately; and 3. It permits the "sight unseen" trading of a coin (in other words, various dealers have agreed to purchase coins graded by a particular grading service at the grade indicated in the slab, even without seeing the coin first).

Individuals who do not like slabbed coins cite detracting factors: 1. A collector cannot handle the coin directly; 2. Most slabs do not permit the edge of the coin to be viewed; and 3. It may be difficult to form one's own opinion about a coin's grade if it has already been encapsulated, since most hobbyists like to grade a coin without having to examine it through a holder.

Related to the "slabbed" coin is the "raw" coin. A "raw" coin is the nickname used by some hobbyists for a coin which has not been graded and encapsulated by a third-party grading service.

Grading guidelines

The following guidelines are not presented as grading standards, but as introductions to the terminology of grading and its usage.

A few words regarding grading usage. When two grades are linked together by a virgule — as in Mint State 65/63 — it means that the coin has two grades; the first grade represents the obverse and the second, the reverse. When two grades are linked by a hyphen — as in Mint State 65-63 — it means that the grade for both sides is indeterminate and lies somewhere between the two grades given. Sometimes, a combination of both usages will appear, as in MS-60/60-63, meaning the obverse grades MS-60 and the reverse somewhere between MS-60 and MS-63.

Plus signs are used by many to indicate a coin slightly better than the numerical grade indicated, but not as good as the next numerical grade. A coin graded MS-60+ is better than an MS-60 coin, but not as good as an MS-61 coin. The term "premium quality" means the same as a plus.

Many dealers and collectors use adjectives instead of numerals, or combine adjectives and numerals when speaking about Mint State coins. A superb or superb gem coin is generally MS-67, and a gem coin is usually MS-65. Some dealers use choice to describe an MS-63 coin, and others use choice for an MS-65 coin. Mint State 60 coins are generally referred to as Uncirculated or Brilliant Uncirculated; sometimes an MS-60 coin is called typical Uncirculated. Collectors should determine what adjectival "system" the dealer uses when no numerals are present because of the disagreement over what the adjectives represent numerically.

Buyers should remember that different dealers and different collectors or investors use different grading systems. Even though various grading services use an 11-point Mint State system, this does not necessarily mean they use the same criteria for assigning grades. In fact, there is no universally-accepted standard for determining grades for U.S. coins.

Proof: Traditionally, Proof describes a method of manufacture, not a grade. However, since numerals are often assigned to Proof coins, there are different qualities of Proof coins; in effect, different grades. A circulated Proof is often called an "impaired Proof." Proof is rarely abbreviated.

Brilliant Proof coins are struck on highly-polished planchets, using slower, high-pressure presses; coins are struck two or more times to bring up greater detail in the design.

Mint State and Uncirculated: The two terms are interchangeable and describe a coin which has no wear. To qualify as Mint State, a coin must not have any level of wear. Even the slightest amount of wear will drop the coin into the About Uncirculated level. (Also, coins described by some dealers as "Borderline Uncirculated" have wear and are actually About Uncirculated.) Mint State is most often used with numerals.

The numerical Mint State system so widely used in the current rare coin market is based on a system created by Dr. William H. Sheldon for the U.S. large cents of 1793-1814. When the numerical system began to spread to other series, three levels of Mint State were used: Mint State 60, for an Uncirculated coin of average luster, strike and marks; MS-65, an Uncirculated coin of above average quality; and MS-70, a perfect coin as regards luster, strike and marks.

Uncirculated is usually abbreviated as Unc.; it often appears as Brilliant Uncirculated, abbreviated as BU. Sometimes used with numerals, generally as Unc. 60, and so on. Some dealers use a plus sign to indicate a coin better than one level of Mint State, but not as good as the next level.

About Uncirculated: This is a coin with only the barest traces of wear on the highest points of the design. It is abbreviated AU and often appears with numerals as AU-50, AU-55 and AU-58. The term has gained acceptance despite seeming inconsistency. Some people in the hobby still say that no coin can be About Uncirculated — it is either Uncirculated or it's not. Some use Almost Uncirculated, although all major U.S. grading guides use "About."

The AU-58 grade has been described as an MS-63 coin with just the slightest hint of wear. It should have fewer contact marks than lower level Mint State coins: MS-60, MS-61 and MS-62.

Extremely Fine: Light overall wear on highest points, but with all design elements sharp and clear, distinguishes this grade. It is abbreviated by most hobbyists as EF, although a few use XF. It appears as EF-40 and EF-45.

Very Fine: The coin has light to moderate even wear on surface and high points of design. Abbreviated VF, it appears with numerals as VF-20 and VF-30. The abbreviations VF-25 and VF-35 are infrequently used.

Fine: The wear is considerable although the entire design is still strong and visible. It is abbreviated as F-12.

Very Good: The design and surface are well worn, main features are clear but flat. Abbreviated as VG, it is used with numeral as VG-8 and VG-10.

Good: Design and surface are heavily worn, with some details weak and many details flat. It is abbreviated only when used with numeral, G-4; G-6 is infrequently used. Ironically, a coin in Good condition is not a "good" coin to collect; a Good coin is generally the lowest collectible grade.

About Good: The design is heavily worn with surface fading into rim, many details weak or missing. Abbreviated as AG, it is used with a numeral as AG-3. Few coins are collectible in About Good condition. Dealers also use the terms Fair and Fair 3 to describe a coin in this state of preservation.

*U*NITED States coinage history is a fascinating subject involving economics, politics, artistic expression, personal rivalry, technological breakthroughs, gold and silver discoveries and more. In short, the history of the country's coinage is the history of the United States.

Prior to the Revolution and the ratification of the U.S. Constitution, coinage in the British Colonies was a mixed bag of foreign coins, privately minted tokens and a few pieces authorized by the crown, and later, individual states.

Leading thinkers of the United States — Benjamin Franklin, Robert Morris and Thomas Jefferson, among them — suggested coinage systems. Franklin is even credited with the design concepts for the first true United States coin, the 1787 Fugio cent, struck under the provisions of the Articles of Confederation.

However, it was Alexander Hamilton, the country's first Secretary of the Treasury (later killed in a duel with Vice President Aaron Burr), who suggested a decimal coinage plan similar to what would be adopted in 1792. Hamilton's proposal, submitted to Congress in January 1791, recommended six denominations: gold $10 and $1 coins, silver $1 and 10-cent coins, and copper cents and half cents. Congress considered Hamilton's proposal, wrestled over the desires of many in Congress to place George Washington's portrait on U.S. coins (Washington vehemently opposed it), tinkered with weights and finenesses and finally arrived at the famous act that, to this day, still exerts controls over U.S. coinage.

The American coinage system was authorized under the Mint Act of April 2, 1792. The act also authorized the construction of a minting

Page 271

U.S. COINAGE HISTORY 9

facility, and provided for the positions that would be required and outlined the responsibilities of the officers and set their salaries.

The 1792 act authorized 10 coinage denominations, eight of them legal tender. The two smallest denominations, the copper cent and half cent, had no legal tender status, unlike the silver and gold coins. Five silver denominations were authorized: half disme (pronounced with a silent S, as in "deem"), disme, quarter dollar, half dollar and dollar. Three gold denominations were authorized: quarter eagle, or $2.50 coin; half eagle, or $5 coin; and eagle, a $10 coin. The act even outlined what design elements should appear on the coins.

Since coinage began at the Philadelphia Mint in 1793, 21 denominations have appeared on the circulating and commemorative coins of the United States. In gold, the denominations have been $50 (commemorative and bullion coins only), $25 (the American Eagle bullion coin), $20, $10, $5, $3, $2.50 and $1. Among silver coins (many later changed to copper-nickel by the Mint Act of 1965), there have been the silver dollar, the Trade dollar, the half dollar (50 cents), the quarter dollar (25 cents), 20-cent coin, dime (10 cents), half dime (5 cents) and 3-cent coin. There have also been copper-nickel 5-cent, 3-cent and 1-cent coins; a bronze 2-cent coin; cents in six different alloys; and a copper half cent. (The gold dollar, standard silver dollar and Trade dollar are counted as separate denominations, as are the two 3-cent and two 5-cent coins. They did not replace each other and for a period, circulated alongside each other; also, separate laws authorized the various coins. However, the changes in alloy for the minor coins are not counted as separate denominations, since the changes followed one another.)

Production of U.S. coinage began in earnest in 1793 with the production of copper half cents and cents. However, the striking of the two copper denominations came several months after the 1792 half disme was struck in small quantities for circulation, according to a report by George Washington. Silver coinage began on a more regular basis one year after copper coinage production began. The Mint began striking silver half dimes, half dollars and dollars in 1794; and silver dimes and quarter dollars in 1796. Gold coinage began in 1795 with the $5 half eagle and the $10 eagle, followed by the $2.50 quarter eagle in 1796.

During the earlier years of the U.S. Mint, not all denominations were struck in all years. In 1804, coinage of the silver dollar ceased with the striking of 1803-dated coins; dollar coinage was not resumed until 1836. A few gold eagles were struck in 1804, but coinage of the $10 coin then ceased until 1838. No quarter eagles were struck from 1809 through 1820. Production of the other denominations was sporadic except for the cent; planchet shortages prevented any 1815-dated cents from being produced. Otherwise the cent series has been issued without interruption since 1793.

Meanwhile, as the country's borders and population grew, the monetary system grew with them. The denominations authorized in 1792 were no longer sufficient to meet the country's monetary needs at the midpoint of the 19th century. New denominations were authorized at the century's halfway mark. Congress authorized a gold dollar and a gold $20 double eagle, both under the Act of March 3, 1849. Two years later, a silver 3-cent coin was authorized to facilitate the purchase of 3-cent postage stamps (Act of March 3, 1851). A gold $3 coin was introduced in 1854 (Act of Feb. 21, 1853), again to help in the purchase of 3-cent stamps (in sheets of 100). A smaller, copper-nickel cent was approved in 1857, replacing the pure copper large cent. The half cent was eliminated, also in 1857.

Two 1857 cents

The American Civil War erupted in 1861, causing massive hoarding of coinage and the necessity of coinage substitutes like encased postage stamps, privately produced copper-alloy cent-like tokens and finally, the first federal paper money. More changes to U.S. coins began in 1864, when the composition of the cent was changed to 95 percent copper and 5 percent tin and zinc (bronze), and when a bronze 2-cent coin was introduced (both under the Act of April 22, 1864).

A copper-nickel 3-cent coin was issued beginning in 1865 (Act of March 3, 1865) to circulate alongside the silver 3-cent coin (which was struck in decreasing numbers until the last coins were produced in 1873). A copper-nickel 5-cent piece was introduced in 1866 (Act of May 16, 1866); the silver half dime was eliminated after 1873.

In a bit of numismatic trivia that might be surprising to most non-collectors, the first coin to be called a "nickel" was the copper-nickel cent issued from 1857-64. The copper-nickel 3-cent coin was also called a "nickel" by 19th century users of the coin, with the copper-nickel 5-cent coin introduced in 1866 finally appropriating the nickname. The nickname persists to this day although the term "nickel" appears in none of the legislation authorizing the 5-cent coin. The nickname is based on the copper-nickel alloy that composes the coin, although ironically, the alloy used in the 5-cent coin since its inception has been 75 percent copper and just 25 percent nickel.

The year 1873 brought significant, unprecedented changes to the U.S. coinage system, under a law called by some the "Crime of '73." The Act of Feb. 12, 1873, is called by numismatic historian Don Taxay "the most exhaustive [coinage act] in our history." Four denominations were abolished by the act: the 2-cent coin, the silver 3-cent coin, the half dime and the standard silver dollar. A Trade silver dollar was authorized for use by merchants in the Orient; Congress revoked the coin's legal tender status in the United States in 1876. The weights of the silver dime, quarter dollar and half dollar were increased. In addition, the act, in effect, demonetized silver and placed the United States on a gold standard, triggering a national debate that would last for the next quarter century.

Another new denomination was authorized under the Act of March 3, 1875 — the silver 20-cent coin. The coin was struck for circulation in 1875-76, setting the record for the shortest-lived silver denomination in U.S. coinage history. Coinage of Proof 20-cent coins continued for collectors only in 1877-78.

Meanwhile, the powerful silver interests in the United States, faced with the demonetization of silver left by the Crime of '73, fought in Congress. The Act of Feb, 28, 1878, reinstituted the standard silver dollar abolished by the Act of Feb. 12, 1873. The specifications were unchanged from the silver dollar of 1837-73: an alloy of 90 percent silver and 10 percent copper, weighing 26.73 grams. Obverse and reverse designs created by Mint Engraver George T. Morgan were selected for the dollar, today generally called the Morgan dollar (it was also called the Bland-Allison dollar, after the names of the congressmen responsible for the bill). Coinage of the Morgan dollar continued through 1904. Coinage denominations in use continued unchanged through

1889, when the gold dollar and gold $3 denominations were struck for the last time.

The silver dollar was resurrected twice for circulation: in 1921, to continue through 1935; and in 1964, although the 1964-D Peace silver dollars were all destroyed before entering circulation. After government support for the 1964-D Peace dollars was withdrawn, the coins were destroyed, in part to ensure that none entered circulation or collector circles inadvertently. The copper-nickel dollar was introduced in 1971, and a smaller dollar (the Anthony dollar) was issued briefly from 1979-81. The standard silver dollar lives on in commemorative coinage, with 15 different commemorative dollars struck since 1983. In addition, there is a 1-ounce silver bullion coin which bears a $1 denomination, introduced in 1986 as part of the American Eagle bullion coin program.

Since the Mint Act of 1875, only two new denominations have been authorized, neither for circulation. A gold $50 coin was approved to commemorate the 1915 Panama-Pacific Exposition being held in San Francisco. More than 70 years later, in 1986, the $50 denomination was revived for the American Eagle bullion program. That same legislation (Act of Dec. 17, 1986, Public Law 99-185) also approved the United States' first $25 coin, the American Eagle half-ounce gold bullion coin.

The last gold denominations were struck for circulation in 1933, when coinage of the eagle and double eagle ceased under President Franklin Roosevelt's anti-gold executive orders. The gold quarter eagles and half eagles were last struck in 1929. All gold coins struck since 1984 have been commemorative or bullion coins.

Designs

The story behind the designs of U.S. coinage is one of artistic experimentation and drone-like uniformity; of political necessity and political favoritism; of beauty tempered by the realities of the coining process.

The congressmen who approved the U.S. monetary system created design parameters that affect new U.S. coin designs even today, nearly 200 years after that initial legislation. The Mint Act of April 2, 1792, specified that certain design features and legends appear on the coins which were authorized. On one side of all coins was to be an impression symbolic of Liberty, plus the word LIBERTY and the year of coinage. For the silver and gold coins, an eagle and UNITED STATES OF AMERICA were to appear on the reverse. The denomination was to appear on the reverses of the half cents and cents.

For more than 115 years in the history of U.S. coinage, Liberty was portrayed by allegorical female figures, appearing either as a bust or a full-length portrait. Liberty's changing face through the years says a lot about the artistic abilities of the craftsmen employed on the Mint staff and the artists hired from outside to design certain coins. Some of the most attractive U.S. coins were designed by non-Mint employees, often in the face of opposition from a jealous Mint engraving staff which seemed more concerned about whether a coin would stack than its physical beauty. Beautiful designs created by Mint staff engravers never went beyond the pattern stage in favor of the uniformity that characterized U.S. designs from the mid-1830s into the early 20th century.

The changing portrait of Liberty also reveals the embodiment of the "ideal woman" by the physical standards set by the American men of the time, and men had always dominated U.S. coinage design until the 1980s. (The Mint engraving staff was exclusively male until the Reagan administration appointed Elizabeth Jones Chief Sculptor-Engraver.) The first coinage portraits of Liberty are "Rubenesque" by modern standards. Among the most recent allegorical figures to appear on U.S. coins is on American Eagle gold bullion coins — depicting a reproduction of an 80-year-old design, "slimmed down" to resemble the trimmer

Liberty Cap

woman championed by American advertising and dietary standards in the 1980s — and the 1989 Congress silver dollar and half eagle featuring William Woodward's and Patricia Lewis Verani's renditions of Thomas Crawford's *Statue of Freedom*, which appears above the Capitol Dome in Washington, D.C.

The 1793 half cents and cents introduced the allegorical themes used on U.S. coins: The half cent depicts a bust of Liberty with her hair flowing free. A Liberty Cap on a pole, a familiar symbol of Liberty in the American and French revolutions of the latter 18th century, rests on her right shoulder, giving the design its name: the Liberty Cap. On the first cents of 1793, another Flowing Hair Liberty appears. Contemporary reports claimed Liberty looks frightened on the cent. The designs are somewhat crude by modern standards. However,

Flowing Hair Liberty

the Liberty busts were cut directly into steel by hand. Mint technicians had no access to the modern equipment and techniques available today.

Since the Mint Act of 1792 required only the denomination to appear on the reverses of the copper coins, the Mint engravers had a free rein. The first half cents have a wreath on the reverse, a device used as late as 1958 on the reverse of the Lincoln cent in the form of two "ears" of wheat. The reverse device on the first cents lasted only months. A 15-link chain meant to represent the unity of the 15 states appears on the first 1793 cents. The public believed the chain was a symbol of enslavement perceived to represent "a bad omen for Liberty." Changes in the design of both sides of the cent came rapidly. The Chain reverse was replaced by a wreath, then the obverse design of the "frightened Liberty" was

Chain reverse

Wreath

replaced with a Liberty Cap design similar to that on the half cent. Thus, three distinct cents were struck with the 1793 date: the Flowing Hair Liberty, Chain cent; the Flowing Hair Liberty, Wreath cent; and the Liberty Cap, Wreath cent.

Additional design changes were instituted for the cent in 1796, when a Draped Bust design was introduced and used through 1807. Liberty appears without a cap, her hair falling over bare shoulders. Loose drapery covers Liberty's bust. Another Liberty Head design called the Classic Head design was

Draped Bust

used on the cent from 1808-14. It differs considerably from the earlier allegorical motifs, with Liberty wearing a ribbon inscribed with LIBERTY around her hair.

The Coronet design was introduced in 1816 on the large cent. This design would prove one of the more versatile of the 19th century. A variation of the Coronet design would appear on both copper coins until 1857, and on most of the gold denominations from the 1830s to the first decade of the 20th century. The design is similar on all of the coins, depicting Liberty wearing a coronet inscribed with LIBERTY.

Designs for the half cent were generally similar to the cent's designs, although the timetable for introduction was often different. The half cent used a Liberty Cap design until 1797, and from 1800-08 a Draped Bust design was used. The Classic Head de-

Classic Head

Coronet cent

Capped Draped Bust

sign was used on the half cent from 1809-36 and the Coronet design was introduced in 1840.

The silver coins of the 18th century feature designs similar to those on the copper coins. The silver coins used a Flowing Hair design in 1794-95, and in 1795-96 a Draped Bust design was introduced on all silver coins. The Capped Bust design was used first for the half dollar in 1807, with the dime following in 1809, the quarter dollar in 1815 and the half dime in 1829. The eagles appearing on the reverse of the silver coins appeared in several forms, first in a Small Eagle design that some critics likened to a pigeon; then, a Heraldic Eagle which was used on the dollar beginning in 1798, the half dollar in 1801 and the quarter dollar in 1804.

Allegorical Liberty figures with similar themes but somewhat different details were used on the early gold coins. A Capped Bust, Heraldic Eagle design was used from 1796-1807 for the quarter eagle, then replaced in 1808 with the one-year-only Capped Draped Bust type. The Capped Head quarter eagle was struck between 1821-34. On the half eagle, the Capped Bust design was used from 1796-1807; the Small Eagle reverse was used from 1796-98, and a Heraldic Eagle design was used from 1795-1807, concurrently with the Small Eagle at first. The Capped Draped Bust was used on the half eagle from 1807-12,

Small Eagle

Heraldic Eagle

Seated Liberty

Coronet gold

and the Capped Head, from 1813-29. The Classic Head design was used briefly, from 1834-38. For the $10 eagle, the Capped Bust design was used from 1795 to 1804, when production of the denomination ceased. On the reverse of the $10 coin, the Small Eagle was used from 1795-97, and the Heraldic Eagle design was used from 1797 to 1804.

Several events took place in the mid-1830s that were to affect coinage designs for decades. Among them was the Act of Jan. 18, 1837, which eliminated the need for an eagle on the reverses of the half dime and dime. The other event was the resumption of coinage of the silver dollar in 1836, and the adoption of a new design that eventually would appear on six different denominations, on some of them for more than half a century.

Production of the silver dollar resumed in 1836 with the Gobrecht dollar. The obverse depicts a Seated Liberty figure on a rock, her body wrapped in robes. The reverse depicts a Flying Eagle design. The Seated Liberty dollar was the first of four coins which would use a similar Flying Eagle theme.

With the creation of the Seated Liberty design, a new age of uniformity ensued on U.S. coins. The Seated Liberty obverse design was introduced on the half dime and dime in 1837, the quarter dollar in 1838 and the half dollar in 1839. Wreaths were placed on the half dime and dime in 1837; eagles appeared on the new quarter dollar and half dollar; and the dollar received a new eagle design in 1840, with the Flying Eagle replaced by an eagle similar to those on the quarter dollar and half dollar.

Gold coins, too, entered the uniform age of coin designs when the Coronet (sometimes called Liberty Head on gold coins) design

Flying Eagle cent

was introduced in 1838 for the $10 eagle, 1839 for the $5 half eagle and 1840 for the $2.50 quarter eagle. When the gold dollar and $20 double eagle were introduced in 1849 and 1850, the Coronet design was used for both. Like the silver coins, the gold coins would not break out of uniformity until the early 20th century, except for the dollar.

A new theme was introduced in 1854 on the gold dollar, replacing the Coronet figure. An Indian Head portrait by James B. Longacre was introduced, the first in a series of medallic tributes to the first native Americans that would last until shortly before the beginning of World War II (see Chapter 2). Ironically, the Indian was being used as a symbol of Liberty even as the American movement to push the Indians into decreasingly smaller portions of the West accelerated. However, the gold dollar portrait was not a true Indian; Longacre simply placed an Indian headdress on the same Liberty figure he would use in many different versions of the design. A slightly larger Indian Head was used beginning in 1856 on the gold dollar. The gold $3 coin depicts an Indian Head portrait, and the reverse depicts not an eagle but a wreath.

When the large cent was abandoned in 1857 for a smaller cent (see section titled "specifications"), a Flying Eagle design was placed on the obverse (the 1856 Flying Eagle cents are patterns, struck before Congress authorized a change in composition and size). This was the first non-human portrayal of Liberty, and the only time an eagle would appear on the cent. The obverse design was changed to an Indian Head design in 1859. Wreaths of various types appear on the reverses of both.

Several non-allegorical designs began to appear on U.S. coins in the 1850s. On the silver 3-cent coin, a six-point star appears as the central obverse design; the reverse depicts the Roman numeral III inside what resembles a large letter "C." Shields appear on the obverses of the 2-cent coin and the first copper-nickel 5-cent coin.

A Liberty Head design replaced the Shield design on the 5-cent coin in 1883. The silver dollar, abandoned in 1873 and reinstated in 1878, depicts a Liberty Head and an eagle (called the Morgan dollar).

The Seated Liberty coinage design was dusted off and placed on the short-lived 20-cent coin of 1875-78. However, the Seated Liberty design, used on most of the silver coins since 1836, was finally abandoned at the end of 1891. By this time, it was in use only on the dime, quarter dollar and half dollar, the other denominations having been re-
pealed. It was replaced in 1892 with a Liberty Head design by Chief Mint Sculptor-Engraver Charles Barber, who also created a Heraldic Eagle for use on the reverse of the quarter dollar and half dollar; the reverse wreath appearing on the Seated Liberty dime was maintained on the reverse of the "Barber" dime. The Barber designs were used through mid-1916 for the dime and quarter dollar, and through 1915 for the half dollar.

Saint-Gaudens high relief

The first two decades of the 20th century resulted in two major design trends for U.S. coins. One, beginning in 1907, resulted in what can be called the "Golden Age of U.S. Coin Designs." The other, beginning in 1909, was the first step away from the allegorical depictions that had characterized U.S. coins since 1793 in favor of medallic

Saint-Gaudens low relief

tributes to prominent political figures from American history.

The "golden age" began with the election of Theodore Roosevelt as president of the United States. Roosevelt, best-known among non-numismatists as a vibrant president who built the Panama Canal and advocated the carrying of a "big stick," did more to improve the aesthetics of U.S. coins than any other politician since Washington. He invited Augustus Saint-Gaudens, the premier U.S. sculptor of the day, to create coin designs

Roosevelt hoped would relive the beauty of ancient Greece. Saint-Gaudens submitted designs for the cent, $10 eagle and $20 double eagle. Roosevelt choose from the submissions the designs for the two gold coins: The $10 coin depicts an allegorical Liberty Head wearing an Indian headdress on the obverse, and a standing eagle on the reverse; the double eagle depicts a Standing Liberty facing the viewer on the obverse, and a Flying Eagle design for the reverse.

Indian Head 5 cents

The Mint engraving staff, led by Charles Barber, was not happy with the hiring of outside talent, even though Saint-Gaudens' double eagle design is considered by many collectors to be the finest ever portrayed on a U.S. coin. The first $20 coins struck in 1907 feature high relief features, an artistic creation that caused problems in production. The coins required too many strikings for efficient production, so the relief was lowered later in 1907. Saint-Gaudens, who had been in ill-health for some time, was dead by this time and unable to protest the changes.

The "golden age" continued in 1908, with new designs for the $2.50 quarter eagle and $5 half eagle by Bela Lyon Pratt: an American Indian on the obverse, and a Standing Eagle on the reverse. These were the first true Indians to appear on U.S. coins. What made the designs so unusual, however, was their placement on the coin. The designs were created in the oxymoronic "incused relief." Often incorrectly referred to as incused, the designs are raised, but sunken into the fields so the highest points are level with the flat fields. This design feature was criticized, with some suggesting that the "incused" portions would permit enough germs to accumulate to prove a health hazard. The experiment also did not please Barber.

Standing Liberty Bare Breast and Mailed Breast

In 1913, the designs for the 5-cent coin were changed. An American Indian was placed on the obverse, and an American bison was placed on the reverse. The coin, known variously as the Indian Head, Bison or Buffalo 5-cent coin (also nicknamed the Buffalo nickel), is considered the most American of U.S. coin designs because of the two themes portrayed on the coin. The Indian design appearing on the obverse is probably the finest to be placed on a U.S. coin. Three Indians, Iron Tail, Two Moons and Chief John Tree, posed for designer James Fraser, who created a composite portrait. The model for the bison was Black Diamond, a resident of the New York Zoological Gardens.

More design changes were made in 1916, when the Barber designs for the dime and quarter dollar were replaced in mid-year. The dime features a Winged Liberty Head on the obverse. The

Walking Liberty

design is often called the "Mercury" dime. However, Mercury was a Roman male god with wings on his ankles who wore a winged hat, while the figure on the dime is female and wears a winged cap. The artist never intended the figure to represent Mercury. The reverse depicts a fasces.

The quarter dollar design introduced in 1916 proved controversial. The Standing Liberty figure had an exposed right breast, an anatomical feature which had also appeared on the allegorical figure of Electricity on the Series 1896 $5 silver certificate until it was replaced in 1899 with a less prurient American Indian vignette. The offending breast was covered with a coat of mail in 1917 (both varieties of the 1917 coin exist). Although many numismatic books claim there was a hue and cry over Liberty's bare breast, no contemporary evidence exists that backs that theory. The reverse depicts a Flying Eagle; its position was modified slightly in 1917 when Liberty was given additional clothing. Amusingly, correspondence between Mint officials and designer A.A. Weinman refer to changes in the placement of the eagle but apparently do not mention the unclad Liberty. The coat of mail was added very quietly. The change was illegal, since Congress did not authorize it as required by law.

The Walking Liberty half dollar was also introduced in 1916. The obverse depicts a Walking Liberty figure. The reverse depicts one of the most attractive eagles on a regular issue of U.S. coins.

The Peace dollar replaced the Morgan dollar in 1921, which had been briefly resurrected in 1921 (coinage had ceased after 1904). The Peace dollar commemorates the peace which followed the end of World War I. Coinage of the dollar ceased at the end of 1935 when the denomination was temporarily abandoned.

The second coinage trend to begin in the early 20th century occurred in 1909 when a portrait of Abraham Lincoln replaced the Indian Head on the cent. For the first time, a historical, non-allegorical figure was used on a circulating coin of the United States. Lincoln's 100th birthday was celebrated in 1909. His 150th birthday in 1959 resulted in the Lincoln Memorial replacing the wheat found on the Lincoln cents of 1909-58.

The trend continued in 1932, when the Standing Liberty quarter dollar was replaced with the Washington portrait on the bicentennial of Washington's birth. A portrait of Thomas Jefferson replaced the American Indian in 1938 on the 5-cent coin (the Treasury Department held a design contest), and Franklin Roosevelt's portrait was placed on the dime in 1946, a year after his death. A portrait of Benjamin Franklin was placed on the half dollar in 1948, replacing the Walking Liberty designs. Franklin was replaced in turn in 1964 by a portrait of John F. Kennedy in a numismatic tribute to the assassinated president.

In 1971, a copper-nickel dollar coin was introduced bearing President Dwight D. Eisenhower's portrait on the obverse and an allegorical figure of an eagle landing on Earth's moon, commemorating the Apollo 11 moon landing.

The Bicentennial of the Declaration of Independence in 1976 brought changes to the reverses of the quarter dollar, half dollar and dollar. The reverse of the 1976 quarter dollar depicts a Revolutionary War drummer; the half dollar depicts Independence Hall in Philadelphia; and the dollar depicts the Liberty Bell superimposed over the moon. The designs reverted to their original versions in 1977.

In 1979, a new copper-nickel dollar sized between the quarter dollar and half dollar was introduced, replacing the Eisenhower dollar. The new design depicts feminist Susan B. Anthony and a reduced version of the moon-landing design. Anthony was the first non-allegorical U.S. woman to appear on a circulating coin. The choice was not a popular one, since many collectors had hoped a reincarnation of the Flowing Hair Liberty, designed by Chief Sculptor-Engraver Frank Gasparro especially for the smaller dollar, would appear. Many letters from collectors focused on the supposed unattractiveness of Anthony, who was shown in her later years on the coin. However, those same writers apparently had never criticized the physical attributes of Lincoln (who, after all, was referred to as an ape by the press of his time, before he achieved martyrdom upon his assassination) and Washington, another of the American presidents not known for his appearance. Ironically, a descendant of Anthony was critical of an early version of Gasparro's Anthony portrait as too "pretty," and not at all indicative of the woman's strong character; Gasparro modified the design before it was placed on the coin. However, the coin did not circulate well, mainly because of its similarity in size to the quarter dollar (many found the two coins too close to each other in diameter). Poor public usage of the smaller dollar resulted in none being struck after 1981 (the 1979-80 coins were struck for circulation, and the 1981 coins were struck for collectors only).

The reintroduction of commemorative coins and the American Eagle bullion coins have brought renewed interest in coinage designs, and renewed controversy. Collectors and others have been critical of some of the designs on the commemorative coins (the two torchbearers on an early version of the 1984 Olympic $10 eagle were lampooned as "Dick and Jane running" by congressional members). Others, most notably the obverse of the 1986-W Statue of Liberty half eagle, designed by Chief Sculptor-Engraver Elizabeth Jones, have been praised.

Reusing older designs on the American Eagle coins has proven controversial. The obverse of the silver dollar depicts the Walking Liberty half dollar obverse, enlarged for placement on the larger coin. A new Heraldic Eagle appears on the reverse.

Family of Eagles

The designs chosen for the gold bullion coins were even more controversial. Saint-Gaudens' obverse Liberty for the double eagle was chosen, but not until Treasury Secretary James A. Baker III ordered Liberty on a diet in 1986. The Mint engraver assigned to the project was ordered to reduce Liberty's apparent weight by giving her slimmer arms and legs. Members of the Commission of Fine Arts decried the changes to what is considered a classic design. Members were also critical of the reverse, a Family of Eagles design by Dallas sculptor Miley Busiek. The legislation authorizing the gold coins mandated the Busiek design. Busiek had been an untiring champion of her design, which shows two adult eagles and two younger birds. She lobbied in Congress and the Treasury Department for months in a politically successful attempt to have her design placed on the bullion coins. She says the design reflects the values of the American family.

Currently, hobbyists and others are calling for new designs on circulating coins, which the Treasury Secretary may change without congressional approval after they have been in use 25 years. The 25-year limitation was placed on the coinage system in the Act of Sept. 26, 1890. Until then, there were no limitations concerning the life of a coin design. This act is now a part of Title 31 of the U.S. Code.

For decades, Mint officials have publicly opposed changes to U.S. coinage designs, stating that to change coinage designs would cause hoarding of the old designs, thus generating a coinage shortage. However, that policy briefly changed in April

1988 when Mint Director Donna Pope, appearing before the Senate Banking Committee, reported that the Treasury had no major objections to a bill calling for the redesign of all circulating U.S. coins. However, since then Treasury has dropped any support it had for coinage redesign.

Congress has split over the redesign issue. The Senate has supported the measure for years, having passed redesign legislation more than a half dozen times. Redesign advocates found a champion in Sen. Alan Cranston, D-Calif. Cranston made the coinage redesign issue his last great issue. He retired at the end of the 102nd Congress at the end of 1992.

The House of Representatives, however, has long opposed coinage redesign as unnecessary and unwanted by a majority of the American public. Again and again the House voted down redesign legislation. At one point in early 1992, it appeared as though the Senate and House had reached agreement on coinage redesign. The measure was added to an omnibus coin bill seeking a variety of commemorative coins for 1992 and beyond. However, on the day the vote was scheduled, someone began spreading the false rumor that the legislation would eliminate "In God We Trust" from U.S. coinage. The House defeated the bill because of the false rumors. Coinage redesign died in

Arrows signify change

the 102nd Congress and was a non-issue in the 103rd Congress when this book went to press.

Specifications

The physical specifications of U.S. coins — metallic content, weights, diameters — have been ever changing. Changes were in response to increases and decreases in metal prices; public rejection of large-diameter coins; and other factors.

Even before the first copper coins were struck in 1793, their weights were reduced under the Act of May 8, 1792. The modified weights are 6.74 grams for the half cent, and 13.48 grams for the cent (weights are given in grams for modern convenience; the early coinage laws specified the weights in grains). Weights for both copper coins were reduced in 1795, to 5.44 grams for the half cent, and to 10.89 grams for the cent.

The 1794-95 silver coinage was struck in a composition of 90 percent silver and 10 percent copper, according to some sources. When additional silver denominations were added in 1796, the composition for all five coins was changed to 892.427 silver and 107.572 copper, until additional change came in 1836-37.

Composition of the first gold coins is 916.667 gold and 83.333 copper and silver.

The only changes made to U.S. coins from the first decade of the 19th century and 1834 were to the designs. Then, on June 28, 1834, the weight of gold coins was reduced and the alloy changed for two years to 899.225 percent gold and 100.775 copper and silver. In 1836, the gold alloy was changed again, to 90 percent gold and 10 percent copper and silver, an alloy

unchanged until 1873. Changes were made to silver coins in 1836 as well, when the silver content was changed to 90 percent silver and 10 percent copper, an alloy used until the mid-1960s.

The rising price of silver resulted in a reduction in weights for the silver coins during 1853 (except for the silver dollar). Arrows were added to both sides of the dates on the reduced weight half dimes, dimes, quarter dollars

Zinc-plated steel cent

and dollars, a design feature used for 1853-54. The arrows were removed in 1855 although the weights of the silver coins remained the same.

Major changes were made to the country's copper coinage in 1857. The half cent was eliminated and the large copper cent was replaced with a smaller cent composed of 88 percent copper and 12 percent nickel (Act of Feb. 21, 1857). Diameter of the old cent is approximately 29 millimeters; the new cent has a diameter of 19mm.

The weights of the Seated Liberty silver coinage increased in 1873, and once again arrows were placed at either side of the date to signify the increased weight. Also, silver was dropped from the gold-coin alloy, which changed to 90 percent gold and 10 percent copper.

The next major changes in U.S. coins were made during World War II. At the beginning of the United States' entry into World War II, several metals used in coinage became critical. The first to be affected was the 5-cent coin, which had nickel removed in mid-1942 after some copper-nickel specimens were struck. The new composition was 56 percent copper, 35 percent silver and 9 percent manganese. The old alloy was resumed in 1946.

Also during the war, the composition of the cent changed. First, tin was removed late in 1942. Then, in 1943, a zinc-plated steel cent was introduced to conserve copper. The brass alloy of 95 percent copper and 5 percent zinc was resumed in 1944 through 1946. The 95 percent copper, 5 percent tin and zinc composition resumed in 1947 and continued until late 1962. Once again, tin was removed from the bronze alloy, turning the alloy into the same composition, called brass, used in 1944-46.

The 175-year-old history of United States coinage was changed with the stroke of a pen on July 23, 1965. On that day President Lyndon Johnson signed into law the Coinage Act of 1965, the most sweeping changes to the U.S. coinage system since the Mint Act of 1873. The 1965 act eliminated silver in dimes and quarter dollars and reduced the silver content of the half dollars to 40 percent.

Special congressional hearings relative to the nationwide coin shortage were first held in 1964. Coin shortages had continually worsened in the decade prior to 1965 as a result of the population growth, expanding vending machine businesses, popularity of Kennedy half dollars and the worldwide silver shortage.

In the face of the worldwide silver shortage, it was essential that dependence on silver for coinage be reduced. Otherwise the country would be faced with a chronic coin shortage.

As a result of studies conducted by both the Treasury and the Battelle Memorial Institute, a clad metal composed of three bonded layers of metal bonded was selected for the new composition. Battelle tested various alloys to determine their suitability for coinage. (Battelle is a Columbus, Ohio-based company which specializes in high-tech experimentation and research.)

The dimes and quarter dollars were composed of two layers of 75 percent copper and 25 percent nickel bonded to a core of pure copper. The half dollars were composed of two layers of 80 percent silver and 20 percent copper bonded to a core of approximately 20 percent silver and 80 percent copper, such that the entire coin is composed of 40 percent silver.

The combination of copper-nickel and copper gave the new coins the required electrical conductivity, a necessary property for vending machines. The copper-nickel surfaces also continued the traditional silvery color of the coins and would be much harder to counterfeit.

The legal weights of the coins were affected by the change in alloy. The new clad dime weight is 2.27 grams, the quarter dollar weighs 5.67 grams and the half dollar weighs 11.5 grams. With the elimination of silver from half dollars in 1971 and the introduction of a copper-nickel clad version, the weight was changed to 11.34 grams. The cladding of all coins constitutes approximately 30 percent of the coin by weight.

At first all of the strip (coinage metal rolled out into the proper thickness) was produced at the Olin Brass Division of Olin Mathison Chemical Corp. in East Alton, Ill. From there it was shipped to the U.S. Mints at Philadelphia and Denver and to the San Francisco Assay Office. As time had passed and the Mints built new facilities, more and more of the cladding was produced at the Mints. However, the Mint currently buys all strip from outside manufacturers. Mint officials claim it is more efficient and less expensive to do so. In addition, the Mint buys some of its planchets from private contractors, including all of the copper-plated zinc cent planchets and all of the precious metal planchets for special programs.

In an effort to maximize coin production, 1964-dated silver coins were struck into 1965. The Coinage Act of 1965 also made it mandatory that clad coins be dated not earlier than 1965. All clad coins actually made in 1965 bear that date. The first clad dimes were struck in late December 1965 and were released March 8, 1966. The first clad quarter dollars were struck Aug. 23, 1965, and released Nov. 1, 1965. The first silver-clad half dollars were released March 8, 1966, but were struck starting Dec. 30, 1965. The 1965 date was retained until July 31, 1966, when the date was changed to 1966. Normal dating resumed Jan. 1, 1967.

The last great compositional change to U.S. circulating coinage came in mid-1982, when the brass cent was replaced with a cent of nearly pure zinc, plated with a thin layer of pure copper to retain its copper appearance. Rising copper prices were the cause. The switch over to the copper-plated zinc cent was made with few noting the difference.

When the American Eagle bullion coins were introduced in 1986, some numismatists were critical of the .9167 gold content, a composition they deemed "non-traditional"; there was some preference for a .900 gold content. However, the chosen composition is virtually identical to the alloy first used for U.S. gold coins, from 1795 to 1834. A new silver composition was introduced with the production of the .999 fine silver American Eagle dollar.

The Treasury Secretary now has authority under a change in the law in 1992 to change the composition of the coin without seeking congressional approval. The coin has slipped in the standing, compared to sales of gold bullion coins of other countries. Serious consideration is being given to issuing a .9999 fine gold American Eagle bullion coin in order to sell better than the current composition.

Future changes in the specifications of U.S. coins will depend on metals markets and politics. Legislation seeking a palladium commemorative coin honoring six Western states found little support in Congress and even less support in the numismatic community and the U.S. Mint as a non-traditional coinage material.

Mint officals experimented with ring bimetallic experimental pieces in early 1993. The coins — consisting of an outer ring of one metal bonded to an inner ring of another, different-colored metal — are being used in circulation by several countries in 1993.

A gold-colored, nearly pure copper dollar is being promoted by some. A Federal Reserve official testified in 1992 favor of such a dollar coin and the elimination of the $1 Federal Reserve note. Government studies have shown that a dollar coin would circulate extensively only if the $1 Federal Reserve note were withdrawn from circulation. Those same studies also showed public opposition to eliminating the paper dollar.

10

THE United States Mint built in Philadelphia in 1792 has the distinction of being the first building constructed by the federal government. The importance of a federal coinage was widely recognized by national leaders following the ratification of the Constitution. The newly elected president, George Washington, had spoken about coinage issues and the need for a national Mint in his first three addresses to Congress, in 1789, 1790 and 1791. Congress passed a resolution March 3, 1791, saying, "That a Mint shall be established under such regulations as shall be directed by law." That law came a little more than a year later, with passage of the Mint Act of April 2, 1792, the same legislation which set denominations, specifications and legal tender status for the first U.S. coins. The Mint Act specified, "That a Mint for the purpose of a national coinage be, and the same is established; to be situate[d] and carried on at the seat of the Government of the United States, for the time being. ..."

The 1792 Mint Act also specified which officials would be required to conduct operations at the Mint, including the chief position, that of Director. David Rittenhouse, widely considered America's top scientist at the time, was selected as the nation's first Mint Director. He became Director in April 1792, and wasted little time in beginning construction of a new Mint. Rittenhouse laid the foundation stone of the new Mint at 10 a.m. July 31, 1792. Construction moved promptly, with the building completed Sept. 7. However, much of the minting equipment was beyond the capabilities of America, and had to be ordered from abroad.

Current Philadelphia Mint

The first U.S. coins struck under the provisions of the Constitution were the 1792 half dismes. (The act called for half dismes and dismes, and those spellings appear on the 1792 pieces. By the time coinage of both denominations began in earnest several years later, the "s" was dropped from the spelling.) Research by numismatist Walter Breen indicates the 1792 half dismes were struck outside of the Mint facility on presses newly arrived from Europe. The striking of coins within the walls of the Philadelphia Mint for circulation began in 1793, with copper half cents and cents. Silver and gold coins followed.

The first Philadelphia Mint was primitive by modern standards. The presses were hand-operated, with the other equipment powered by human or horse. The typical coining press in use at the Mint was the screw press, powered by human muscle. One person removed planchets from the bottom die by hand and another planchet was placed on the die by an early feed system, two other men grasped ropes tied to the two arms of the press and pulled quickly, causing the upper die to descend and strike the coin (and an occassional finger). The first steam-powered equipment was installed June 24, 1816. Steam powered the machines that rolled the coinage metal to the proper thickness, and the punch press used to produce planchets. Further mechanization came in 1833, when the second Philadelphia Mint was opened. The man-powered screw presses were replaced with steam-powered coining presses. Other equipment was also mechanized.

The growth of the United States Mint was linked to the westward expansion of the nation. Despite the improved output of the second Philadelphia Mint, by the mid-1830s additional coining facilities were needed. Gold discoveries in the Appalachian Mountains triggered America's first gold rush.

To meet the growing coinage needs of an ever-expanding country and population, Congress authorized the first branch Mints in 1835: Dahlonega, Ga.; Charlotte, N.C.; and New Orleans. All the Southern branch Mints opened for coining in 1838. The Dahlonega and Charlotte Mints were never prolific; they struck gold coins only, generally in smaller numbers than struck at Philadelphia. The New Orleans Mint was a better match for the Philadelphia Mint, striking both silver and gold coins.

Meanwhile, eyes turned toward California. William Marshall's discovery of gold on the American River in 1848 triggered the biggest gold rush in U.S. history. Ever larger numbers of men with visions of unlimited wealth undertook the hazardous journey. California became a state in 1850; the population grew, as did the need for coinage. However, the closest Mint was in New Orleans. A number of private mints sprang up in California, striking native gold and fulfilling a need for coinage the U.S. Mint was unable to fill. Congress authorized the San Francisco Mint in 1852. It began operations in 1854, striking both silver and gold coins.

Even as thousands moved West to seek their fortune, the nation moved ever closer to war. California had entered the Union a free state, without slavery, the result of the Compromise of 1850. However, the Compromise only postponed the inevitable. The sectional troubles that had been tearing the country apart for decades burst into full, horrible bloom with the election of Abraham Lincoln as president in 1860. One by one, the Southern states seceded from the Union. As Louisiana, Georgia and North Carolina left the Union, the federal Mints in those states changed hands. There was no need for Southern troops to use force to capture the facilities; the majority of Mint officials and employees

Current San Francisco Mint

Current Denver Mint

at the three facilities were sympathetic to the Confederate cause. All three facilities struck small quantities of coins in early 1861, the New Orleans facility even striking four half dollars with a special Confederate design on one side. However, coinage at all three Mints ended in 1861 due to dwindling resources. The Dahlonega and Charlotte Mints never reopened following the war; however, New Orleans resumed coining activities from 1879 to 1909.

Silver discoveries in the West, particularly in Nevada, triggered the need for an additional Mint. The Carson City Mint in Nevada opened in 1870 and closed in 1893. Carson City struck silver and gold coins only.

A Mint was built in Denver at the turn of the century, opening for coining in 1906. Denver has struck coins of all alloys: copper, copper-nickel, silver and gold.

The San Francisco Mint closed after striking 1955 coinage; its presses no longer needed to keep up with the national demand for coinage. Congress revised its status in 1962, naming it the San Francisco Assay Office. However, a coin shortage struck the country and in 1965 the Assay Office resumed striking coins. The facility regained Mint status in 1988.

Currently, there are four federal Mints in operation in the United States. The Philadelphia Mint strikes all denominations of coins for circulation and some collectors' coins; the Chief Sculptor-Engraver and engraving staff work there; and the Mint produces all coining dies used at all four Mints. The Denver Mint is in its original 1906 building, although there have been recent additions; it, too, strikes a combination of circulation issues and collectors' coins. The San Francisco Mint is in its third building, opened in 1937; today, it strikes coins for collectors only, although in recent years it has struck coins for circulation. The

Current West Point Mint

West Point Mint is the newest facility, having gained Mint status in early 1988; previously, it had been the West Point Bullion Depository (opening in 1938) although its coining facilities have been used since 1974. West Point is currently used only for collectors' programs and bullion coins although it has struck coins for circulation in the recent past. All gold bullion and commemorative coins will be struck at West Point beginning in 1994.

History of Mint marks

A Mint mark on a United States coin is a small letter (or letters) placed on the field (the flat, featureless areas surrounding the designs and lettering) of the coin to show which Mint manufactured it. Mint marks on U.S. coins were authorized by the act of March 3, 1835, establishing the first branch Mints in New Orleans, La., Charlotte, N.C., and Dahlonega, Ga.

Mint marks:

C for Charlotte, N.C., (gold coins only), 1838-1861
CC for Carson City, Nev., 1870-1893
D for Dahlonega, Ga. (gold coins only), 1838-1861
D for Denver, Colo., 1906-present
O for New Orleans, La., 1838-1861; 1879-1909
P for Philadelphia, Pa., 1793-present
S for San Francisco, Calif., 1854-1955; 1968-present
W for West Point, N.Y., 1984-present

With one four-year exception, U.S. coins struck at the Philadelphia Mint bore no Mint marks until 1979. The initial use of the "P" on a U.S. coin appears on the Jefferson, Wartime 5-cent coins, struck from 1942 to 1945 in a silver alloy. The "P"

Mint mark on these issues was designed to distinguish the silver alloy issues from regular copper-nickel 5-cent coins.

With the passage of the Coinage Act of 1965, which gave the United States copper-nickel clad coinage, Mint marks were not used on coins dated 1965 through 1968. The move was designed to help alleviate a coin shortage by removing the distinction between coins struck at branch Mints and those struck in Philadelphia so collectors could not determine which were the more limited strikes.

With the announcement Jan. 4, 1968, that Mint marks would return to coins, Mint Director Eva Adams made several changes in Mint mark application. First, to achieve uniformity, she directed that all Mint marks be placed on the obverse.

Second, she announced Proof coins would be manufactured at the San Francisco Assay Office with an "S" Mint mark. Previously, all Proof sets were produced at Philadelphia and had no Mint mark, except for some 1942 5-cent coins.

Mint marks were again omitted from certain U.S. coins when cents were struck at the West Point Bullion Depository in 1974 and later, and when dimes were struck in San Francisco in 1975.

Major changes were made in Mint mark policy beginning in 1978. Mint officials in 1978 announced that the 1979 Anthony dollar would bear the "P" Mint mark for Philadelphia business strikes. The list of coins to bear the "P" Mint mark grew in 1980, when all other denominations but the 1-cent coin received the new Mint mark.

A new Mint mark, "W," was established in September 1983, when the West Point Bullion Depository (now the West Point Mint) began striking 1984-dated $10 gold eagles commemorating the Los Angeles Olympic Games.

Additional changes were placed into effect beginning in 1985 to forestall Mint mark errors, when the Mint mark was placed on the master die instead of the working dies for all Proof coinage. In 1986, Mint officials decided to add the Mint mark on all commemorative and Proof coins at the initial model stage. Thus, on these special collectors' coins, the Mint mark appears on all stages of models, hubs and dies.

In 1990, Mint officials decided to add the Mint mark at the master die stage for coins intended for circulation. The cent and 5-cent coins underwent the change in procedure in 1990, with the remaining denominations following in 1991.

11

THE various coining facilities of the United States Mint are factories, whose products happen to be coinage of the realm. Like any other metal-working factory, the U.S. Mint has a variety of presses, engraving and reducing machines and metal-working equipment.

Like any metal product, coins don't "just happen." A number of intricate steps must be taken, from the preparation of the raw metal used in the coins to the striking of the coins. And before the coins can be struck, dies must be produced.

The dies used for striking coins start out as an approved sketch in the Engraving Department at the Philadelphia Mint. The sculptor-engraver makes a plasticene (modeling wax) model in bas-relief (with the design portions raised above the surface of the coin) from the sketch. The model will be anywhere from three to 12 times as large as the finished coin. Next, a plaster-of-paris negative is cast from the model. The negative is touched up and details are added. Then a plaster-of-paris positive is made. The positive is used as the model to be approved by the Mint Director and the Secretary of the Treasury if a new design is being created.

When final approval is received another negative is made and a hard epoxy positive model is prepared. The epoxy model replaces the copper galvano (a large metallic version of a coinage design from which the design was traced and cut into the hub) once used by the U.S. Mint.

The completed epoxy model is then mounted on a Janvier transfer engraving machine. This machine cuts the design into soft tool steel — tracing the exact details of the epoxy model — and produces a positive replica of the model called

Janvier reducing machine transfers image from large epoxy model at right to coin-sized steel hub at left

a "hub." The hub, which is the exact size of the coin, is then heat treated to harden it and is placed in a hydraulic press. The hub is slowly pressed into a blank piece of soft die steel until a negative replica is made, called a master die. The original hub is stored in a safe place to ensure against loss of the original reduction.

Working hubs are made from the master die in the hydraulic press, and hardened in the same way as the original, master hub.

Working dies are made from the working hubs in the same way. A blank piece of soft die steel is impressed with the working hub, an act which hardens the metal. Two to three cycles may be required to properly impress all details into the steel blank, and annealing (heating the dies to soften them to make the hubbing easier) is usually needed between hubbings.

Mint marks — found on all U.S. coins since 1980 but the Lincoln cent struck at the Philadelphia Mint — are added at various stages of the die-production process. Traditionally, Mint engravers have placed the Mint mark by hand on each of the thousands of working dies. That is no longer the case. Beginning in 1990, the Mint began placing the Mint mark on the master die for the cent and 5-cent coin. The other denominations — dime, quarter dollar and half dollar — followed in 1991. Doing so lessens the possibility of producing Mint mark errors and varieties. Mint marks on commemorative coins and Proof coins are placed at the initial modeling stage.

Modern United States coins have their beginnings in the private sector, where a number of companies produce some coinage blanks and planchets and all coils of strip metal the Mint purchases. Blanks and planchets represent the same product at different stages of production: the unstruck, circular pieces of metal that become coins when struck between the dies. The Mint produced its own strip metal as late as Fiscal Year 1982 at the Philadelphia Mint, but the operations were closed officially in Fiscal 1983. The Mint still produces some of its coin blanks and planchets.

In preparing the raw metals used in coining, the coinage metals are assayed, melted and formed into slabs which are then rolled to the proper thickness. For clad coinage, bonding operations are required to bond the two layers of copper-nickel to the core of pure copper. The strip is then coiled and shipped to the Mint for blanking.

Blanks are unfinished planchets that haven't been through all of the processing steps necessary before they can be struck into coins. Once a blank has been through all of the processing steps, it becomes a planchet and is ready to be struck.

Blanks are produced on blanking presses, which are simply punch presses similar to those found in any machine shop. They have a bank of punches (or rams) which travel downward through the strip of coinage metal and into a steel bedplate which has holes corresponding to the punches. The presses punch out blanks each time the punches make their downward cycle. The blanks made at this stage are slightly larger than the finished coins. Because of the shearing action of the punches, the blanks have rough edges. Most of the rough edges (or burrs) are removed during succeeding operations.

The blanks are next passed over sorting screens which are supposed to eliminate all of the defective pieces. Thin and incomplete blanks will fall through the screens. Rejected blanks are remelted.

During the finish rolling and blanking press operations the blanks have again been hardened and must now be softened. heated to controlled temperatures, approximately 1400 degrees Fahrenheit, changing their crystal structure to a softer state. Planchets are "frozen" into that state by a water quench bath. The annealing process prolongs the life of the coining dies by ensuring well-struck coins with lower striking pressures.

Despite a protective atmosphere, annealing causes some discoloration on the surfaces of the blanks which must be removed. The blanks are tumbled against each other and passed through a chemical bath. Then they are dried by forced hot air. The blanks' next stop is an upsetting mill.

The upsetting mill consists of a rotating wheel with a groove on its edge. The grooved edge of the wheel fits into a curved section (or shoe) which has a corresponding groove. The distance between the wheel and the shoe gets progressively narrower so that, as the blank is rolled along the groove, a raised rim is formed on both sides of the blank. This raised rim serves several purposes. It sizes and shapes the blank for better feed at the press and it work-hardens the edge to prevent escape of metal between the obverse die and the collar.

The blanks are now planchets and are ready to be struck into coins on the Mint's coining presses.

Coining presses are designed for any denomination of coin. Dies and collars are interchangeable and striking pressures are adjustable for the various denominations and metals. A circular piece of hardened steel forms the collar, which acts as the wall of the coining chamber, and one die forms the bottom. The dies impress the various designs and devices on the obverse and reverse for the coin while the collar forms the edge of the coin, flat and smooth on cents and 5-cent coins and reeded on the larger denominations. The collar, which is five-thousandths of an inch larger in diameter than the dies, is mounted on springs which allow slight vertical movement.

Generally, the reverse die is the lower (or anvil) die while the obverse die is the upper (or hammer) die; however, there are exceptions, and on some presses, the dies are mounted horizontally so that they move parallel to the floor. Still, the terms anvil die and hammer die are appropriate.

Planchets are fed by gravity from a basin attached to the press through a cylindrical tube. This tube stacks 20 or so

Die is mirror-image of coin

planchets. From this stack the bottom planchet is fed into the press by one of several feed devices.

One device is called the feed fingers: two parallel pieces of metal joined in such a way that they can open and close; on one end of the two pieces is a covered recessed slot and in the center is a hole. A second device is a dial feeder: a circular piece slotted with holes which transport the planchets to the coining chamber and then transport the newly struck coin from the dies.

No matter which feed device is used, the coining process is same. The anvil die at this point is stationary. As the hammer die moves toward the anvil die it impresses the designs of both sides into the planchet and then completes its cycle by moving upward to its original position. On presses using the dial feeder, the dial remains stationary so that the hole transporting the planchet remains centered over the anvil die, with the hammer die passing through the hole to strike the coin. Now the anvil die starts to move above the collar, actuated by an eccentric cam, raising the struck coin out of the coining chamber. Depending on the feeder system used, one of two things happens.

As the anvil die moves, about the same time the feeder fingers, in a closed position, start to move forward with a planchet lying in the center hole. At this time the anvil die reaches the top of its cycle, the recessed slot (ejection slot) slides over the struck coin, and pushes the coin away from the coining chamber. The feed fingers have completed their forward movement and now the center hole is moving towards the coining chamber. Having imparted movement to the struck coin, that coin continues onward until it hits a shield which deflects it into the struck coin hopper. The feed fingers open, allowing the planchet to fall into the coining chamber. Then the feed fingers reverse direction to return to their original position.

On presses using a dial feeder, the struck coin is pushed back up into the hole that had carried the planchet; the dial rotates, moving the coin away from the coining chamber while the next hole drops a new planchet onto the lower die. The cam action now causes the lower die to move to its stationary position.

Presses fed by dial feeders have sensors that automatically stop the press if a planchet is mispositioned, of the wrong size or incomplete, or is completely missing. The Denver Mint especially has good use of this feature to largely eliminate many of the error coins that entice collectors.

Frequently, while a press is in operation, the press attendant will pick up a finished coin for inspection to catch some of the remaining varieties and errors that arre still produced. The inspector examines the coin under a magnifier and it reveals any defects made in the die during operation. Another attempt is made to prevent improperly shaped coins from reaching circulation by passing them through a second riddler.

Throughout the minting process, computers track such statistics as the productivity of each press operator, any repairs to a coining press, quantities of coins struck per press, plus installation, movement and destruction of the dies.

After the coins have been struck they are ready for a final inspection. After passing the inspection, they are counted automatically by machines, weighed and bagged or boxed. The bags are sewn shut and the boxes shut. The coins now are ready for shipment from the Mint to the Federal Reserve Banks for distribution.

Dial feeder and four gravity tubes on a Bliss press.

12

ERRORS

SOMETHING is happening to error coins, something that could cause a revolution in the speciality field in the not-too-distant future. The United States Mint is producing much smaller quantities of major errors and varieties.

An error coin deviates from the norm as a result of a mishap in the minting processes; in effect, an error represents a "substandard" product of the Mint. Some collectors prefer these items over normal coins.

The number of major errors being produced is much smaller in the mid-1990s compared to the 1980s and earlier. No major doubled die coins have been produced since the mid-1980s. Likewise, no repunched Mint marks have been produced since 1989 or so. Numbers of major striking errors have steadily decreased as well.

Mint technicians are more effectively preventing errors from being produced and catching those which are produced. Traditionally small numbers are even smaller due to higher quality control at the Mint's four striking facilities.

Those small numbers in part account for the values some collectors place on error numismatic material. Values for error coins depend on the same factors affecting normal numismatic merchandise: supply, demand and condition. Errors are in very short supply when compared to total mintages. However, error collectors represent a fraction of the total number of collectors, so demand is less for most items. Some error coins, such as the 1955 Lincoln, Doubled Die cent, because of publicity and dealer promotion, cross over and become popular with general collectors; thus, demand is higher for a fixed supply, and values are correspondingly higher. Condition is important, although error collectors seem less concerned with "perfection" than other collectors.

Rare does not necessarily mean great value. Many error coins, struck in small quantities, are available for a few dollars. Even errors which are considered unique are often available for several dollars. Unfortunately, many persons not familiar with errors, including some dealers, place unrealistically high values on error coins. Such was the case in the spring and early summer of 1989, when a series of 1989 Washington quarter dollars were struck from grease-filled dies and missing a Mint mark; some non-specialist dealers were paying as much as $75 for the coins, and charging $125, while error specialists agreed the coins were a form of common error worth about $3.

Interestingly, although the numbers of major errors are decreasing, the first half of 1993 witnessed an explosion of die cracks, particularly on 1993 Lincoln cents (see later section about die cracks for an explanation).

Any discussion of error coins must include a discussion of varieties. A numismatic variety is defined as the difference between individual dies or hubs of the same basic design or type. The differences between two varieties of the same type are generally intentional; the 1917 Standing Liberty quarter dollar with Liberty baring her breast is a different variety from the 1917 Standing Liberty quarter with Liberty's breast covered by a coat of chain mail, although both have the same basic design.

Some die error coins have been accepted as varieties and are considered by many as part of the regular series; among these are the 1955 and 1972 Lincoln, Doubled Die cents, and the 1937-D Indian Head, Three-Legged 5-cent piece. Others believe that no distinction should be made between varieties or errors; they believe all errors are varieties. Not all varieties are errors. Varieties can be those produced deliberately to refine the striking characteristics of a die, as in the changes to the reverse design of the Indian Head 5-cent coin.

Error coins can be found in circulation, unlike many other collectors' items. Some collectors go to banks and obtain large quantities of coins to search through; coins not bearing errors are returned to the bank. Many errors, particularly of the minor classification, can be discovered simply by going through pocket change and wallets. All it takes are sharp eyes and a knowledge of what to look for.

Many error collectors are adept at what they call "cherry picking." They use their superior knowledge of errors and varieties when going through a dealer's stock to obtain scarcer pieces at prices less than what a specialist might charge.

Some of that knowledge comes from a clear understanding of the minting process. The minting of a coin is a manufacturing process, and should be fully understood by anyone interested in collecting and studying error coins (see **Chapter 11**, "How coins are made"). Many forms of alteration and damage received outside the Mint resemble certain types of errors, but none precisely duplicate genuine Mint errors. Collectors who understand the minting process should be better able to distinguish between errors and damage and alteration.

The following section presents error coins in three parts: die errors, planchet errors and striking errors. Our categorization of error types may differ from other specialists. Die errors are those produced due to a mishap involving the die or hub. Planchet errors are the result of defective or improper selected planchets. Striking errors are created during the actual coining process.

Die errors

BIE error is result of die break

BIE: The term commonly used for minor errors affecting the letters of the word LIBERTY on Lincoln cents. A small break in the die between the letters, especially BE, often resembles the letter I, hence the BIE designation. Such errors are much
more common on the coins of the 1950s and early 1960s than more recent issues. Collectors tend to be less interested in such errors in the 1980s than they were 20 years ago.

Clashed dies: When during the striking process two dies come together without a planchet between them, the dies clash (come into direct contact). Depending on the force with which the dies come together and the na-

Clashed dies

ture of the designs, a portion of the obverse design is transferred to the reverse, and a portion of the reverse is transferred to the obverse. Coins struck from the clashed dies will show signs of the transferred designs. Although the cause of this type of error occurs during the striking process, the die is affected; thus it is considered a die error.

Die breaks, chips, cracks, gouges, scratches: Dies, like any other piece of steel, are subject to all sorts of damage. Any incused mark on the die leaves raised areas on coins. Breaks and cracks are similar, appearing on coins as raised lines. A die break affects a larger area than the die crack, and breaks often result in pieces of the die falling out (see next paragraph). A die chip occurs when a small portion of the die breaks away, while gouges and scratches generally occur when a foreign object scores the surface of the die.

Die chip

Die crack

A major die break is often though misleadingly referred to as a "cud." It occurs when the die breaks at the rim and a piece of the die falls out of the press. The metal of coins struck from that die flows up into the missing area, resulting in a raised blob of metal bearing no image; these are nicknamed "cud" errors (as in a cow's cud). The side

Cud

of the coin opposite the raised blob is weak and indistinct; this is because metal flows along the path of least resistance, flowing into the broken area and not the recesses of the other die. A retained major die break occurs when the die breaks at the rim, but the piece does not fall out. Coins struck from these dies show the break, but also depict the image inside the break.

Doubled dies: If during the hubbing and die making process, a misalignment between hub and partially completed

Doubled die

die occurs, overlapping, multiple images may appear on the die. Coins struck from the die will show the overlapping images. Die doubling on coins with raised designs feature a rounded second image; on coins with incused designs, the second image is flat and shelf-like. At the corners of the overlapping images are distinct "notches" on coins with raised designs. A tripled or quadrupled die is caused by the same misalignment, but bears a tripled or quadrupled image.

Engraving errors: While more common on the dies of the 18th

Engraving error

and 19th centuries, engraving errors have been made on modern dies. On the earlier dies, numerals and letters were often recut to strengthen the design, punched in upside down or otherwise out of alignment, and sometimes, wrong letters or numbers were punched into the die. On more modern dies, engraving errors include the use of the wrong size Mint mark by mistake and Mint marks placed too close to design elements or too far from their intended locations. Other "engraving" errors, discussed in separate sections, include doubled dies, overdates and multiple Mint marks.

Misaligned dies: Although one side of the coin appears to have been struck off-center, it is not a striking error. A misaligned die occurs when one die is horizontally displaced to the side, causing only a partial image to appear on that side of the coin. However, unlike the off-center coin which it resembles, only one side is affected. The other side is normal. Some specialists classify misaligned dies as striking errors.

Multiple Mint marks: Mint marks were punched into each individual working die (for coins issued for

Misaligned dies

circulation) by hand with mallet and punch until changes were mmade to the process in 1990-91 (see **Chapter 11**, "How Coins Are Made," and **Chapter 10**, "Mints and Mint marks," for details).

Under the old system, several blows to the punch were needed to properly sink the Mint mark into the working die. If the punch was not properly placed after the first blow, a multiple image may have resulted. These are known as doubled D and doubled S Mint marks, for the Denver and San Francisco Mints.

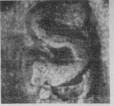

Multiple Mint marks

Overdates: When one or more numerals in the date are engraved, punched or hubbed over a different numeral or numerals, both the original date and the second date can be seen. Modern hubbed examples include the 1943/2-P

Overdate

Jefferson 5-cent coin and the 1942/1 Winged Liberty Head dime (both are also doubled dies). The traditional, pre-20th century overdate occurred when one date was punched over another date, as on the 1818/5 Capped Bust quarter dollar.

Over Mint marks: A form of multiple Mint mark, but when punches of two different Mints are used. Examples include the 1944-D/S Lincoln cent and the 1938-D/S Indian Head 5-cent piece.

Polished dies: Mint employees polish dies to extend their working life and to remove such things as clash marks, die scratches, dirt and grease. If the die is polished too much, details may be erased, or small raised lines may appear on the coins. Most over-polished errors have little value, but there are exceptions, including the 1937-D Indian Head, Three-Legged 5-cent coin.

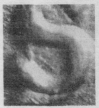

Over Mint mark

Polished die

Rotated dies: Most U.S. coins have the obverse and reverse sides oriented so each side is upright when rotated vertically. The alignment between the two is 180 degrees. However, if the dies are aligned at anything other than 180 degrees, the dies are considered rotated. Coins rotated 5 degrees or less are considered within tolerance by the Mint.

Some specialists consider rotated dies to be striking errors since the die's face is unchanged.

Worn dies: Dies have a limited life, based on the hardness of the coinage metal being struck and the striking pressures involved. When a die wears beyond a certain point, details around the rim tend to flow into the rim, while other details weaken. The surface of the die becomes scarred, as if heavily

Worn die

polished. Coins struck from worn dies rarely have collector value as die errors.

Planchet errors

Alloy errors: All U.S. coins are produced from alloyed metals, mixed when molten to strict specifications. If mixed incorrectly, the metals may cool in non-homogeneous form, with streaks of different metals appearing on the surface of the coin.

Alloy error

Damaged planchets: Planchets are subject to various sorts of damage, including cracks (not to be confused with die cracks), holes and major breaks. (A planchet is unstruck metal that when struck between coining dies, becomes a coin.)

Damaged planchet

Fragments, scrap struck: Small pieces of coinage metal — fragments and scrap left over from the blanking process —sometimes fall between the dies and are struck. Fragments must be struck on both sides and weigh less than 25 percent of a normal coin's weight to qualify as a struck fragment. Planchet scrap is generally larger than a fragment, and usually has straight or curved edges as a result of the blanking process.

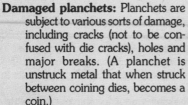

Struck fragment

Incomplete planchets: Often, though erroneously, called a "clip," an incomplete planchet results from a mishap in the blanking process. If the planchet strip does not advance far enough after a bank of punches rams through the metal, producing planchets, the punches come down and overlap the holes where the planchets were already punched out. Where the overlapping takes place, there is a curved area that appears to be "missing" from the planchet. The word "clip," commonly used, suggests a piece of the planchet was cut off, which is not the cause of the incomplete planchet. "Clip," when properly used, refers to the ancient process of cutting small pieces of metal from the edges of precious metal coins for the bullion; that is why U.S. gold and silver coins have lettered or reeded edges, to make it more difficult to clip a coin.

Incomplete planchet

An "incomplete clip" occurs when the punch does not completely punch out a planchet, but leaves a circular groove. If the strip advances improperly, planchets overlapping the incomplete punch will bear a curved groove; the groove remains visible after the coin is struck.

Most incomplete planchet errors have a "signature" known as the Blakesley effect. The area of the rim 180 degrees opposite the "clip" is weak or non-existent since the rim-making process in the upset mill is negated by the "clip." The lack of pressure in the upset mill at the clip results in improper formation of the rim on the opposite side.

Laminations: During the preparation of the planchet strip, foreign materials — grease, dirt, oil, slag or gas — may become trapped just below the surface of the metal. Coins struck from this strip later may begin to flake and peel since adhesion is poor in the location of the trapped material. The Jefferson, Wartime 5-cent pieces are particularly susceptible to lamination, due to the poor mixing qualities of the metals used during the war metal emergency.

Lamination

Split planchets: Planchets can split due to deep internal laminations, or in the

Split before strike

Split after strike

case of clad coinage, because of poor adhesion of the copper-nickel outer layers to the copper core. Planchets may split before or after striking. Those splitting before generally exhibit weak details due to lack of metal to fill the dies, while those split afterwards usually depict full detailing. On non-clad coins, the inner portion of the split shows parallel striations typical of the interior structure of coinage metal.

Thick and thin planchets: Planchets of the wrong thickness are produced from strip that was not rolled properly. Too little pressure can result in planchet stock that is too thick; too much pressure can result in a thin planchet. If the rollers are out of alignment on one side, a tapered planchet — thicker on one side than the other — is created.

Thin planchet

Unplated planchets: New in U.S. coinage, unplated planchets became possible in 1982 with the introduction of the copper-plated zinc cent (and briefly in 1943 with the zinc-plated steel cents). The zinc-copper alloy planchets are plated after they are punched from the strip but some planchets miss the plating process. Coins struck on the unplated planchets are grayish-white in color. Beware of cents which have had their plating removed after leaving the Mint. Although beyond the ability of a neophyte to detect, any of the authentication services currently operating should be able to distinguish between a genuine piece and an altered version.

Wrong metal, planchet, stock: A wrong metal error is struck on a planchet intended for a denomination of a different composition. This includes 5-cent coins struck on cent planchets, cents on dime planchets, and higher denominations struck on cent and 5-cent planchets.

A second type is the wrong planchet error, defined as a coin struck on a planchet of the correct composition, but the wrong denomination. These include quarter dollars struck on dime planchets, half dollars struck on quarter and dime

Wrong planchet

planchets, and dollars struck on other clad planchets.

Some specialists claim that wrong metal and wrong planchet errors are striking errors, not planchet errors. Their argument? The planchet is OK. It was just fed into the wrong coining press.

A third type is the wrong planchet stock error. It occurs when clad coinage strip rolled to the thickness of one denomination is fed into the blanking press of another denomination; the diameter is correct, but the thickness is greater or less than normal. The most common appears to be quarter dollars struck on planchet stock intended for dimes.

Foreign coin planchet

A fourth, rarer form is the double denomination. It occurs when a coin is struck on a previously struck coin, such as a cent struck over a dime. Since the U.S. Mint has struck coins for foreign governments in the past, it has been possible to find in circulation U.S. coins struck on planchets intended for foreign coins, as well as U.S. coins struck on previously struck foreign coins.

Another rare type of wrong metal error is called the transitional error. It occurs as the composition of a coin changes. Some 1965 coins are known struck on silver planchets of 1964 composition, while some 1964 coins were struck on clad planchets (1964 coins were struck through 1965, with planchets for both types of coins available side by side).

Double denomination

One fact true for all errors of this broad category is that the planchets must be of an equal size or smaller than the intended planchet. A 5-cent planchet, for example, would not fit between the dies of the smaller cent.

Striking errors

Broadstrikes: If the surrounding collar is pushed below the surface of the lower die during the moment of striking, the metal of the coin being struck is free to expand beyond the confines of the dies. The design of the coin is normal at center, but as it nears the periphery, becomes distorted due to the uncontrolled spread of metal.

Broadstrike

Brockage and capped die strikes: If a newly struck coin sticks to the surface of one of the dies, it acts as a die itself — called

Brockage

a die cap — and produces images on succeeding coins. The image produced by any die is the direct opposite on a coin, and brockages are no different. Since the image is raised on the coin adhering to the die, the image on the brockage is incused and reversed — a true mirror image. The first brockage strikes, perfect mirror images and undistorted, are most prized. As additional coins are struck from the capped die, the die cap begins to spread and thin under the pressures of striking, distorting its image. At some point, as the die cap becomes more distorted, the coins struck cease to be brockages and are known as capped die strikes. While a brockage image is undistorted or relatively so, images on capped die strikes are increasingly malformed. Although the image is recognizable, the design expands, producing an image that can be several times the normal size. Finally, the die cap breaks off or is pounded so thin it ceases to affect succeeding strikes. Sometimes, the die caps fall off early and in a relatively undistorted state. Die caps resemble bottle caps, with the metal wrapping around the surface of the die. Die caps are very rare and collectible, much more so than capped die strikes.

Double and multiple strikes: Double strikes are coins struck more than once. If the coin rotates slightly between strikes, but remains centered within the coining chamber, two images will appear on both sides of the coin. The first strike will be almost totally obliterated by the second strike, and the first strike will be flattened and have almost no relief. Sometimes, a

Multiple strike

struck coin will flip — somewhat like a pancake on a hot griddle — and fall upside down onto the surface of the die; thus, the second strike has an obverse image obliterating the original reverse, and a reverse image flattening the first obverse image. If the coin falls partially outside the dies after the first strike, the second image is only partial. The partial second strike obliterates the original image beneath it, but the rest of the first strike is undistorted, except in the immediate vicinity of the second strike. A saddle strike is generally not a true double strike, but usually the result of having a planchet fall partially between two pairs of dies on a multi-die press. Saddle strikes have two partial images, and an expanse of unstruck planchet between the struck areas, resembling Mickey Mouse's head with the partial coin images representing his ears.

Examples of coins struck three or four times are known.

Filled dies: The Mint factory has its share of dirt, grease and other lubricants, and metal filings. The recessed areas of the dies sometimes fill up with a combination of this foreign material, preventing the metal of the coins from flowing

Filled die

into the incused areas. This results in weak designs or missing design details, and is probably the most common type of error.

Indented errors: An indented error is a coin struck with another coin or planchet lying partially on its surface. The area covered by the planchet does not come into contact with the die, and thus is

Indented error

blank if indented by a planchet, or shows a partial brockage if indented by a struck coin. The most desirable of the indented errors are larger coins with the indentation of a smaller planchet centered on one side.

Machine, strike doubling: A form of doubling, this is probably the most common type of Mint error. Some do not consider it an error, but believe it to be a form of Mint-caused damage. Most, however, believe it a true form of error coin.

Strike doubling

The most common cause is a looseness of the die or other parts in the press which causes the die to bounce across the surface of the newly struck coin. In bouncing, the die shoves the metal of the raised designs to one side, creating the doubled image. On coins with raised designs, the doubling is flat, like a shelf.

Off-center coins: If a planchet lies partially outside of the dies during the striking, it receives an off-center strike. Each coin struck off center is unique, but due to the large numbers available, are very inexpensive in the lower denominations. Off-center coins with dates are more valuable than coins without dates. Generally, on dated coins, the greater the off-center strike, the more it is worth. Some collectors collect off-center coins by their "clock" positions. Hold the coin with portrait upright and look for the direction the strike lies. If it

Off-center strike

is at 90 degrees, the strike is at 3 o'clock; if it lies at 270 degrees, the strike is at 9 o'clock.

Partial collar: Often known as "railroad rim" errors, the edge, not the rim, is the portion of the coin affected. It occurs when the collar is pushed somewhat below the surface of the lower die, so that the upper portion of the coin is free to expand beyond the confines of the collar, while the lower portion is restrained. On coins struck from a reeded collar, partial reeding exists on the area restrained by the collar. The error gets the nickname "railroad rim" from its appearance — the coin, viewed edge-on, resembles the wheel from a railroad car.

Partial collar

Struck-through errors: Struck-through errors occur when foreign objects fall between die and planchet during striking. Pieces of cloth, metal fragments, wire, slivers of reeding, wire bristles (from wire brushes used to clean dies, resembling staples), die covers and other objects may fall between the dies and the coin.

Struck-through

Sometimes, an incused letter or number of a die will fill up with grease, which solidifies under constant pressure. If the blob of grease — shaped like a letter or number — drops out of the die, it may be struck into the surface of the coin, leaving the impression of the affected letter or number. The most collectible struck-through errors are those with the foreign object still embedded in the surface of the coin.

Weak strikes: Weak strikes often resemble coins struck from grease-filled dies, but can be identified. They occur either when the press has been turned off — it tends to cycle through several strikings, each with less pressure than the previous — or when the press is being set up by the operators who test the placement of the dies at lower coining pressures. On reeded coins, weak strikes generally have poorly

Weak strike

formed reeding (it is strong on filled dies). Depending on the pressure used, the image may be only slightly weak, or practically non-existent, or any stage in between.

13

MYSTERIOUS RARITIES

*T*HROUGH the years, some "coins" have achieved a certain notoriety in the numismatic field because of their rarity, their mysterious background and dealer promotion. These are coins which when sold may bring prices in the five- and six-figure range and which when displayed at a show, bring a gleam to the eyes of even the most experienced numismatists.

Ironically, many of these "coins" are in reality fantasies, produced under cloudy circumstances, usually at the United States Mint but without official sanction, a move that if practiced today would bring congressional investigations and condemnation. During the mid-19th century, a number of Mint employees profited from the sale of fantasy pieces produced for collectors.

Then there are the legitimate coins, produced under official sanction but consigned to the melting pot before they ever entered circulation. Examples include the 1964-D Peace dollar and the 1974 Lincoln cent struck in aluminum. Patterns — proposed coin designs or denominations not adopted for circulation in the year in which they are struck, possibly never — normally listed in most price guides but without explanation along with the regular coinage. Among those patterns listed here are the 1856 Flying Eagle cent and the Stella, a proposed $4 gold coin that never got beyond the pattern stage. Not all patterns are listed, however.

Nor are all of the Proof-only coins listed. This list generally cites those Proof-only coins that were produced after the fact, in the years following the date shown on the coin.

Some of these fantasies, patterns and others are of questionable legal status.

Whatever their status, official or unofficial, legal or illegal, their stories are fascinating and deserve to be told. A listing of many of these mysterious pieces follows, with details about their origin noted, when known. The listing is by denomination.

Half cents

1831-36, 1840-49, 1852 Coronet half cents: None were struck for circulation; all were struck for sale to collectors. They are characterized as Original strikes and Restrikes, with the latter struck in the period of 1858-59. (A restrike is a coin struck from the original dies by the original minting authority, but in a later year than appears on the coin; restrikes are generally produced specifically for collectors and not for circulation.)

Cents

1795 Liberty Cap, Jefferson Head cent: Opinions differ concerning this piece. Many believe it was struck outside of the U.S. Mint by an individual hoping to obtain a contract to strike U.S. coinage at a time when some congressional leaders tried to eliminate the Mint. If true, the piece is a contemporary counterfeit.

1804 Draped Bust, Restrike cent: A counterfeit produced about 1860 outside of the Mint, using genuine though mismatched dies. The reverse design is of the type used in 1820, and the obverse die was altered from an 1803 die.

1823 Coronet, Restrike cent: A counterfeit struck at the same time as the 1804 counterfeit, using mismatched dies. The reverse die was originally used for 1813 cents.

1856 Flying Eagle cent: A pattern, struck before the Act of Feb. 21, 1857, authorized the replacement of the copper large cent with a smaller copper-nickel cent. The 1856 patterns were produced to show congressmen what the proposed smaller cent would look like.

1942 Experimental cents: A number of private compa-

Jefferson Head cent

nies struck experimental cents under Mint contract using special dies. In addition to various metallic alloys, pieces were struck in uranium-bearing glass and an early plastic. While they were once confiscated by Treasury officials, collectors now appear to be free to collect them.

1974 Lincoln, Aluminum cent: The 1974 aluminum cent was struck by Mint officials in 1973 as copper prices rose to a point where the copper content became worth more than its face value. A total of 1,579,324 1974 aluminum cents were struck. Like the 1856 Flying Eagle cent, a number were given to congressmen and their staff members to illustrate what an aluminum cent would look like. But when the copper crisis passed and Mint officials asked for the aluminum cents back, approximately a dozen were missing. Not all of the cents have been returned and presumably are "hidden or lost" somewhere, although one was turned over by a congressional aide to the Smithsonian Institution for the National Numismatic Collection. All Mint specimens were destroyed. They have questionable legal status, and are probably subject to confiscation.

Two-cent coins

1873 Open 3 2-cent coin: A restrike and companion piece to the 1873 Closed 3 2-cent coin. Both varieties were struck in Proof only.

Five-cent coins

1913 Liberty Head 5-cent coin: A fantasy. The Liberty Head design was replaced with the Indian Head design (more commonly known as the "Buffalo nickel") in 1913. Five pieces turned up in 1919 in the hands of a former U.S. Mint employee, who left the Mint in November 1913. Dies were apparently prepared in 1913 for the Liberty Head coinage but were never officially used. Somehow, someone at the Mint managed to strike five of the coins. One piece is missing and hasn't been seen in decades.

Half dimes

1859 and 1860 Seated Liberty, Transitional half dime: The so-called "transitional" coins, struck without the legend

UNITED STATES OF AMERICA. The legend was moved from the reverse to the obverse in 1860, but a small number of pieces were struck from pairs of dies not bearing the legend. Numismatic researcher and author Walter Breen labeled them fantasies.

Dimes

1859 Seated Liberty, Transitional dime: A fantasy. See explanation for similar half dime.

1894-S Barber dime: According to former *Coin World* Collectors' Clearinghouse Editor James G. Johnson, San Francisco Mint Superintendent J. Daggett was approached by a banking friend and asked to strike a small number of dimes in 1894. Although no dimes were scheduled to be struck in San Francisco that year, Daggett apparently complied with the request, and 24 coins were struck and distributed among eight individuals. Daggett reportedly received three coins, as did his daughter. About a dozen are known today.

Quarter dollars

1866 Seated Liberty, No Motto quarter dollar: The motto IN GOD WE TRUST was added to the reverse of the quarter dollar, half dollar and dollar in 1866. However, at least four coins were struck with the 1866 date and no motto. The quarter dollar and half dollar are unique, and there are two of the silver dollars. There are no Mint records of the coins having been struck.

Half dollars

1866 Seated Liberty, No Motto half dollar: See quarter dollars above.

Silver dollars

1804 Draped Bust dollar: A fantasy. The Mint Report for 1804 records 19,570 silver dollars being struck. However, the 1804 dollar is one of the greatest of U.S. rarities, with just 15 pieces known. So what happened to all those dollars struck in 1804?

1804 dollar in King of Siam presentation set

Rumors about the coins abounded in the 19th century. One story is linked to 19th century terrorism in the Middle East. That story claims that all of the 1804 dollars were sent to the Barbary pirates as ransom for the release of American hostages captured in 1804 when the *USS Philadelphia* ran aground in Tripoli Harbor. Another rumor said all of the dollars were relegated to the melting pot. None of the rumors, however, had any basis in fact.

In fact, none of the dollars struck in 1804 bore that date. It was common practice to use dies dated for one year in later years in the early days of the U.S. Mint. This saved materials and expense, and cut down on the number of new dies that had to be made.

Mintages for the silver dollar dropped annually from 1798 to 1804. The Spanish Pillar dollar was considered legal tender in the United States at that time, even though it contained less silver than the U.S. dollar. Also, the silver dollar was the basic unit in payment for commercial goods shipped from overseas. Thus, dollars were shipped abroad almost as quickly as they could be struck. Dollar production was halted between 1805 (although a few 1803-dated dollars were struck in 1805) and 1835.

Meanwhile, in 1832, the U.S. government was seeking to establish diplomatic and commercial relationships with several countries in the Far East. At that time, rulers of many countries expected foreign diplomats to bring gifts to them. Gifts of coins were one of the more popular gifts, so diplomatic officials requested that complete sets of coins be struck and placed in presentation cases.

Dollar production still had not resumed at this time. Mint officials, desiring to place a dollar coin in the set, examined Mint records and found that silver dollars were last struck in 1804. What they failed to account for was that those coins were dated 1803, not 1804. Nevertheless, silver dollar dies dated 1804 were prepared in 1834 and several coins struck. Several of the presentation sets were given to foreign rulers, notably the King of Siam and the Sultan of Muscat. The remaining 1804 dollar fantasies were held in Mint vaults.

The remaining specimens were gradually distributed, beginning in the early 1840s. One was sold to collector Matthew A. Stickney in 1843. A total of eight of the pieces struck about 1834, referred to as the Class I specimens, are known. Demand, however, quickly outstripped the supply and in 1858, additional pieces were struck for sale and trade to prominent collectors. The sole Class II coin known today was struck over an 1857 shooting taler from Switzerland, thus confirming its illegitimate birthday; it resides today in the National Numismatic Collection at the Smithsonian Institution. The six Class III pieces were all sold to collectors. Eventually, the scandal of striking and restriking rare coins for wealthy collectors became public and their production slowed but did not stop until about the turn of the century.

(The Proof 1801, 1802 and 1803 Draped Bust dollars date from the time of the Class I 1804 dollars, and are generally labeled restrikes.)

1836, 1838, 1839 Gobrecht, Restrike dollars: The Gobrecht dollar is one of the most confusing series in U.S. coinage history. Of the nine different varieties, three were struck for circulation, two are legitimate patterns and four are restrikes. Of the restrikes, they can be distinguished from the patterns and circulation issues by rotating the coin from obverse to reverse. If the eagle is flying level, it is a restrike. On the patterns and circulation pieces, the eagle is flying upward.

1866 Seated Liberty, No Motto dollar: See listing for quarter dollars. Two pieces; one has been missing since a 1967 robbery.

1884, 1885 Trade dollars: Proof only. For years, many numismatists considered these two coins to be fantasies, struck years later. However, recent research indicates that the 1884 Trade dollars were struck that year, and it is likely the 1885 Trade dollars were coined in 1885 as well. Specimens did not appear until 1908 in the hands of dealer John W. Haseltine. They were apparently struck specifically for collectors, as are all Proof coins.

1964-D Peace dollar: Even as Treasury officials considered proposals to eliminate silver from U.S. coinage in 1964, special-interest groups persuaded Congress to authorize the striking of Peace dollars, last struck in 1935. A total of 45 million coins were authorized by the Act of Aug. 3, 1964, and 316,076 pieces were struck at the Denver Mint. However, those who recognized the reality of the silver shortage won out over the special-interest groups and none of the dollars were released into circulation. All were eventually melted although rumors persist that some escaped the Mint; none of these rumors has ever been confirmed. Treasury officials would probably consider it illegal to own any missing dollars.

$4 Stellas

1879 and 1880 $4 Stellas: The $4 Stellas are patterns. However, these pieces are often listed with other gold coins, although only the gold patterns are cited. The off-metal pieces (aluminum, copper, white metal) are not listed in other price guides.

$4 Stellas

Mysterious rarities — 325

Eagles
1907 Indian Head, Wire Rim, Periods eagle: A pattern. Often referred to incorrectly as a Wire Edge variety.

1907 Indian Head, Rounded Rim, Periods eagle: A pattern. Often incorrectly referred to as a Rounded Edge variety. The circulation issues do not have periods separating the words E PLURIBUS UNUM.

Double eagles
1849 Coronet double eagle: A pattern piece, and unique.

1907 Saint-Gaudens, Extremely High Relief double eagle: The 1907 double eagles bearing the Saint-Gaudens designs were struck in varying reliefs. The High Relief variety with Roman Numerals and the Low Relief variety with Arabic Numerals were struck for circulation. All of the Extremely High Relief pieces, however, are considered patterns. (The differences between the High Relief and Low Relief varieties are obvious when compared side-by-side. The design areas on the Low Relief variety are raised the same height above the flat fields as on modern coins; on the High Relief variety, the relief rises much higher above the field.)

1933 Saint-Gaudens: The Mint struck 445,500 1933 double eagles but before they were released, President Franklin D. Roosevelt signed several executive orders making it illegal for American citizens to own most forms of gold. Thus, the coins were never released.

However, specimens of the 1933 double eagle appeared at auction in the 1940s, and several private sales occurred. Treasury officials confiscated several specimens, although it is believed by some in numismatic circles that specimens remain in hiding. The specimen in Egypt's King Farouk auction was removed from the offering at the request of U.S. Treasury officials, but the coin was not turned over by Egyptian officials. In addition, the Smithsonian Institution has two specimens in the National Numismatic Collection.

14

GLOSSARY OF TERMS

Numismatics (pronounced nu-mis-mat-iks), like any science, has a language of its own spoken by its practitioners and students. New collectors unfamiliar with terms like obverse, reverse, Mint mark and double eagle may feel confused by a bewildering lexicon. But the language need not be confusing.

We can define only a handful of terms here. A 22-page pamphlet titled "Glossary of Numismatic Terms" defines hundreds of terms. It is priced at $1 and may be ordered from Coin World, Dept. 02, P.O. Box 150, Sidney, Ohio 45365. An extensive glossary is also included in the Sixth Edition *Coin World Almanac*, priced at $15.95 in paperback from the above address.

Alloy: Mixture of more than one metal.

Altered: A coin that has been deliberately changed to make it resemble a rare or more valuable piece.

American Eagle: A legal tender bullion coin struck and issued by the United States Mint beginning in 1986. The Mint strikes four .9167 fine gold coins and a .999 fine silver coin. Refer to "Values" section for other specifications.

Bag marks: See Contact marks.

Bicentennial coins: Quarter dollar, half dollar and dollar struck in 1975-76 with special reverse designs commemorating the 200th anniversary of the signing of the Declaration of Independence.

Buffalo nickel: Nickname given the Indian Head 5-cent coin. Nickname is commonly though incorrectly used; most U.S. coins are named after their obverse design; the creature on the reverse is a bison, not a buffalo; and no U.S. coin denomination is legally called a "nickel."

Clad: Composite coinage metal strip composed of a core, usually of a base metal such as copper, and surface layers of more valuable metal like copper-nickel. The U.S. dimes, quarter dollars and half dollars struck since 1965 are a clad coinage.

Coin: Usually a piece of metal, marked with a device, issued by a governing authority and intended to be used as money.

Colonial coins: Coins struck by one of the 13 British Colonies prior to the American Revolution. Few of the Colonial coins were struck with the authority of the British throne, which legally had all coinage rights in Great Britain and the Colonies.

Contact marks: Surface abrasions found on U.S. coins, as a result of coins striking the surfaces of other coins during bagging and shipping procedures. See Chapter 4, "Grading," for details.

Coronet: A style of Liberty Head used on U.S. copper and gold coins for much of the 19th century. Liberty wears a coronet (usually marked with the word LIBERTY).

Denomination: The face value of a coin; the amount of money it is worth as legal tender.

Device: The principal design element, such as a portrait, shield or heraldic emblem, on the obverse or reverse of a coin.

Die: A hardened metal punch, the face of which carries an intaglio or incuse mirror-image to be impressed on one side of a planchet.

Disme: Original spelling of "dime." Believed to have been pronounced to rhyme with "team."

Double eagle: A $20 gold coin of the United States.

Eagle: A $10 gold coin of the United States.

Edge: Often termed the third side of a coin, it is the surface perpendicular to the obverse and reverse. Not to be confused with the rim. Edges can be plain, reeded or lettered.

Fantasy: An object having the physical characteristics of a coin, issued by an agency other than a governing authority (or without official sanction) yet purporting to be issued by a real or imagined governing authority as a coin.

Field: The flat part of a surface of a coin surrounding and between the head, legend or other designs.

Flow lines: Microscopic striations in a coin's surface caused by the movement of metal under striking pressures.

Frost: Effect caused by striking a coin with sandblasted dies, often used in reference to Proof coins.

Half dimes, half dismes: A silver 5-cent coin of the United States. The Mint Act of April 2, 1792, authorized "half dismes." The "s" in "disme" was probably silent, and probably rhymed with "team."

Half eagle: A $5 gold coin of the United States.

Hub: A right-reading, positive punch used to impress wrong-reading, mirror-image dies.

Large cent: Refers to the U.S. cents of 1793-1857, with diameters between 26-29 millimeters, depending on the year it was struck.

Legal tender: Currency (coins or paper money) explicitly determined by a government to be acceptable in the discharge of debts.

Lettered edge: An incused or raised inscription on the edge of a coin.

Minor coin: A silver coin of less than crown weight, or any coin struck in base metal.

Mint mark: A letter or other symbol indicating the Mint of origin.

Money: A medium of exchange.

Nickel: A silver-white metal widely used for coinage. It is factually incorrect to use "nickel" for the copper-nickel 5-cent coin. In the mid-19th century, copper-nickel cents and 3-cent coins were also nicknamed "nickel," like the modern 5-cent coin. The U.S. Mint has never struck a coin officially called a "nickel."

Numismatics: The science, study or collecting of coins, medals, paper money, tokens, orders and decorations and similar objects.

Numismatist: A person knowledgeable in numismatics, with greater knowledge than a collector.

Obverse: The side of a coin which bears the principal design or device, often as prescribed by the issuing authority. In informal English, the "heads."

Pattern: Coin-like pieces designed to test coin designs, mottoes or denominations proposed for adoption as a regular issue and struck in the metal to be issued for circulation, but which were not adopted, at least in year of pattern issue. The 1856

Flying Eagle cent is a pattern; the coin was not struck for circulation or authorized until 1857.

Penny: The nickname given the 1-cent coin. The United States Mint has never struck a penny for use in the United States. The nickname derives from the country's English origins; England still uses a denomination called a penny.

Pioneer gold: Gold coins, often privately produced, struck in areas of the United States to meet the demands of a shortage of coins, generally in traditional U.S. coin denominations. Often called "private gold," which is correct for many but not all of the issues, and "territorial gold," which is incorrect since none of the coins were struck by a territorial government.

Planchet: The disc of metal which when placed between the dies and struck becomes a coin. Also called flan or blank.

Restrike: A numismatic item produced from original dies at a later date. In the case of a coin, the restrike usually occurs to fulfill a collector demand and not a monetary requirement.

Reverse: The side opposite the obverse, usually but not always the side with the denomination. The side opposite the side containing the principal design. Informally, the "tails."

Slab: A rigid plastic, permanently sealed holder, usually rectangular, especially those used by third-party grading services.

Series: Related coinage of the same denomination, design and type, including modifications and varieties.

Type: A basic coin design, regardless of minor modifications. The Indian Head and Jefferson 5-cent coins are different types.

Variety: The difference between individual dies or hubs of the same basic design or type. The Bison on Mound and Bison on Plain are two varieties of the Indian Head 5-cent coin. The basic design was slightly modified, but otherwise unchanged.

INDEX